清朝十二帝

阎崇年 著

故宫出版社

目录

六 乾隆大帝：全盛高峰 /215

七 嘉庆皇帝：由盛转衰 /267

序

公元前221年，秦王嬴政统一中国，自以为“德兼三皇，功高五帝”，乃自号曰“皇帝”。从此以后，皇帝就成为历代王朝最高统治者的专称。封建专制因皇帝制度的确立而得到加强，皇帝制度则是封建专制制度的核心和具体表现，二者相辅相成，如影随形。在相当长的历史阶段，皇帝制度对于多民族国家的形成与统一、封建经济和文化的发展，以及反抗外来侵略、维护社会正常秩序等方面，曾起到积极的作用。但是，皇帝制度又造成了极端的封建专制，对民众的物质盘剥和精神束缚日益强化，桎梏着中国社会的发展与进步。

皇帝的权力是无限的，“天下事无大小皆取决于上”。(《史记·秦始皇本纪》) 一个王朝的兴衰治乱，固然存在多种因素，但作为最高统治者的皇帝，一般来说则起着决定性的作用。清朝虽已步入封建时代晚期，以个人独裁为核心的皇帝制度，却发展到了登峰造极的地步。因此，通过皇帝传记去了解有清一代的历史，无疑是一个很有意思的视角。阎崇年先生的《清朝皇帝列传》，便以史学大家的独到手笔，通过对12位皇帝身世、家庭、性格、素质、情感、悲喜、业绩、成败的细腻解读，使一个个性格鲜明、栩栩如生的皇帝形象跃然纸上，更使一部近300年的清朝历史变得生动起来。

清朝上承晚明封建社会的进一步发展，专制主义中央集权极度强化，资本主义在江南地区绽露新芽；下续封建专制制度巅峰过后的社会转型，在内忧外患日益严重的历史背景下，步履蹒跚地开始了近代化的历程。曾经主宰中华民族命运的大清王朝，营造过中国封建社会的落日辉煌，也经历了闭关锁国、内外交困、艰难应变的尴尬与窘迫，最后在革命风暴中宣告帝制终结。

在清朝296年的历史舞台上，先后粉墨登场的12位皇帝，虽然悲喜功过，各有千秋，但都扮演着时代的主角。阎先生便通过对他们求真求是的记述和鞭辟入里的剖析，清晰地勾勒出一个王朝兴、盛、衰、亡的历史轨迹：

天命汗开创时代，统一女真，创立八旗，建都称汗，奠立王朝基业，展示出开国帝王的雄才大略和过人胆识；崇德帝固本鼎新，除弊拓基，建号大清，谐和民生，加速满洲社会的封建化，体现了一代政治家柔韧转圜、从容应对的气度；顺治帝定鼎北京，中原一统，兴利除弊，倾心汉化，奠定统一多民族国家的基础，展现出深居庙堂、挥斥方遒的少年天子形象；康熙帝统一版图，强化皇权，劝课农桑，吸纳西学，“虽曰守成，实同开创”，崭露出千头万绪汇朝纲、御外理内皆从容的盛世帝王的雄浑气魄；雍正帝承前启后，改革积弊，励精图治，雷厉风行，使得吏治谨严有序，表现出大刀阔斧的施政风格；乾隆帝文治不凡，武功卓越，国力超前，“大清全盛”，弥漫着江山万里、人寿年丰的豪迈，也潜伏着难以逆转的颓势与危机；嘉庆帝平庸守成，墨循祖制，大清王朝，盛极而衰，虽有勤学、勤政、勤省之心，而无振衰崛起之力，透露出平庸无识、绵软无力的性格缺欠；道光帝“恭俭惟德”，却遇难题，面对强寇，割地赔款，成为鸦片战争失败的主要责任者；咸丰帝内外交困，江河残破，却图享乐，懦弱无为，是一个典型的败家天子、渎职皇帝；同治帝幼年登基，政出懿旨，“同治中兴”，回光返照，朝政尽显母后干政色彩；光绪帝受困慈禧，国事亦非，百日维新，昙花一现，中国历史痛失变革机遇；挨至宣统幼帝，辛亥鼎革，大清王朝，终遭覆亡……

阎先生史海耕耘50余载，于清史、满学及北京史等方面成就斐然，蜚声学界。在清史研究领域，他对前期史料早已熟烂于胸，故能存真存是，还历史之本源；近年又致力于清朝中后期历史的研究，对晚清皇室人物胪陈品评，尤有卓见；而以帝王传记贯通整个清朝，进而形成对清史的长线把握，更见举重若轻之巧。阎先生治学严谨，史学功底深厚，为人却十分谦逊。他自称不是清史专家，而只是“天命朝11年的学者”，说清史研究范围太广，自己无力驾驭，只能侧重于清朝开国史。

近些年来，社会节奏呈现出逐渐加快的态势，大众阅读也出现了一种快餐式的“读图”趋向。阎先生贵为史学大家，却并不孤芳自赏。他走出书斋，经常以讲座的形式阐扬学术，普及历史。他开电视媒体历史系列讲座之先河，为历史学赢得了更多的关注和期待，他本人也由此成为备受瞩目的文化名人。如中央电视台《百家讲坛》栏目的《清十二帝疑案》、《明亡清兴六十年》，北京电视台《中华文明大讲堂》栏目的《清宫疑案正解》等，都保持着很高的收视率。根据其讲稿整理而成的《正说清朝十二帝》等图书，不仅本身热销数十万册，而且引发了历史类读物的出版热潮。可见公众需要了解更多的历史知识，而以适当的方式传承历史、传承文化，恰恰是学者不可推卸的社会责任。

《清朝皇帝列传》则是阎先生以数十年的治学功底，梳理史料、厚积薄发的一部力作，2001 年由紫禁城出版社出版后，一直深受读者欢迎。用阎先生自己的话说，它是“电视讲座的底本”，其后的《正说清朝十二帝》，以专题讲座的方式，提纲挈领，讲述的只是 12 位皇帝的某些历史侧面。本书则通过传记的形式，对清朝皇帝进行了全面解读，材料更为丰富，内容更为详尽，讲述更为具体，文字更为细腻。现在，阎先生又以其固有的严谨，进行反复推敲修订，经过剔出错讹、修正疏误、补充材料和选配图片，并将修订后的《清朝皇帝列传》更名为《清朝十二帝》，内容大有综合提升之意蕴，相信对于读者将很有裨益。

研究历史，总结经验，汲取教训，提供借鉴，这是阎先生治史的一贯态度。他提出要“敬畏历史”：“敬”就是吸取前人经验，从中得到宝贵的智慧；“畏”则是避免重蹈前人错误，否则会受到历史的惩罚。他从历史哲学角度总结的“四合”观点——天合、地合、人合、己合，今人同样可以从中得到启迪。在《明亡清兴六十年》中，他又这样强调：“中华民族合则盛，分则衰；合则强，分则弱；合则荣，分则耻；合则治，分则乱。”阎先生以史资鉴的治学境界，由此可以窥见一斑。

阎先生与故宫博物院素有情缘，多年来一直热情参与故宫的相关学术活动。他是《故宫博物院院刊》和《紫禁城》杂志的主笔人之一，经常与编辑广泛交流，为提升刊物的学术含量和文化品位献智献策。除《清朝皇帝列传》外，他先后还在紫禁城出版社出版了《中国历代都城宫苑》、《清朝通史·太祖朝》和《清朝通史·太宗朝》3部著述，曾特别引用一位美国教授的话，称这种连续为自己出书的出版社是“我的出版社”，意在表明自己与出版社的亲密关系。

对于承载着中华厚重文化的紫禁城，阎先生始终有着浓厚的兴致和强烈的感情。由于他是中国紫禁城学会的副会长，我们在工作上的接触比较频繁。近年来，他对故宫学术发展、学科建设和古建维修等方面都有卓见，对于我们进行更为科学、合理的决策和管理，提供了许多有益的参考。2003年，我提出建立“故宫学”，并就故宫学融会文献、文物两类史料，打通历史与文博两种学科进行了初步阐述，其中特别强调了故宫学与清史研究之间相辅相成的关系。阎先生随即表示赞同，3年来多有助益之论。我们相互交流切磋，在砥砺中各有所益。他始终将故宫博物院的发展视为己任，我则一直把他看作故宫的专家。

《清朝十二帝》付梓前，阎先生嘱我写篇序言。我说自己并不研究清史，表示难以克成；他则半开玩笑地说：故宫可是清朝的皇宫，研究清朝皇帝也是故宫学的内容啊！我明白，写得好与不好是一回事，但事情无法推脱。于是只得勉为其难，草就以上，权为祝贺，而无暇虑及序之不文。

故宫博物院院长

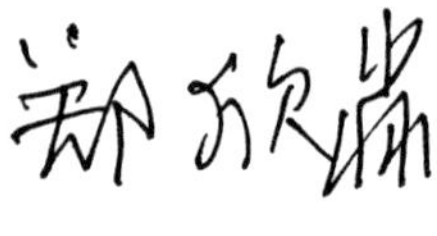

2010年4月于故宫

前言

我的《清朝皇帝列传》自 2001 年出版，至今已经 9 年。新见一些资料，发现一些疏误。

一书未见为羞，一字疏误为耻。

于前者，有人说书籍浩如烟海，怎能逐一阅读？我则说，就研究课题而言，重要文献，经典之书，必需阅读，应该是“一书未见为羞”。

于后者，有人说出书有错误率，怎能一字不错？我则说，就严肃书籍而言，慎之又慎，如临深渊，如履薄冰，应该是“一字疏误为耻”。

即使以这样的标准律己，还是常常发现一些书籍没有读，一些错误没有改。

语云：法乎上，取乎中；法乎中，取乎下。我说“一书未见为羞，一字疏误为耻”，意思就是在做书的时候，力求“法乎上”，期望“取乎中”。这也是修订本书，重新出版的基本原因。

我的《正说清朝十二帝》在中华书局出版后，全国各地读者就曾诚恳地、不断地指出疏误。我抱着“一字疏误为耻”的态度，每加印一次，就修正一次。我的准则是:“闻过则喜。”到目前为止，《正说清朝十二帝》已经重印二十几次，其中就修订了十四五次。

《清朝皇帝列传》主要是写清朝皇帝的身世、家庭、性格、素质、情感、悲喜、业绩、成败。分解开来，是清代 12 位皇帝的传记；整合起来，又是一部 296 年清朝的历史。此次修订出版，更名《清朝十二帝》。它与《正说清朝十二帝》为姊妹篇，各有特色，互为补充。

历史是镜子，也是艺术；历史可以借鉴，更可以欣赏。

阅读清朝 12 位皇帝的传记，看到的是辉煌、或晦暗，是杰作、或败笔，是谋略、或诡诈，是争战、或宴乐，是狂涛、或微澜，是宫阙、或茅舍，是社稷、或亲情，是欣笑、或哀泪；欣赏清朝 296 年的历史，得到的是增长学识，激发智慧，愉悦心境，陶冶情操，明辨善恶，砥砺意志，恢弘格局，坦荡胸怀。

本书承蒙故宫博物院院长、中国紫禁城学会会长郑欣淼先生欣然作序；故宫博物院副院长李文儒先生、副院长兼紫禁城出版社社长王亚民先生，热切关心，积极支持；紫禁城出版社宫廷历史编辑室主任、责任编辑左远波先生，改正疏误，选配图片；王主玉编审、金启平研究员、徐广源先生、李洪超先生，通读书稿，给予指正;解立红女士，讨论内容，参与修订。

谨致诚挚的谢意！

阎崇年

2010 年 4 月

修订于四合书屋

一 天命大汗：开创时代

清天命汗爱新觉罗·努尔哈赤，明嘉靖三十八年（1559 年）生，属羊，天命十一年即明天启六年八月十一日（1626 年 9 月 30 日）卒，庙号太祖，初尊谥武皇帝，后改谥高皇帝，葬福陵（今辽宁省沈阳市东陵）。58 岁登极，在位 11 年，享年 68 岁。

天命汗努尔哈赤是中华历史上，也是世界历史上一位伟大的政治家、军事家。努尔哈赤之所以伟大，在于他开创了一个时代。这个时代就是大清皇朝，占据中国历史舞台长达 296 年，为自秦以降整个中国皇朝历史的七分之一。努尔哈赤是大清皇朝的奠基人，大清帝国的开创者。清太祖努尔哈赤既播下了“康乾盛世”的种子，也埋下了“光宣衰世”的基因。在中国自秦以来两千多年的皇朝历史上，开创过 200 年以上大一统皇朝的，只有汉高祖刘邦、唐高祖李渊、明太祖朱元璋和清太祖努尔哈赤。在上述 4 位开创大一统皇朝的君主中，刘邦、李渊和朱元璋都是汉族人，只有努尔哈赤是满族人。清太祖努尔哈赤开创的大清帝国，在当时的世界上，是一个疆域最为辽阔、国力最为强盛、人口最为众多、物产最为富庶的大帝国。所以，爱新觉罗·努尔哈赤在中华文明史上开创了一个时代，他是中国历史上、也是世界历史上一位伟大的君主。

远古神话　先世显赫

自古英雄多神话。努尔哈赤出生在明朝辽东建州左卫（今辽宁省新宾满族自治县永陵镇老城村）一个女真小贵族的家庭里。他的先祖渊源，要从一个神话说起。

相传，在长白山一带，有一个名叫布尔瑚里的湖。一日，天上降下 3 位仙女，大姐叫恩古伦，二姐叫正古伦，三姐叫佛古伦。天清气爽，风和日丽，姐妹 3 人在湖中沐浴。她们浴毕上岸，有一只神鹊，衔一枚朱果，落在三姐佛古伦的衣服上。三姐见朱果鲜妍，拿在手中，愈看愈爱，含在口里。朱果吞入腹中，三姐感到受孕。她告诉二位姐姐说：“我觉得

满洲始祖神佛古伦像

身子重了，不能升天，怎么办呢？”二位姐姐回答说：“我们已经服下丹药，不会死的。这是天意，等你分娩后，再升天相会。”说完，大姐和二姐飘然升天了。后来，佛古伦生下一个男孩，取名布库里雍顺。布库里雍顺长大成人，举止非凡，相貌奇伟。佛古伦见儿子长大，就给了他一条船，让他乘船顺牡丹江而下，穿过丛林峡谷，到了牡丹江与松花江汇流处的斡朵里地方。尔后，佛古伦就升天去了。仙女佛古伦所生的布库里雍顺，就成了后来满洲人的始祖。

努尔哈赤的先祖，史料记载最早的是猛哥帖木儿。在元末明初，猛哥帖木儿做过万户的官职。根据朝鲜古籍《龙飞御天歌》记载：“如女真，则斡朵里豆漫，夹温·猛哥帖木儿；火儿哈豆漫，古论·阿哈出；托温豆漫，高・卜儿阏”，云云。其中，斡朵里、火儿哈、托温是地名，豆漫是万户，夹温・猛哥帖木儿、古论・阿哈出、高・卜儿阏是姓名。也就是说，猛哥帖木儿是斡朵里地方的一个万户。明兴元亡，战乱不已，猛哥帖木儿带领部众，迁徙到斡木河地方，即今朝鲜会宁一带。会宁是一座古城，因濒临会宁川而得名，现为朝鲜咸镜北道会宁郡城，与我国吉林省延边朝鲜族自治州龙井市三合镇隔图们江相望。这里恰为图们江与会宁川交汇处，形成一块会宁平原。猛哥帖木儿受明成祖永乐皇帝封为建州左卫指挥使，他还是皇家的亲戚。明永乐二十年（1422 年），猛哥帖木儿带兵参加明成祖朱棣的漠北亲征。战争结束后，猛哥帖木儿被永乐帝赐准，率领“正军一千名，妇人、小儿共六千二百五十名”，返回会宁旧居，农耕植谷、围猎放牧，并先后 8 次进京“朝贡”。后因杨木答兀之变，猛哥帖木儿死于斡木河住地，他的长子权豆（阿古）被杀，次子董山（童仓）被掳，弟凡察（范察）出逃。

努尔哈赤的五世祖是董山（童仓）。董山（童仓）是猛哥帖木儿的次子，在“斡木河之变”中被掳，获释后几经周折，到了辽东苏克素浒河（今苏子河）一带，同已在那里居住的建州卫李满住（阿哈出之孙）合住在同一地域。这时，其叔凡察（范察）也已定居于苏克素浒河地带，并已到京朝贡，被明宣宗宣德帝封为建州左卫都指挥使。因为旧印“失落”，朝廷重颁新印。但董山（童仓）返回后，手中仍有旧印。一卫新旧两印，叔侄纷争不已。朝廷为平息叔侄纷争，析分建州左卫，设置建州右卫。从此建州女真分为建州卫、建州左卫和建州右卫，合称“建州三卫”，这就是后来满族形成的核心部分。但是，董山（童仓）的下场十分悲惨。因为建州三卫合住后，部族日繁，势力日盛。明朝和朝鲜都不愿意看到建州女真的强大，便联合发兵攻剿。建州女真受到“捣其巢穴，绝其种类”的血洗，屯寨被焚毁，部民被杀虏。首领右都督董山（童仓）在到北京朝贡的归途中，在寓所里被明军设计杀害。建州女真部受此重创，元气大伤。

建州女真经过百年的沧桑变迁，到努尔哈赤的祖父觉昌安和父亲塔克世时，已经家道中衰。所以，努尔哈赤青少年时期的生活，比他的先祖们经历着更多的困苦和磨难。

幼年丧母　经历坎坷

自古雄才多磨难，从来纨绔少伟男。努尔哈赤青少年时期的生活阅历，经受过三大磨难。

第一是幼年丧母。人生三大不幸中的头一个不幸，就是幼年丧父或丧母，努尔哈赤偏就遇上了幼年丧母。他的生母喜塔拉氏，是建州都督阿古的女儿，生有努尔哈赤、舒尔哈齐、雅尔哈齐三子和一女。喜塔拉氏是建州女真的大家之女，聪颖贤慧，宽容待人。她对努尔哈赤的影响，不仅有遗传的基因，而且有默化的熏陶。但是，努尔哈赤 10 岁的时候，生母不幸病逝，父亲为他娶了继母。继母那拉氏为人心胸狭窄，待他们兄弟非常刻薄。家里不太和睦，兄弟们闹着分家。父亲听了继母挑唆，给他的产业极少，不够维持生活。努尔哈赤结婚分家后，较早地走上了艰难困苦、自谋生计的道路。

第二是生活煎熬。努尔哈赤青少年时代参加劳动，主要是采集——挖人参、采蘑菇、捡榛子、摘木耳、拾松子，将这些东西运到抚顺马市（集市）去卖，用赚来的钱维持或补贴生活。在马市的交易中，他广泛接触蒙古人、女真人、汉人等，大开眼界，增长见识，广交朋友，也倍受磨难。相传他曾到明辽东将领李成梁的麾下，在那里既得到锻炼，又增长了见识。

第三是父祖蒙难（详见下节）。这一悲剧是努尔哈赤起兵的直接原因，也成为他人生的根本转折点。

身披遗甲　含恨起兵

在中华民族 5000 年文明发展史上，伟大英雄，辉同日月。在一个历史时代，他们叱咤风云，挥鞭断流，斯功斯绩，留传万世。汉族的秦皇、汉武、唐宗、明祖，时代久远，今且不论。在少数民族英雄人物中，作为全中国大一统政权的奠基者，只有两位——一位是蒙古的元太祖成吉思汗，另一位就是满洲的清太祖努尔哈赤。努尔哈赤事业的起点，是因祖父和父亲蒙难而身披遗甲，含恨起兵。

明朝万历初期，辽东地区建州三卫女真实际上主要融汇成为建州五部——苏克素浒河部、浑河部、完颜部、董鄂部、哲陈部，以及长白山三部——鸭绿江部、朱舍里部、讷殷部。在当时的建州女真中，以王杲势力最强，枭雄诸部，同明抗争。王杲曾带兵进犯明辽东首府辽阳，杀死指挥王国栋。明辽东总兵李成梁统率大军，捣王杲屯寨，斩杀千余级。

努尔哈赤的甲胄

后王杲被获，装入槛车，送到北京，午门献俘，磔死于市。王杲死后，他的儿子阿台为报父仇，袭杀明军。万历十一年（1583年）二月，李成梁提兵直捣阿台的住地古勒寨。古勒寨建在山上，寨城陡峭，三面壁立，壕堑坚固，易守难攻。古勒寨主阿台的妻子，祖父是努尔哈赤的祖父觉昌安，叔父是努尔哈赤的父亲塔克世。觉昌安为了使孙女免于战难，也为着城内部民减少伤亡，便同塔克世一同进城，打算劝说阿台投降。建州女真苏克素浒河部图伦城的城主尼堪外兰，里通明朝，导引攻城。李成梁督兵攻城，损兵折将，久攻不克。李成梁要问尼堪外兰损兵折将之罪。尼堪外兰害怕，身往招抚，亲到城下，向城上守军喊话，诓骗说:“李太师有令，谁杀死阿台，谁就做古勒城的城主！”果然，城里出现内奸，里应外合，城被攻破。努尔哈赤的祖父觉昌安和父亲塔克世也不幸死于城内战火。

努尔哈赤得到父、祖蒙难的噩耗,捶胸顿足,悲痛欲绝。他质问道:“我祖、父为何被害？你们与我有不共戴天之仇！”明朝派官员谢过说：“非有意也，是误杀耳！”明军送还觉昌安和塔克世的遗体，朝廷赏给努尔哈赤“敕书三十道，马三十匹”，还封他为指挥使。但是，努尔哈赤怒气未消,又不敢直接同明朝冲撞,便迁怒于尼堪外兰。万历十一年（1583年）五月,努尔哈赤以报父、祖之仇为名,以“十三副遗甲”,率领百人的队伍,向尼堪外兰的驻地——图伦城进攻，拉开了女真统一战争的历史帷幕。

努尔哈赤从此登上历史舞台之后，身经百战，所向皆捷。其中，最重要的有3次大战。

三次大捷　奠定局面

古勒山大捷　这是决定努尔哈赤生死命运的大战，也是关系女真各部生死兴亡的大战。先是，女真主要有建州女真、海西女真、东海女真和黑龙江女真四大部。其中的海西女真又称作扈伦四部——哈达部、辉发部、乌拉部和叶赫部。扈伦四部的各部首领，不愿意看到努尔哈赤的强大，便企图用武力，联合对其遏制。万历二十一年（1593 年）九月，以叶赫部首领布斋、纳林布禄为首，纠集哈达、乌拉、辉发，长白山朱舍里、讷殷二部，以及蒙古科尔沁和锡伯、卦尔察等共九部，组成联军，合兵 3 万，分作 3 路，向建州女真苏克素浒河部的古勒山，摇山震岳而来。建州侦骑探报，官兵闻之色变。当时，建州兵力不满万人，军事态势十分严重。努尔哈赤在强敌压境、面临覆巢的危急下，沉着冷静，毫不慌张。他先命额亦都率领百骑，前去挑战。敌骑来冲，9 人落马。叶赫部首领布斋贝勒被激怒，策马挥刀，直前冲入。额亦都佯退，布斋驱骑急进。布斋的坐骑因冲突过猛，被木桩绊倒。建州兵士武谈眼急身快，猛扑过去，骑在布斋身上，将他杀死。纳林布禄见兄被杀，惊呼一声，昏倒在地。叶赫官兵见此情景，急忙救起纳林布禄贝勒，拨转马头，夺路而逃。后叶赫向建州索要布斋的尸体，努尔哈赤命剖其一半归还。建州与叶赫，遂结下不共戴天之仇。

是役，九部联军为首的叶赫部，两位贝勒，一死一昏，其他贝勒、台吉，心胆俱丧，率众奔溃。蒙古科尔沁贝勒明安，马被陷，脱鞍韂，骑着裸马，狼狈逃窜。努尔哈赤督军乘胜驱骑猛追，九部联军大败——被驱赶，被伏击，被屠戮，被蹂躏，尸横遍野，兵马填江，草木悲瑟，血流成河。努尔哈赤斩杀九部联军 4 000 余人，还俘获乌拉贝勒满泰之弟布占泰，缴获战马 3 000 匹、铠甲 1 000 副。

古勒山之役是女真各部统一战争史上的转折点。努尔哈赤打破九部军事联盟，改变了建州与海西的力量对比，成为建州女真胜利和扈伦四部灭亡的起点。从此，努尔哈赤“军威大震，远迩慑服”。这一年，努尔哈赤 35 岁，古勒山大捷奠定了他一生事业的基础。其后，他利用古勒山之战胜利的有利形势，对扈伦四部展开攻势，先弱后强，由近及远，集中兵力，逐个击破——先后吞并辉发、哈达、乌拉、叶赫，然后逐步统一东海女真和黑龙江女真，终于完成了女真统一的大业。

萨尔浒大捷 努尔哈赤在统一女真的过程中，制定满文，创建八旗，开辟基地，建设都城，建立后金政权，建元“天命”年号。他的羽毛逐渐丰满，便将兵锋转向明朝。万历四十六年即天命三年（1618年），努尔哈赤发布“七大恨”誓师，计袭抚顺，顺利得手。明朝看到努尔哈赤强大，决定发兵攻剿后金都城赫图阿拉（今辽宁省新宾满族自治县永陵镇老城村）。万历四十七年即后金天命四年（1619年），明朝派杨镐为统帅，率12万军队，号称47万大军，兵分4路，分进合击，向努尔哈赤发起进攻。当时，后金的总兵力约6万余人，处于战略劣势。努尔哈赤不愧是一位杰出的军事家，他说：“凭你几路来，我只一路去！”就是集中优势兵力，各个击破明军。三月初一日，明西路军总兵杜松骄傲轻敌，孤军急进，驰至萨尔浒（今辽宁抚顺大伙房水库地方）。努尔哈赤统领八旗军，扑向明军萨尔浒大营。后金骑兵猛冲，攻陷方阵，粉碎联队，驱散步兵，左右厮杀。明主将杜松矢尽力竭，落马而死；其部官兵，尸横遍野，血流成河，全军覆没。初二日，明北路军总兵马林等赶到，见杜松兵败，布成“品”字阵。努尔哈赤的6万骑兵，没有分作3路迎战，而是集中八旗全力，各个击破，吃掉马林军。初三日，努尔哈赤得到探报：明南路总兵李如柏军迫近，明东路总兵刘綎会同朝鲜兵攻来。努尔哈赤只派一小支军队往南防御李如柏军，而派主力军东出，设伏山谷，迎战刘綎军。初四日，后金军用降获汉人装扮成杜松部，佯报已近赫图阿拉，约刘綎合攻。刘綎为夺头功，上当受骗，急命火速进军。刘綎军所处的阿布达里岗地带，重峦叠嶂，路隘崎岖，马不能成列，兵不能成伍。刘綎命兵马单列急行，遭到八旗军的首截、尾追、中伏、下击，被分割成若干段，身陷重围。刘綎英勇奋战：“綎中流矢，伤左臂，又战，复伤右臂，犹鏖战不已。自巳至酉，内外断绝。綎面中一刀，截去半颊，犹左右冲突，手歼数十人而死。”刘綎奋战10个小时，被砍掉半个脸，还拼命杀敌，真是一条汉子！其部下刘招孙举着刘綎尸体厮杀，也被砍死。明军在阿布达里岗覆没后，南路李如柏闻三路败殁，急忙撤军，又遭拦截，最后率领败军侥幸逃命。此次战役明军损失惨重，文武将吏死亡310余员，军丁死亡45 870余人，马、骡亡失28 600余匹。

萨尔浒之役是后金与明朝兴衰史上的转折点：明朝由进攻转为防御，

后金则由防御转为进攻。是役，努尔哈赤巧妙地利用明军合围赫图阿拉的时间差，集中绝对优势兵力，逐路击破明 4 路大军。萨尔浒之役，努尔哈赤以静制动，以少胜多，集中兵力，逐个击破，成为中国军事史上著名的经典战例。

沈辽大捷 辽阳是明朝辽东的首府，沈阳是明朝辽东的重镇。努尔哈赤取得萨尔浒大捷后，便同明朝争夺对辽东的统治权。天启元年即天命六年（1621 年）三月十二日，八旗军兵临沈阳城下。努尔哈赤没有强兵攻城，而是派骑兵挑战。明朝守城总兵贺世贤行伍出身，日夜饮酒，有勇无谋。十三日，他贪功出战，中数十矢，坠马而死。八旗军乘胜攻城，城里内应，吊桥绳断，拥门而入。明兵民被杀者，据说有 7 万人。努尔哈赤攻陷沈阳后，亲率八旗大军，“旌旗蔽日，弥山亘野”，向辽阳进发。十九日，包围辽阳。明辽东经略袁应泰派 5 员总兵，出城 5 里结阵，与后金军对垒。努尔哈赤匹马独进，并派四旗兵进击，明军发炮接战。后金军火炮齐发，骑兵冲杀，明军阵乱，开始溃散。努尔哈赤督兵乘胜追击，初战告捷。二十日，夜宿野营的努尔哈赤，督军从东门和小西门两面攻城，东门由明经略袁应泰亲自统兵应战。努尔哈赤命右翼四旗兵拼死强攻，明军发火器还击。后金骑兵呼喊驰进，明守军排列 3 层，施放火器，进行抵御。努尔哈赤督兵强攻，袁应泰命军抗御。由于八旗兵攻势凌厉，明守军受挫动摇，总兵梁仲善、朱万良战死，部众大溃，经略袁应泰退入城内。努尔哈赤在东门获胜后，又集中八旗兵力攻打小西门。明军从城上放火箭、扔火罐，万矢下射、奋力抵御。努尔哈赤命竖云梯、列楯车，夺桥破门。明军挑灯夜战，直到天明。二十一日，努尔哈赤亲督左右翼兵，向辽阳城发起总攻。激战一天，夜幕降临，小西门内应，城楼上起火，满城慌乱，明军溃散。经略袁应泰知城已陷，佩剑印，自缢死。天命汗在 9 天之内连陷沈阳和辽阳，数日之间，金（州）、复（州）、海（州）、盖（州）传檄而下。不久，努尔哈赤将都城由赫图阿拉迁到辽阳。

沈辽之役，是清朝与明朝兴亡史上的转折点：努尔哈赤攻占明朝辽东首府辽阳及辽东重镇沈阳，标志着明朝在辽东统治的结束和后金在关

《满洲实录》之“太祖克沈阳”图

外汉人地区实行管制的确立。是役，努尔哈赤巧妙地运用集团兵力，攻坚作战，围城打援，里应外合，9天之间，接连夺取沈阳和辽阳，成为中国军事史上著名的战例。沈辽之役的影响与意义，远超出军事的范围。努尔哈赤在沈辽大捷后，先迁都辽阳，再迁都沈阳，从此在关外站住了脚，并从根本上动摇了大明皇朝的统治。

努尔哈赤取得的上述3次大捷，是他个人、满洲族和大清朝兴起史上的3座里程碑，为后来清军进关、入主中原、统一中国奠定了基础。然而，这只是他事业的一个部分。努尔哈赤一生的功业，主要有10项重大贡献。

十大贡献　开创事业

我们说清太祖努尔哈赤是一位开创时代的伟大的英雄人物，不仅有他的3次大捷，而且有他彪炳史册的10项业绩，这就是：

整合女真各部　金朝是女真人建立的政权。金亡之后，女真各部，纷争不已，强凌弱，众暴寡，元、明300年来未能实现统一。努尔哈赤兴起，采用“顺者以德服，逆者以兵临”的策略，经过30多年的征抚，终于实现了女真各部的重新统一。在中国的历史上，甚至在当今的世界上，有那么多的民族内部在争斗厮杀，其原因之一，是没有一位杰出的民族领袖，能将本民族各种利益集团协调统一起来。可见努尔哈赤促成女真—满洲的民族大统一，确是一件非常了不起的事情。

统一东北地区 明朝中期以后，皇权衰落，已不能对东北广大地区实行有效的管辖。努尔哈赤和他的儿子皇太极，完成了东北地区的统一："自东北海滨，迄西北海滨，其间使犬、使鹿之邦，及产黑狐、黑貂之地，不事耕种、渔猎为生之俗，远迩诸国（部），在在臣服。"就是说，东自鄂霍茨克海，西到青海，西北迄贝加尔湖，南临长城，北跨外兴安岭，东北达库页岛的广阔地域，原明奴儿干都司、辽东都司（山东北部除外）以及漠南蒙古辖境内的各族部民，都被置于清初的管辖之内。这就为康熙二十八年（1689 年）中俄《尼布楚条约》的签订奠下了基础。如果没有经努尔哈赤奠定的清朝对东北的统一，后来沙俄东侵，日本西进，东北疆域，外强争逐，谁人占有，实在难卜。

创建八旗制度 先是，女真各部组织涣散。努尔哈赤利用女真原有狩猎组织形式，创建八旗制度。初设四旗，分别以黄、白、红、蓝为标志；后增四旗，将原来旗帜周围镶边，黄、白、蓝三色旗帜镶红边，红色旗帜镶白边。这样，共有 8 种不同颜色的旗帜，称为八旗，这就是满洲八旗，或称八旗满洲。尔后逐渐增设蒙古八旗和汉军八旗，共 24 旗，但统称为八旗。八旗制度"以旗统军、以旗统民"，出则为兵、入则为民，亦兵亦农、亦耕亦战。以八旗组织为纽带，将全社会的军事、政治、经济、行政、司法和宗族统制起来，联结成为一个组织严密、生气勃勃的社会机体。八旗制度是努尔哈赤的一个创造，也是清朝兴起与强盛的一个法宝。

制定满洲文字 先是，金亡后通晓女真文的人日少。到明朝中期，女真文已逐渐失传。满语属阿尔泰语系满—通古斯语族，满洲没有文字。努尔哈赤兴起后，于万历二十七年（1599 年），倡议并主持创制无圈点满文（老满文），皇太极时改进成为有圈点满文（新满文）。满文是拼音文字，有 6 个元音字母，22 个辅音字母，10 个特定字母。字母不分大小写，在构成音节出现于词首、词中和词尾时，均有不同的形式。书写自上而下，行款自左至右。满语文后来成为清朝官方语言和文字。当时，东北亚的满—通古斯语族诸民族，除满洲外都没有文字。所以，努尔哈赤主持创

正黄旗军旗

镶黄旗军旗

正白旗军旗

镶白旗军旗

正红旗军旗

镶红旗军旗

正蓝旗军旗

镶蓝旗军旗

八旗军旗

制满文，是满族发展史上一座里程碑，是中华文化史上、也是东北亚文明史上的一件大事。满文后来成为满汉、中西文化交流的重要桥梁。

促进满族形成 满族是以建州女真为核心，以海西女真为主体，吸收东海女真人、黑龙江女真人以及部分汉人、蒙古人、达斡尔人、锡伯人、朝鲜人等组成的一个新的民族共同体。为反映这个满洲共同体形成的事实，皇太极于天聪九年十月十三日（1635 年 11 月 22 日），诏谕满洲的族名曰:“我国建号满洲，统绪绵远，相传奕世。自今以后，一切人等，止称我国满洲原名，不得仍前妄称。”从此，满洲族（简称满族）的名称正式出现在中国和世界的史册上。顺治元年（1644 年）清军入关，满洲族成为清朝的主体民族。满洲族初由东北边隅小部，继而形成民族共同体，以至发展到当今千万人的大民族，先后涌现出一大批灿如星汉的政治家、军事家、文学家、艺术家、科学家、语言学家等。而满洲族肇兴的领袖，就是清太祖努尔哈赤。

建立后金政权 明万历四十四年（1616 年），努尔哈赤作为一个偏居边境一隅的满洲首领，以赫图阿拉为中心，参照蒙古政权、特别是中原汉族政权的范式，自践汗位，建立金朝（后金），从而确立巩固的基地，以支持其统一事业的进一步发展。尔后，他克沈阳、占辽阳，夺广宁、据义州，都城先迁辽阳、继迁沈阳。他的儿子皇太极，于天聪十年（1636 年）四月改元崇德，国号“大清”。清自天命元年至宣统三年（1616—1911 年），共历 296 年。清太祖努尔哈赤是大清皇朝的开创者，大清帝国的奠基人。

丰富兵坛经验 努尔哈赤戎马生涯长达 44 年，史称他“用兵如神”，是一位优秀的军事统帅。他缔造和指挥的八旗军，在 17 世纪前半叶，不仅是中国一支最富有战斗力的军队，而且是世界上一支最强大的骑兵。努尔哈赤统帅这支军队，先后取得 12 次大捷——古勒山之役、乌碣岩之役、哈达之役、辉发之役、乌拉之役、抚清之役、萨尔浒之役、叶赫之役、开铁之役、沈辽之役、广宁之役和觉华岛之役。他在军队组织、军队训练、军队补给、军事指挥、军事谋略、军事艺术等方面，都为军事史的发展做出贡献。特别是他在作战指挥艺术上，对诸多军事原则

——重视侦察、临机善断、诱敌深入、据险设伏、巧用疑兵、驱骑驰突、纵向强攻、横向卷击、集中兵力、各个击破、一鼓作气、速战速决、用计行间、里应外合等，都能熟练运用并予发挥，极大地丰富了中华古代军事思想的宝库。

制定抚蒙政策 先是，自秦、汉以后，匈奴一直是中央皇朝的北患。为此，秦始皇连接六国长城而为万里长城。至有明一代，己巳与庚戌，京师两遭蒙古骑兵困扰，甚至明英宗也做了蒙古瓦剌兵的俘虏。徐达与戚继光为巩固边防，大修长城。满洲兴起后，努尔哈赤对蒙古采取了完全不同于中原汉族皇帝的做法。他用编旗、联姻、会盟、封赏、围猎、赈济、朝觐、重教等政策，加强对蒙古上层人物及其部民的联系与统治。后漠南蒙古编入八旗，成为其军政的重要支柱；喀尔喀蒙古实行旗盟制；厄鲁特蒙古实行外扎萨克制。其联姻不同于汉、唐的"和亲"政策、公主下嫁，而是互相婚娶，真正成为儿女亲家。这是中央政权（元朝除外）对蒙古治策的重大创革。中国两千年古代社会史上的匈奴、蒙古难题，到清朝才算得以解决。后来康熙帝说："昔秦兴土石之工，修筑长城。我朝施恩于喀尔喀，使之防备朔方，较长城更为坚固。"而清朝对蒙古的抚民固边政策，其经始者就是努尔哈赤。

推进社会改革 努尔哈赤在44年的政治生涯中，不断地推进社会改革。在政权机制方面，他逐步建立起以汗为首领、五大臣和八大贝勒为核心的领导群体，并通过固山、甲喇、牛录3级，将后金社会的军民统制起来。尔后，创立八和硕贝勒共议国政制——并肩同坐，共议大政，断理诉讼，举废国汗，八旗共主，而非独裁，即实行贵族共和制。但他死后仅皇太极继承大位时实行过一次，尔后这一重要的制度未能继续。在经济机制方面，他先后下令实行牛录屯田、计丁授田和按丁编庄的制度，将牛录屯田转化为八旗旗地，奴隶制田庄转化为封建制田庄；他重视种粮植棉，规定出征不违农时，牛马毁坏庄稼，牧者要受惩罚；他注重采猎经济，发明人参煮晒法，使部民获得厚利；他关注采炼业，万历二十七年（1599年），建州"始炒铁，开金、银矿"；他尤其重视手工业生产，包括军器、造船、纺织、制瓷、煮盐、冶铸、火药等，对进入女真地区的工匠，欣然接纳，待遇优厚；他还关切建州同明朝、蒙古和朝鲜的贸易，促进商品交流，推动经济发展。在社会文化机制方面，随着八旗军民迁居辽河流域，女真由牧猎经济转化为农耕经济，初步实现了满洲社会由牧猎文化向农耕文化的转变。

决策迁都沈阳 先前，辽设五京，没有沈阳；金设五京，也没有沈阳。元朝东北行政中心，在辽阳；明朝辽东军政中心，先在广宁、后在辽阳。努尔哈赤攻占辽阳后，迁都辽阳。天命十年即天启五年（1625 年），努尔哈赤决策迁都沈阳，但贝勒诸臣反对。其理由是："迩者筑城东京，宫室既建，而民之庐舍，尚未完缮。今复迁移，岁荒食匮，又兴大役，恐烦苦我国。"天命汗力主迁都沈阳，谓："沈阳形胜之地，西征明，由都尔鼻渡辽河，路直且近；北征蒙古，二三日可至；南征朝鲜，可由清河路以进；且于浑河、苏克素浒河之上流，伐木顺流下，以之治宫室、为薪，不可胜用也；时而出猎，山近兽多；河中水族，亦可捕而取之。朕筹此熟矣，汝等宁不计及耶！"努尔哈赤综合考量了历史与地理、社会与自然、政治与军事、民族与物产、形胜与交通等因素，而做出迁都沈阳的重大决策。从此，沈阳第一次成为都城。经努尔哈赤、皇太极父子两代的开发，沈阳及辽河地区的经济与文化，得到全面的开发与迅速的发展。清朝迁都北京后，沈阳成为清朝的陪都。似可以说，近代辽河流域、沈海地带的区域经济开发，清太祖努尔哈赤是其经始者。

努尔哈赤取得上述十项重大功绩，成为开创时代的英雄人物，有他的内外客观条件。

内外时势　铸造英雄

"时势造英雄"，一位伟大人物的出现，必然有其复杂的时代背景。钢铁需经烈火锻炼，英雄要受风暴考验。在风平浪静的如镜湖面，显不出英雄的真正本色。那么，努尔哈赤所处的时代背景是怎样的呢？他处

《皇清职贡图》之“鄂罗斯夷官”、“鄂罗斯夷人”

于“乱世”。所谓“乱世”，就是社会上的各个阶层、各个集团、各个民族、各个宗教、各个地域的利益，处于300年一遇的大分裂、大震荡、大争夺、大重组的陵谷隆替之期。其时，全辽地域主要有四大政治、民族利益集团：南为大明、东为朝鲜、西为蒙古、北为女真。各大利益集团之间及其内部，纵横捭阖，明争暗斗，历史又到了一个劫难的乱世。兵荒马乱是明末东北地区最为突出的一个社会现象。但是，“乱世出英雄”，“乱世”为英雄提供了难得的历史舞台。

努尔哈赤正是巧妙地利用了这个历史的“时势”，被时代铸造成了一位英雄。

下面，国分内外，地分民族，列纲举目，一一细说。

先说俄国 俄国原是一个欧洲国家。俄罗斯大公国到明弘治元年

（1488 年），伊万三世自称全俄罗斯大君主。明嘉靖二十六年（1547 年），伊凡四世（17 岁）被立为沙皇。他在两年后召开首届俄罗斯全国议会，5 年后开始征服喀山等地。瓦西里三世时，俄罗斯的东部疆界在北乌拉尔山以西。到 16 世纪后期，俄国的势力扩张到西伯利亚。明万历十年（1582 年），以叶尔马克为首的哥萨克越过乌拉尔山，进入西伯利亚地带。这年发生古勒寨之战，努尔哈赤的祖、父死于难。历史十分巧合：俄国势力进入西伯利亚与努尔哈赤父祖遇难竟然发生在同一年。前者，对努尔哈赤来说是子孙的外患（尽管他当时并不知道这一点）；后者，对努尔哈赤来说则是现实的内忧。尔后，俄国的扩张势力步步东逼。明万历十五年（1587 年），俄国建托博尔斯克，这里后来成为他们在西伯利亚的中心。明万历四十一年（1613 年），罗曼诺夫为沙皇，从而创建罗曼诺夫王朝，更加紧了对西伯利亚的扩张。明崇祯五年（1632 年），俄国在勒拿河畔建立勒拿堡，即今雅库次克。后进而侵入黑龙江流域。崇祯十一年即崇德三年（1638 年），哥萨克人听到鄂温克人说有一条黑龙江。崇祯十六年即崇德八年（1643 年），俄人波雅科夫带军到了精奇里江（今结雅河），侵入达斡尔地区。顺治七年（1650 年），哈巴罗夫带领 70 多人，翻越外兴安岭，侵入黑龙江地方。不久，他们占领达斡尔人的住地雅克萨（今阿尔巴津）。第二年，哈巴罗夫侵占索伦头人托尔金的住地。托尔金是皇太极额驸巴尔达齐的亲戚。这个大的历史背景说明，如果东北地区各个民族内部或民族之间混乱纷争、不相统一，那么就不能共同抵御沙皇俄国东扩势力；相反，努尔哈赤父子对东北地区的重新统一，为后来抵御沙皇俄国对我国东北地区侵略准备了历史条件。

次说日本　日本国内的政治变动和对外政策，对努尔哈赤的兴起有着直接的、至关重要的影响。日本在中国明朝万历之前，处于战国时代，诸侯割据，战乱不已。到明嘉靖时，地方实力派织田信长（1534—1582 年）势力强大，兼并各部，进占京都。他在统一日本的过程中，于明万历十年（1582 年）在本能寺被其家臣明智光秀所谋杀。丰臣秀吉继续织田信长的统一事业，他以大阪为基地，加强集权，四处征战，笼络诸侯，势力强大，逐渐结束了延续百年的战国分裂局面。丰臣秀吉在初步完成统一后，又开始进行对外侵略战争。其侵略矛头首先指向朝鲜。明万历二十年（1592 年），丰臣秀吉向朝鲜发动大规模的军事进攻，占领平壤，朝鲜告急。明朝以“唇亡则齿寒”，派兵抗日援朝。这年是壬辰年，史称这场战争为壬辰战争，战争时断时续地进行了 6 年。万历二十六年（1598 年），丰臣秀吉病死，日军退守本岛，战争结束，兵祸始休。日本的专制权力落到织田信长的另一大将德川家康的手中。德川家康急于扫平对手，打击联军，整顿内部，巩固权力，并在江户（今东京）建立幕府，也无暇顾及朝鲜。所以，日本发动壬辰战争和国内政治突变，对后金的统一战争和满洲的崛兴辽东，提供了十分难得的机遇。这时，努尔哈赤虽刚完成对建州的统一，但对扈伦四部的统一尚待外部条件。朝鲜、明朝与日本之间进行的壬辰战争，恰为努尔哈赤统一扈伦四部提供了历史的机遇。因为：第一，明朝将在辽东的主力军派往朝鲜，辽东地区出现军事空虚；第二，明朝无力、也无暇支持叶赫去牵制后金，使努尔哈赤无后顾之忧；第三，朝鲜受到外敌侵略，金瓯残破，八道尽失，不能同明朝形成合力，共同对付后金；第四，壬辰战争使朝鲜元气大伤，再加上内部纷争，一蹶不振。历史为努尔哈赤基本完成统一海西女真扈伦四部提供了机遇，也为后来皇太极两次进军朝鲜提供了条件。似乎可以这样说，如果没有日本侵略朝鲜的壬辰战争，那么明朝和朝鲜的军队会联合起来对付后金，就不会有努尔哈赤吞并扈伦四部的条件，也很难有满洲崛兴的机会。

再说朝鲜　朝鲜在明初称高丽，位于朝鲜半岛，是中国的近邻。明洪武二十五年（1392 年），高丽国大将李成桂废黜高丽恭让王瑶自立，奏报明廷，请更国号。明太祖朱元璋命：“仍古号，曰朝鲜。”后赐金印、诰命等。朝鲜的国王、世子，均奏请明廷诏立。明朝和朝鲜鉴于各自的利益，都不愿意看到一个统一强大的建州女真在他们中间崛兴，于是几次联合出兵，攻剿建州。到努尔哈赤兴起时，日本丰臣秀吉发动了侵朝战争。日军 16 万人先后在釜山登陆，长驱直入，破开城、陷王京，纵淫掠、占平壤，朝鲜国王李昖逃奔义州。朝鲜两京陷落，八道丧失；明朝派兵援救，损兵耗饷。《明史·朝鲜传》记载："倭乱朝鲜七载，丧师数十万，靡饷数百万。"努尔哈赤请求派兵驰援，但受到明朝和朝鲜两方的拒绝。历史给努尔哈赤提供了机遇，他利用明朝和朝鲜无暇鞭及的时机，基本完成了建州女真和海西女真的统一，随之建立后金。待明朝和朝鲜缓过气来，才合兵围攻后金都城赫图阿拉。明朝分兵四路，两双败北；朝鲜元帅姜弘立统领军队万余人，兵败被俘，全军覆没。其后，朝鲜便依违于明朝与后金之间。努尔哈赤死后，他的儿子皇太极于天聪元年（1627年），派二大贝勒阿敏率军攻朝鲜，渡鸭绿江，攻破平壤，所至辄下，订"兄弟之盟"。朝鲜输款，后金班师。崇德元年（1636年），皇太极亲征朝鲜，列城悉破，在汉江畔三田渡，订"君臣之盟"，并立"大清皇帝功德碑"。努尔哈赤父子翦除明朝西翼蒙古和东翼朝鲜，从而摧毁了明朝自洪武以来经营200多年的全辽左右两翼防线，为满洲的崛兴创造了外部条件。

在中国内部，主要有女真、蒙古和明朝3个重要的因素。这3个因素的相互关系、力量消长，直接影响到满洲的崛起。

先说女真 女真分为建州女真、海西女真、东海女真和黑龙江女真四大部。时值女真社会混乱动荡："各部蜂起，皆称王争长，互相战杀，甚且骨肉相残，强凌弱，众暴寡。"而在夹缝中生存的建州女真，更是"攘夺财货，兄弟交嫉"，四分五裂、争战不息。建州女真部的王杲及其子阿台，一度强大起来。明廷采取"捣巢"的军事围剿，虽除掉王杲、阿台，却未能遏止建州通过兼并而聚集力量的历史趋势。此一举措，为努尔哈赤兄弟登台，统一建州，提供复仇口实，扫清了前进道路。明廷实行"以夷制夷"的策略，扶持哈达部首领王台。王台病死，其部自乱，努尔哈赤趁机分口吃掉哈达。明廷则一面支持哈达，一面抑制叶赫。明辽东总兵李成梁设计，在开原关帝庙诱杀叶赫部首领清佳努和杨佳努兄弟。叶赫走向衰落，建州日趋壮大。乌拉部也被建州用砍伐大树的方法，一斧一斧地砍倒，其他女真诸部先后归服称臣。由此，明朝原来对女真各部"使之相争，不使之相吞”政策所造成的均衡局面被打破。努尔哈赤既藉用明廷的信任，又利用明廷的错误，一步一步地完成了女真的统一。就客观历史而言，明廷对辽东女真错误的政策，促成了努尔哈赤势力的崛兴，而瓦解了他们自己从洪武以来经营200多年的全辽东部防线。

次说蒙古 朱明兴、蒙元亡，故元势力成为明朝北部的边患。这同明太祖朱元璋对故元势力的政策不无关系。徐达率师直捣大都，行前奏问：“元都克而其主北走，将追之乎？”朱元璋答：“元运衰矣，行自澌灭，不烦穷兵。”就是说，占领大都就行，不必远追穷寇。因此，元统虽绝，实力犹存，“引弓之士，不下百万”，明朝前期全辽政策的战略基点是防御蒙古。经洪武的5次用兵，永乐的5次北征，蒙古势力受到大挫，开始分裂，走向衰落。蒙古诸部的分裂与衰落，为满洲崛兴准备了条件。到17世纪初期，明朝全辽政策发生变化：由重点防御蒙古转向全面对付女真，将“以东夷牵制西虏”的策略，改变为“以西虏牵制东夷”。其目的在于阻止努尔哈赤势力西进，而保住辽西地区。努尔哈赤则针锋相对，先同蒙古科尔沁部姻盟，继同内喀尔喀部会盟，后来皇太极击败同明结盟的察哈尔部，其首领林丹汗走死青海打草滩。后林丹汗遗孀苏泰太后及其子额哲降顺皇太极。苏泰太后改嫁给努尔哈赤的侄子济尔哈朗，林丹汗遗孀囊囊福晋、窦土门福晋则成为皇太极的妃子。努尔哈赤父子用抚绥与征伐的两手策略，完成对漠南蒙古的吞并，从而摧毁了明朝自洪武以来经营200多年的全辽西部防线。

再说明朝 物必自腐，尔后生蠹。探究后金崛兴之因，实为明朝腐败之果。纵观中华5000年的文明历史，中央皇朝强盛，必是边疆民族臣服；中央皇权衰微，常是民族纷乱蜂起。明朝的万历帝二十几年不御政，泰昌帝登极一月便暴死，天启帝会做木匠而不会做皇帝，崇祯帝刚愎自用而性格乖戾，朝政紊乱，纪纲失衡。明朝末期，党争日烈，辽事日非。天启时辽东经略王在晋评论辽东形势说：“东事一坏于清（河）、抚（顺），再坏于开（原）、铁（岭），三坏于辽（阳）、沈（阳），四坏于广宁。初坏为危局，再坏为败局，三坏为残局，至于四坏则弃全辽而无局——退

明万历皇帝像

缩山海、再无可退。”当时局势尚不至于如此悲观，袁崇焕在宁远大败天命汗努尔哈赤便可为证。但袁崇焕兵胜遭谗，藉病去职。崇祯帝登位，初加任用，命为兵部尚书兼蓟辽督师，旋则遭猜忌，下锦衣卫狱。袁督师的下场，与熊经略雷同。熊廷弼被冤杀，传首九边；袁崇焕遭凌迟，尸碎门灭。明辽东总帅孙承宗、熊廷弼、袁崇焕，或去职，或非死。后明清松锦会战，明总督洪承畴转胜为败，师没降清。山海关外，实非明有。明帝自毁长城，败亡咎由自取，从而自毁了自洪武以来经营200多年的全辽防线。

综上可以看出，明朝的腐败，日本的战败，朝鲜的外患，蒙古的衰落，女真的内讧，都为努尔哈赤成为时代英雄提供了历史条件。但是，同样的历史条件，为什么别人没有成为大清国的奠基者呢？在这里还有努尔哈赤自身的条件。

性格因素　决定命运

清太祖努尔哈赤之所以成为一位伟大的英雄人物，还有他的性格因素。性格对一个人的婚姻与家庭、事业与命运来说，都是相当重要的。有人说“性格决定人生的命运”，这句话有一定道理。因为一个人的性格，是其事业成败的内在因素。努尔哈赤的性格，影响其事业者，仅举下列8点。

开创精神　对于一个想有所作为的人来说，最重要的品格是开创精神。努尔哈赤开创了一个时代，他的性格特质，在于开创精神。起初，他以父祖“十三副遗甲”起兵，率领几十人的队伍，拉开了建立大清基业历史戏剧的序幕。接着，创建八旗制度，创制满洲文字，创立大金政权。继而，他发布“七大恨”誓师，公然叛明，进军辽东。尔后，他指挥八旗军，以少胜多，以弱敌强，在萨尔浒大败明军。再后，他发动沈辽大战，攻克明朝辽东的军事重镇——沈阳和明朝的辽东首府——辽阳。努尔哈赤作为一代开国之君，他的一切重大军政治策，都无例外地具有重大的开创性。

独立人格 努尔哈赤 10 岁丧母，继母对他刻薄寡恩。后来他父亲听从继母之言，分户出居，予产独薄。他少年便没有依赖心理，独立走上生活道路。努尔哈赤在挖人参、捡松子、采蘑菇等劳作中，加强了独立心态；在往来抚顺“马市”（集市）等贸易中，磨炼了独立意志；在同蒙古人、汉人等交往中，增强了独立性格。独立人格与驯顺奴性，这是两种绝然不同类型的心态——后者会使人唯唯诺诺、庸碌无为，前者则使人愈挫愈锐、奋发进取。独立人格是努尔哈赤一生功业的起点，努尔哈赤就是因为具备这种健康的独立人格，才能够超脱凡俗，以父祖“十三副遗甲”愤然起兵，大战于萨尔浒，遐迩闻名，自称大汗，建元天命。而迁都沈阳，诸贝勒反对，他一人独行，后众臣附随。历史证明，他的卓见，既超前，又深远，为其独立人格使然。

文犷武骨 文化丰厚涵蕴，源自丰富阅历。孔子说：“父母在，不远游，游必有方。”不远交游，囿于狭境，思想封闭，难做大事。朱元璋不为游僧，恐其后未必成为明太祖。努尔哈赤囿于赫图阿拉，必定成不了天命汗。他不仅到抚顺贸易，还亲自到北京朝贡，先后 8 次。长途往返跋涉 5 000 余里，熟悉了汉区情状，目睹了京城繁华。这对于一个后来有所作为的人来说，无疑有着巨大的激励与影响。他还在明辽东总兵李成梁帐下做过仆从，又会蒙古语文，并略通汉语。传说他喜读《三国演义》。他的胞弟舒尔哈齐大门对联以汉字书写：“迹处青山”，“身居绿林”。他还精于骑射，《清太祖武皇帝实录》记载他“神箭射柳”的故事。在与努尔哈赤同时代的女真诸首领中，像他这样的文化涵蕴与见识阅历、武骨兵韬与精于骑射，是没有二例的。

勇敢沉着 面临重大之事，身罹危难之时，努尔哈赤既勇敢，又沉静，这是政治家、军事家的基本素质。努尔哈赤在做重大决策时，能高瞻远瞩，力排众议，扫除障碍，夺得成功。万历二十一年（1593 年），叶赫纠合哈达、乌拉、辉发等九部联军，兵 3 万，分 3 路，向建州古勒山驰扑而来。其时努尔哈赤兵不满万，侦骑报警，建州官兵，闻之色变。但努尔哈赤得到警报后，就寝酣睡。他的妻子富察氏把他推醒后问道：“尔方寸乱耶，

天命汗努尔哈赤朝服像

惧耶？九国兵来攻，岂酣寝时耶？”努尔哈赤从容答道：“人有所惧，虽寝，不成寐；我果惧，安能酣寝？前闻叶赫兵三路来侵，因无期，时以为念。既至，吾心安矣！”努尔哈赤说完之后，安寝如故。寻获古勒山大捷。类似例子，还有其他。从这里可以看出，努尔哈赤的勇敢与沉着的品格，很多人是不具备的。

心智韬略 努尔哈赤有心智，多韬略。如他攻抚顺，佯称赴市，潜伏精兵，外攻内应，计略取胜。又如他对女真各部，远交近攻，分化瓦解，联小制大，各个征抚，逐步完成女真诸部的统一。再如他对明朝的两面政策：既朝贡称臣，又暗自称雄。此前的各部女真首领，哈达部首领王台，只称臣不称雄，病老而死，未能完成女真的统一；建州部首领王杲，只称雄不称臣，身首异处，也未能完成女真的统一。努尔哈赤则吸取女真诸部首领的历史经验与教训，依据彼己力量变数，对称臣与称雄的关系，分做 4 个时期，施展动态策略：初始，只称臣、不称雄；继而，明称臣、暗称雄；尔后，既称臣、又称雄；最后，不称臣、只称雄。总之，努尔哈赤采取了既称臣又称雄的策略，暗自坐大，形成气候，建元称汗，夺占辽东。

胸襟宽宏 努尔哈赤襟怀大度，不计小怨。他一日夜寝，闻户外有声，披衣起，持弓矢，潜出户外。忽有电光照见一人影。近侍洛汉要将其杀死。努尔哈赤考虑若杀此贼，其主必加兵于我。便以“盗牛”而纵之去。他率兵攻翁科洛城时，先被守城的鄂尔果尼以矢射中，血流至足；又被守城的洛科以矢射颈，血流如注。伤愈后兵破此城，擒获鄂尔果尼与洛科，众将请对他们施以乱箭穿胸的酷刑，以雪前恨。努尔哈赤说：两敌交锋，志在取胜。彼为其主，乃以射我。今为我用，不又为我射敌耶！如此勇敢之人，若临阵死于锋镝，犹将惜之，何以射我，而杀之乎！于是，命给二人释缚，授为牛录额真。由于他胸怀宽广，知人善任，逐渐形成以五大臣、八大贝勒为核心的坚强而稳定的领导群体，率官将，统军民，完成了女真一统大业。

刚毅坚韧 成大事业者，必受大磨难。努尔哈赤走上人生之路，多历坎坷，几经劫难。如古勒山之战、萨尔浒之战，建州都面临“灭顶之灾”的险境。努尔哈赤凭借其刚毅坚韧的性格，亲率军民，奋力拼打，以少胜多，化险为夷。又如他迁都辽阳之议，受到群臣的“苦谏”；再迁都沈阳之议，又受到群臣的“拒迁”。特别是后者，使他很难过。他阐明沈阳在地理、政治、经济、军事、交通等方面的重要地位后，不顾诸大臣反对，愤然自出东京辽阳，夜宿虎皮驿，翌日到沈阳。诸贝勒大臣无奈，只好随迁。历史事实证明，天命汗迁都沈阳是正确的重大决策。一个人在前进道路上受到了劫难——知难而退，终将无成；迎难而上，才能有成。努尔哈赤性格的一大特点是，屡受挫折，愈挫愈锐。这是努尔哈赤成为英雄人物的重要性格因素。

善于协调 一个领袖人物的力量所在是，统率群体，协调关系，相互制衡，各展所长。天命汗的麾下，不同民族，不同部落，不同旗分，不同地域，各路英雄豪杰，文武能臣名将，目标齐一，长期奋战。先说军功贵族，他们的代表是五大臣——费英东、额亦都、何和礼、安费扬古和扈尔汉，努尔哈赤对这些开国柱石，信任始终，同甘共苦；他们也都身经百战，遍体伤痕——共同亲密走完人生之路。这里仅举一例，《清史稿·额亦都传》记载：额亦都之子达启，受太祖养育宫中，尚公主为额驸，但他恃宠而骄。一日，额亦都集诸子宴，行酒之间，命执达启，曰：“天下安有父杀子者？顾此子傲慢，及今不治，他日必负国败门户，不从者血刃！”于是，“引达启入室，以被覆杀之”！额亦都谢报清太祖，努尔哈赤惊惋嗟叹，谓“额亦都为国深虑，不可及也”！次是宗室贵族，虽有逼死胞弟舒尔哈齐、处死长子褚英的惨痛之事，但他并未滥杀无辜，而是团结亲族，赏罚分明，同心协力，一致奋斗。再是蒙古贵族，他极尽笼络之能事，已服官将，未再叛离。最后是汉军将领，也能妥善对待，使他们尽职尽忠。天命汗对军功贵族、宗室贵族、蒙古贵族和汉军贵族，能在40余年中，相互凝聚，和衷共济，没有内讧，未生裂变，从而完成女真统一和奠基清朝的大业。

综上，努尔哈赤成为杰出的英雄人物，历史条件与自身条件，既相互制约，又错综联结。而历史条件与自身条件所编织网络的集结点，就是清太祖努尔哈赤在通往杰出英雄人物道路上获得成功的秘诀。

晚年僵化　悲苦谢世

努尔哈赤晚年，像许多政治家、军事家一样，不免头脑僵化。其晚年的悲苦，主要表现为两件事情：一件是轻敌兵败、身负重伤，另一件是嗣位争夺、骨肉相残。

轻敌兵败　努尔哈赤一生经历过许多重大战役，所向告捷，攻无不克。但是，在宁远之役中，却败给了袁崇焕。先是，明天启二年即天命七年（1622 年），努尔哈赤大败明辽东经略熊廷弼和辽东巡抚王化贞，夺取明辽西重镇广宁（今辽宁北宁市）。熊廷弼因兵败失地而被斩，传首九边；王化贞也因兵败弃城而丢官，下狱论死。明廷派天启帝的老师、大学士孙承宗为辽东经略。孙承宗出关赴任，巡察边务，整顿部伍，储备粮料，积极防御。他还任用袁崇焕修筑宁远城，加强战备。努尔哈赤在取得广宁大捷后，见明朝经略易人，不敢轻举妄动。于是，整整 4 年之间，没做大的举动。然而，明朝党争激烈，互相倾轧。当时朝中主要有两派：一派以大太监魏忠贤为首的阉党，另一派为东林党。东林党多忠义正直之士，孙承宗为东林党德高望重的人士。孙承宗虽然身为帝师、大学士，但在党争中也受到排挤，辞官回京。接替孙承宗任辽东经略的，是阉党分子高第。高第上任后，采取消极防御方略，命令山海关外的兵力全部撤到关内。山海关外，明军官兵，弃城丢械，涌向关内，兵民塞路，哭声震野！身为宁前道的袁崇焕拒不从命，斩钉截铁地说：“宁前道当与宁、前为存亡！如撤宁、前兵，宁前道必不入，独卧孤城，以当虏耳！”一个小小的道员，敢于抗拒东北战区最高军政长官之命，实在可贵，实在可钦！宁远（今辽宁兴城）是明军在辽西失陷广宁后最重要的军事堡垒，后金军进攻明朝首当其冲的就是宁远城。袁崇焕率领万余兵民，独守孤城宁远。他布置火炮——将新从海外引进的西洋大炮（又称红夷大炮、红衣大炮）安放在城上;坚壁清野——将城外的商民、粮草撤到城内，焚毁城外房舍；军民联防——安排百姓巡逻放哨、运送火药；激励士气——刺血宣誓、激以忠义，并亲自向官兵下拜，官兵都决心与袁崇焕同死生、共赴难。袁崇焕一切布置妥当，静待敌人来攻。

明天启六年即天命十一年（1626年）正月，努尔哈赤亲率6万八旗军，号称20万大军，渡过辽河，因明辽军城堡防守已撤，八旗军如入无人之境，向孤城宁远猛扑而来。二十三日，努尔哈赤命离宁远城5里安营，横截山海之间的大路。努尔哈赤采取“先礼后兵”的策略，放回被俘汉人捎劝降书给袁崇焕说：献城投降，高官厚赏；拒绝投降，城破身亡！袁崇焕回答说:“义当死守，岂有降理！”二十四日，努尔哈赤派兵猛力攻城。城堞上，箭头如倾盆雨；悬牌上，矢镞如刺猬皮。后金兵攻城不下，努尔哈赤命军士冒死凿城挖洞。后金兵将城墙凿开高两丈者有三四处，明守军抛火球、扔火把烧击挖城敌人。当城墙快被挖穿时，袁崇焕亲自带兵用铁索裹着棉絮蘸油点燃，垂下燃烧穴城之敌。他的战袍被箭射破，肩臂受伤。袁崇焕撕破自己的战袍，包扎伤口，不下火线，坚定指挥。这一天，后金兵攻城，从早到晚，尸积城下，几乎陷城。二十五日，袁崇焕命用西洋大炮，从城上往下轰击，重创八旗军。努尔哈赤对这种新引进的西洋大炮，其来源，其特点，其性能，其威力，一无所知，毫无准备。炮过之处，死伤一片。官兵害怕，畏缩不前。后金将领持刀驱兵向前，快到城下，畏炮又退。努尔哈赤亲自督阵，有史料记载：城上西洋大炮，击中黄龙幕，伤一大头目，用红布包裹，官兵抬去，放声大哭。对上述史料，清史界有不同见解。有学者认为：这个“大头目”就是天命汗努尔哈赤。

努尔哈赤兵败宁远，原因很多，最重要的就是轻敌。而轻敌的原因，在于思想骄傲，头脑僵化。努尔哈赤头脑僵化，骄傲轻敌，是宁远兵败的主要因素。

嗣位烦恼 努尔哈赤一生经历过许多悲苦，其中最重要的是晚年的嗣位争夺。一代有作为的帝王，特别是一代开国的帝王，晚年最关心的

代善像

是其皇位继承问题。在中国皇朝时代，立嫡以长，就是皇帝正妻所生的长子继承皇位，已经成为历朝的传统。但是，后金是满洲贵族建立的，满洲贵族的皇位继承没有先例可循。天命汗努尔哈赤的汗位如何继承？

努尔哈赤在汗位继承上，经过 3 次大的斗争。

第一次是同舒尔哈齐的斗争。舒尔哈齐是努尔哈赤的同母胞弟，和他同起兵，共成长，同战斗，共患难。后来，两人地位几乎平起平坐，但他们在若干重大治策上常有分歧。特别是同明朝的政策和同扈伦四部的策略，兄弟二人时有歧见，直至闹得不可开交。努尔哈赤对胞弟舒尔哈齐运用政治手段，将他圈禁，迫害致死。旧的矛盾解决，新的矛盾产生。努尔哈赤同他的长子褚英发生了冲突。

第二次是同长子褚英的斗争。努尔哈赤 22 岁时，妻子佟佳氏生下长子褚英。明万历三十五年（1607 年），建州同乌拉在乌碣岩（今朝鲜镜城地带）发生激战。褚英时年 27 岁，勇谋出众，力败强敌，夺取胜利。舒尔哈齐也参加了这场战斗，表现懦弱。这次战后，舒尔哈齐地位下降，褚英地位上升。舒尔哈齐死后，天命汗努尔哈赤想立长子褚英为储贰，让他在自己百年之后继承汗位。不久，褚英取代舒尔哈齐，成为实际上的储贰。但是，努尔哈赤的诸子之间、大臣之间，对褚英不满，弄得他很伤脑筋。他下定决心，将褚英废掉。在废褚英时，是让他活着，还是将他杀掉？活着可以保留儿子的生命，但仍埋下日后祸根；死可以消除将来的麻烦，但要留下千古恶名。努尔哈赤在经过痛苦思索后，决定将褚英处死。这件父子绝情的事，是不光彩的，所以后来修《清太祖实录》时，要为“尊者讳”，将这一重要史实加以隐饰。后来《无圈点老档》即《旧满洲档》或《老满文原档》重现，人们才知道上述的历史真相。

第三次是同次子代善的斗争。褚英死后，努尔哈赤难过了好一阵子。虽说国不能没有储君，却又不明说代善为皇太子，实际上代善已经是储贰的地位。于是，努尔哈赤诸子之间争夺皇储的斗争又重新展开。当时，有希望取得汗位的是四大贝勒：大贝勒次子代善、二贝勒侄子阿敏、三贝勒第五子莽古尔泰和四贝勒第八子皇太极。阿敏是舒尔哈齐之子，虽立有军功，但不可能继承汗位。莽古尔泰有勇无谋，性格鲁莽，且杀死生母，这种人不可能继承汗位。所以，努尔哈赤的汗位继承人，当时只可能是代善和皇太极。代善为人宽厚，识大体，得人心。朝鲜使臣回国奏报说，努尔哈赤死后，代善将继承大位。皇太极为人多心计，兼文武，有实力，长谋略。他巧借一个机会，打击代善威信，离间父兄关系。努尔哈赤果然疏远代善，提出汗位继承的新办法。

努尔哈赤在 3 次储贰问题上，虽经历烦恼，却总结教训。在皇权专制时代，皇位的继承主要有两种形式：一种是皇帝指定制，另一种是贵族推选制。前者，皇帝生前指定储贰，或者死后留下遗诏；后者，西方有“选帝侯”,就是由具有特殊身份的贵族,共同推选皇帝。努尔哈赤晚年，鉴于汗位继承问题的困惑和烦恼，宣布《汗谕》，抛弃传统的皇储指定制，实行八和硕贝勒共议制——推举或废黜大汗。这类似西方由“选帝侯”推选新的君王。在中国实行由八和硕贝勒推举和废黜大汗的举措，是努尔哈赤的一个创举。但是，努尔哈赤死后，新汗皇太极在羽毛丰满之后，便“南面独坐”——不是四大贝勒并坐共同议政，而是一人独坐专断，背叛了乃父的遗训，强化了君主专制。

家庭生活　亦喜亦悲

努尔哈赤一生先后娶有 16 位妻子，同成吉思汗 500 多位妻妾相比显然少多了。他有 16 个儿子和 8 个女儿，是一个很大的家庭。他的家庭生活有喜也有悲。

努尔哈赤的家庭像普通百姓的家庭一样，有合也有分。他 19 岁跟父亲、继母分家，同塔木巴晏之女佟佳・哈哈纳札青（又叫詹泰）结婚。第二年，他们生下一女，称东果格格。后来又生下二子：大的叫褚英，二的叫代善。努尔哈赤的皇后并不是长妻，而是叶赫那拉・孟古。努尔哈赤为什么同孟古结婚呢？孟古又为什么不是长妻而能成为皇后呢？这里面有一段故事。努尔哈赤早年逃难时，路过叶赫部。叶赫贝勒杨佳努见他仪表雄伟，聪颖睿智，器宇不凡，优礼相待。杨佳努贝勒把年仅 7 岁的幼女孟古许给努尔哈赤为妻，并送给他马匹、甲胄，派兵护送他回到建州老家。这年努尔哈赤24岁，因孟古尚在幼年，暂未婚娶。当孟古长到14岁（13周岁）时，因父亲杨佳努已死，由她的兄长那林布禄送亲，同努尔哈赤完婚。4年后，她生下一个男孩，这就是皇太极。皇太极后来继承努尔哈赤的大位，就是清太宗。孟古福分不够，29岁病死。但她在不幸中也有幸，后来儿子做了皇帝，母以子贵，被追封为高皇后。努尔哈赤的妻子，有的属于政治婚姻，叶赫那拉氏算是一位，乌拉那拉氏又算是一位。乌拉部被努尔哈赤战败，将乌拉部贝勒满泰的女儿乌拉那拉·阿巴亥，给努尔哈赤为妻。努尔哈赤也将侄女俄恩哲，嫁给乌拉部贝勒布占泰为妻，互相婚嫁，结成姻盟。阿巴亥比努尔哈赤小31岁，12岁同努尔哈赤完婚，先后生下阿济格、多尔衮和多铎3个儿子。多尔衮后来成为摄政睿亲王，演绎出许多生动有趣的历史故事。努尔哈赤的妻子中不仅有满洲人，还有蒙古人。蒙古科尔沁部孔果尔贝勒之女、后被尊为太妃的博尔济吉特氏就是一例。努尔哈赤的妻子中还有姐妹的例子，如努尔哈赤既娶姐姐孟古为妻，又娶她的妹妹为妻。

努尔哈赤有一位未婚妻，被称作“叶赫老女”，其中有一段生动而曲折的故事。前面说的古勒山之役中被努尔哈赤杀死的叶赫贝勒布斋，有一女，年13岁。叶赫与建州媾和后，叶赫将此女正式许婚给努尔哈赤。不久，叶赫悔婚，没有送嫁。“叶赫老女”的父亲被杀，叔父那林布禄拿她作为“奖品”——谁能打败建州，就以此女相许。结果，有“一女亡四部”——哈达、辉发、乌拉、叶赫之说。先是，叶赫诱哈达贝勒云：“你若捉拿建州二将，灭其二千兵，就将你所求之女给你为妻。”努尔哈赤闻知，一举灭了哈达部。接着，辉发贝勒原聘太祖之女为妻，却久不迎娶，有传因他看上了此女。努尔哈赤举兵，灭了辉发部。随后，乌拉贝勒布占泰，用箭射其妻即太祖的侄女额恩哲。努尔哈赤兴师问罪，布占泰辩解道：“或有人谗言，说我欲娶汝婚，上有天在！”后努尔哈赤亲征乌拉，布占泰仅以身逃，投往叶赫。布占泰香梦未圆，部破家亡。到万历四十三年（1615年），“叶赫老女”已经33岁。叶赫将她许给蒙古莽古尔代贝勒，为着共同对付建州。建州诸将说：“闻叶赫将汗聘之女欲与蒙古，所可恨者莫过于是。可速起兵，乘未嫁时，攻其城而夺之。”努尔哈赤以婚娶之事兴兵，则为不可。“叶赫老女”五月下聘，七月成婚，一年后死。建州与叶赫，历史积怨，已经太深，最后努尔哈赤灭掉叶赫部。当然，努尔哈赤灭扈伦四部，主要是政治与军事的原因，但“叶赫老女”也是一个感情因素。

努尔哈赤的妻子中，并不都是幸福地走完人生之路，有的结局很惨。继妃富察氏曾得到努尔哈赤的宠爱，后因过失，得罪夫君，悲惨而死。庶妃阿济根和德因泽都较年轻，德因泽尽量讨好努尔哈赤，得到和大汗“同桌共食”的待遇。她们在努尔哈赤生前虽博得大汗的喜爱，但在努尔哈赤死时却落得个殉葬的下场。大妃阿巴亥，努尔哈赤死时被迫殉葬。阿巴亥当时 37 岁，正值盛年，丰姿饶艳，其子阿济格 22 岁、多尔衮 15 岁、多铎 13 岁，怎肯撒手人寰去殉葬呢？但在四大贝勒的威逼下，她痛苦地说：“我自十二岁伺奉先帝，丰衣美食二十六年，但我的幼子多尔衮、多铎望你们恩养。”边说边哭，自缢而死（一说被用弓弦勒死），死后跟努尔哈赤同棺合葬。这是一幅多么悲惨、多么黑暗的宫廷图画！

努尔哈赤有 16 子、8 女。在清朝 82 位公主中，出嫁年龄最小的是努尔哈赤的长女，只有 10 岁；出嫁年龄最大的是努尔哈赤的第二女，已经 30 岁；最长寿者为努尔哈赤的第七女，活到 81 岁；清朝历代公主的平均寿命，也以努尔哈赤之女最长，为 52.5 岁。（有学者统计：清代在 82 位公主中，10 岁之前早殇者多达 35 位，约占 40%；亡故年龄在 11 岁至 36 岁者 29 人，占 35%；年龄超过 37 岁者 18 人，占 22%。按此计算，其平均寿命为 21.8 岁；若以 11 岁为成年，成活下来的 47 位公主，平均寿命则是 36 岁）努尔哈赤出于政治的需要，经常利用联姻手段对女真各部族远交近攻，以实现对各部的兼并和统一。明万历二十九年（1601 年），他将第三女嫁与哈达部首领之子吴尔古岱，称为哈达公主。后来，陷于困境的吴尔古岱主动投附，所部屯寨、土地、人畜尽归努尔哈赤。努尔哈赤为联络女真乌拉部，曾先后将其侄女和 13 岁的第四女穆库什嫁与乌拉部贝勒布占泰，不料公主备受虐待。努尔哈赤闻之极为

清宫廷画家绘《福陵图》

愤怒，遂率兵往征，灭其部落，领回公主。与此同时，努尔哈赤又把自己的其他几个女儿分别嫁给叶赫部、董鄂氏、郭络罗氏、那拉氏等女真各重要部落和氏族，还有第三女莽古济嫁给蒙古敖汉部博尔济吉特氏索诺木杜棱。

治策失误　留下遗憾

清太祖努尔哈赤同一切走完其事业历程的杰出人物一样，他一生的事业，有准备期、兴始期、发展期、鼎盛期和衰暮期。努尔哈赤在 25 岁起兵之前，是其政治军事生涯的准备时期；从万历十一年（1583 年）含恨起兵，至万历二十一年（1593 年）打败联军，统一建州，始定国政，建佛阿拉，大战海西，是其政治军事生涯的兴始时期；从万历二十一年（1593 年）打败联军，至万历四十四年（1616 年）登极称汗，统一海西，绥服蒙古，创建八旗，创制满文，是其政治军事生涯的发展时期；从天命元年（1616 年）黄衣称朕，至天命七年（1622 年）进占广宁，大败杨镐，夺取辽沈，迁都辽阳，进兵辽西，是其政治军事生涯的鼎盛时期；从天命七年（1622 年）辽西移民，至天命十一年（1626 年）兵败身死，强令剃发，迁民占田，屠杀汉儒，骄傲轻敌，辽民反抗，兵败宁远，是其政治军事生涯的衰落时期。天命汗努尔哈赤的晚年，即他生命的最后五六年间，犯下了严重的错误。

剃发迁民，治策失当　是努尔哈赤晚年的一个错误。八旗军攻陷沈、辽后，占据辽东，进兵辽西，所向披靡，十分顺利。但是，他在顺境之中，实行了两项失当之策：一是命令汉人剃发，另一是强令汉人迁移。先是金初女真进占汉人居住区后，并未以汉人剃发作为降服的标志。天命汗努尔哈赤占领辽东后，强迫汉人剃发，引起镇江（今辽宁省丹东市境）等地汉民的反抗，辽东汉民成千上万地遭到屠杀。后多尔衮在关内强令推行剃发易服之策，造成了一场民族的大悲剧。先是建州兵每攻破一部，即毁其城而迁其民。对迁来的部民，编丁入旗，均作安置。而努尔哈赤占领广宁后，强迫辽西的汉民背井离乡，扶老携幼，哭声震野，迁往辽东。这就既损害了辽民切身利益，又破坏了正常社会秩序，从而引起辽东地区的社会动荡。

分田占房，清查粮食 是努尔哈赤晚年的又一个错误。八旗军攻占沈阳、辽阳后，下令在辽海地区实行“按丁授田”，即将汉民农田，以所谓“无主之田”为名，加以没收，分给八旗官兵。这种做法，虽给移居辽东地区的广大八旗官兵以田地，但对辽东众多汉民自耕农无疑是一种剥夺。后多尔衮统率清军入关，沿袭乃父遗策，在京师占房，在京畿圈地。前述辽西汉民东迁后，无亲无友，无房无粮，命大户同大家合，小户同小家合，“房合住，粮合吃，田合耕”。实际上，大量迁居的汉民，耕无田，住无房，寒无衣，食无粮。他们“连年苦累不堪”，生活甚为悲惨。同时又命令清查粮食，申报存粮，按口定量，不许私卖。辽东汉民地区为自给自足的自然经济，房、田、粮是他们最基本的生存手段。天命汗在这 3 项关系汉民生计的重大问题上，举措轻率，严重失误，造成社会震荡。

轻薄文士，屠杀汉儒 是努尔哈赤晚年的另一个错误。天命汗努尔哈赤弓马起家，崇尚骑射。他虽主持创制满文，但厚武薄文，对巴克什珍视不够。额尔德尼创制满文，兼通蒙古文、汉文，赐号“巴克什”，意为满洲之“圣人”，后被杀；满文另一创制者噶盖，也在创制满文的同年被杀。他们是否有该杀之罪，姑且不论，即或有之，高墙圈禁，让其继续研究满洲文字与满洲文化，教书授徒，翻译汉籍，必将对社会更有益处。努尔哈赤进入辽沈地区后，虽对汉族工匠加以保护，给以优遇；但对汉族儒生未能给予特殊的保护与重用，屠杀过多，吃了大亏。史称努尔哈赤“诛戮汉人，抚养满洲”。抚养满洲，重用满员，于理可通；而诛戮汉人，屠杀汉儒，实为错举。皇太极承袭汗位后，才调整了对汉官、汉儒、汉民的政策，他们逐渐受到重用。后来汉族知识分子受到清廷重用并参与决策，这是清朝夺取并巩固全国政权的一个重要因素。

骄傲轻敌，兵败宁远 是努尔哈赤晚年的再一个错误。天命汗努尔哈赤一生戎马驰骋 44 年，几乎没有打过败仗，可谓历史上的常胜统帅。但他占领广宁后，年事已高，体力衰弱，深居简出，怠于理政。他对付宁远守将袁崇焕没有真知灼见，对宁远守城炮械也没有侦知实情。他只看到明经略易人等因素，而未全面分析彼己，便贸然进兵，图克期攻取。但是，宁远不同于广宁，袁崇焕也不同于王化贞。努尔哈赤以矛制炮，以短击长，以劳攻逸，以动图静，吞下了骄帅必败的苦果。后金有一位叫刘学成的人，上书分析宁远之败的原因。他说："因汗轻视宁远，故天使汗劳苦。"刘学成直言陈明：天命汗努尔哈赤骄傲轻敌，兵败宁远。《左传》曰："君以此始，必以此终。"努尔哈赤以兵马起家称汗，又以兵败宁远身死，这是历史的偶然，还是历史的必然？

努尔哈赤一生事业是成功的，究其根源在于"四合"——天合、地合、人合、己合。这里的"己合"，主要是心理平衡与生理平衡。正像恩斯特·卡西儿在《人论》中所说的：认识自我乃是哲学探究的最高目标。

然而，胜利会腐蚀聪明，权力会冲昏头脑。天命汗努尔哈赤晚年，被胜利和权力腐蚀了聪明、冲昏了头脑，犯下错误，吞下苦果。努尔哈赤上述的弊政与错误，不仅殃及当世、祸及自身，而且埋下清军入关后体制弊端、治策病诟的根因。

天命汗小议

天命汗努尔哈赤，以 13 副遗甲起兵，开创出大清基业。既播下了"康乾盛世"的种子，也埋下了"光宣哀世"的基因。他一生事业的成功，究其根源，在于"四合"——天合、地合、人合、己合。所谓"己合"，主要是心理协和、生理协和、主客协和。能够做到"己合"，则是人生最高的境界。

二 崇德皇帝：固本鼎新

清崇德帝爱新觉罗·皇太极，明万历二十年十月二十五日(1592年11月28日)生，属龙，清崇德八年即明崇祯十六年八月初九日(1643年9月21日)卒，庙号太宗，尊谥文皇帝，葬昭陵（今辽宁省沈阳市北陵）。35岁登极，在位17年，享年52岁。

皇太极是清朝继努尔哈赤之后，又一位杰出的政治家、军事家，一位中华历史上杰出的英雄人物。皇太极一生事业的主要特点是4个字:“除弊拓基。”所谓“除弊”，就是在继承父汗太祖基业的同时，改革和废除其弊政;所谓“拓基”，就是在继承父汗基业的同时，巩固和拓展其基业。既改革，又发展；只有改革才能促进事业发展，也只有发展才能巩固改革成果。皇太极改革并废除天命朝的弊政，巩固并扩大天命朝的成果，从而为大清皇朝兴旺发达、迁鼎燕京、平定中原、统一华夏，准备了条件，拓建了基础。

下面以“除弊拓基”为中心，依据历史资料，分作9个方面，介绍皇太极一生的主要事迹。

天潢贵胄　少年坎坷

英雄人物，身世各异。有的出身天潢贵胄，有的出身豪门大户，有的出身市井布衣，有的出身僻壤村夫，有的出身军戎世家，也有的出身边塞部族。身世各不相同，但对其性格、志向都有重要影响。

皇太极出生这年，他的父亲努尔哈赤34岁，生母那拉氏18岁。皇太极是努尔哈赤的第8个儿子，后来在八大贝勒中排名第四，又被称为四贝勒。皇太极少年丧母，可谓命苦。他的生母是叶赫部贝勒杨佳努的爱女。这里面有一段故事。明万历十年（1582年），努尔哈赤从明辽东总兵李成梁帐下出走，路经叶赫部驻地叶赫城（今吉林省梨树县叶赫乡）。叶赫贝勒杨佳努，见落难后的努尔哈赤虽很是狼狈，却气宇不凡，便倍加器重，以爱女许之，并赠马匹、甲胄，还派兵护送他回到赫图阿拉。此女姓那拉氏，名孟古，称孟古格格。这年，努尔哈赤 24 岁，孟古年方 8 岁。《叶赫国贝勒家乘》对这件事做了记载："壬午，十年，秋九月，辛亥朔，太祖如叶赫国。时上脱李成梁难而奔我，贝勒杨佳努识上为非常人，加礼优待。"这里的"壬午"就是万历十年（1592 年），"秋九月，辛亥朔"就是九月初一日，但这年九月初一日为丙辰日，不是辛亥日。可能因后人追述、记忆有了疏误。努尔哈赤回到建州后，转年就以"十三副遗甲"起兵。他四出征战，用兵 10 年，统一建州女真各部。万历十六年（1588 年），叶赫贝勒那林布禄送妹妹孟古格格到建州，和努尔哈赤完婚。这年，孟古 14 岁（13 周岁）。4 年后，她生下了皇太极。史载：那拉氏"庄敬聪慧，词气婉顺，得誉不喜，听毁不恶，不好谄谀，不信谗佞，不预外事，殚诚事上"。这段话可能夸张，但可以看出：那拉氏不仅长得秀丽端庄，而且性格温约柔顺，言词举止，落落大方。

但是，自古美女多劫难。孟古从结婚到患病、逝世，建州同叶赫两部一直敌对。上节已做介绍，在古勒山大战中，孟古的堂兄布斋贝勒，在厮杀中战马猛触木桩绊倒，被建州勇士武谈扑上杀死。她的兄长纳林布禄贝勒见兄长被杀，惊呼一声，昏倒在地，九部联军随之大败。战后叶赫贝勒那林布禄索要兄长布斋贝勒的遗体，努尔哈赤命将布斋遗体剖作两半，一半归还叶赫，另一半留在建州。王在晋《三朝辽事实录》记载："北关（叶赫）请卜寨尸，奴儿哈赤剖其半归之，北关、建州遂为不解之仇。"从此建州与叶赫结下了不共戴天之仇。既然两家结仇，为什么那林布禄还要送妹妹给努尔哈赤完婚呢？这是因为：第一，他的父亲生前有命，父命不能违抗；第二，两家既已定下婚约，约定之事不能反悔；第三，努尔哈赤一直催促完婚，而建州势力较强大，不允恐给建州进攻叶赫以口实；第四，孟古认同婚约，兄长只好顺从。孟古婚后的 15 年间，叶赫同建州一直处于敌对的状态。这对她的患病和病情加重很有关系。孟古患病后，病危思母。她觉得自己在世的日子不多了，要求见亲生母亲一面。努尔哈赤派人去叶赫迎接，但叶赫贝勒不许。孟古终未得见生母，含憾九泉，死时年仅 29 岁，撇下一个年仅 12 岁的独子皇太极，就撒手人寰。

努尔哈赤与那拉氏，情深意笃，相爱益欢。史载:那拉氏去世后，“上深悼之，不饮酒茹荤者逾月”。后谥那拉氏为高皇后，葬福陵。说来也巧，清朝兴起时的皇后是叶赫那拉氏，清朝覆亡时的太后也是叶赫那拉氏。所以，蔡东藩《清史演义》第二回有一段话说：努尔哈赤建祭天之所堂子时，掘出一块石碑，上书 6 个大字：“灭建州者叶赫！”后来果然叶赫那拉氏慈禧亡清，清朝最后一位皇后、光绪帝皇后也是叶赫那拉氏（清末帝宣统 6 岁退位、没有皇后）。当然，这是小说家言，纯属附会之词。皇太极少年丧母，又无同母兄弟姐妹，实在是命苦，实在是不幸！

皇太极的家庭，是一个大的家族。他有 4 个叔父，仅二叔穆尔哈齐门下就有 11 个堂兄弟，三叔舒尔哈齐门下有 9 个堂兄弟，其中后来赫赫有名的阿敏贝勒门下有 6 位侄子、济尔哈朗贝勒门下有 11 位侄子。而他又有 15 位同父异母兄弟，上面有 7 位兄长：长兄褚英年长 12 岁，次兄代善年长 9 岁，他们是同母元妃佟佳氏所出；三兄阿拜、四兄汤古岱均年长 7 岁；五兄莽古尔泰年长 5 岁，六兄塔拜、七兄阿巴泰均年长 3 岁。他亲兄弟的子侄多达一百四五十人。况且，他的 7 位兄长由 5 位福晋所出，这 5 位福晋都是建州本部人，唯独其生母是叶赫部。叶赫又同建州结下血海深仇。这种家庭环境，对皇太极少年时代的成长，有着许多正面和负面的影响。

以上说明：第一，皇太极的外公为女真著名领袖，生母那拉氏是一位聪明灵秀的格格，受遗传的影响，他性如“年号”（天聪），聪敏过人；第二，皇太极其他兄弟的外公（除多尔衮外公）都名不见史传，这个背景增强他的生活信心；第三，皇太极生母去世过早，使他在少年生活中遇到过多的艰难与困苦，磨炼他的独立性格与顽强意志；第四，皇太极少年时代，虽然兄弟子侄众多，却没有同母兄弟姐妹，格外势孤力单，养成少言寡欢的性格，锻炼了沟通与协调的能力；第五，皇太极外祖父杨佳努，被明辽东总兵李成梁设计诱斩，他从小失去其显亲的关怀与奥援，必须坚韧刚毅；第六，皇太极舅父同建州有世仇，长期冤怨相报，使他在家族中处于不利地位，促成他工于心计。

泰化否，否生泰。少年丧失生母，自是人生中的一大不幸。然而，挫折于懦弱者会磨损意志，于坚强者会愈挫愈锐。古今中外史册，多少英杰俊彦，幼年或丧父、或丧母、或父母俱丧，却砥砺意志，磨炼性格，自尊自强，自立自奋，从而做出惊天动地的大事业。以清初的 4 位君主来说，太祖努尔哈赤 11 岁丧母，太宗皇太极 12 岁丧母，世祖福临 6 岁丧父，圣祖玄烨 8 岁丧父、10 岁丧母。努尔哈赤虽少年丧母，却锻炼了独立品格。同样，皇太极在 16 位兄弟和 8 位姐妹中，少年丧母后失去母亲的关爱、呵护、抚育和慈诲，却促使他更加依赖、亲近、学习、仰慕父汗，也更锤炼他独立、慎思、顽强、拼搏的品格，为其后来嗣位称汗、建功立业奠定了根基。似可以说：皇太极在嗣立汗位过程中，没有父汗遗言，却能够力胜众位兄弟，登上大位，南面独坐，是同他生父聪颖、生母灵秀、年少丧母、挫折长智慧、困厄磨意志的特殊家庭环境分不开的。这可以说是“否极泰来”的一个生动史例。

无母之子，惟有靠父。皇太极在成长的道路上，只有一条捷径——追随父汗，戎马成才。

追随父汗　戎马成才

一个杰出的人物，在和平年代，主要是在学校中成长；在战争年代，则主要是在战火中烤炼。皇太极出生于东北边陲的女真族，那里没有乡学、县学和府学，也没有科举考试，他不可能走童试、乡试、会试、殿试的道路，而成为秀才、举人、贡士、进士。他只能在劳作、骑射、战火中，学习本领，增长才干，磨炼毅力，丰富智慧。所以，战争是一所大学校，它把皇太极培育成为杰出的经国济世之才。

跟随父汗，学习才智　皇太极因少年丧母，受父偏爱，父汗努尔哈赤便成为他的第一位教师。追随父汗，顺从父汗，景仰父汗，学习父汗，就成为皇太极青少年生活的准则。努尔哈赤因宠爱的福晋那拉氏在年韶

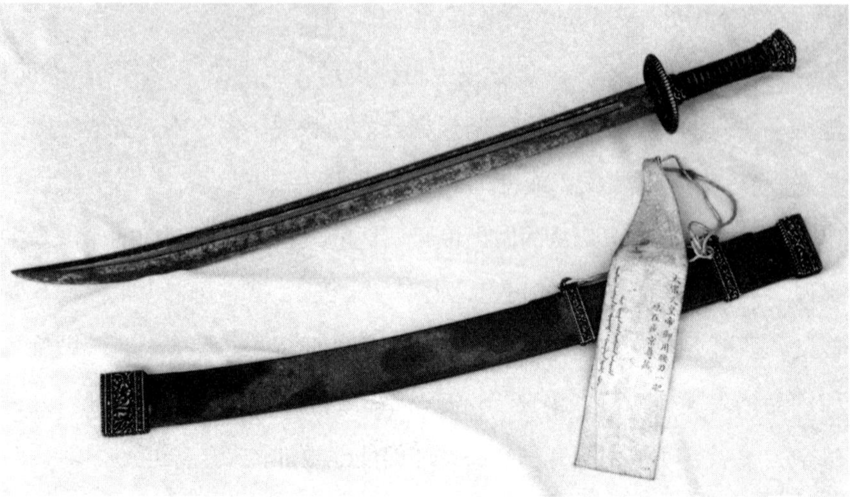

皇太极的腰刀

情深时离世，便把挚爱移给了皇太极。皇太极生母灵秀聪慧，他也“颖悟过人”。皇太极记忆力强,《清太宗实录》说他“一听不忘，一见即识”。这或有谀饰之辞，但说明他的天分很高。12 岁生母病逝后，他常随父兄外出狩猎，娴熟鞍马，弯弓射箭，驰骋山林。在少年时，受父之命，管理家务。文献记载 :“委以一切家政，不烦指示，既能赞理，巨细悉当。”这话显然夸大其词，但也说明他的非凡才能。皇太极少年时，因母亲过世太早，不能像同父异母兄弟姐妹们那样，在生母膝下接受慈爱，聆听教诲。这种生活环境养成他少言寡欢、工于心计、通达世情、刚毅坚韧的品格。皇太极从小只能在父汗的身边，学习智谋，熟谙弓马，锻炼才能，增长器识。

初上疆场，聆父教诲　万历四十年（1612 年），皇太极年满 20 岁,《清太祖实录》第一次记载他随父汗出征乌拉（今吉林省永吉县乌拉街乡）。乌拉是扈伦四部中的大部，城高池广，兵强马壮。兵攻乌拉，这是努尔哈赤亲率倾国之师，将要进行的一场大战。努尔哈赤兵到乌拉河后，皇太极带兵沿河而行，寻找战机；乌拉贝勒布占泰统率大军，隔河观望。皇太极年轻稚嫩，请渡河进击乌拉贝勒布占泰。努尔哈赤分析彼己力量后说：战胜乌拉部，譬如砍伐大树，怎能遽断？必以斧斤，一斧一斧，多次砍伐，然后可断。今同势均力敌大国，欲一举取之，能尽破灭吗！要先破其外城，再占其大城。第二年，皇太极跟随父汗再征乌拉，一举攻占乌拉城，灭亡乌拉，取得全胜。上述既通俗、又哲理的分析，既生动、又严酷的实践，给皇太极以深刻的启迪。后来他在统军攻明北京时，就是用砍伐大树作比喻，教育官兵——先削枝叶、再砍主干。皇太极跟随父汗，四处征战，智勇双全，颇有战功。

主旗贝勒，参与机务 万历四十三年（1615 年），努尔哈赤建立八旗制度。八旗即正黄旗、镶黄旗、正白旗、镶白旗、正红旗、镶红旗、正蓝旗、镶蓝旗。皇太极受命为正白旗的主旗贝勒（又称旗主贝勒），成为一旗的统帅。万历四十四年（1616 年），努尔哈赤登上汗位，年号天命，黄衣称朕。天命汗努尔哈赤设异姓军功显贵为五大臣——额亦都、费英东、何和理、安费扬古、扈尔汉；设宗室显贵为四和硕贝勒——代善、阿敏、莽古尔泰、皇太极，又称为“四大贝勒”。皇太极以四大贝勒位居父汗之下、众贝勒大臣之上。当时，他的长兄褚英已死，所以二兄代善就成为大贝勒。堂兄阿敏已多有战功，位列二贝勒。五兄莽古尔泰勇猛顽强，为三贝勒。比皇太极年长的还有三兄阿拜、四兄汤古代、六兄塔拜和七兄阿巴泰，都没有列于四大贝勒，可见皇太极在他父汗心目中的重要地位。这年皇太极 24 岁。后来阿巴泰发牢骚说：“我战则擐甲胄，猎则佩弓矢，为甚么不能成为和硕贝勒？”代善会同诸贝勒责问阿巴泰说：“德格类、济尔哈朗、杜度、岳讬、硕讬，早从五大臣议政；阿济格、多尔衮、多铎，先帝时使领全旗，你身为贝勒，领六个牛录，已经过分，还不满意！”众议对阿巴泰实行罚甲胄、鞍马的处分。从这里可以看出，成为和硕贝勒，既要受到父汗的器重，又要得到兄弟的认同。

屡历战阵，勇敢坚毅 皇太极在 20 至 35 岁的 15 年间，经历了建州女真史上划时代的转折时期，也是他一生事业最重要的奠基时期。他在这 15 年的戎马生涯中，不仅锻炼成为勇猛善战的旗主贝勒，并且脱颖而出，成为文武兼备的后金国汗。皇太极自万历四十年（1612 年）正式从征后，在父汗统帅下，驰骋疆场，勇敢打拼，参与 8 次重大的战役，这就是：乌拉之役、叶赫之役、萨尔浒之役、抚清之役、开铁之役、沈辽之役、广宁之役和宁远之役。在萨尔浒之战中，皇太极表现尤为突出。天命四年即万历四十七年（1619 年），明朝与后金爆发萨尔浒大战。在这场决定后金死生命运的大战中，皇太极表现英勇拼搏，足智多谋。在这次战役中，对明西路总兵杜松军，皇太极率领正白、镶白和镶红三旗，同父汗军配合，死战吉林崖，大败杜松军。对明东路总兵刘綎军，皇太极率领右翼四旗——正白、镶黄、镶红、镶白，抢占山头，隐蔽待敌；代善率领左翼四旗——正黄、正红、正蓝、镶蓝，正面布阵，截敌拼杀。皇太极和代善两股重兵，山上下冲，迎面截击。四路配合，打败明军，取得大捷。上述 8 次重大战役，是皇太极最重要的人生机遇。在战争中学习军事，在战争中体验韬略。这段人生中的非凡经历，造就他“勇力绝伦，颇多战功，所领将卒，悉皆精锐”。皇太极得众心，孚众望，这就为他后来成为八旗军最高统帅，登上后金国汗宝座，准备了军事实力，奠定了政治基础。

勤于学习，精于谋略　皇太极不仅善于从实践中总结经验，而且“性嗜典籍”，即喜爱读书。皇太极 7 岁时，满文创立，开始推广。努尔哈赤给儿子们请了师傅，教授满文。皇太极是最早学会满文的一批满洲少年。那时，努尔哈赤身边有一位浙江籍汉人，任汉文的文书机要之职。皇太极既学会满文，也粗通汉文。朝鲜目击者记述：“闻胡将中惟红歹是仅识字云”，红歹是就是皇太极。所以，皇太极既精通满文，也粗通汉文，在他的兄弟和诸将中算是文化素养最高的。有人统计，在《清太宗实录》等书中，涉及皇太极学史、讲史的，至少有 50 余处。作为一个边陲少数民族的首领，能如此习书崇文，嗜爱典籍，非胸怀大志、腹藏玄机，是做不到的。他重用达海巴克什，命他改进满文而成为加圈点新满文，以满文翻译汉文典籍——兵法书如《六韬》、《素书》，法律书如《刑部会典》，历史书如《金史》、《通鉴》，说部书如《水浒传》、《三国演义》等。官员们在奏疏中称他“喜阅三国志传”、“深明三国志传”，说明他对

《三国志》和《三国演义》，既很喜欢看、也很喜欢听，还能从中学习兵法、增长智慧。他曾向朝鲜使臣李俊讲述《三国演义》中黄忠与关公交战易马尚义的故事。他率大军绕道蒙古,兵临北京城下,见北京城高池深,且“勤王”大军汇聚,便仿照《三国演义》中的“反间计”,布设政治圈套,陷害袁崇焕。他命巴克什达海、大学士范文程等将《三国演义》译成满文,顺治七年（1650 年）告成,广为流传,影响很大。《郎潜纪闻》载述:“国初满洲武将不识汉文者,类多得力于此。”他读书学史是为了“治道”,就是治理国家的道理。有时他召集诸王、贝勒、大臣，命弘文馆的官员给大家讲读《金史》。上述史例充分说明,皇太极不仅骁勇善战,熟谙骑射,而且喜爱读书，工于谋略。

总之,皇太极在 15 年的军政生涯中,跟随父汗,四面征战,英勇陷阵,出谋献策，戎旅成才，智勇双全，明暗兼施，玄机精算，终于登上了后金国汗的宝座。

费尽心机　夺取汗位

清太祖天命汗努尔哈赤生前没有立太子，临终前也没有留下传位遗诏。所以，他死之后，尸骨未寒，便发生汗位之争。

兄弟争位，明拉暗打　皇太极在四大贝勒（大贝勒代善、二贝勒阿敏、三贝勒莽古尔泰、四贝勒皇太极）中，座次和年齿均位列第四，为何独能登上后金国汗的宝座？二贝勒阿敏是其堂兄，其父因罪被圈禁忧郁而死，自己也犯下大过，自然没有资格、也没有条件争夺汗位继承权。三贝勒莽古尔泰是其五兄，有勇无谋，生性鲁莽，军力较弱，曾亲弑生母，可做统兵大将，不能做一国之君，更没有条件争夺汗位。只有其二兄（长兄褚英已被努尔哈赤处死）代善有资格、也有条件继承汗位。代善性宽柔、得众心，军功多、权势大，努尔哈赤已预示日后由其袭受汗位。天命汗说过：“百年之后，我的幼子和大福晋，交给大阿哥收养。”大阿哥就是代善。朝鲜人写的《建州闻见录》也记载，努尔哈赤死后，“则贵英哥必

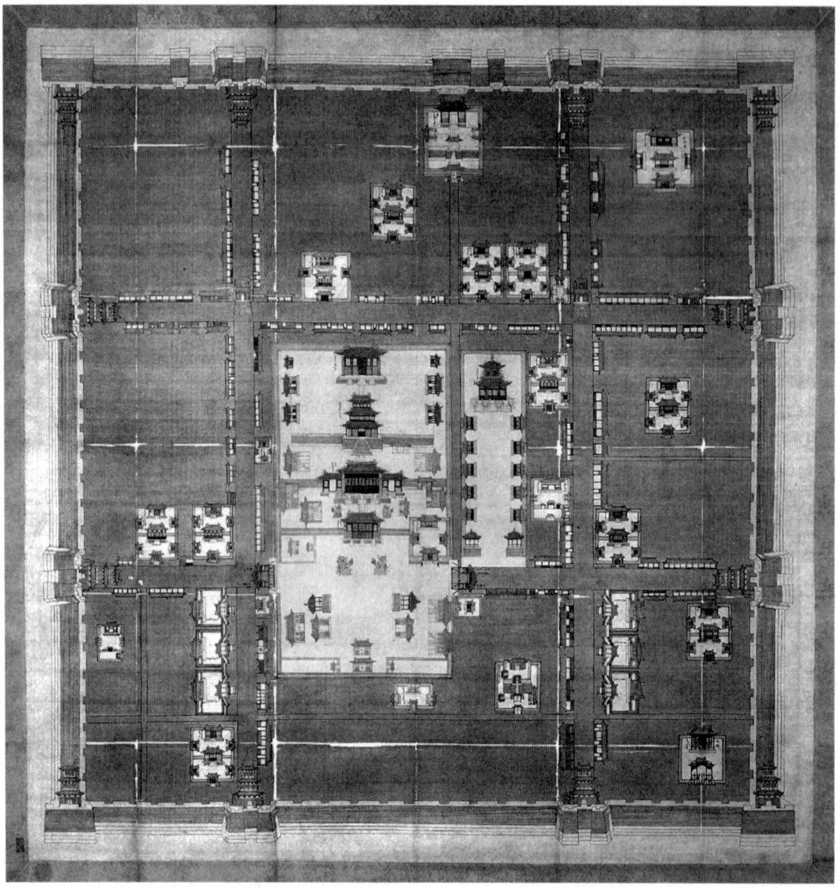

清人绘《盛京宫阙图》

代其父”，贵英哥即古英巴图鲁代善。皇太极怀大志、藏玄机，有帝王之才，但同乃兄代善争夺汗位继承，各方面均处于不利的地位，于是不得不施尽机关。这里面有一个历史故事：努尔哈赤小福晋德因泽，向天命汗告讦大福晋两次备佳肴送给大贝勒，大贝勒受而食之；又送给四贝勒，四贝勒受而未食；大福晋经常派人去大贝勒家，还在深夜外出宫院。努尔哈赤不愿家丑外扬，便借故修理大福晋。这件事在满洲贵族中曝光之后，使大贝勒代善在诸王贝勒中的威望大降，已无力争夺汗位继承权。有人说小福晋德因泽告发大福晋是受到皇太极的指使。皇太极藉大福晋同大贝勒难以说清道明的“隐私”，施一箭三雕之计：既使大福晋遭到修理，又使大贝勒声名狼藉，还使莽古尔泰和阿敏受到打击。但是，皇太极与代善有着双重性的关系——既是兄弟，又是政敌。所以，皇太极对代善采取二元性的策略——既暗打，又明拉。这种双重性的策略，不失兄弟之谊，又得夺位之利。

庙堂之外，机密谋划 在上节“嗣位烦恼”中已经说过，努尔哈赤晚年鉴于汗位继承问题的困惑和烦恼，抛弃皇储指定制，宣布《汗谕》：实行八和硕贝勒共议制——推举新汗和废黜大汗。努尔哈赤死后，关于汗位的明争暗夺，主要在庙堂之外进行。当时在诸贝勒中，以代善、阿敏、莽古尔泰、皇太极四大贝勒的权势最大，地位最高。皇太极在四大贝勒中取得汗位的可能性最大，但又不便自己说出。所以，新汗的推举议商，就在庙堂之外进行。最先，大贝勒代善的儿子贝勒岳讬、萨哈璘商议，请皇太极继承汗位。他们兄弟二人到其父代善的住所，说：“国不可以一日无主，应当早定立汗大计。四大贝勒（皇太极）才德冠世，深得先帝之心，众皆悦服，当速继大位。”代善说：“是吾心也！你们所说，天人允协，谁不赞同。”这样，父子 3 人议定。第二天，诸王、贝勒、贝子聚于朝。代善将他们的意见告诉二贝勒阿敏、三贝勒莽古尔泰及诸贝勒。会上，皇太极再三辞让，代善等坚请。没有发生争议，就取得了共识。于是拟定表文，合辞共请，皇太极就登上后金新汗的宝座。但是，会上说的，心里想的，口是心非，常不一致。皇太极的汗位继承，其激烈复杂的斗争，既表现在先汗在位之时，又表现在新汗登极之后。

除掉阿敏，巩固汗权 皇太极初登新汗宝座时，四大贝勒，并肩而坐，处理军政大事，4 人轮流分值。但皇太极宝座刚有些坐暖，就开始削减其他贝勒的权力。他要集权，先找堂兄二贝勒阿敏开刀。阿敏和代善、莽古尔泰、皇太极并肩同坐，因患先天“政治软骨病”，即他是努尔哈赤的侄子而非儿子，自然被首先修理。他被天聪汗皇太极抓住几件事：一件是，阿敏说过“此生有何可恋，不如一死”，又说过“我与诸贝勒议立尔为主，尔即位后使我出居外藩可也”。这说明阿敏不但认为自身没有前途，而且预感到危若朝露。皇太极听到阿敏上述言论后，非常气愤。另一件是，天聪元年（1627年）皇太极命阿敏率军攻打朝鲜。阿敏统军直下平壤，朝鲜国王李倧退避江华岛。这时后金军众贝勒发生分歧：阿敏主张攻占王京（今首尔），贝勒岳讬等则主张同朝鲜国王定盟回师。皇太极对此事也很气愤，认为阿敏有野心，想留居朝鲜。再一件是，天聪三年（1629年）皇太极亲自率军攻打北京城。因北京城坚池深，严兵防守，又有袁崇焕等拼死抵抗，皇太极退兵，第二年派阿敏驻守京东永平等四城。阿敏等驻守这4座孤城，受到明军四面围打。不久，阿敏率师退回沈阳。皇太极藉此进行总清算：宣布阿敏共16大罪状，将其幽禁，夺其财产和属人。后阿敏忧愤死于幽所，终年54岁。皇太极同阿敏的矛盾，从根本上说还是汗位的争夺问题。在这场斗争中，皇太极除掉一个心腹之患，汗权更加巩固。此时，他的另一个心腹大患便是其五兄莽古尔泰。

杀死五兄，清除隐患 莽古尔泰是皇太极的五兄，为正蓝旗的主旗贝勒。皇太极除掉阿敏之后，便将打击的目标集中到莽古尔泰。因为莽古尔泰作战勇猛，多立功勋，他在努尔哈赤生前曾希冀汗位。其生母富察氏因罪而死，皇太极说是由莽古尔泰潜弑其生母的。莽古尔泰此举当然是为了讨好父汗，希图汗位。皇太极要修理莽古尔泰，事情的导火线是，在天聪五年（1631年）后金与明朝大凌河之战中，兄弟二人发生冲突。明朝虎将祖大寿驻守大凌河城，皇太极部署对大凌河城进行四面包围：正黄旗兵围北面之西，镶黄旗兵围北面之东，贝勒阿巴泰等在后面策应；正白旗兵围东面之北，镶白旗兵围东面之南，贝勒多尔衮与多铎等在后面策应；正红旗兵围西面之北，镶红旗兵围西面之南，贝勒代善、岳讬在后面策应；正蓝旗兵围正南面，镶蓝旗兵围南面之西，莽古尔泰、德格类、济尔哈朗等在后面策应。祖大寿要突围奔锦州、锦州方向来军增援，都要激战在南城外。皇太极派莽古尔泰率正蓝旗军从南面攻城，遭到城上炮火的猛轰，“属下将领被伤者多”，死伤惨重。莽古尔泰请调整兵力，皇太极不允。莽古尔泰大怒道：“奈何独与我为难？是欲（借刀）杀我耶！”边说边摩视佩刀之柄。他的胞弟德格类用拳打他，并将他推出去。皇太极怒道："古人云：'操刀必割，执斧必伐。'彼引佩刀，其意何为？"当晚，莽古尔泰自责道："臣以枵腹，饮酒四卮，因对上狂言。言出于口，竟不自知。今来叩首请罪于上。"皇太极拒不纳。于是，皇太极与莽古尔泰兄弟二人的矛盾公开化、激烈化。第二年，莽古尔泰"以暴疾卒"，年46岁。接着，皇太极藉正蓝旗额真等给莽古尔泰上坟为由，"命众人唾其面"，先羞辱，后罢之；对莽古尔泰福晋"命诸福晋往辱訾之"，先训斥，后辱骂。其弟德格类贝勒连带受罚，后"中暴疾不能言而死"。不久皇太极命将莽古尔泰之妹莽古济、莽古尔泰之子额必伦处死。事情还没有完结。根据朝鲜史料记载，后来皇太极将莽古尔泰的另两个儿子也都杀死，还杀死正蓝旗官兵千余人。

经过上述残酷的骨肉相煎，只有代善因肯俯首顺从而保住性命和地位，皇太极终于稳定了宝座。

革除弊政　锐意创新

皇太极袭嗣汗位后，调整治策，施展文韬，为后金—大清的巩固与发展，做出了历史性的贡献。他在政治棋盘上，革除弊政，锐意创新，有5步高招之棋：

安抚汉人，分屯别居　恰当处理满汉关系，是皇太极继承父汗事业、巩固后金政权、进图更大发展，政治棋盘上一步关键之棋。在明末清初政治舞台上，大明、大清、大顺之间竞争，归根结底是民众的竞争、民心的竞争。谁占有民众，并占有民心，谁就能战胜对方，一统天下。大明地广人众，但气数已尽，失去了人心；大顺虽一时博得民心，但攻占北京后倒行逆施，失去人心；大清能否占有民众，博得民心，就成为其鼎立争雄的枢轴因素所在。满洲是少数民族，当时总人口不过数十万；面对的汉人：辽东以百万计，全国则以万万计。因此，恰当处理满汉关系，是后金汗最费思忖的大事。但是，努尔哈赤晚年，对待汉人政策有误。努尔哈赤自起兵以来，虽在军事上节节胜利，但在形势上处处受制。

天聪汗皇太极朝服像

特别是进入辽河平原以后，实行一些错误政策——大量迁民，按丁编庄，清查粮食，强占田地，满汉合居，杀戮诸生，受到辽东汉民的反抗，自感处于汉人包围之中。皇太极继位之后，对其父汗失误之策，适时做出调整。他提出“治国之要，莫先安民”，宣布“满汉之人，均属一体”，强调满洲、蒙古、汉人之间的关系“譬诸五味，调剂贵得其宜，若满洲庇护满洲，蒙古庇护蒙古，汉官庇护汉人，是犹咸苦酸辛之不得其和”。于是他决定：汉人壮丁，分屯别居——缓解过去汉人受满人奴役的悲苦；汉族降人，编为民户——改变过去掳获汉民，变做满洲奴仆的悲剧；制定条例，限制特权——重新修定的《离主条例》，对满洲贵族的特权做了某些限制;对于逃人，放宽惩治——“民皆大悦，逃者皆止。”上述举措，于辽东满、汉之间矛盾，虽依然严重，但有所缓解。

重视人才，优礼汉官 发挥汉儒智慧谋略，是皇太极继承父汗事业、巩固后金政权、进图更大发展，政治棋盘上又一步关键之棋。在明末清初政治舞台上，大明、大清、大顺之间竞争，归根结底是人才的竞争、智慧的竞争。谁占有优秀人才愈多，伸其所长，谁就能战胜对方，一统天下。大明杰出人才如云，但皇帝近小人而疏君子；大顺没有鸿儒俊彦，牛金星不过是个举人；大清能否占有人才并发挥其优长，就成为其鼎立争雄的枢轴因素所在。满洲占有辽东地区后，要进一步巩固和发展，没有汉官、汉儒的合作与支持是不可能的。先前，汉官“分隶满洲大臣，所有马匹尔等不得乘，为满洲官乘之；所有牲畜尔等不得用，满洲官强与价而买之；凡官员病故，其妻子皆给贝勒家为奴；既为满官所属，虽有腴田不获耕种，终岁勤劬米谷仍不足食，每至鬻仆、典衣以自给”。由是许多汉官，“身在曹营心在汉”——虽“身在后金”，却“潜通明朝”。皇太极谕告：将汉官“皆拨出满洲大臣之家，另编为一旗，从此尔等得乘所有之马，得用所畜之牲，妻子得免为奴，择腴地而耕之，米谷得以自给”。对归降的汉官，加以“恩养”：盛宴款待，给以田地，分配马匹，进行赏赐，酌予委任。皇太极重用汉官，范文程是一个史例。范文程在太祖时，未受重用。“太宗即位，召直左右”。尔后，军国之大计，文程皆与谋。《清史稿·范文程传》称其“左右赞襄，佐命勋最高”。崇德元年（1636年），范文程任内秘书院大学士，是为汉人任相之始。皇太极对“三顺王”——恭顺王孔有德、怀顺王耿仲明、智顺王尚可喜的招抚政策也是成功的。

更定官制，调整架构 架构国家管理体系，是皇太极继承父汗事业、巩固后金政权、进图更大发展，政治棋盘上另一步关键之棋。大明有健全的国家机构，但运转不灵；大顺没有完善的政权机构，也未想去完善；满洲天命建元，国家机构以女真军事组织为主，参照蒙古模式（如理事官之设）等,建立起国家机构的雏形。随着后金地域的拓展,人口的众多,民族的纷繁，文业的举兴，法制的建设，军事的远征，就需要改革并完善政权机器。在进行国家体制改革时，就是依据明朝政府组织机构，改革和设置后金—大清的国家机构。其一是，废除大汗同三大贝勒“并肩而坐”，改为皇太极“南面独坐”，强化君主集权。其二是，逐步设立汉军八旗，以管理汉军及其眷属的军、政、民等事宜。其三是，完善并扩编蒙古八旗，加强对蒙古的统辖。其四是，制定一系列法典，使管理有法典依循。皇太极告谕廷臣：“凡事都照《大明会典》行。”其五是，仿效明制，设立内三院——内秘书院、内国史院、内弘文院，内三院设大学士、学士，分别由满、蒙、汉员担任。这是清代设大学士之始。清承明制，不设宰相，大学士参与议商军国大政。设立六部——吏、户、礼、兵、刑、工，并设立二衙门——都察院（管监察）、理藩院（主要管蒙古事务），基本上完成了国家机器的建构。皇太极改革和完善国家组织的特点是：以满洲政权组织为内核、明朝政府组织为模式、蒙古历史经验为参酌，架构后金—大清的国家组织形式。这为后来顺治入关、管理全国政权奠下基础。正如文臣宁完我所说:“日后得了蛮子地方，不至于手忙脚乱！”

锐意创革，造红衣炮 努尔哈赤和皇太极父子，在屡战屡胜之后，却在宁远城下，败于袁崇焕。有文献记载，天命汗在此役中受炮伤；同年八月十一日，含恨而逝。努尔哈赤至死不明宁远之败的根因。皇太极承袭汗位后，为雪父仇，为固汗位，也为争口气，于天聪元年（1627年）

五月，亲率大军，进攻宁（远）、锦（州）。双方争战激烈，皇太极攻城不下，死伤惨重。明朝军为什么胜利？后金军为什么失败？明宁远守将袁崇焕对这个问题的回答是6个字："凭坚城，用大炮！"因为，八旗军是一支以骑兵为主的军队，铁骑驰突、野战争锋是其所长；攻城破墙、抵御火器则为其所短。而摆列方阵、行动迟缓是明朝军所短；坚城深壕、火器洋炮又为明朝军所长。所以，宁远之战和宁锦之战都是袁崇焕以己之所长击八旗军之所短，而八旗军则以己之所短击明朝军之所长。天聪汗皇太极在经过宁远之战、宁锦之战和北京之战3次重大失败之后，终于明白了一个道理：明辽军之所以取胜，重要原因在于有新式武器——红衣大炮；八旗军之所以战败，重要原因在于没有新式武器——红衣大炮。此炮为西洋人制造的新式铁铸前装滑膛炮，明朝派员从澳门购入，称作"红夷大炮"；满洲讳"夷"而谐音为"衣"，称作红衣大炮。于是，天聪四年即崇祯三年（1630年），皇太极命汉官仿造红衣大炮。翌年正月，后金仿造的第一批红衣大炮共14门，在沈阳造成，定名为"天佑助威大将军"。从此，满洲终于有了自己制造的红衣大炮。这是八旗兵器史上划时代的大事件，也是八旗军事史上的一座里程碑。同年八月，皇太极派军用新制造的红衣大炮，攻围大凌河城。此役，八旗军用红衣大炮打援、围城、破堡，大炮所向，尽显神威，攻克大凌河城，降明将祖大寿，且缴获明军大小火炮3 500门。皇太极用红衣大炮装备八旗军，并相应变革八旗军制。

改革军制，创设重军　满洲八旗军队，以"骑射"见长，重弓箭，轻火器。皇太极制造红衣大炮成功后，引起后金军制的重大改革。皇太极在第一批红衣大炮制造成功，并用于实战取得胜利后，命在八旗军设置新营，名为 ujen cooha，其音译为"乌真超哈"，意译为"重军"，即以火炮等火器装备的重型兵种——炮兵。这批红衣炮的督造官佟养性被任为昂邦章京，是为后金第一位炮兵将领。"乌真超哈"的建立，是满洲八旗军制的重要变革。在此之前，八旗军以骑兵为主，兼有步兵；而建立"乌真超哈"，标志着后金－清的军队，已经是一支包括骑兵、炮兵和步兵等多兵种的军队。就作战而言，八旗军既擅野战，又可攻坚，炮兵的火力与骑兵的冲击力、机动性得到良好结合；就训练而言，八旗军由单一的骑兵训练，而为骑兵与炮兵、步兵合成训练。因而，“乌真超哈”的建立，标志着八旗满洲军队摆脱了旧军制的原始性，是一项重大的军制改革。

这样，皇太极登上大位数年之间，就纠正了他的父汗晚年所犯下的错误——强令迁民、分田占房、清查粮食、轻薄文士、屠杀汉儒等不当治策，使得后金军政事业有了新的发展。皇太极调整治策，施展文韬，拓展基业，做出贡献，后被谥为“文”皇帝，而其父汗被谥为“武”皇帝，这个“文”字恰恰说明皇太极一生功业的“文治”特征。

四向拓疆　强根固本

皇太极袭嗣汗位以后，调整治策，施展武略，为后金－大清的巩固与发展，做出了历史性的贡献。他在军事棋盘上，四向拓疆、强根固本，也有 5 步高招之棋：

向东出兵，两征朝鲜　天聪元年即明天启七年（1627 年）正月初八日，皇太极命阿敏等率 3 万大军征朝鲜。阿敏统率大军，用“潜师夜袭，急如风雨”的战术，过鸭绿江，势如破竹，陷义州，占平壤。朝鲜内部，慌乱一团，战守无策，大官纷逃。国王李倧携王妃、子女，逃到江华岛。李倧反对抗战派的主张，请求同后金议和。三月五日，后金代表同李倧及其代表在江华岛，按照满洲的习俗，杀白马、黑牛，焚香、盟誓，定下“兄弟之盟”。定盟后，阿敏命官兵纵掠 3 天，给朝鲜百姓造成一场灾难。然后，按照皇太极《汗谕》，自朝鲜撤出后金兵，只在义州留下一支监视性的部队（后撤出）。皇太极第一次用兵朝鲜，达到了一石三鸟的目的——其一是改变了朝鲜依违于后金和明朝之间的立场，其二是得到了大量来自朝鲜的物资供应，其三是解除了南攻明朝的后顾之忧。但是，朝鲜同明朝的关系太深，不久后金与朝鲜的关系又发生新的摩擦。

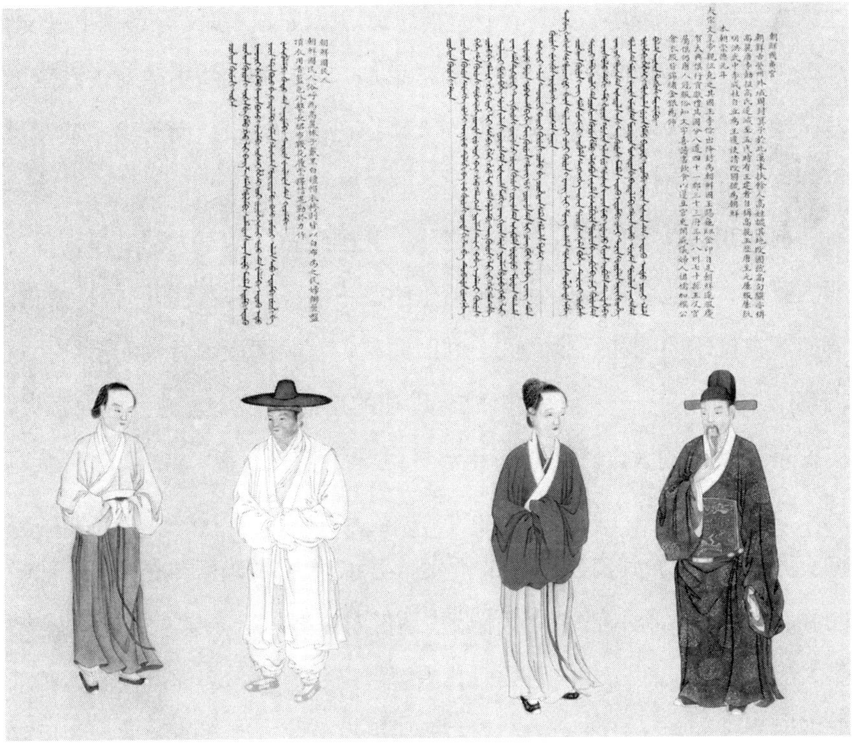

《皇清职贡图》之“朝鲜国夷官”、“朝鲜国民人”

崇德元年（1636 年）皇太极称帝大典时，朝鲜使臣拒不跪拜，双方撕扯，仍不屈服。皇太极认为：这是朝鲜国王效忠明朝、对清不从的表现。皇太极决定再次用兵朝鲜。崇德元年即崇祯九年（1636 年）十二月初二日，崇德帝皇太极统帅满洲八旗和蒙古兵，开始向朝鲜第二次用兵。清军渡鸭绿江，攻陷义州，占领平壤。清军前锋直至王京汉城，朝鲜国王李倧逃到南汉山城。清兵闻讯，急驰进攻。皇太极也率军到南汉山城驻营。朝兵前来会战，均被清军击败。崇德二年即崇祯十年（1637 年）正月，皇太极向李倧发出通牒，要他投降。明朝见死不救，李倧内困外绝，决计投降。其条件是：奉清国正朔，向清帝朝贡，长子等留驻沈阳做人质。于是，皇太极在汉江东岸三田渡设幄筑坛，举行受降仪式，确立了大清同朝鲜的“君臣之盟”。此役历时两个月，二月二日，皇太极班师，李倧率群臣出王京十里跪送。后在这里竖立“三田渡碑”，碑文正面汉文镌刻“大清皇帝功德碑”7个大字，碑阴以汉文、满文合璧镌书碑文，至今仍存。皇太极两次用兵朝鲜的结果是，朝鲜同大清由敌对关系变为君臣关系，由大清敌人的基地变为大清自己的后方，从而解除了清军进攻蒙古的东顾之忧。

向西用兵，三征蒙古 明清之际，我国蒙古分为三大部：漠南蒙古即内蒙古、漠北蒙古即外蒙古（喀尔喀蒙古）、漠西蒙古即厄鲁特蒙古。漠南蒙古位于明朝和后金之间，并同明朝定有共同抵御后金的盟约。蒙古察哈尔部林丹汗，是元太祖成吉思汗的后裔，部众繁盛，势力强大，自称是全蒙古的大汗。明廷每年给林丹汗大量“岁赏”，使其同后金对抗。林丹汗曾致书天命汗努尔哈赤，称“蒙古统四十万众之主，谕问水滨三万人之主”，其口气不可谓不大。努尔哈赤时漠南蒙古东边诸部多归服后金，但察哈尔部成为漠南蒙古诸部对抗努尔哈赤父子的坚强堡垒。皇太极即位后，西向3次用兵，其主要目标是察哈尔部林丹汗。天聪二年即明崇祯元年（1628年），皇太极利用漠南蒙古诸部的矛盾，同反对林丹汗的喀喇沁等部结盟，首次亲自统军进攻林丹汗。师到敖木伦地方，获得胜利，俘获11 000余人，后乘胜追到兴安岭。天聪六年即崇祯五年（1632年），皇太极再次率军远征林丹汗。他一边行军，一边会蒙古军，长途跋涉，忍饥耐渴，到归化城（今呼和浩特市）。时林丹汗闻讯，惊慌失措，星夜逃遁。皇太极回军，途中获得明塞外民众数万、牲畜10余万。此后，察哈尔部众叛亲离，分崩瓦解。林丹汗逃至青海打草滩，患疾而死。天聪九年即崇祯八年（1635年），皇太极命多尔衮等统军三征察哈尔部。多尔衮等师至黄河以西托里图地方，遇到林丹汗遗孀苏泰太后及其子额哲大营。苏泰太后是叶赫贝勒金台什之孙女，金台什同皇太极则是姑表兄弟。这次出兵，多尔衮将苏泰太后之弟南褚带在行营中。他将南褚派往苏泰太后营帐，去见其姐苏泰太后及其外甥额哲。苏泰太后恸哭而出，与其弟抱见。于是，苏泰太后令子额哲率众宰桑出降。皇太极以次女下嫁额哲，命济尔哈朗娶林丹汗遗孀苏泰太后为福晋，长子豪格及二兄代善、七兄阿巴泰分别同察哈尔部联姻，皇太极自己也娶了林丹汗的两位遗孀，从而构成错综复杂的姻盟。皇太极对漠南蒙古采取“慑之以兵，怀之以德”的谋略，其结果是：漠南蒙古，归于一统。

向南用兵，五入中原 天聪汗皇太极一生用兵的主要目标是大明皇朝，为此他先后 5 次对关内用兵，扩大其军事与政治影响。第一次是天聪三年即崇祯二年（1629 年），皇太极亲自带领大军，绕道蒙古地区，攻破大安口，陷遵化，围北京。这在下节“设反间计，除袁崇焕”中介绍。第二次是天聪八年即崇祯七年（1634 年），皇太极亲统大军，蹂躏宣府、大同一带。第三次是崇德元年即崇祯九年（1636 年），皇太极命多罗郡王阿济格、贝勒阿巴泰等率军入关。阿济格率军破独石口，到延庆，入居庸，取昌平，焚德陵，逼京师。北京九门戒严，紧急调兵“勤王”。接着，阿济格统军下房山，破顺义，陷平谷，占密云，围绕明都，蹂躏京畿。此役，清军阿济格奏报：凡 56 战皆捷，共克 16 城，俘获人畜 179 820。他们回归时，“艳服乘骑，奏乐凯归”，还砍削树木书写“各官免送”4 个大字，以戏藐大明皇朝。第四次是崇德三年即崇祯十一年（1638 年），皇太极派多尔衮率军入关，沿运河南下，兵锋到济南。在长达半年的时间里，多尔衮往返转战 5 000 里，遍蹂河北、山东一带，攻克济南府城暨 3 州、55 县，生擒明德王，布政使、巡抚、知府死之，获人、畜 46 万，黄金 4 000 余两、白银 97 万余两。明大学士、原辽东经略孙承宗也在家乡城陷后不屈自尽。第五次是崇德七年即崇祯十五年（1642 年），皇太极派阿巴泰率军入关，横扫山东一带，俘获人口 369 000 余，牲畜 32 万余头。上述 5 次入关之役，第一次破墙入内、攻打京师，表明皇太极战略家的胆识与谋略。第三次和第四次遍掠京畿、攻克济南，则表明清军的强大军事威势。后金－大清军 5 次大规模入塞，攻打北京，兵略中州，陷落济南，皇太极之胆识、之气魄确是雄奇的。但是，兵贵得民。得到土地和人民，就得到实际控制权，也得到获取贡赋的权力。后金－清军扫荡关内州、府、县城后，掳略大量人口，回到盛京沈阳，男人作耕农、奴仆，女人作妻妾、奴婢。这虽可补充其劳力困乏，但演出中原汉民背井离乡、家破人亡的惨剧。其所掠牲畜、财帛虽可缓解其经济之困难，但不能促进其经济之发展，达不到用兵之经济目的。用兵之法：全国为上，其次破国，其次伐兵，其次攻城，掳掠最下。皇太极多次派兵入塞，屠城，杀戮，焚毁，抢掠，这是兵略中之最下者。所以，皇太极入关作战，其最大的失策在于：一是得利失义——蹂躏人民加深了民族隔阂；二是得远失近——兵略上虽克济南却未克宁远；三是得小失大，错过了登上北京金銮宝座的良机。

向北用兵，征抚索伦 崇德帝皇太极向北用兵，主要指向黑龙江地域。在黑龙江上中游地域生活的索伦部，是一个多民族的泛称，主要有达斡尔、女真、鄂伦春、鄂温克等。他们的语言都属于通古斯语族，有的和满语相同，有的和满语相近。早在努尔哈赤时，已经用兵松花江、黑龙江流域，招附大量部民。皇太极对他们以抚为主，以征为辅。他的招抚政策，取得很大成绩。天聪元年即天启七年（1627 年），黑龙江萨哈尔察部头人到沈阳朝贡。尔后数年之间，黑龙江地带来朝贡和归顺的人愈来愈多。天聪八年即崇祯七年（1634 年），索伦部首领巴尔达奇率领 40 余人到沈阳，贡献貂皮 1 818 张。巴尔达奇是达斡尔人，居住在精奇里江（今结雅河）多科屯。皇太极将宗室女儿嫁给巴尔达奇，他成了皇太极的额驸。不久，索伦部的孔恰泰等部长相继到沈阳朝贡，表示归顺。到崇德二年即崇祯十年（1637 年），黑龙江萨哈连部等 70 余人，还有博穆博果尔等 9 人，都到沈阳朝觐，皇太极为他们举行了盛大的宴会。崇德四年即崇祯十二年（1639 年），皇太极发兵征讨博穆博果尔。第二年，额驸巴尔达奇带领部众，配合清军行动。清军到黑龙江上游雅克萨（今俄罗斯阿尔巴津）、呼玛尔（今呼玛）等地。经过激战，清军获胜，但损失很大。博穆博果尔兵事失利，率余部北逃。皇太极为擒获博穆博果尔，采用“声南击北”的计谋：明里扬言发兵追剿博穆博果尔，暗里却派蒙古精骑从北面堵截博穆博果尔的逃路。博穆博果尔得到清军追剿的信息，率众北遁，逃到齐洛台（今俄罗斯赤塔）地方，被预先埋设的蒙古骑兵捉获。皇太极先后经过 10 余年的北向进兵，征抚并用，以抚为主，终于将贝加尔湖东南、外兴安岭迤南、乌苏里江迤东的广阔地域，归属

洪承畴像

于清朝的管辖范围之内。

松锦用兵，谋略精当 皇太极自宁锦之役失利后，10 年间未在辽西同明军作大的争战。崇德四年即崇祯十二年（1639 年），清军围困锦州，守将祖大寿告急。崇祯帝派洪承畴为总督，率 8 位总兵、13 万步骑、4 万马匹，解锦州之围。洪承畴于翌年出关。洪总督采取“步步为营，且战且守，待敌自困，一战解围”的战术，于崇德六年即崇祯十四年（1641 年）七月，进军至松山。两军初战，“清人兵马，死伤甚多”，清军失利，几至溃败。败报驰至盛京，皇太极带病急援。史载：“上行急，鼻衄不止，承以椀”，鼻子流血，用椀盛着，驱马赶路，昼夜兼行，到松山，才驻营。他部署：浚濠布兵，断敌退路；袭劫积粟，断敌粮秣；高桥设伏，击敌逃兵；大路列阵，截敌援兵。经激战，获大胜。《清太宗实录》记载：“是役也，计斩杀敌众五万三千七百八十三，获马七千四百四十四匹、骆驼

六十六、甲胄九千三百四十六副。明兵自杏山南至塔山，赴海死者甚众，所弃马匹、甲胄以数万计。海中浮尸漂荡,多如雁鹜。”此次明清松锦之战，明朝方面——总督被擒，全军覆殁；清朝方面——连克四镇，获得大胜。就兵略而言，其关键在于明军统帅洪承畴兵略之错误，清军统帅皇太极兵略之正确。一次独立战役的胜败，主帅的谋略是争战胜负演化的枢轴。皇太极的松锦大捷，产生了深远的历史影响。明朝与后金－大清自万历四十六年即天命三年（1618 年）抚顺第一次交锋，至崇祯十七年即顺治元年（1644 年）清军入关前，在近 30 年间，曾发生大小数百次争战，但对明清兴亡产生极其深远影响的主要是三大战役，这就是萨尔浒之战、沈辽之战和松锦之战。萨尔浒之战是明清正式军事冲突的开端，标志着双方军事态势的转化——明辽军由进攻转为防御，后金军由防御转为进攻；沈辽之战是明清激烈军事冲突的高潮，标志着双方政治形势的转化——明朝在辽东统治的终结，后金在辽东统治的确立；松锦之战是明清辽东军事冲突的结束，标志着双方辽西军事僵局的打破——明军顿失关外的军事凭藉,清军转入新的战略进攻,为定鼎燕京、入主中原奠下基础。清人评论皇太极在松锦之役的兵略云:“神谋勇略,制胜出奇。”这个评断，似不为过。

设反间计　除袁崇焕

天聪汗皇太极在事业发展过程中，有一件事很值得大书一番，这就是巧设反间计，除掉袁崇焕。

事情要从源头说起。天命十一年即明天启六年（1626 年）正月，天命汗努尔哈赤率领倾国之师，西渡辽河，日夜兼程，进攻袁崇焕驻守的孤城——宁远。努尔哈赤师出迅速，志在必克。但是，事与愿违，攻而未克，身负炮伤，不久病亡。皇太极亲临战场，目睹了八旗战史上这场最惨痛的悲剧。宁远之役，明朝军为什么胜利？后金军为什么失败？皇太极并没有认真总结教训。仗打输了，皇太极不服气；父汗死了，皇太极要报仇！于是，发生了宁锦之战。

天聪元年即明天启七年（1627年）五月，皇太极率军进攻辽西重镇宁远和锦州。明军宁远守将为新升任辽东巡抚的袁崇焕，锦州守将为平辽总兵赵率教。十一日，皇太极兵抵锦州城下。皇太极先给赵总兵劝降信，赵率教不回应。皇太极下令攻城，步兵、骑兵，矢镞、楯车，蜂拥而进，拼死力战。城上则炮火、箭矢、火毬、礌石，一齐还击，交下如雨。先后连攻14天，还是没有攻克。皇太极见锦州久攻不下，便留下一支部队继续围城；亲率主力，往攻宁远。后金军猛烈攻城，袁崇焕顽强死守。皇太极连续攻城，游击觉罗拜山、备御巴希等被射死，贝勒济尔哈朗、萨哈璘等被创，兵士死伤很多。他只好回军锦州。锦州再战，也无成果。双方争战激烈，在22天之间，大战3次，小战25次，无日不战。后金军攻城不下，死伤惨重。天聪汗皇太极悲愤道："昔皇考太祖攻宁远，不克；今我攻锦州，又未克。似此野战之兵，尚不能胜，其何以张我国威耶！"六月五日，皇太极撤离锦州，无功而返。这次战役，明朝称为"宁锦大捷"。皇太极并没有认真总结宁锦兵败的教训。他主要想到一条：袁崇焕是他由山海关入关通道上的"拦路虎"。所以，皇太极用了两条办法：一条是绕道山海关，另一条是除掉袁崇焕。从而达到一个目的：攻打北京城。

天聪三年即明崇祯二年（1629年）十月，皇太极亲率大军，避开山海关，绕道内蒙古，进攻北京城。这时的袁崇焕，有一件事情要先交代一下。袁崇焕连获宁远大捷和宁锦大捷之后，遭到朝廷阉党的嫉恨，被逼得称病辞职还乡。当年，天启帝病死，崇祯帝继立。崇祯帝刚登极，就收拾阉党，将阉党的首脑大太监魏忠贤处死，并重新起用袁崇焕。袁崇焕到北京后，在今保和殿旁一个叫平台的地方，受到崇祯帝的接见。崇祯帝封袁崇焕为蓟辽督师，总理今河北北边和东北地区的防务。袁崇焕提出"五年复辽"的决心，崇祯帝赐他尚方宝剑。他到辽东上任后，平息兵变，整顿部伍，筹措粮饷，修理器械，斩毛文龙，加强防守。他还奏报，辽东防守坚固，敌军不会通过；但蓟镇一带防务空虚，应当加以重视。朝廷对他的奏报未予理睬，而尘封起来。当袁崇焕在山海关巡视的时候，得到皇太极进攻京师的军报。他急点 9 000 骑兵，士不再餐，马不再秣，日夜兼驰，前来救援，同敌决战，保卫北京。

袁崇焕驻兵在北京广渠门外，兵无粮，马无草，白天作战，夜间露宿。他一向治兵严明，有一个士兵因太饿偷吃了民家的饼，便命令当众处死，以整肃军纪。就是这样一支铁军，在广渠门外，打败了后金军的进攻。他身先士卒，中箭头的衣甲，像刺猬皮似的。袁崇焕连获广渠门和左安门两捷，京师转危为安。皇太极自知用武力制服不了袁崇焕，就施用《三国演义》中周瑜利用蒋干盗书使曹操中反间计的手法，设计陷害袁崇焕。此计，《清太宗实录》记载：

> 高鸿中、鲍承先遵上所授密计，坐近二太监，故作耳语云："今日撤兵，乃上计也。顷见上单骑向敌，敌有二人来见上，语良久乃去。意袁巡抚有密约，此事可立就矣！"时杨太监者，佯卧窃听，悉记其言。
>
> 纵杨太监归。后闻杨太监将高鸿中、鲍承先之言，详奏明主。明主遂执袁崇焕入城，磔之。

这个"反间计"由范文程密进，为皇太极所采纳。十二月初一日，崇祯帝误中其计，以议军饷为名，命袁崇焕到紫禁城。当时，北京城戒严，9 座城门，关闭不开。袁崇焕坐在筐里，被城上人吊到城上。袁崇焕到了紫禁城，崇祯帝并未议饷，而是下令将他逮捕，下锦衣卫狱。第二年八月十六日，一代名将袁崇焕在北京西市被凌迟处死。

这里需要补充的是，有人说崇祯帝杀袁崇焕是因为他"功高震主"。事实上，在皇朝时代，大臣只不过是皇帝的一个奴才。其"功"再高，也不会"震"主。还有人说，崇祯帝杀袁崇焕是误信他"通敌"。袁崇焕从落狱到磔死，中间有 8 个多月，完全有时间做调查。但在证据不足的情况下，还是杀了他。应当说，崇祯帝杀袁崇焕，其真实原因是崇祯帝想做"中兴之主"，但登极两载，就遇上自隆庆、万历、泰昌、天启

袁崇焕像

四朝以来所未遇到的“京师被围”和“庙社震惊”之事，使他的“中兴之梦”破灭。崇祯帝以杀袁崇焕而“慰”庙社、“谢”天下！这个历史责任应当由崇祯帝承担，而袁崇焕却成为都门受辱的替罪羊！

外攻内诱 降祖大寿

皇太极的宽广襟怀与聪睿智谋，在招降和放纵明总兵祖大寿这件事情上，表现得淋漓尽致。崇德帝皇太极与崇祯帝朱由检，都在位 17 年。但是，一个是皇朝崛兴，走向胜利；另一个是皇朝衰败，走向灭亡。其中原因，固然很多。但有一件事，很值得思考：崇祯帝杀了袁崇焕，明朝必亡；皇太极两降祖大寿，清朝则兴。

在崇祯帝朱由检与崇德帝皇太极对峙的 17 年间，明朝在辽东最重要的两员战将，清朝在辽西最头疼的两个勇将：一个是袁崇焕，另一个是祖大寿。袁崇焕在，守住关锦防线，连获宁远、宁锦大捷，后金—清军不得前进一步。但是，已如上节所说，皇太极在军事上赢不了袁崇焕，却在政治上赢了袁崇焕，这就是利用崇祯皇帝的弱智与昏庸，巧设反间计，借朱由检之刀，杀了袁崇焕。袁崇焕死后，皇太极另一个心腹之患，就是明朝的征辽将军祖大寿。

祖大寿，辽东宁远（今辽宁兴城）人，初为游击，广宁兵败，走觉华岛（今兴城菊花岛）。大学士孙承宗督师辽东，用袁崇焕营筑宁远城，祖大寿督责工程。在努尔哈赤率军攻打宁远时，祖大寿协助袁崇焕坚守，取得宁远大捷。努尔哈赤死后，皇太极继承汗位。皇太极不服宁远城下之败，再发动宁锦之役。袁崇焕守宁远，派祖大寿将精兵绕出敌军之后，又大败皇太极。天聪汗皇太极宁锦兵败后，在通向山海关的道路上，最大的军事障碍，就是祖大寿及其守卫的大凌河城。

大凌河城（大凌河中左千户所城），位于锦州东 30 余里，是锦州的前哨阵地。明朝的铁将精兵，尽在大凌河城。于是，皇太极集中精神、集结兵力，攻打由祖大寿守御的大凌河城。天聪五年即崇祯四年（1631年）七月，皇太极亲自率军，分兵两路，直奔大凌河城。他鉴于以往攻城失败的教训，这次主要采取围城打援的战术，就是：掘壕筑墙，长久围困；彼兵若出，我则与战；援师若至，我则迎击；待其粮尽，再作招降。皇太极环大凌河城四面，设垒布军：周城为壕，深宽各丈余；壕外为墙，高 1 丈余；墙内为壕，既深又广；营外为壕，深宽各 5 尺。皇太极围城工程严密，水泄不通。大凌河城内守军官兵万余人，夫役商贾万余人。祖大寿派兵突围，均告失败；锦州援军，也被击退。皇太极几次劝降，都被祖大寿拒绝："我宁死于此，不能降也！"

皇太极长围大凌河城，既在得城，更在得人。因为明朝辽军，"善射精兵，尽在此城"。还因为，明朝辽军当时最优秀的将领祖大寿，也在此城。所以，皇太极在得城、得兵、得将的"三得"之中，首在得将，就是招降祖大寿。皇太极在给祖大寿的招降书中说：

倘得倾心从我,战争之事,我自任之;运筹决胜,惟望将军指示。

上述皇太极“运筹决胜，惟望将军指示”的话，虽不能完全兑现，却表现出他思贤若渴和虚怀若谷的心态。

大凌河城被围 3 个月，城内粮绝薪尽，军士饥馑，甚至于杀修城夫役及商贾平民为食。城内无柴，析骸而炊。又执军士之羸弱者，杀而食之。皇太极再派员劝降，祖大寿提出：我妻子在锦州，我们如何相见？皇太极让祖大寿提出投降方案。祖大寿设计：投降以后，率领从者，逃入锦州，筹划策反，伺机献城。皇太极不顾诸将反对，答应祖大寿的条件。十月二十八日，大凌河城诸将都愿意投降，唯独副将何可纲不从。祖大寿派官将何可纲“掖以出城，杀之”。时“可刚（纲）颜色不变，不出一言，含笑而死”。同日，祖大寿以大凌河城“投降”。皇太极亲自出迎，同祖大寿行抱见礼，举行盛宴，还颁赐黑狐帽、貂裘、缎靴、骏马等赏品，以示优礼。同日，皇太极和祖大寿商定了计取锦州的策略。十一月初一日，祖大寿等逃到锦州。

皇太极对祖大寿招而后纵，是受了《三国演义》中诸葛亮“七擒孟获”的启发，对祖大寿尽量做到诚心、耐心、攻心、降心。他有一段话可以为证：

朕思与其留大寿与我国，不如纵入锦州，令其献城，为我效力。即彼叛而不来，亦非我意料不及而误遣也。彼一身耳，叛亦听之。若不纵之使往，倘明国别令人据守锦州，则事难图矣。自今纵还大寿一人，而携其子侄及诸将以归，厚加恩养，再图进取，庶几有益。

这是十一月初一日，皇太极纵祖大寿往锦州前，回答其内部反对纵祖大寿而说的一番话。皇太极的这番话，看得透，说得也透。

皇太极在大凌河城之役中，不仅占领并毁坏大凌河城，还招降明朝除祖大寿以外的总兵、副将、参将、游击等 39 员，得到一批军事人才。

数日后，祖大寿从锦州传话：锦州防守甚严，等待时机，不忘前约。崇祯帝得知祖大寿回锦州的奏报，派使召大寿入朝。祖大寿鉴于袁崇焕血的教训，“使三至，辞不往”。

祖大寿回到锦州，既未献策，也未献城。皇太极不急、不恼、也不怨恨，对其家属与部将收容、恩养、也不报复，表现出成熟政治家的风度。

事情过了 10 年，皇太极再次发兵围锦州。崇德五年即崇祯十三年（1640 年），皇太极派郑亲王济尔哈朗等率兵，攻锦州外围，割其庄稼，克其屯堡。次年，济尔哈朗率军环锦州城扎营，攻陷锦州外城，祖大寿退守子城。祖大寿向明廷告急，崇祯帝派洪承畴率军往援。明、清双方，在松山—锦州展开会战，这就是前面说的松锦会战。结果，洪承畴全军覆没，自己被俘，剃发投降。祖大寿孤城难守，率官兵出降，时为崇德七年即崇祯十五年（1642 年）三月。皇太极对祖大寿的“降而复叛”，不但没有问罪，反而优礼相待。史载：

> 上御崇政殿，召见大寿，谢死罪。上曰：“尔背我，为尔主，为尔妻子、宗族耳。朕尝语内院诸臣，谓祖大寿必不能死，后且必降，然朕决不加诛。往事已毕，自后能竭力事朕则善矣！”
>
> 又谕（祖）泽远曰：“尔不复来归，视大寿耳。曩朕莅视杏山，尔明知为朕，而特举炮，岂非背恩？尔举炮能伤几人耶！朕见人过，即为明言，不复省念。大寿且无责，尔复何诛？尔年方少壮，努力战阵可已！”泽远感激泣下。

于是，将祖大寿隶正黄旗，仍为总兵；祖泽润为固山额真，可法、泽洪、国珍、泽远为梅勒额真。

由上述皇太极对祖大寿前后长达 10 年的招降过程，可以看出：皇太极对祖大寿是多么有耐心，多么有信心，又多么有诚心。相反，朱由检对袁崇焕是多么狭隘，多么自负，又多么昏庸！崇祯帝朱由检之亡国，崇德帝皇太极之兴国，重要原因，在于用人：崇祯皇帝将自己营垒中的能人、强人、战将加以诛杀，如袁崇焕；崇德皇帝则将敌人营垒中的能人、强人、战将加以招降，如祖大寿。袁崇焕之死与祖大寿之降，反映出崇祯帝和崇德帝的不同胸怀、不同谋略、不同性格及其不同命运。袁崇焕之死与祖大寿之降，是一个历史的信号：明朝必亡，清朝必兴。

皇太极改族名为满洲，改国号为大清，是满洲族、也是大清国兴盛的新起点。

族名满洲　建号大清

在后金、大清建国史上，皇太极做的两件大事，一件是改族名女真为满洲，另一件是改国号大金为大清，影响深远，史册永存。

更改族名，止称满洲　满族先世，历史悠久。商、周称肃慎，秦、汉称挹娄，魏、晋称靺鞨，隋、唐称女真。辽兴宗耶律宗真（1031—1055年在位）时，为避其名“真”字之讳，而改“真”为“直”。后来的史书，或称女直，或称女真。到明朝后期，建州女真中的苏克素浒河部努尔哈赤起兵，先后统一了建州女真、海西女真，又统一了东海女真及黑龙江女真的一部分。皇太极继承汗位后，继续其先父遗志，经过10余年的征抚，完成了女真统一的大业。这时的女真，实际上是以建州女真为核心，以海西女真、东海女真、黑龙江女真为主体，并吸收大量汉人、蒙古人、朝鲜人、达斡尔人、锡伯人、鄂伦春人、鄂温克人、赫哲人等，而形成的一个新的民族共同体。这样，原来的女真族名，不能反映新的民族群体的现实。

另外，在中国的历史上，女真贵族曾建立金朝。金朝与宋朝，北南对峙，时间很长。靖康二年即金天会五年（1127年），宋徽宗赵佶及其儿子钦宗赵桓，被金军俘虏，后解到北国。这对女真人来说，是一个大的胜利；而对汉族人来说，是一个大的耻辱。金以后经元朝建立的明朝，是汉族人做皇帝。无论是皇帝、贵族，还是官绅、平民，都牢记这个历史的教训，也都不忘这个历史的耻辱。皇太极既要进兵中原，统一华夏，就应化解历史积怨，更改族名。然而，这是只能心领神会，不便公开言明的事情。所以，在天聪九年即明崇祯八年十月十三日（1635年11月22日），天聪汗皇太极发布《汗谕》：

我国原有满洲、哈达、乌喇、叶赫、辉发等名，向者无知之人，往往称为诸申。夫诸申之号，乃席北超墨尔根之裔，实与我国无涉。我国建号满洲，统绪绵远，相传奕世。自今以后，一切人等，止称我国满洲原名，不得仍前妄称。

上述《汗谕》中的诸申，同女真，都是满语的同音异译。从此，满洲族即简称满族的名称，正式出现在中华和世界的史册上。

皇太极在改族名后的第二年，又改国号。

更改国名，建号大清　其实，皇太极早有统一华夏、黄衣称帝的想法。后金政权是局处于东北一隅，还是夺取全国江山？看来清太祖努尔哈赤对此并没有做出明确的回答。但是，皇太极在天聪三年（1629年）十一月发表的《谕告》中，对夺取全国政权，说得清楚明白。《清太宗实录》载述：

若谓我国偏小，不宜称帝，古之辽、金、元，俱自小国，而成帝业，亦曾禁其称帝耶！且尔朱太祖，昔曾为僧，赖天佑之，俾成帝业。岂有一姓受命，永久不移之理乎！天运循环，无往不复。有天子而废为匹夫者，亦有匹夫起而为天子者。此皆天意，非人之所能为也！上天既已佑我，尔明国乃使我去帝号，天其鉴之矣！

上述宣言，充分表明：其一，引述古代历史，说明偏隅小国，可以完成帝业；其二，引述民族历史，说明东北民族小部，可以战胜中原大国；其三，引述明朝历史，论证明太祖朱元璋，原是个穷和尚，也可以成为皇帝，别人为何不能称帝？其四，天道哲理证明，循环往复，历史轮回，

崇德年制白玉“大清受命之宝”

帝位易主，没有万世;其五，上天眷佑，命我称帝，明朝皇帝，岂能禁之?总之，皇太极要效法契丹阿保机、女真阿骨打、蒙古铁木真，建元称帝，进军中原，推翻朱明，一统天下！皇太极在这个总战略思想之下，值天聪十年（1636年）四月，获得故元传国宝玺的机会，改元崇德，建号大清。皇太极改元崇德、建号大清之后，怀着雄心，部署战略，同明崇祯，争夺国统。

天聪九年（1635年），多尔衮率军远征蒙古察哈尔部时，得到蒙古的大宝“传国玉玺”。这里面有一个传说故事:据说这颗玺印,自汉传至元。元顺帝北逃时，将玉玺带在身边。他死之后，玉玺失落。200年后，一牧羊人放牧,见一只羊3天不吃草,而用蹄刨地。牧羊人心奇,挖开此地,得到宝玺。后宝玺到了林丹汗手中。林丹汗死后，由苏泰太后及子额哲收藏。苏泰太后及子额哲归顺后金时，将“制诰之宝”玉玺，献给天聪汗皇太极。皇太极得膺“一统万年之瑞”的“天锡至宝”，亲自告祭太祖福陵；同年十月，改族名为满洲；翌年四月，改国号为大清。

皇太极既得到“制诰之宝”玉玺，又完成了对东北的统一。整个明朝东北疆域，全归后金－大清辖治。故而，皇太极诏告天下：

予缵承皇考太祖皇帝之业，嗣位以来，蒙天眷佑，自东北海滨，迄西北海滨，其间使犬、使鹿之邦，及产黑狐、黑貂之地，不事耕种、渔猎为生之俗，厄鲁特部落，以至斡难河源，远迩诸国，在在臣服。

所以，皇太极为了反映新的政治现实与军事现状，决定更改国名，建号大清。天聪十年即崇祯九年（1636年）四月十一日，皇太极在沈阳宫殿举行即皇帝大位的隆重典礼。先告祭天地：

> 臣以眇功，嗣位以来，常思置器之重，时深履薄之虞，夜寐夙兴，兢兢业业，十年于此。幸赖皇穹降佑，克兴祖、父基业，征服朝鲜，混一蒙古，更获玉玺，远拓边疆。今内外臣民，谬推臣功，合称尊号，以副天心。臣以明人尚为敌国，尊号不可遽称，固辞弗获，勉徇群情，践天子位。建国号曰大清，改元为崇德元年。

这里做一点说明：因为，皇太极有两个年号，一个是天聪，另一个是崇德，所以清朝12个皇帝出现13朝。皇太极为什么改国号为“大清”呢？有一个传说：努尔哈赤早年逃难时骑着一匹大青马，惶急赶路，马被累死。努尔哈赤难过地说：“大青啊，大青，将来我得了天下，国号就叫大青（清）！”这是一个传说故事，不必当真。至于为什么国号为“大清”？当时没有留下文献说明，只能由后来的学者去进行诠释。

皇太极告祭天地后，在大政殿举行受尊号大礼。皇太极改国号的登极大典上，大贝勒代善用满文宣读表文，蒙古林丹汗之子额哲用蒙古文宣读表文，降清汉官孔有德用汉文宣读表文。皇太极利用满、蒙、汉三族能人，参与政权。这宣示：皇太极不仅是满洲的大汗，也是蒙古的大汗，还是汉人的大汗，是大清国臣民的皇帝。礼毕，崇德帝皇太极在大政殿前，举行盛大宴会，欢庆即皇帝大位礼成。当年五月为崇德元年即明崇祯九年（1636年）五月。皇太极的年号崇德，与朱由检的年号崇祯，其所崇尚者不同：前者崇尚德治，即重人事；后者崇尚祯祥，即重天事。历史结局，很有意思：重人者皇太极的清朝兴，重天者朱由检的明朝亡。

多妃多子　盛年逝世

皇太极的家庭生活，像历史上的许多皇帝一样，是一个多妻妾、多子女的家庭。

皇太极的后妃究竟有多少？搞不清楚。历史记载的是曾生儿育女的，共有 15 位。皇太极建元崇德、改国号为清、正式称皇帝，在盛京立五宫——一后四妃，她们都是蒙古族，也都姓博尔济吉特氏。

皇后博尔济吉特氏，是蒙古科尔沁贝勒莽古思的女儿。明万历四十二年（1614 年），努尔哈赤为皇太极定的亲，主要是借助婚姻加强两部的联盟。这年皇太极 23 岁，博尔济吉特氏 15 岁。皇太极继位成为天聪汗之后，博尔济吉特氏成为后金第一福晋，称为中宫——清宁宫大福晋。崇德元年（1636 年）皇太极登上皇帝宝座后，妻以夫贵，博尔济吉特氏就成为中宫皇后。福临即位后，她被尊为皇太后。可惜她寿命不永，顺治六年（1649 年）病死，才活了 51 岁。谥为孝端文皇后。她没生儿子，有 3 个女儿。

皇太极在众多后妃中，除中宫皇后博尔济吉特氏外，宠爱的还有 4 位皇妃：

一、东宫关雎宫宸妃，博尔济吉特氏，名海兰珠，是科尔沁贝勒寨桑之女，又是中宫皇后的侄女，也是永福宫庄妃的姐姐，天聪八年（1634 年）同皇太极结婚。这时她已 26 岁，皇太极也已 42 岁。婚后生下一子，但两岁而殇。宸妃结婚只有 7 年便死去，时皇太极正在征明军中，闻讯疾骑赶回。皇太极对宸妃的死，非常动情，不思饮食，夜不安寝，恸哭不止。史书说他：“妃薨，恸甚，悲悼不已，甚至迷惘。”

二、西宫麟趾宫贵妃，博尔济吉特氏，名那木钟，为蒙古阿霸垓郡王额齐格诺颜之女。她原是蒙古林丹汗囊囊福晋，林丹汗死后，于天聪九年（1635 年）五月，投顺后金。同年七月二十日，皇太极娶囊囊福晋为妃。崇德元年（1636 年），册封那木钟为麟趾宫贵妃。此妃没有许多事情可以记述，她生有一儿一女，儿子博穆博果尔及其王妃，演绎出一段生动离奇的故事，留待下章顺治皇帝时再讲。那木钟于康熙十三年（1674 年）死。

三、东次宫衍庆宫淑妃，博尔济吉特氏，名巴特玛·璪，为蒙古阿霸垓部塔布囊博第塞楚祜尔之女。她原为蒙古察哈尔林丹汗的窦土门福晋，林丹汗死后，于天聪八年（1634）八月二十八日，携其部众降金。不久，巴特玛·璪被皇太极纳娶。崇德元年（1636 年），册封巴特玛·璪为衍庆宫淑妃。她有一个女儿,《清史稿·后妃传》称之为“抚蒙古女”。此女可能是她同林丹汗所生，后来带到盛京皇宫中抚养。皇太极“命睿亲王多尔衮娶焉”！

四、西次宫永福宫庄妃，俗称大庄妃，博尔济吉特氏，名布木布泰，是科尔沁贝勒寨桑之女，又是中宫皇后博尔济吉特氏的侄女、关雎宫宸妃的妹妹。布木布泰于万历四十一年（1613 年）生,天命十年（1625 年）二月嫁给皇太极，这年布木布泰 13 岁，皇太极 34 岁。崇德元年皇太极即皇帝位，封她为永福宫庄妃。庄妃作为一个女人，人生中最大的一件事，就是在崇德三年（1638 年）生下一个儿子——福临，后来的顺治皇帝。这年她 26 岁。她生有 3 个女儿。庄妃身历天命、天聪、崇德、顺治和康熙 5 朝，对顺治和康熙两朝的政治，产生了极其重大而深远的影响。顺治皇帝登极尊她为皇太后，康熙皇帝登极又尊她为太皇太后。康熙二十六年（1687 年）病死，享年 75 岁，谥孝庄文皇后。可以说，对清朝政治至关重要的两位太后，前面的一位是孝庄太后，后面的一位是慈禧太后。后面要分别对她们做介绍。

此外，皇太极还有 10 位妃子：

1、元妃，钮祜禄氏，满洲人，清开国大臣额亦都之女，生一子洛博会。

2、继妃，乌拉那拉氏，满洲人，博克铎贝勒之女，生子豪格、洛格 2 人；女 1 人（名字不详）。

3、侧妃，叶赫那拉氏，满洲人，阿纳布贝勒之女，生子硕塞。

4、侧妃，博尔济吉特氏，蒙古扎鲁特部巴雅尔图戴青之女，天聪六年（1632 年）嫁给皇太极，生女 2 人（名字不详）。

5、庶妃,那拉氏,满洲人,英格布之女,生子高塞、女2人(名字不详)。

6、庶妃,奇垒氏,蒙古察哈尔部额尔济图固英寨桑之女,生女1人(名字不详)。女下嫁吴三桂子吴应熊,应熊在三藩之乱中被杀。

7、庶妃,颜札氏,满洲人,布颜之女,生子叶布舒。

8、庶妃,伊尔根觉罗氏,满洲人,安塔锡之女,生子常舒。

9、庶妃(不知氏族),拜祜之女,生子韬塞。

10、庶妃(不知氏族),其父名不详,生女一人(名字不详)。

以上所述,可以看出:第一,皇太极后妃中,能够确指其民族成份的有13人,而蒙古族为7人,占其总数的53.8%。崇德元年(1636年)四月,皇太极登极称帝,册封的一后四妃,都是蒙古族人,也都姓博尔济吉特氏。第二,皇太极后妃中,没有纯汉族籍的女子,这可能是当时满洲执政者要保持满洲血统,以及政权安全。满汉语言不通,也是一种因素。第三,蒙古重视世谱姓氏,博尔济吉特氏为元太祖成吉思汗的直接后裔,皇太极7位蒙古后妃中有6位姓博尔济吉特氏。这是皇太极多次与其联姻的政治原因。而满洲族与蒙古在语言、生活、宗教、习俗等方面,有共同或相似之处,也为满蒙联姻提供了方便的条件。

皇太极有11子、14女,共25个子女。长子豪格,母为继妃乌拉那拉氏,祖父努尔哈赤时,从伯父代善征蒙古扎鲁特部,斩其贝勒鄂斋图。后随父兄南征北战,屡立军功。天聪六年(1632年),进和硕贝勒。在父皇的大位继承上,同皇叔多尔衮有利益冲突,后被冤死,其王妃也被多尔衮夺占。次子、三子,早殇。四子叶布舒,生母为颜札氏,后封镇国将军、辅国公。五子硕塞,生母为侧妃叶赫那拉氏,后晋封为承泽裕亲王,掌管兵部、宗人府。六子高塞,生母为庶妃那拉氏,后晋辅国公、镇国公。高塞,常住沈阳,喜欢在医巫闾山读书,酷爱文学,喜赋诗、善弹琴,自号“敬一主人”。七子常舒,生母为伊尔根觉罗氏,后封镇国将军、辅国公。八子早死。九子福临,即顺治帝。十子韬塞,生母不知氏族,初封镇国将军,后进辅国公。十一子博穆博果尔,生母为麟趾宫贵妃博尔济吉特氏,封襄亲王,自缢身死。皇太极在统一漠南蒙古中,实行与蒙古王公的联姻政策，将自己的大部分女儿都嫁给了蒙古各部的贵族。皇太极的 14 个女儿（另有养女 2 人），其中有 10 人下嫁蒙古博尔济吉特氏。满蒙联姻，清椒房之盛，盖莫过于此。这一政策对于怀柔蒙古很有成效，为后来清帝所继承和延续。清朝历代公主的平均寿命，皇太极之女仅次于努尔哈赤之女，平均年龄为 36.7 岁。

崇德八年即崇祯十六年八月初九日（1643 年 9 月 21 日）亥刻，皇太极病死。其实，他在 50 岁时就说过："山峻则崩，木高则折，年富则衰，此乃天特贻朕以忧也！"皇太极虽身强，但体胖。50 岁刚过，史书就多次记载他"圣躬违和"。他为此还举行大赦，可见病情不算太轻。他离世这年的正旦，因"圣躬违和"而取消朝贺。随后，又因"圣躬违和"而大赦，而祈祷、布施。《朝鲜李朝仁祖实录》四月初六日记载：清朝"皇帝病风眩"，向朝鲜找竹沥、请名医。竹沥是中药，性寒、味甘，主治中风等症。朝鲜国王派针医柳达、药医朴頵给皇太极治病。这说明皇太极已患"风眩"症。不过，他离世的当天，还进行政务活动。夜间，皇太极在皇后博尔济吉特氏的清宁宫南炕上谢世。清太宗皇太极可能是死于中风。

皇太极在 52 岁的盛年逝世，实在是早了一点。他无缘坐到紫禁城宝座上，实现其终生为之奋斗的定鼎燕京的美梦。他死后葬在昭陵，陵前的石像生中有一对石马，就是"昭陵二骏"，是仿照皇太极生前喜爱的坐骑——大白、小白二骏雕塑的。

崇德帝小议

崇德帝皇太极，对父汗的遗业，既固本、又维新。他对明朝采取"断其羽翼，攻其心腹"的策略。他率军突袭明朝京师，表现了过人的气魄、雄心、胆识与谋略；四向用兵，奠定清朝东北版图。但他不善己合，过早离世，身后留下两大遗憾：一个是"储嗣未定"，另一个是"大勋未集"。

三 顺治皇帝：定鼎燕京

清顺治帝爱新觉罗·福临，清崇德三年即明崇祯十一年正月三十日（1638 年 3 月 15 日）生，属虎，顺治十八年正月初七日（1661 年 2 月 5 日）卒，庙号世祖，尊谥章皇帝，葬孝陵（今河北省遵化县清东陵）。6 岁登极，在位 18 年，享年 24 岁。年号顺治：顺，意顺利；治，意治理。就是顺利治国，华夏一统。

顺治帝是清朝入关、定鼎北京的第一位皇帝。他（清世祖）与清太祖、清圣祖和清太宗一起，被列为“三祖一宗”。清太祖努尔哈赤和清太宗皇太极，开创大业，奠定皇基。清圣祖玄烨，“虽曰守成，实同开创。”至于清世祖顺治帝福临，《清史稿·世祖本纪》论曰：“顺治之初，睿王摄政。入关定鼎，奄宅区夏。”所以，从历史地位来说，顺治帝被列入“三祖一宗”，是符合历史，当之无愧的。

下面分作 9 点，做个简明介绍。

皇位争夺　少年天子

福临的童年，既是有幸的，又是不幸的。说他有幸，是因为他生在帝王之家，衣食住行，全不发愁；说他不幸，因为他在 6 岁孩提之年，父亲病故，幼遭劫难。父亲死后，皇位争夺，非常侥幸，登上大位。福临的登极，既是有幸的，又是不幸的。说他有幸，是因为他小小的年纪，大福降临，成了皇上；说他不幸，是因为他做个儿童皇帝，无权无势，形同傀儡。当然，福临一生的命运，是在皇位斗争中被决定的。所以，先从皇太极死后的皇位争夺说起。

皇位争夺，兵戎相见　清崇德八年即明崇祯十六年八月初九日（1643 年 9 月 21 日）夜亥刻，皇太极因心血管病而猝死。皇太极在白天还处理政务，夜里就离开人世。他死之前，没有留下任何遗言，也没有交代由谁继位。由于事出突然，诸王贝勒没有一点准备。初十日，诸王大臣接到讣告后，沉浸在极度悲哀之中。大家先到清宁宫去向皇太极的遗体告别，同时探听皇太极的真实死因。这几天，诸贝勒大臣忙着将皇太极的遗体装棺入殓，并安放在崇政殿，哭灵 3 日。在皇太极死后的第 5 天，就是十四日，一场激烈的皇位争夺战，在皇宫崇政殿打响。两位有希望继承皇位者：

一位是豪格（1609—1648 年）。他的有利条件是：第一，豪格为皇太极长子，35 岁（比多尔衮年长 3 岁），正值壮年，有文韬武略，也有赫赫战功。豪格的 10 位弟弟中，有 8 位在世，四阿哥叶布舒 12 岁、五阿哥硕塞 11 岁，六阿哥高塞以下年龄更小，九阿哥福临才 6 岁。第二，豪格人才出众，史称他“容貌不凡、有弓马才”，“英毅、多智略”。第三，豪格有军功。太祖时因军功被封为贝勒，太宗即位后又因军功被晋为和硕贝勒，崇德元年（1636 年）皇太极即皇帝位后，再被封为和硕肃亲王兼摄户部事。第四，豪格有两黄旗贝勒大臣的支持。皇太极生前亲掌正黄、镶黄和正蓝三旗，而两黄旗和正蓝旗大臣拥护豪格继位。第五，豪格有济尔哈朗表示支持。济尔哈朗是努尔哈赤胞弟舒尔哈齐之子，同皇太极关系融洽，被封为和硕郑亲王，是镶蓝旗的旗主贝勒。第六，豪格有众大臣拥护。如开国五大臣中额亦都、费英东的子弟侄孙多是两黄旗的勇将，他们都拥戴豪格。

一位是多尔衮（1612—1650 年）。他的有利条件是：第一，多尔衮是努尔哈赤第十四子，皇太极之弟，时年 32 岁。第二，多尔衮受到父亲的钟爱，史载努尔哈赤遗言：九王子（多尔衮）当立而年幼，由代善摄位。代善鉴于当时情势，拥立皇太极继位。第三，多尔衮为正白旗的主旗贝勒。第四，有二位胞兄弟阿济格和多铎的支持。第五，多尔衮之弟多铎为镶白旗的主旗贝勒，又被封为豫郡王。第五，多尔衮颇有心计，“聪慧多智，谋略过人”。在努尔哈赤临终时，皇太极等逼他的生母殉葬，并夺其军队。他虽有“杀母夺旗”之大恨，但能博得皇太极的喜欢，被封为和硕睿亲王。第六，多尔衮多次统军出征，“倡谋出奇，攻城必克，野战必胜”，屡立大功。

此外，代善（1583—1648 年）也是重要的政治力量。因为：第一，代善是努尔哈赤次子（长子褚英已死），在宗室中年龄最长、有着家长的地位。第二，代善为正红旗的主旗贝勒，有军事实力。第三，代善的子孙掌镶红旗。第四，代善为大贝勒、和硕礼亲王，在朝中有举足轻重的影响。济尔哈朗（1599—1655 年）也是重要的政治因素。因为：第一，济尔哈朗虽是舒尔哈齐之第六子，但自幼为伯父努尔哈赤收养；第二，为镶蓝旗的主旗贝勒；第三，有显赫军功，为和硕郑亲王；第四，年 45 岁，较多尔衮年长 13 岁，且为豪格的堂叔。

满洲的八旗，皇太极掌管正黄、镶黄和正蓝三旗，多尔衮兄弟掌管正白、镶白两旗，其余的三旗——代善父子掌管正红和镶红两旗、济尔哈朗掌管镶蓝旗。所以，礼亲王代善和郑亲王济尔哈朗在这场斗争中将起到重要的作用。

按照太祖努尔哈赤规定的皇位继承《汗谕》，当由满洲八旗贵族共议嗣君。此时亲王、郡王共有 7 人：礼亲王代善、郑亲王济尔哈朗、睿亲王多尔衮、肃亲王豪格、武英郡王阿济格、豫郡王多铎和颖郡王阿达礼。

在皇太极逝世之后，新皇帝人选的串联活动已在暗中进行。豪格的一方，图尔格、索尼、图赖、锡翰、巩阿岱、鳌拜、谭泰、塔瞻八员，前往肃亲王府“私相计议”，欲立肃亲王豪格为君。豪格意允，并派员征询郑亲王济尔哈朗的意见。郑亲王不愿意多尔衮掌权，派员回复：表示赞同，暂作虚应。这样，豪格觉得受到两黄、两蓝 4 个旗的支持。多尔衮一方，其同胞兄弟英郡王阿济格、豫郡王多铎等“跪请睿王（多尔衮），当即大位”，甚至说：“若立肃王，我等俱无生理！”多尔衮在父汗死时因年幼，汗位被八阿哥皇太极夺去。这次他不想错过机会，也欲继位为君。他于议立大位之前，到三官庙，询问索尼册立之事。索尼明确表示：“先帝有皇子在，必立其一，他非所知。”这使多尔衮摸到两黄旗坚决拥立皇子的意向，更积极而谨慎地谋划争位之事。

十四日黎明，两黄旗大臣在大清门盟誓：拥护豪格继承皇位，并部署两黄旗巴牙喇张弓挟矢，环卫崇政殿。图尔格、遏必隆又传令其牛录下的护军，备好甲胄弓矢，护卫大清门。皇位继承人的贵族会议在崇政殿的庑殿举行，由年纪最长（61岁）、地位最高的礼亲王代善主持。黄旗索尼和鳌拜首先倡言“立皇子”，多尔衮以其官阶较低、又无发言先例，而令他们暂退。索尼和鳌拜虽然退出，但两黄旗巴牙喇包围了宫殿。两黄旗暂时占了上风，但两白旗也不甘示弱。豫郡王多铎、英郡王阿济格弟兄发言，力劝多尔衮即帝位。多尔衮见形势紧张，正在犹豫。多铎声言：“你若不允，当立我。我的名字在太祖遗诏！”多尔衮不同意立多铎，说：“肃亲王（豪格）的名字也在遗诏里，不独王（多铎）也！”多铎又说：“不立我，论长当立礼亲王（代善）！”礼亲王代善表示自己老了，提出豪格为“帝之长子，当承大统”。豪格觉得有两黄、正蓝和两红旗的支持，占有优势，大局可定。于是，表示谦辞，说：“福少德薄，非所堪当！”他的本意是效仿其父当年谦让故套，让众人“坚请不已，然后从之”。但是，两白旗坚不相让。他内心愤懑，随即暂退。这样，先后提出3位人选：多尔衮、豪格、代善。这就出现“定议之策，未及归一”的僵局。在争执激烈的气氛下，两黄旗大臣佩剑前曰：“吾属食于帝，衣于帝，养育之恩，与天同大。若不立帝之子，则宁死从帝于地下而已！”这时，礼亲王代善以年老不预朝政而离席，英郡王阿济格随后以不立多尔衮而退出，豫郡王多铎沉默不发一言。议立新君会议，双方僵持，气氛紧张。

六龄福临，登上皇位 在上述紧要关头，起重要作用的4人——礼亲王代善、郑亲王济尔哈朗、肃亲王豪格和睿亲王多尔衮之中，代善抱明哲保身态度，以年老多病为由，不想卷进这场政治漩涡里面；豪格与多尔衮角立，两方互不相让；只有济尔哈朗比较超脱而能起协调作用。于是，表面憨厚而内心机敏的郑亲王济尔哈朗，提出一个折衷方案：让既是皇子、又不是豪格、而是福临继位（清史界有学者认为是多尔衮提出的折衷方案）。史载：“及龙驭上宾，宗室众兄弟，乘国有丧，肆行作乱，窥窃大宝。当时尔（济尔哈朗）与两（黄）旗大臣，坚持一心，翊戴朕躬，以定国难。”福临的这番话，说出了当时的内情。于是，多尔衮权衡利弊：自己强行登极，只有两白旗支持，明显不占优势，还势必引起两白旗与两黄旗的火并，其后果可能是两败俱伤。解决的途径不外3条：一是强

多尔衮像

自为君，得不到两红旗、两蓝旗的赞同，还定会引发两黄旗的强烈反对；二是让豪格登极，自己既不甘心，还怕会遭到豪格的报复；三是让年幼的皇子福临继位，而自己摄政掌权，可收一石三鸟之利——打击豪格，自己摄政，避免内讧。显然，第三种解决办法可能比较现实，两黄、两白、两红以及两蓝各方都可能接受。聪睿的多尔衮权衡利弊后说：我赞同黄旗大臣等“立皇子”的意见，而肃亲王豪格既然没有继统之意，所以就立先帝第九子福临；但他年龄还小，由郑亲王和我辅政，待新君年长之后“当即归政”。众赞同，议遂定。郑亲王济尔哈朗因倡立福临之功而得到辅政王的地位，但不久便被多尔衮撤其辅政王。这是多尔衮对济尔哈朗不拥立自己而拥戴福临的一个报复，也是他独揽朝纲的一个举措。

在这场皇位争夺战中，四大贝勒中的肃亲王豪格，本来继承皇位的希望最大，但他既不善上（故作虚套），也不善让（真正辞让），或者说既不知上，也不知让，大清皇位，失之交臂，后被冤死，福晋蒙辱。礼亲王代善，知己知彼，圆融平和，进退有度，禄位终身。睿亲王多尔衮，能知时务，聪睿机智，为摄政王，是胜利者。郑亲王济尔哈朗，既不去上，也勿须让，而是从中协调，得到好的结局。皇位争夺的结果，既不是角立一方的肃亲王豪格，也不是角立另一方的睿亲王多尔衮，而是由第三者 6 岁的福临继承皇位。

接着八旗王公大臣共同立誓。礼亲王代善、郑亲王济尔哈朗、睿亲王多尔衮、肃亲王豪格、英郡王阿济格、豫郡王多铎、颖郡王阿达礼等 19 位王公昭告天地：“先帝升遐，国不可无主。公议先帝子（福临），缵承大位。嗣后有不遵先帝定制，藐视皇上幼冲，明知欺君怀奸之人，互徇情面，不行举发，及修旧怨，倾害无辜，兄弟谗构，私结党羽者，天地谴之，令短折而死。”八旗大臣阿山等也立誓要竭诚事君。睿、郑二王，特立誓辞：如不秉公辅政，妄自尊大，漠视兄弟，不从众议，每事行私，则天地谴之，令短折而死。

二十六日，一切准备工作就绪，举行福临登极典礼。八旗王公大臣和外藩蒙古王公等，齐集笃恭殿前，等待幼帝登极。乳媪为他穿戴，侍奉福临出宫。这时天气接近寒露，沈阳已经寒冷。侍臣奉递貂裘，福临拒绝穿上。随从准备御辇，福临高兴就坐。乳媪要上辇陪侍他，福临加以拒绝，说：这辇你不能坐。福临被拥推到笃恭殿，升殿就坐。礼乐奏起，郑、睿二王率领诸王大臣行三跪九叩大礼。顺治帝正式成为清朝的第三位皇帝。从皇太极死到顺治帝立，其间皇位空虚 17 天，可见皇位争夺之复杂、之激烈。

福临 6 岁继承皇位，在清代史、满洲史上开了一个幼童继承皇位的先例，其后由 8 岁的康熙、6 岁的同治、4 岁的光绪和 3 岁的宣统继承皇位，在清入关后的十帝中竟占了 5 位，其影响可谓深远！幼童继位，必有摄政。《清史稿 · 诸王传》说：大清皇朝，亲贵用事，“以摄政始，以摄政终”。6 岁的福临继位，二王摄政，定鼎燕京；3 岁的溥仪继位，醇王摄政，清祚覆亡。这不能说是天意，而是一代得失！

爱新觉罗 · 福临成为大清国的皇帝，郑亲王济尔哈朗和睿亲王多尔衮成为摄政王。明年为顺治元年。

清军入关　定鼎北京

福临少年的命运，真如同他的名字一样，“福”从天上降“临”。为什么这样说呢？

第一，大清皇位，从天而降。大清国皇帝的宝位，本来不该归福临。他的上一辈伯父代善、叔父多尔衮、多铎，都有优于福临之先而取得皇位的资格；他的同辈大阿哥豪格、四阿哥叶布舒、五阿哥硕塞、六阿哥高塞、七阿哥常舒都比他年长，也都有优于福临而取得皇位的资格。但是，皇位却恰恰落到了福临的身上，这是他做梦也没有想到的。正如一位哲人说过的，在权力争夺的平行四边形诸力中，两条边的两个不同方向的分力，斗争的结果，既不是这条边的力，也不是那条边的力，而是对角线的力，就是两个分力所产生的一个合力。同样，在皇位继承的争夺中，皇位既没有被豪格得到，也没有被多尔衮得到，而是被福临得到了。

第二，迁鼎燕京，从天而降。福临的祖父和父亲，经过 28 年浴血奋争，未能得到北京政权。而福临迁鼎燕京，入主中原，统一华夏。这个机遇，从天而降。福临身后得到的庙号是“世祖”，而他的父亲皇太极的庙号仅是“太宗”。清代 12 位皇帝，庙号为“祖”的仅有 3 位，就是太祖天命汗努尔哈赤、世祖顺治帝福临和圣祖康熙帝玄烨。清初的“三祖三宗”——太祖努尔哈赤、世祖福临、圣祖玄烨，太宗皇太极、世宗胤禛、高宗弘历，其三祖：天命汗努尔哈赤因为是大清皇朝的开创者、奠基者，庙号太祖,当之无愧。圣祖康熙帝玄烨“虽曰守成,实同开创”,庙号圣祖，受之无愧。至于世祖顺治帝福临，睿王摄政，七龄孩童，入关定鼎，统一中原，庙号尊为世祖，可谓天福降临!

下面先说一下清军入关。

清军入关　福临登上皇位不久，关内政治格局发生巨大的变化。当时,中国政治军事舞台上,主要有3股力量——大明军、大清军和农民军。以李自成为代表的农民军，兴起于陕西北部。从明天启七年即后金天聪元年(1627年)，陕西农民冲进澄城县衙门，杀死知县张斗耀，揭开农民战争帷幕，到明崇祯十六年即清崇德八年(1643年)，福临皇帝登极，共16年的时间。这个时期的农民军，由寡到众，由弱到强，屡经挫折，逐渐发展,不断壮大,渐成气候。清顺治元年即明崇祯十七年(1644年)，李自成带领农民军，向明朝的政治心脏——北京挺进。他们下太原、占大同，陷宣府、破居庸，掠昌平、焚皇陵。三月十七日，李自成军围攻京师，明军京营兵溃。十八日，李自成军攻陷外城。十九日黎明，李自成军攻陷内城。崇祯帝朱由检见大势已去，令皇后周氏自裁，又拔剑砍死、砍伤妃嫔数人。朱由检的爱女长平公主，年16岁，许配将婚，因警暂停。他事急之时，来到寿宁宫。长平公主握紧父皇衣裳，吓得直哭。崇祯帝说:“你为甚么生在我家!”说完向长平公主挥剑，砍断她的左臂。又到昭仁殿砍死昭仁公主。崇祯帝朱由检在疯狂杀死、杀伤自己的妻女之后，出玄武门(今神武门)，到了景山，披发跣足，自缢而死。276年的大明皇朝灭亡。

李自成攻占北京城的军报，传到大清的都城盛京沈阳。在这千载难逢的历史关键时刻，年幼的顺治皇帝还不懂政事，作为摄政王的睿亲王多尔衮与郑亲王济尔哈朗，怎么办?

这时，范文程正在汤泉养病。范文程，字宪斗，宋大学士范纯仁的后代，先祖官兵部尚书。他在沈阳归降努尔哈赤，皇太极时任内秘书院大学士，与典机密，左右赞襄。多尔衮召范文程决策。范文程启奏：

> 闯寇涂炭中原，戕厥君后，此必讨之贼也。虽拥众百万，横行无惮，其败道有三：逼殒其主，天怒矣；刑辱缙绅，拷劫财物，士忿矣；掠人赀，淫人妇，火人庐舍，民恨矣。备此三败，行之以骄，可一战破也。我国上下同心，兵甲选练，声罪以临之，恤其士夫，拯其黎庶。兵以义动，何功不成！

范文程分析了明崇祯帝死后军事与政治的形势，利用忠于明朝的官吏、缙绅、儒士、百姓对农民军的不满，兴师入关，逐鹿中原。他又提出入关的政策：

> 今当申严纪律，秋毫无犯，宣谕进取中原之意：官仍其职，民复其业，录贤能，恤无告。大河以北，可传檄定也！

随后，范文程从盖州汤泉，驰回沈阳，参与制定清军入关的重大决策。他又起草宣谕官吏百姓的布告："义师为尔复君父之仇，非杀尔百姓。今所诛者，惟闯贼！吏来归，复其位；民来归，复其业。师行以律，必不害汝！"

以上范文程的重要启奏，主要阐明：第一，速统大军进关，时不可失，机不再来。第二，利用明朝官吏与缙绅、儒士与百姓的力量，共同对付李自成军。第三，规定政策："官仍其职，民复其业。"第四，制定军纪：严军纪，不掳掠。

摄政睿亲王多尔衮善于抓住时机，听纳谏言；临机决断，统兵进关。多尔衮又用顺治皇帝的名义，赐他大将军印，带领大军，进山海关。四月初八日，福临在笃恭殿赐多尔衮大将军印，并敕曰：

今蒙古、朝鲜，俱已归服。汉人城郭土地，虽渐攻克，犹多抗拒。念当此创业垂统之时，所关甚重。朕年冲幼，未能亲履戎行，特命尔摄政和硕睿亲王多尔衮，代统大军，往定中原。

初九日，多尔衮统率八旗满洲、蒙古、汉军等共约 14 万大军，奔向山海关。

这时，山海关聚结三大军事集团：第一个是明山海关总兵吴三桂所统领的明辽军；第二个是李自成所亲自带领的 20 万大军，奔向山海关，讨伐吴三桂；第三个便是多尔衮所率领的清军。他们代表 3 种政治势力

吴三桂像

——大明、大顺、大清。这3个军事集团，反映了当时中国军政舞台上最强大的军事力量。

从二十一日到二十三日，展开山海关大战。吴三桂降清，与清军联合，经过激战，李自成大败。

迁鼎北京 山海关大战后，李自成于四月二十六日回到北京。二十九日，匆匆称帝。三十日，李自成放火烧毁紫禁城一些宫殿，弃京西走。

多尔衮获得山海关大捷后，以吴三桂兵为先导，率领八旗军，向北京进发。沿途官兵，献城投降，奉表称臣。五月初二日，多尔衮率领清军，从朝阳门进北京城。京内官民，开门迎降。清摄政睿亲王多尔衮进紫禁城，临武英殿御政。

多尔衮御政中的一件大事，就是定都的问题。睿亲王多尔衮建议迁都北京，但英亲王阿济格表示反对："初得辽东，不行杀戮，故清人多为辽民所杀。今宜乘此兵威，大肆屠戮，留置诸王，以镇燕都。而大兵则或还守沈阳，或退保山海，可无后患。"

如果阿济格的上述谏议被采纳，那么，或清朝失去江南，或燕京宫殿遭毁。然而，多尔衮以清太宗皇太极遗言回答其胞兄曰："先皇帝尝言，若得北京，当即徙都，以图进取。况今人心未定，不可弃而东还。"寻摄政睿亲王多尔衮集诸王大臣，定议迁都北京，奏言：

> 臣再三思维，燕京势踞形胜，乃自古兴王之地，有明建都之所。今既蒙天畀，皇上迁都于此，以定天下。则宅中图治，宇内朝宗，无不通达。可以慰天下仰望之心，可以锡四方和恒之福。伏祈皇上熟虑俯纳焉。

年方7岁的顺治帝，自然采纳多尔衮迁都之奏。同年十月初一日，顺治帝因皇极殿（今太和殿）被李自成焚毁，便在皇极门（今太和门）张设御幄，颁诏天下，"定鼎燕京"。于是，原明朝的北京宫殿，又为清朝所继承。

这里要回顾一下历史。明朝北京的宫殿坛庙，于永乐十八年（1420年）建成。《明太宗实录》记载："初，营建北京，凡庙社、郊祀、坛场、宫殿、门阙，规制悉如南京，而高敞壮丽过之。"明永乐帝为中国兴建了一座宏伟的燕京皇家宫殿，这是当时世界上最雄伟壮观、最瑰丽辉煌的宫殿建筑群。清兴明亡，清睿亲王多尔衮率领八旗军占据北京后，对故明宫殿如何处置？纵观中国历史上大一统王朝——商、周、秦、汉、隋、唐、宋、元、明：商灭夏桀，未用其都。周军东征，攻占朝歌，回师老家，仍都镐京。秦先都咸阳，尔后灭六国。秦之阿房宫殿，项羽付之一炬，大火"三月不灭"。西汉刘邦奠都长安，东汉刘秀定鼎洛阳，都是另起炉灶。隋文帝杨坚承乱世之余，设京洛阳、长安，唐高祖李渊对后者进行改建。宋太祖赵匡胤据山河半壁，国鼎东移，以汴梁为京师。蒙古成吉思汗兵陷金朝中都，怒将燕京宫殿化为一片焦土。元世祖忽必烈采纳霸突鲁和刘秉忠之谏，命由上都移鼎大都，修筑城池，兴建宫殿。明太祖朱元璋定都之议，前思后虑，几经谋画，最后定策，安鼎金陵。上述十朝，兴国之君，于前朝宫殿，其决策有四：一是焚烧，二是拆毁，三是废弃，四是另建。此外，再纵观北京历史上建立帝都的王朝——金、元、明：金军攻占北宋汴京之后，金帝命拆下汴梁宫殿建筑材料，运回中都，营造宫殿；蒙古灭金之后，已如前述，焚其宫殿，另行兴建；明兴元亡，亦如上言，定都金陵，兴筑宫殿。至于历史上局处一隅、或历时短暂而自称帝王者，占据前朝宫室为巢，不在本文讨论之列。综上可见，清朝之前，所有大一统皇朝帝王，宸居前朝宫殿，史册盖无一例。清初，多尔衮在占领北京之后，一反历代大一统皇朝兴国之君，对前朝宫殿焚、毁、拆、弃的传统做法，而将明朝故宫完整地保存下来并加以利用。所以，顺治帝以燕京为清朝之都，以明故宫为皇帝治居之所。清朝于故燕京宫殿，未蹈旧辙加以废弃、焚毁，而创新意予以保护、利用，是顺治帝、是多尔衮、也是清王朝，对北京的故明宫阙、对中国的文明精粹、对人类的文化遗产，加以保护和利用，做出了重大的贡献。

睿王摄政 学习骑射

顺治帝福临虽然做了皇帝，但年幼不掌实权，是个傀儡皇帝。朝政大权虽说是由多尔衮和济尔哈朗共同辅政，实际上是由多尔衮摄政，也就是由多尔衮专政。至于小皇帝顺治，就是学习和玩耍。

睿王摄政 睿亲王多尔衮在宣誓辅政之后，就一步一步地将朝政大权掌握在自己的手中。第一步，抬高地位。他先取消了军国大事由八旗贝勒共议的制度，而由两位摄政王决断。这样一来，二位摄政王就凌驾于诸亲王、郡王、贝勒之上。第二步，独揽大权。另一位摄政王济尔哈朗，召集内三院、六部、都察院等官员，谕告他们以后各衙门办理的事务，有启白睿、郑二王的，均先启知睿亲王，而自居其次。这样一来，多尔衮实际上成了“首席摄政王”。第三步，分化黄旗。顺治元年（1644 年）四月初一日，多尔衮利用都统何洛会等讦告豪格，经过会鞫，加以定罪，高墙幽禁。但多尔衮又擒而故纵，对豪格“姑置不究，废为庶人，夺其牛录，罚银五千”。通过这个案子，打击豪格的亲信。多尔衮以知情不举为由，对豪格的亲信，或处以死刑，或籍没家产。而对首先讦告者，升官、晋爵。这就严重地分化并打击了两黄旗。第四步，整死豪格。豪格的存在，对于多尔衮来说，是最大的政治威胁。先是，尽管豪格被废为庶人，但在清军入关用人之际，让豪格随军从征。豪格作战勇敢，立下大功。顺治帝在北京登极，分封诸王大臣，复封豪格为和硕肃亲王。不久，派豪格西征。豪格下西安，平陕西。又击败大西军，射死张献忠，四川平。顺治五年（1648 年）二月，豪格凯旋归京，即被讦告——其一是属下护军参领希尔根冒功之事，其二是欲将有罪人扬善之弟吉赛升补护军统领。多尔衮藉此上纲，定豪格罪名，下豪格于狱。三月，豪格猝死，年 39 岁。一说豪格是被多尔衮谋害而死。《清史稿 · 诸王传》“论曰”载述：多尔衮加害肃亲王豪格，“相传谓因师还赐宴拉杀之；又或谓还至郊外遇伏死，死处即今葬地。传闻未敢信，然其残酷可概见矣”！豪格死后，他的嫡福晋被其叔父多尔衮逼纳为睿亲王妃。摄政睿亲王多尔衮经过几年谋划，施尽权术，拉拢亲信，排除异己，终于将皇权完全掌握在自己的手中。但是，多尔衮要控制小皇帝顺治，还要在他的母亲孝庄太后身上打主意。

“太后下嫁” 顺治帝的生母博尔济吉特氏，美貌艳丽，聪明机智，是皇太极宠爱的贵妃。她13岁嫁给皇太极，后来住在永福宫，被封为庄妃，所以称她为永福宫庄妃。皇太极登极为天聪汗时，她才14岁。她的不幸是夫君死得太早，30岁就守寡。但她不幸中也有幸。她的有幸是儿子做了皇帝，自己则做了皇太后。原来，庄妃布木布泰既不是皇后，儿子也不是皇长子，却一口吞下两枚幸福之果——儿子做皇帝和自己当太后。事情恐怕不会那么简单，当有背景，也当有缘故。当年在皇位争夺时，豪格之下尚有四、五、六共3位阿哥，怎么会轮到九阿哥6岁的小福临呢？这里面必定有强人支持，这个强人就是多尔衮与济尔哈朗。多尔衮与布木布泰的关系，是近百年来清史研究中的一个悬案。

其一，南明张煌言写了一首诗《建夷宫词》：“上寿觞为合卺尊，慈宁宫里烂盈门。春官昨进新仪注，大礼恭逢太后婚。”于此，孟森先生认为：“远道之传闻，邻敌之口语，未敢据此孤证为论定也！”既不能以传闻证史，也不能以诗词定史。

其二，民国初年，有人编写《太后下嫁》说：福临年幼，军政大权实在多尔衮一人手中，倘有异志，莫敢谁何。而太后年轻，美冠后宫，性尤机警，宁牺牲一身，羁縻挟持，以奠宗社。果然，多尔衮奋勉图功，辅佐幼帝，以冀媚于太后。

其三，多尔衮死后追罪时，蒋良骐《东华录》记载多尔衮的一条罪状是“又亲到皇宫后院”，朝鲜《李朝实录》也做了相同的记载。在后来修的《清世祖实录》里却删掉了这句话。这说明多尔衮到“皇宫后院”确有其事。而删掉这句话，恰表明事有隐衷。多尔衮作为摄政王到后宫同皇太后议商军国大事，而不能据此说“太后下嫁”。

其四，有人说满洲有兄死弟娶其嫂旧习，但这不能证明多尔衮娶了他的寡嫂。

其五，有的史家做出推测：皇太后与多尔衮或有暧昧关系，这同皇

孝庄文皇后朝服像

太后年轻寡居，同多尔衮喜好女色，也同皇太后委身于小叔而求其护佑寡母幼帝，当是不无关系，但也不能证明“太后下嫁”。

其六，也有人说见过“太后下嫁诏”，可是至今没有档案证明，且《朝鲜李朝实录》中也没有记载。

其七，孝庄皇太后死后葬在清东陵的昭西陵，也不能作为“太后下嫁”的依据。至于为什么叫昭西陵？因为皇太极的陵为沈阳昭陵，而孝庄的陵虽然从北京看在东面，但从沈阳看却在西面，所以称昭西陵。

其八，至于说庄妃与多尔衮是“青梅竹马”，他们一个在建州，一个在蒙古，怎会“青梅竹马”？

其九，还有说顺治帝是多尔衮与庄妃的“私生子”，则纯属无稽之谈。

此外，有一例说明皇太后寡居时的地位。依例内侍大臣之妻要侍候皇太后、皇后，皇太后派苏墨尔找顺治帝侍臣席讷布库催办其妻奉侍之事。席讷布库不仅诘问为何让我妻侍奉皇太后，而且将苏墨尔捶楚几死。皇太后忍气吞声，不敢言明真相，托言苏墨尔坠马受了伤。这个事例说明多尔衮的嚣张气焰和皇太后的憋屈处境。

当然，宫闱隐秘，外人难知。孝庄皇太后是否明媒正娶地嫁给了多尔衮？至今找不到一条确凿可信的史料做证。孝庄太后在事实上下嫁多尔衮，既不能肯定，也不便否定，既无文献根据，也无档案依据，只能是一个千古历史之谜！

学习骑射 福临从6岁登极，到13岁时多尔衮病死，总共有7年多的时间，正是现在小学生的学龄段。关外满洲的习俗，满族孩童七八岁时，就能骑马奔驰，射猎山林。福临像满洲其他贵族儿童少年一样，自幼喜欢骑射，也醉心于围猎。福临年刚5岁，就随皇父出猎。《清太宗实录》记载：“时皇九子甫五岁，射中一狍，众皆称异。”顺治四年（1647年）七月，在紫禁城内左翼门外建射殿。他不仅在宫内习射，还每年出猎多次。同年七八月间，10岁的小福临在大队人马扈从下，出德胜门，夜驻沙河，次西巴尔台、察汉诺尔、胡苏台等，沿途围猎，还召见和宴请蒙古王公，历时整整1个月。第二年，他亲自率领诸王、贝勒等出外围猎，声势很大。入关后清朝皇帝举行的“塞外行围”、“木兰秋狝”，就是以此为肇始。后来福临的陵墓，就是他在打猎时选中的。福临日常的习武，频繁的围猎，既锻炼了他的体魄，也增长了他的技艺。

小皇帝福临除练习骑射之外，还要学习功课。福临聪明过人，又好学习。虽然多尔衮不让他认真读书，但他还是喜欢书史。顺治元年（1644年）正月，这年他7岁，正是上学读书的时候，大臣上疏多尔衮，请求让福临“及时典学”，学习古今兴衰之道，并选派师傅朝夕为他讲解经史。多尔衮以皇帝年幼为由，要以后再议。一年后，大学士冯铨、洪承畴又上疏：远古帝王奠安天下，必以修德勤学为首务，“皇上满书（满文）俱已熟悉，但帝王修身治人之道，尽备于六经。一日之间，万机待理，必习汉字、晓汉书，始上意得达，而下情得通。伏祈择满、汉词臣，朝夕进讲”。多尔衮对此又不予理睬。因此，福临的汉语说得不好，汉文也掌握得不好。多尔衮死后的第二年，他亲政后阅读汉大臣的奏章，由于对汉文字陌生，茫然不解其意。福临亲政之后，才比较认真地学习汉文和儒家经典。

十四亲政　定罪睿王

顺治七年（1650年）十二月初九日，摄政睿亲王多尔衮死于塞外喀喇城。先是，多尔衮酒色过度，淫乐放纵，一向身体有病，常出去围猎。这年五月，他率领诸王、贝勒到山海关打猎，并迎娶朝鲜送来的美女，在连山成婚。七月，他加派直隶等9省地丁银249万两，修建供他避暑与游乐的喀喇城。十二月，多尔衮又到塞外围猎。是日病故，年39岁。多尔衮无子，由其弟多铎之子多尔博为后，袭亲王，俸禄为诸王的3倍，留护卫80员。

顺治八年（1651年）正月十二日，顺治皇帝亲政。他御太和殿，受群臣朝贺。为此，颁诏：

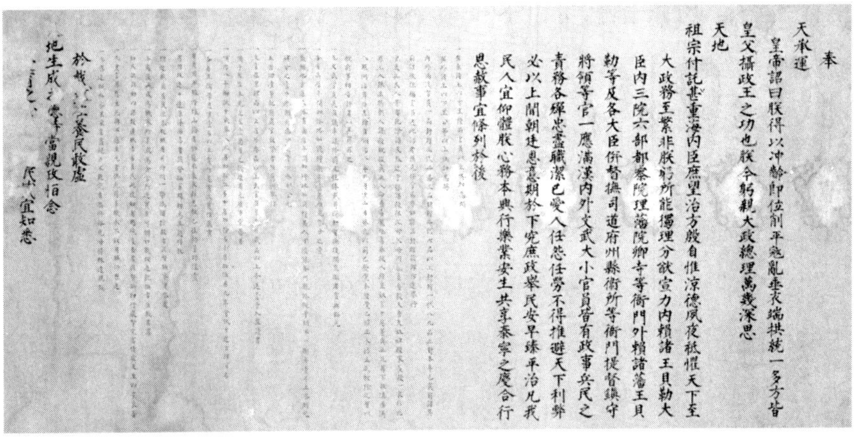

奉
天承運
皇帝詔曰朕得以沖齡即位削平寇亂垂衣端拱統一多方皆
皇父攝政王之功也朕今躬親大政總理萬幾深思
天地
祖宗付託甚重海內臣庶望治方殷自惟涼德夙夜祇懼天下至
大政務至繁非朕躬所能獨理分猷宣力內賴諸王貝勒大
臣內三院六部都察院理藩院卿寺等衙門外賴諸藩王貝
勒等及各大臣併督撫司道府州縣衛所等衙門提督鎮守
將領等官一應滿漢內外文武大小官員皆有政事兵民之
責務各殫忠盡職潔己愛人任怨任勞不得推避天下利弊
必以上聞朝廷惠意期於下究庶戢舉民安早臻平治凡我
民人宜仰體朕心務本興行樂業安生共享泰寧之慶合行
恩赦事宜條列於後

顺治帝亲政诏书（顺治八年）

朕躬亲大政，总理万机。天地祖宗，付托甚重。海内臣庶，望治甚殷。自惟凉德，夙夜祇惧。天下至大，政务至繁，非朕躬所能独理。凡我诸王、贝勒及文武群臣，其各殚忠尽职，洁己爱人，利弊悉以上闻，德意期于下究。百姓亦宜咸体朕心，务本乐业，共享泰宁之庆。

这一诏告文字，主要意思如下：第一，宣布自己亲自执掌大政，总理天下万机；第二，自己亲政是受天、地、祖宗的托付，符合海内臣民的愿望；第三，自觉德薄，昼夜自警自惕；第四，所有的诸王、贝勒和文武大臣，都要尽忠尽职；第五，大家共享太平安宁幸福。这年顺治皇帝 14 岁，相当于现今小学毕业生的年龄。

顺治皇帝亲政后的头一件大事就是追定多尔衮的罪名。先是，多尔衮死丧报闻后，顺治帝表示震悼。多尔衮的遗体运京，顺治帝亲到东直门外迎祭。接着，又命其丧仪按照帝礼丧仪办理。再尊谥多尔衮为义皇帝，庙号成宗。多尔衮死后第 9 天，颁诏评价摄政睿亲王的功绩是：“太宗文皇帝升遐，诸王大臣吁戴摄政王。王固怀㧑让，扶立朕躬，平定中原，至德丰功，千古无二。”其中的“扶立朕躬，平定中原”8 个字，是公正的；“至德丰功，千古无二”8个字，则是夸大的。这个评价反映了多尔衮党羽的意志，并不代表顺治皇帝的意愿。

其实，福临早就对多尔衮心怀不满。多尔衮对他生母博尔济吉特氏的暧昧关系，随着福临年龄的增长，他的怨恨也与日俱增。多尔衮杀了顺治帝的大哥豪格并霸占其妃，也在他心中结下隐恨。多尔衮的骄纵跋扈，独揽朝政，根本不把他放在眼里，更在他心中埋下对这位皇叔摄政王的仇恨。这种不满与怨恨，在多尔衮生前，慑于摄政睿亲王的淫威，他不敢表露，更不敢发作。这种不满与怨恨，就像沉睡多年的火山一样，一旦多尔衮死后，便喷发了出来！

顺治帝追惩多尔衮的罪状，先拿他的同母兄弟开刀。其弟多铎在两年前患痘症死去，仅活了36岁；剩下了其胞兄阿济格。阿济格当年同多铎一唱一和，要拥戴多尔衮做皇帝。要不是两黄旗大臣的冒死反对，恐怕福临不要说做皇帝，还要落得个同长兄豪格一样惨死的下场。他愈想愈气，迫不及待地，在正月初六日，以“和硕英亲王阿济格谋乱”罪，将阿济格幽禁，籍没家产，其诸子都贬为庶人。同年十月，将阿济格赐死。又将其党羽郡王劳亲降为贝子，党徒库特库等论死。二月十五日，也就是福临亲政1个月零3天，便定多尔衮十大罪状：第一，睿王私制御用服饰八补黄袍、黑貂褂、大东珠等件，潜置棺内；第二，欲率两白旗移驻永平，阴谋篡逆；第三，构陷威逼，使肃亲王豪格不得其死，遂纳其妃，并收其财产；第四，独擅威权，不令摄政郑亲王济尔哈朗预政，遂以胞弟多铎为辅政叔王；第五，背誓肆行，妄自尊大，独专威权，自称皇父摄政王；第六，仪仗、音乐、侍从、府第，僭拟至尊；第七，任意挥霍府库之财，擅用织造缎疋、库贮珍宝；第八，将皇上所属牛录人丁收入自己旗下；第九，将其生母悖理入太庙；第十，擅称“太宗皇太极之即位，原系夺立，以挟制中外”。顺治帝命将多尔衮削其爵号，撤其庙享，黜其宗室，籍其财产，没其府第，毁其陵墓，继子多尔博归宗。耶稣会士卫匡国在《鞑靼战记》中记载：多尔衮死后被毁挖坟墓，掘出尸体，用棍子打，以鞭子抽，砍掉脑袋，暴尸示众。其党羽何洛会等分别凌迟、处斩有差。事过10年后，彭长庚、许尔安各上疏颂扬多尔衮的功绩，请复其爵号。廷议二人论死，谕流放宁古塔。可见这时福临对多尔衮的怒气仍然未消。

到乾隆三十八年（1773年），即多尔衮死亡123年后，乾隆帝给睿亲王比较公正的历史评价：“定鼎之初，王实统众入关，肃清京辇，檄定中原，前劳未可尽泯”；但指出他“摄政有年，威福自尊”。后对多尔衮的“异志”，乾隆帝说：“朕念王果萌异志，兵权在握，何事不可为？乃不于彼时因利乘便，直至身后始以殓服僭用龙衮，证为觊觎，有是理乎！”于是，乾隆帝命给多尔衮平反：复还睿亲王封号，配享太庙；按亲王陵寝规制，修其茔墓；多尔博仍还为睿亲王后等。

兴利除弊　整顿吏治

福临从亲政到离世，前后时间整整10年。论年龄，从14岁到24岁，是一位青年天子。在这10年之间，顺治帝的重要政绩是:兴利除弊，整顿吏治。

兴利除弊　顺治帝兴利除弊，主要有：

第一，停止加派。睿亲王多尔衮在世时，为了个人消夏享乐，要修建喀喇城，征收直隶（今河北等地）、山西、陕西、浙江、山东、江南（今江苏）、河南、湖广（今湖南、湖北）、江西的土地和人丁银。当时战争在中原地区进行，兵荒马乱，军费繁重，民生艰难，百姓困苦。再加派钱粮，很不得人心。福临在惩治多尔衮时，宣布取消这项加派，免除各省所加派银250万两。他还决定永远不再向江南征收橘子，以示不因“口腹之微”而骚扰百姓。他永免江西进贡龙碗、四川进贡扇柄、湖广进贡鱼鲊等。他决定修造宫殿就地取材，不再用山东临清烧造的城砖，以减轻百姓运输之苦。他在知道户部库银只有20万两、而俸银需60万两时，不同意加派银两，动用内库银给官员发放俸饷。这里有一个对比，当年崇祯帝库银不足，大臣疏请动用内帑银，遭到朱由检的拒绝，而向百姓加派“三饷”。顺治十年（1653年）要修葺乾清宫，当时水旱灾害严重，廷臣疏奏暂停工程，将这笔钱救济灾民。他看到奏疏后批道：“这本说的是！”下令暂时停止修建工程。

第二，停止圈地。清军入关后，在京畿地区圈地，跑马占田，极大地损害了广大农民特别是自耕农的利益。福临亲政的当年，即谕告：农民全赖土地为生，圈占田地，就断了他们的生路；命户部行文地方官员，将以前圈占的田地归还原主。后又免圈京畿良乡等13个县的所谓“余地”。以后又几次重申停止圈地。于是，清初大规模圈占土地的恶行，虽时有发生，但从此基本停止。

第三，平反冤案。睿亲王多尔衮专政时期，最大的冤案是肃亲王豪格。豪格是皇太极长子、福临长兄，军功卓著，威望很高。但因曾同多尔衮争夺皇位，而被害死，削爵籍没。顺治帝肯定豪格的丰功伟绩——战朝鲜、抚蒙古，破榆关、定中原，统大军、平四川。但是，“师还之后，值睿王专政启衅，遽加以罪名，辄行拘禁，抑勒致死。朕知尔无罪，不胜悼念。仍追封尔为和硕肃亲王，用建冢碑，传之后世”。其他的相关冤案，也得到平反。

整顿吏治 顺治帝整顿吏治，主要有：

第一，禁止宦官干政。明朝是宦官泛滥的朝代，宦官泛滥则是明朝灭亡的一个重要原因。明英宗时，大太监王振怂恿并挟持正统皇帝亲征瓦剌，结果全军覆没，英宗皇帝被俘，从而演出了一场前无古人、后无来者的历史闹剧。福临亲眼看到明朝覆亡的历史教训，对宦官干政比较警惕。他仿照明太祖朱元璋的做法，竖立铁牌，禁止宦官干政：规定宦官品级不过四品，以防宦官地位过高；在十三衙门里，满洲近臣与太监兼用，以防宦官专权；禁止宦官交结满、汉官员；禁止宦官擅自奏报外事，以防宦官僭越权限；禁止宦官评论官员的贤否，以防内外勾结。并宣称：“特立铁牌，世世遵守。”当然，明朝遗留近300年的宦官专权痼疾，不是顺治帝立一块铁牌所能解决的，直到康熙时才得以解决。

第二，惩治贪官污吏。顺治帝亲政后不久，在短短3天内，连下4

道谕旨,斥责贪官刻剥民财。福临认为,“朝廷治国安民,首在严惩贪官”。他说：

> 贪官蠹国害民,最为可恨。向因法度太轻,虽经革职拟罪,犹得享用赃资,以致贪风不息。嗣后内外大小官员,凡受赃至十两以上者,除依律定罪外,不分枉法、不枉法,俱籍其家产入官,著为例。

他不仅严格制法,而且亲抓大案。其时有“一总督、八巡抚”受到惩处,这就是漕运总督吴惟华、江宁巡抚土国宝、山东巡抚耿焞、云南巡抚林天擎、河南巡抚贾汉复、四川巡抚高民瞻、陕西巡抚张自德、宁夏巡抚孙茂兰和直隶巡抚董天机。还有“三布政使(相当于副省级)”受到严惩,就是陕西布政使黄纪、福建布政使周亮工、陕西布政使黄应征。也有总兵官柏永馥以贪没兵饷、鲁国男以贪淫乱纪罪而受到提究。至于府、州、县官员,以贪赃定罪者,不胜枚举。顺治帝勤政后的八年至十八年之间,通过严惩贪官,吏风大有好转。

第三,限制诸王特权。多尔衮时,设立理政王,以辅助睿亲王处理政务。这3位理政王是巽亲王满达海、端亲王博洛、敬谨亲王尼堪。多尔衮死后,福临借机将理政王取消,并给以不同的处置。但是,鉴于当时中原尚未平定,汉人尚未心服,顺治帝重点加强满洲贵族的统治地位。他强化议政王大臣会议。早在天命朝后期,便实行八和硕贝勒共治国政的制度。皇太极登位之初,又增设八大臣与三大贝勒等偕坐共议政事,后设立专任议政大臣。由是形成皇帝之下最高议政机构——议政王大臣会议,又称议政王贝勒大臣会议。福临命增加其成员,扩大其权力。他将对自己忠心的鳌拜、瓦克达等人授为议政大臣。他命诸王管理六部等事务。这样做的目的是,笼络了一批忠于自己的亲信,削弱了和硕亲王的权力,堵塞了出现第二个多尔衮擅权的通道,加强了驾驭群臣的能力。

福临生活的紫禁城，虽弥漫着满洲文化，却在汉族文化的大氛围之中。他倾心仰慕汉文化，极力接受汉文化。

倾心汉化　亲蒙治藏

福临身为皇帝，摆在御前的重要课题是，要处理同汉族、蒙古族和藏族的关系。至于维吾尔等民族，因中原尚未底定，还提不到议事日程。他首先对汉文化问题的回答是，倾心汉化。

倾心汉化　当时，清军刚入关不久，满洲贵族最怕满人被汉化，而极力强调要“国语骑射”，就是要所有的旗人，第一要讲满语、用满文，第二要娴熟骑马射箭，第三要保持满洲服饰，第四要保留满族风习，第五要遵奉萨满教。但是，福临正值青年时代，接受新事物较快，在汉化方面，所做事情是：

学习汉族文化。由于多尔衮时强调“国语骑射”，无人教授他汉族语言文字，所以他的汉文学得不好。他说：

> 朕极不幸，五岁时先太宗已宴驾。皇太后生朕一身，又极娇养，无人教训，坐此失学。年十四，九王薨，方始亲政。阅诸臣奏章，茫然不解，由是发愤读书。每晨牌至午，理军国大事外，即读至晚，然顽心尚在，多不能记。逮五更起读，天宇空明，始能背诵。计前后诸书，读了九年，曾经呕血。

九王多尔衮死后，14 岁的福临亲政，仍对汉文茫然不解。他为了能够批阅诸臣的奏章和处理政务，以极大的努力和顽强的毅力，发愤苦读《论语》、《孟子》、《左传》、《史记》，以及《庄子》、《离骚》、《西厢》、《水浒》等。他把乾清宫当作书房，摆放着数十架书籍，经史子集、诗词歌赋、稗官小说、书画碑帖，应有尽有，琳琅满目。宫中的几案上，还摆放着钟鼎彝器、陶瓷珐琅、佛教经典、历代名画。他每天处理政务之暇，嗜读诗书，五更起读，直到深夜。苦读9年，曾经呕血。儒家经书，反复朗读，直至背诵，方肯罢休。在短短的9年间，他对四书五经、秦汉文粹、唐宋诗词、明人小说，有所涉猎，大有长进。他读过200篇明洪武以来的会试卷子，已能用汉文批阅大臣奏章，评定进士试卷。史大成（乙未科）、孙承恩（戊戌科）、徐元文（己亥科）3科状元，都是由顺治帝亲自阅卷擢取，自称他们是“敝门生也”！

第二，酷爱书画艺术。福临亲政之余，游艺翰墨，能评能点，能书能画。他说：“朕几余游艺翰墨，尝以山水画幅颁赐大臣。”关于书法，他和木陈忞和尚有一番对话。问：老和尚与雪峤大师书法孰优？答：和尚我学力既到，天分不如；雪大师天资极高，学力稍欠。故互有短长也！福临赞扬了几句，木陈忞和尚谦逊地说：老僧东涂西抹，有甚好字，亏我胆大耳！福临则说：这正是老和尚之善书法也，挥毫时若不胆大，则心手不能相忘，到底欠于圆活。又问木陈忞初学时临摹那家法帖，答以黄庭坚。福临说我也临黄庭坚之帖。再问怎么才能达到老和尚的田地。木陈忞和尚请亲睹“龙蛇之势”。福临命太监研墨展纸，即挥毫书写一个“敬”字，又写数幅。木陈忞说：“此幅最佳，请赐道忞。”福临便将这幅字赐给他。北京西山法海寺，“殿有巨碑，刻‘敬佛’二子，世祖御书也”。福临的字，写得很好。乾清宫内悬挂的“正大光明”匾额，为福临手书。康熙帝说这4个御笔大字，结构苍秀，精一执中。他论书法，颇有见地。如评“僧中右军（王羲之）”木陈忞的楷书说：“字画圆劲，笔笔中锋，不落书家时套。”福临不仅字写得不错，画也画得很好。他曾送木陈忞亲笔画的山水、蒲桃。他画的牛，笔墨简洁，线条轻逸，生动传神。他还擅长指画，就是以手指螺纹，印画水中。王士祯评他的指画是意态生动，真天纵也！福临可谓是书画双优、文史兼长的才子皇帝。

第三，重视科举取士。大学士范文程上疏说：“治天下在得民心，士为秀民。士心得，则民心得矣。请再行乡试、会试，广其登进。”用八股文章，考儒家经典，是顺治帝汉化的一个重要表现。如顺治九年（1652年），举行会试，命大学士、学士、侍读学士、六部尚书、侍郎希福、范

顺治帝绘《墨竹图》

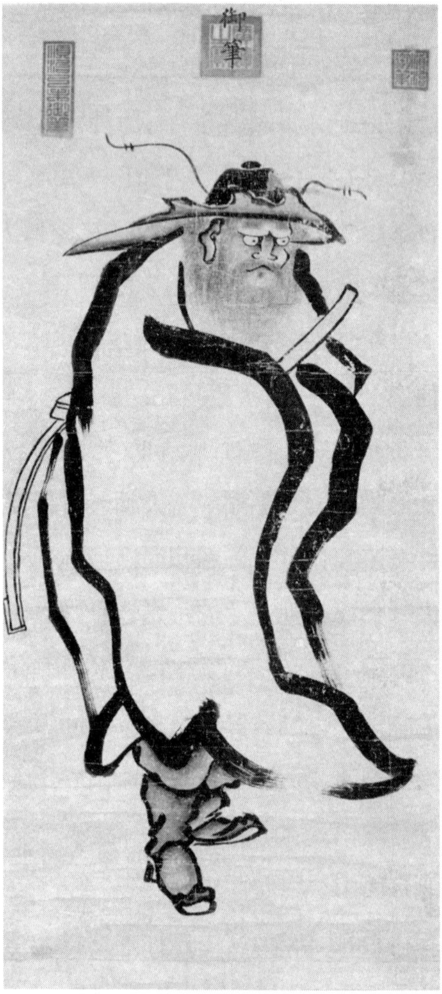

顺治帝绘《钟馗像》

文程等28员为殿试阅卷官。这表现了庞大的阅卷官员队伍，也体现了福临对殿试的重视。他策试的一道制策是：

> 朕念治天下之道，莫大乎用人听言。人有真邪正，言有真是非，往往混淆难辨。今欲立辨不惑，一定不移，将遵何道与？开创之始，凡官制、赋役、礼乐、兵刑、营建、风纪，规模粗设，未协至道。自唐、虞三代以来，其制可得详闻与？或因或革，或盛或衰，

意者不在制度文为，而别有在与？用正人，闻正言，行正道，朕日切于怀，未得其要。尔诸士幼学壮行，宜各出所见，实陈方略。其文务以汉廷贾、董诸臣为式，毋治对偶冗长故习，朕将亲览焉。

福临的制策，表明其心态：求贤若渴，求治若渴。他征询的治国之道是：如何用正人、听正言，而辨小人、辨邪言；如何改革制度，借鉴历史经验；如何在制度之外寻求别策。一句话，如何用正人而不用小人、闻正言而不听邪言、行正道而不走弯路。在对策中，要像汉朝贾谊、董仲舒的文章，内容要切实，文风要朴实；不要对仗华丽，冗长空洞。这道制策是福临倾心汉化的一面镜子。

福临的汉化还突出表现在他的华夏大一统思想，这就是亲善蒙古。

亲善蒙古 满洲同蒙古，尤其是同漠南蒙古，有着特殊的关系。如蒙古科尔沁部贝勒莽古思，其女为太宗皇太极之孝端文皇后，孙女为太宗之孝庄文皇后即顺治帝的生母，曾孙女为世祖福临之孝惠章皇后。在福临的身上，有一半蒙古的血缘。他还一次册封下嫁蒙古的5位固伦公主为固伦长公主。顺治帝继承了乃祖、乃父的抚蒙联蒙治策。历史的与血统的、现实的与政治的因素，决定了福临采取亲善蒙古的政策。他派遣使臣携带敕书和绸缎等，分别到漠南蒙古的科尔沁等22部，慰问蒙古56位亲王、郡王、贝勒、贝子、额驸、公、台吉等。他在敕谕中说："尔等秉资忠直，当太祖、太宗开创之时，即诚心效顺，结为姻娅，请为屏藩。太祖、太宗嘉尔等勋劳，崇以爵号，赏赉有加，恩至渥焉。朝觐往来，时令陛见。教诲饮食，异数有加。凡有怀欲吐，俱得奏陈。情意和谐，如同父子。"接着他检讨了睿亲王多尔衮摄政时，变更祖制，所行悖逆，众怒群怨，惹出乱子。他重申："嗣后有欲奏闻之事，即行奏请。朕无不体恤而行。朕方欲致天下于太平，尔等心怀忠直，毋忘太祖、太宗历年恩宠。我国家世世为天子，尔等亦世世为王，享富贵于无穷，垂芳名于不朽！"福临引述先祖历史，批评睿王错误；谕示蒙古诸王，如有要求，可以陈奏；特别指出——在大清王朝，皇家世代为帝，蒙古世代为王！

皇帝与藩王、满洲与蒙古，结成联盟，同享富贵。从而把满洲的利益同蒙古的利益纽结在一起，以巩固大清皇朝的一统江山。此后，无论是平定中原，还是抗御沙俄侵略，蒙古军队都起了极为重要的作用。

福临的华夏大一统思想，在治理西藏方面也有体现。

治理西藏 当时西藏的宗教领袖为五世达赖喇嘛。“达赖”为蒙古语音译，意为“海”；“喇嘛”为藏语的音译，意为“上师”。达赖喇嘛传到五世，就是阿旺罗桑嘉措（1617—1682年），一般称作五世达赖喇嘛。在明清之际，漠西厄鲁特蒙古固始汗，降服甘青藏区和川康藏区后，于明崇祯十四年即清崇德六年（1641年），率军进藏，征服西藏各部，成为全藏区的大汗，并以达赖喇嘛为藏区的宗教领袖。第二年，固始汗和达赖喇嘛等遣使到达沈阳，献丹书，贡方物，尊清太宗为“曼殊师利大皇帝”，受到崇德帝皇太极的接见。翌年，清太宗皇太极派员回报达赖喇嘛，称其为“大持金刚达赖喇嘛”。大清和西藏开始通使往来。此后，这种联系不断加强。顺治九年（1652年）三月，五世达赖喇嘛起程来北京，随行人员多达3 000名。顺治帝赏赐给五世达赖金顶黄轿乘坐，派和硕承泽亲王硕塞（福临之兄）代为迎接。同年十二月十六日，五世达赖喇嘛在北京南苑谒顺治帝。五世达赖喇嘛下榻在专门为其建造的安定门外黄寺。第二年二月十八日，以五世达赖喇嘛回归，顺治帝御太和殿赐宴，为其送行，并赐黄金550两、白银11 000两、大缎1 000匹，以及鞍马、珠宝等什物。五世达赖喇嘛回程途中，顺治帝又派遣礼部尚书郎球、理藩院侍郎席达礼等，赍送册封五世达赖喇嘛的金册金印于代噶（今内蒙古凉城）。册文如下：

> 我皇考太宗文皇帝闻而欣尚，特遣使迎聘。尔早识天心，许以辰年来见。朕荷皇天眷命，抚有天下。果如期应聘而至，仪范可亲，语默有度。臻般若圆通之境，扩慈悲摄受之门。诚觉路梯航，禅林山斗，朕甚嘉焉。兹以金册印，封尔为西天大善自在佛、所领天下释教、普通瓦赤喇怛喇达赖喇嘛，应劫现身，兴隆佛化，

随机说法，利济群生，不亦休哉！

印文为“西天大善自在佛所领天下释教普通瓦赤喇怛喇达赖喇嘛之印”。

五世达赖喇嘛的来京朝觐，清世祖顺治帝的金册金印，两件大事，清楚表明：一是西藏已经成为清朝的藩属，清朝与西藏成为中央与地方的关系，顺治皇帝与达赖喇嘛成为君臣的关系；二是清朝正式承认达赖喇嘛作为西藏佛教领袖的地位，扩大了黄教在藏区的影响；三是增进了满、汉、蒙、藏的民族关系；四是密切了藏区同中原的经济、文化交流，对藏区的经济发展和社会稳定起着积极的作用。

攻灭南明　中原一统

福临在位 18 年，无论是多尔衮专政时期，或者是顺治帝亲政时期，所做的最大的事情，就是消灭南明及主要反清势力，完成了中原一统。

清军占领北京后，顺治帝面临着两个主要的、强大的敌对势力：一个是南明——南京福王的弘光政权、杭州的鲁王政权、广西桂王的永历政权、广州唐王的绍武政权、福州唐王的隆武政权；另一个是农民军——李自成、张献忠及其余部。

在多尔衮摄政时期（1644—1650 年），共 6 年的时间。这个时期清军攻打南明军与农民军的形势，忽高忽低，起伏较大。开始势头强劲，接着反复很大，继而有所平稳。清军占领北京后，举着两个拳头，一个拳头打向李自成，另一个拳头打向朱由崧。

先说打向李自成的那个拳头。清军英亲王阿济格、平西王吴三桂的军队一路追，李自成的军队一路逃。豫亲王多铎率军赶来，布阵于潼关地带。清两路大军夹击李自成军，在潼关进行决战。潼关大战，清军施用红衣大炮，双方拼杀十余日，李自成军失败。李自成撤到西安，脚未站稳，放弃关中，转向豫、楚。顺治二年（1645 年）五月，李自成死于九宫山。关于李自成的死，文献记载与学者见解，歧异很多，比较纷乱：有说在石门夹山为僧而死，有说在罗公山病死，也有说在通山被杀等。李自成死后，大顺政权结束，其余部仍坚持抗清斗争。

再说打向朱由崧的另一个拳头。崇祯帝自缢时他的3个儿子都没有逃出北京，福王朱由崧在南京被拥立为皇帝，年号弘光。清军先用兵山东，图控制运河，但进展不大。在潼关之役后，清多尔衮派豫亲王多铎为大将军，集中兵力，攻打弘光。弘光政权内部腐败，由崧荒淫，文武不协。史可法北上遏敌，受到内部掣肘而失败。多铎率清军兵分3路，下归德，陷扬州。顺治二年（1645年）五月初九日，清军过长江，逼南京。十日夜，尚沉湎于新选淑女簇拥下酣宴观戏的朱由崧，得到败报，惊惶错乱，没来得及告诉皇后，急带妃嫔、内臣、财宝逃命。第二天黎明，马士英带上皇后出走。南京出现“各官奔窜”、市民惊恐的混乱局面。十五日，弘光政权总督京营忻城伯赵之龙奉表纳款，勋戚大臣数百员出城迎降。清军获得马步兵23万有奇。

此外，顺治三年（1646年）正月，清靖远大将军肃亲王豪格率兵西征。豪格平陕西，入四川，进攻张献忠的大西军。八月，张献忠弃成都，走川北。十一月，张献忠驻营于西冲凤凰山。豪格偷袭张献忠大营。《清史稿·豪格传》记载：“豪格亲射献忠，平其垒百三十余所，斩首数万级。”

李自成和张献忠的死，南明弘光政权的覆亡，标志着此期多尔衮平定中原的胜利。

胜利会腐蚀聪明。多尔衮毕竟年轻，被节节胜利，冲昏了头脑。他严令剃发，至有“留头不留发，留发不留头”之民谣。摄政睿亲王的民族高压政策，激怒了广大的汉族人民。中原各地，揭竿反抗。多尔衮死后，给年轻的福临留下遍地反清的战火硝烟。

在顺治帝亲政时期（1651—1661年），共10年的时间。先是，福王覆灭之后，鲁王、唐王、桂王竖起旗帜，建立政权。李自成、张献忠死后，其余部也分合重组，有的自立门户，有的投靠南明，反清力量，重新聚结。他亲政之初，败报频传：桂林兵没，定南王孔有德自杀；衡

清人绘《得胜图》，描绘多铎入南京场面

州中伏，敬谨亲王尼堪被斩——“两蹶名王，天下震动。”顺治帝追惩睿王，调整政策，锐意进取，进行改革。他命洪承畴经略五省，调集八旗，重用绿营，剿抚并施。先平定湖广，又扫平两广。乘胜大进，南明永历政权秦王孙可望降，被封为义王。尔后，清军三路会师，进军云南，攻陷昆明。吴三桂再乘胜前进，进军缅甸。时定西将军爱星阿、平西王吴三桂，统军在木邦会师。然后昼夜兼行，追永历帝朱由榔。大军至缅城，缅王执朱由榔及其家口等于军前。寻清军回昆明，将朱由榔等囚禁于原崇信伯李本高宅内。四月二十五日，在昆明金禅寺内朱由榔被用弓弦勒死。不久，李定国死，其余部降。清军大胜，中原归一。

顺治帝亲政 10 年，总的说来是一位能宽容、肯自省的君主。有一次，给事中朱之弼上疏痛陈政弊，尖锐地指出："今日之病在六部，六部之病在尚书，尚书之病在推诿，推诿之病在皇上不择人、不久任、不责成效、不定赏罚。"这就把一切病因归结到顺治皇帝身上。福临虽然很不高兴，但还是采纳。又有一次，郑成功军队陷南京的败报传到朝廷，福临狂暴急怒，要率军亲征。皇太后叱责他，竟用剑砍断御座；保姆劝诫，竟要把她剁成碎块。廷臣没有办法，请汤若望来规劝。汤拒绝许久，方才答应。第二天一早，汤若望到了皇宫，诚恳地向顺治帝说明不要亲征的道理，并递上头天夜里写的奏疏。这时，顺治帝的情绪已经平静，答应玛法汤若望的恳求，并命在城门贴出皇帝已不亲征的告谕。至于他的自责品格，从他逝世前一年的文告中可以看出：他说自己即位 17 年，"负上天之简畀，愧祖宗之寄托，虚皇太后之恩，孤四海万民之望"，决心"抒忱引咎"，并停止三大节（元旦、冬至、皇帝生日）向他贺奏表章。

然而，当中原一统捷报送到紫禁城时，已是康熙元年（1662 年）的事情了。顺治朝为康熙朝留下三藩——平西王吴三桂、平南王尚可喜、靖南王耿继茂的问题，也为他的子孙留下东南沿海的台湾、漠北的喀尔喀蒙古（外蒙古）、西北的回疆问题，以及黑龙江地区沙俄军队入侵问题等。这自然不能责怪福临，而是历史尚未将其提到议事日程。

尊崇教士　笃信佛教

福临在明清两代 28 位皇帝中，是一位尊崇耶稣会士、笃信佛教的皇帝。大体说来，福临亲政后，前 6 年间汤若望耶稣会士势力影响较大些，后 4 年间佛教和尚势力影响较大些。

尊崇教士　顺治帝尊崇耶稣会士，是受汤若望的影响。汤若望（Johann Adam Schall von Bell，1591—1666 年），耶稣会士，德意志人，明崇祯年间被征参与天文推算，设馆于今宣武门内南堂地方。明亡清兴，

顺治帝与汤若望

北京内城原居住民人要迁往外城。汤若望以馆藏经、像为由，上书请求缓搬。他意外地得到谕准的满文谕告，贴于堂门，得以免迁。顺治元年（1644 年），汤若望掌清钦天监事，受命修正历法。新历法称《时宪历》，并颁行。顺治帝亲政后，汤若望不仅给皇太后治好了病，还给福临未婚皇后博尔济吉特氏治好了病。孝庄皇太后非常感谢他，请他参加皇帝的大婚典礼。皇太后尊汤若望为义父，福临尊称他为“玛法”（满语“爷爷”的意思）。皇太后还将汤若望赠给她的十字圣牌挂在胸前。此后，福临一方面向汤若望请教天文、历法、宗教等学问，另一方面向他请教治国之策。在顺治十三四年，福临曾 24 次亲访汤若望的馆舍，作为师友，长时晤谈。“睹时政之得失，必手疏以秘陈。”汤若望向福临先后呈递了 300 多件奏帖，陈述自己的建议和见解，其中许多谏言被顺治帝采纳。福临很喜欢汤若望平易近人的作风，语言慈祥的奏疏。他对廷臣说：汤若望对国君的爱是真诚的，不像有的大臣讨好国君是为了得到功名利禄。福临同汤若望的交往日益密切，以至超出君臣关系。福临有所垂询，便召汤若望入宫。他还允许汤若望随时进入内廷，君臣畅谈，竟至深夜。福临也常到宣武门内汤若望的住所（今宣武门内南堂），研讨学问，参观书房，游览花园，共进便餐。福临 19 岁的生日，是在汤若望的家里度过的。他们欢洽之情，如同家人父子。福临因为宠信汤若望，给他封了许多职爵：先加太仆寺卿，不久改太常寺卿。顺治十年（1653 年）赐号“通玄教师”，敕文曰：

> 尔汤若望来自西洋，精于象纬，闳通历法。徐光启特荐于朝，一时专家治历如魏文魁等，实不及尔。但以远人，多忌成功，终不见用。朕承天眷，定鼎之初，尔为朕修《大清时宪历》，迄于有成。又能洁身持行，尽心乃事。今特锡尔嘉名，俾知天生贤人，佐佑定历，补数千年之阙略，非偶然也！

后又加封汤若望为通政使，晋光禄大夫，升正一品。汤若望想使福临皈依天主教，但因他已信佛教，而未受洗。顺治帝病危时，议立嗣皇。福临因皇子年龄太小（长子牛钮已殇、次子福全 9 岁、三子玄烨 8 岁），想立皇弟；皇太后意立皇三子玄烨（皇二子福全平庸），征询汤若望的意见。汤若望以玄烨出过天花（可终生免疫），支持皇太后的懿意，顺治帝便一言而定玄烨继承皇位，所以史书说汤若望“直陈万世之大计”。陈垣先生说：“吾尝谓汤若望之于清世祖，犹魏征之于唐太宗。”但是，在顺治帝身后，汤若望受杨光先讦告而落狱。后释放，不久死。康熙帝亲政后，给汤若望平反。因原封号“通玄教师”的“玄”字，为康熙帝名讳，而改封为“通微教师”。汤若望墓在今北京市车公庄大街 6 号院内。

笃信佛教　早在福临的祖父努尔哈赤时，佛教已传到赫图阿拉。赫图阿拉建立佛寺，努尔哈赤也常手持念珠。到福临的父亲皇太极时，盛京（沈阳）建实胜寺，藏传佛教在后金已产生很大影响。福临的生母是蒙古族人，自幼受到佛教很深的熏陶，又年轻寡居，以信佛解脱内心的苦闷。再加上太监们的怂恿，对福临也有影响。所以，顺治帝稍长便信奉佛教。顺治十四年(1657年),在太监的精心安排下,20岁的福临在京师海会寺同憨璞聪和尚见面,二人相谈甚欢。顺治帝欣赏憨璞聪的佛法智慧、言谈举止,便将他召入宫中。十月,顺治帝又在皇城西苑中海的万善殿,召见憨璞聪和尚,向他请教佛法,并赐以“明觉禅师”封号。他对佛教愈信愈虔,愈修愈诚。福临还召见玉林琇和尚、木陈忞和尚、茚溪森和尚等,让他们在宫里论经说法。福临对他们格外宠眷,他们也多方讨好皇上。福临请玉林琇为他起法名,“要用丑些字样”。他自择“痴”字,即法名“行痴”、法号“痴道人”。玉林琇颂称福临为“佛心天子”,福临封他为“大觉普济能仁国师”。福临则在这些和尚面前,自称弟子。

福临总有剃度出家的念头。有一次他对木陈忞说:朕想前身一定是僧人,所以一到佛寺,见僧家窗明几净,就不愿意再回到宫里。他还表示:若不是怕皇太后罣念,那我就要出家了!福临在爱妃死去之后,哀痛深切,欲遁空门。有记载统计,他在两个月的时间,先后38次到高僧馆舍,相访论禅,彻夜交谈,完全沉迷于佛教。福临命茚溪森为他净发,要放弃皇位,身披袈裟,披缁山林,孑身修道。玉林琇奉诏回京后得知此事,非常恼火,当即命人取来柴薪,要烧死弟子茚溪森。福临暂时收敛这一念头,重新蓄发,茚溪森得免一死。后来茚溪森临终偈云:“大清国里度天子,金銮殿上说禅道!”就是说的他同福临的特殊关系。不久,福临又听从玉林琇的建议,命选僧1500人,于阜成门外八里庄慈寿寺,从玉林琇受菩萨戒,并加封他为“大觉普济能仁国师”。福临虽然重新蓄发,但出家的念头未消。有一次玉林琇到万善殿见他时,因两个人一个是光头皇帝(新发尚未长出),另一个是光头和尚,故两人相视而笑。这时,福临问玉林琇:“朕思上古惟释迦如来舍王宫而成正觉,达摩亦舍国位而为禅祖,朕欲效之如何?”玉林琇回答:“若以入世法论,皇上宜永居正位,上以安圣母之心,下以乐万民之业;若以出世法论,皇上宜永作国王帝主,外以护持诸佛正法之轮,内住一切大权菩萨智所住处。”这说明福临时念出家做和尚。但是,福临爱妃病逝后,他受到巨大打击,他在同玉林琇这次谈话两个月后,皇家办丧事,噩耗传天下。

爱妃病逝　遗诏罪己

福临家庭生活是个悲剧。这里要介绍两个事情，就是爱妃病逝和遗诏罪己。

爱妃病逝　福临先后册立两位皇后。一位是他母亲的侄女博尔济吉特氏，聪明而美丽，由多尔衮做主订婚、聘娶。顺治八年（1651年）八月，册立为皇后。事过两年，二人性格不合，时常发生口角。一天，顺治帝让大学士冯铨查奏前代废后故事，铨等疏谏废后的理由。福临大怒道:"皇后无能，所以当废！"他奏报皇太后，降皇后为静妃，改居侧宫。后礼部尚书胡世安等18人，各具疏力争。一个叫孔允樾的官员奏称:"皇后正位三年,未闻失德,特以'无能'二字定废嫡之案,何以服皇后之心,何以服天下后世之心？君后犹父母,父欲出母,即心知母过,犹涕泣以谏,况不知母过何事，安忍箴口而不为母请命？"事下诸王大臣会议，议仍以皇后居中宫。顺治帝坚持己见，废掉皇后。另一位是孝惠章皇后，博尔济吉特氏，顺治十一年（1654年）五月，年十四，聘为妃。六月，册为后。她不久又受福临责斥。但皇后能委屈圆通,又有太后呵护,未被废,至康熙五十六年（1717年）死，享年77岁。

顺治帝的妃嫔,《清史稿·后妃传》所载有名位的共17人。

1、妃佟佳氏,玄烨生母。玄烨即皇位,母以子贵,被尊为孝康章皇后。

2、孝献皇后，即董鄂妃（下文专述），子一，早殇。

3、恭靖妃，博尔济吉特氏，无子女。

4、淑惠妃，博尔济吉特氏，孝惠皇后之妹。顺治十一年（1654年），册为妃。活到康熙五十二年（1713年），是顺治帝后妃中的高寿者。

5、端顺妃，博尔济吉特氏，无子女。

6、宁悫妃，栋鄂氏，生子一，福全。

7、贞妃，栋鄂氏，殉顺治帝。

8、恪妃，石氏，为顺治帝所选汉官女儿之一。

顺治帝第二位皇后
——孝惠章皇后朝服像

顺治帝妃、康熙帝生母
——孝康章皇后朝服像

9、悼妃，博尔济吉特氏。

10、庶妃，穆克图氏，生子一，永幹，8岁死。

11、庶妃，巴氏，生子一，钮钮，为福临长子，2岁死；女二。

12、庶妃，陈氏，生子一，常宁；女一。

13、庶妃，唐氏，生子一，奇授，7岁死。

14、庶妃，钮氏，生子一，隆禧。

15、庶妃，杨氏，生女一。

16、庶妃，乌苏氏，生女一，8岁死。

17、庶妃，纳喇氏，生女一，5岁死。

但是，据统计:葬在清东陵的顺治帝的后妃有31人，还有废后1人，共32人。

顺治帝共有 8 子、6 女。清制：皇后所生之女封固伦公主，赏俸银 1000 两、俸缎 30 匹；固伦公主之夫为固伦额驸，赏俸银 300 两、俸缎 9 匹。嫔妃所生之女封和硕公主，赏俸银 200 两、俸缎 12 匹；和硕公主之夫为和硕额驸，赏俸银 200 两、俸缎 9 匹。亲王之女封郡主、郡王之女封县主，其额驸也依等级不同，赏俸银、俸缎各有一定差别。公主之子授予一等台吉，职衔、品级与亲王子弟相同；郡主之子授予二等台吉，等同郡王、贝勒子弟。

在这里，特别介绍一下董鄂妃。董鄂妃，又作栋鄂妃，为内大臣鄂硕之女。18 岁入侍，备受宠幸。顺治十三年（1656 年）八月，立为贤妃；十二月，晋皇贵妃。董鄂妃的来历有 3 说：

其一，为官书《清史稿·后妃传》记载的栋鄂氏，“孝献皇后栋鄂氏，内大臣鄂硕女，年十八入侍。上眷之特厚，宠冠后宫。”

其二，为笔记野史载述的董小宛。高阳先生在《清朝的皇帝》中，认为董小宛就是董鄂妃。董小宛原为江南名士、成吉思汗后裔冒辟疆之妾，长诗词，善歌舞，“才色为一时之绝”。冒辟疆其人，“凡女子见之，有不乐为贵人妇，愿为夫子妾者无数”。江南名妓知书多艺、倾慕东林，如柳如是与钱谦益、李香君与侯方域、卞玉京与吴伟业、顾眉生与龚鼎孳。清军南下，董小宛被掳，带到北京，先留在王府，后纳入内廷。顺治帝喜欢，从孝庄太后处要到自己身边。但是，根据冒辟疆《影梅庵忆语》记载，崇德三年（1638 年），董小宛 15 岁，时顺治帝才 1 岁。崇德八年（1643 年），董小宛 20 岁，入冒辟疆家为其妾，时顺治帝才 6 岁。顺治元年（1644 年），崇祯帝煤山自缢，时董小宛 21 岁、顺治帝 7 岁。顺治二年（1645 年），清豫亲王多铎率军渡江破南京，时董小宛 22 岁，顺治帝才 8 岁。从此始有董小宛被掳北上一说。但冒辟疆在逃难中患病，董小宛在其身边侍疾：“此百五十日，姬仅卷一破席，横陈榻旁。寒则拥抱，热则披拂，痛则抚摸，或枕其身，或卫其足，或欠身起伏，为之左右翼。”顺治四年（1647 年），冒辟疆再病，“勺水不入口者二十余日”。董小宛二度侍疾，“姬当大火烁金时，不挥汗，不驱蚊，昼夜坐药炉旁，密伺余于枕边足畔，六十昼夜”。时董小宛24岁，顺治帝才10岁。顺治八年（1651年），董小宛28岁病死，时顺治帝才14岁。

当然，董小宛与董鄂氏，她们两人有共同之处：都精于书法、知书达礼、勤劳节俭、娴于女红。这些共同点，容易引起比附。然而，董鄂妃生育一子，董小宛同冒辟疆结婚9年却未生育。董小宛即使没死而到入宫时已经33岁了。当然，贵妃比皇帝年龄大的也有。明宪宗成化帝的万贵妃比他大19岁。《明史・后妃传》记载：成化帝“年十六即位，妃已三十有五”，万贵妃仍受到专宠，“六宫希得进御”。

总之，董小宛就是董鄂妃之说，史料根据不足，实属望风扑影。

其三，为原襄亲王博穆博果尔的妻子。根据汤若望的回忆录和陈垣先生的考索，她似乎就是福临夺十一弟襄亲王博穆博果尔之爱，但有学者提出不同意见。董鄂氏聪敏俊丽，明秀婉惠，诵经习书，善解人意，而博得福临的宠爱。两人情意缠绵，火热爱恋。但事被博穆博果尔发觉，董鄂氏遭到夫君的严斥。董鄂氏受了委屈，找福临哭诉。福临闻知后，狠狠地打了博穆博果尔一个耳光。博穆博果尔心情痛苦、愤怒，但事情发生于当今皇兄皇上，是没有地方讲理的。于是，博穆博果尔只有两条路可供选择：一是忍，二是死——其结果都是死。博穆博果尔于顺治十三年（1656年）七月初三日，或是忧愤致死，或是自杀而死。襄亲王博穆博果尔死后，福临于其27日服满后，干脆将董鄂氏娶进承乾宫。顺治十三年（1656年）八月二十三日，18岁的董鄂氏被册立为贤妃，不久晋封为皇贵妃。福临本意是要封她为皇后，但因刚废一后、再立一后，不便将董鄂氏立即封为皇后。他要等待时机成熟，再晋封董鄂氏为皇后。第二年十月初七日，董鄂氏生下一子即皇四子。福临高兴至极，认为这回可有了皇位的继承人。但事有不巧，小皇子出生3个月，未命名，便夭折，追封为荣亲王。这对于本来就感情脆弱的福临来说，受到如雪上加霜般的打击。福临视董鄂氏为国色天香、红粉知己，可谓“长信宫中，三千第一”、“昭阳殿里，八百无双”，真是六宫无色、专宠一身。顺治帝同董鄂妃，晨夕候居，饮食服御，情投意合，心心相印。枕上春梦刚3年，贵妃撒手绝人寰，才 22 岁。福临得知噩耗，悲不欲生，“寻死觅活，不顾一切，人们不得不昼夜看守着他，使他不得自杀”。顺治帝辍朝 5 日，追谥其为端敬皇后。在景山建水陆道场，大办丧事。将宫中太监与宫女 30 人赐死，让他们在阴间侍候端敬皇后董鄂氏。全国服丧，官员 1 月，百姓 3 日。茚溪森和尚在景山寿椿殿主持董鄂后火化仪式，福临为董鄂氏收取灵骨（骨灰）。顺治帝请学士撰拟祭文，“再呈稿，再不允”。后由张宸具稿，“皇上阅之，亦为堕泪”。以顺治帝名义亲制的《行状》数千言，极尽才情，极致哀悼，历数董鄂氏的嘉言懿行，洁品慧德。

“顺治不死，清祚必促。”福临是个既任性又脆弱、既多情又哀愁的人。他接连受到 4 次情感上的打击——爱子夭折、宠妃死亡、出家不成、保姆病故，他极度忧伤的精神垮了，他骨瘦如柴的身体垮了！董鄂妃死后刚过百天，“痴情天子”福临，因患天花，传谕民间，不许炒豆。但终因医治无效，崩于养心殿，年 24 岁。侍卫傅达礼等身殉。顺治帝死后百日，茚溪森和尚在景山寿皇殿，为福临遗体秉炬火浴。顺治帝临死时，留下罪己遗诏。

遗诏罪己 福临的《罪己诏》是一篇奇文。它奇就奇在，作为一位封建君主，作为 24 岁的青年天子，临死之前，下诏罪己，检讨亲政 10 年的过错，并加以剖析反省罪己，列 14 条，实在难得。文章不长，全引如下：

> 朕以凉德，承嗣丕基，十八年于兹矣。自亲政以来，纪纲法度，用人行政，不能仰法太祖、太宗谟烈，因循悠忽，苟且目前。且渐习汉俗，于淳朴旧制，日有更张。以致国治未臻，民生未遂，是朕之罪一也。朕自弱龄，即遇皇考太宗皇帝上宾，教训抚养，惟圣母皇太后慈育是依。隆恩罔极，高厚莫酬，惟朝夕趋承，冀尽孝养。今不幸子道不终，诚悃未遂，是朕之罪一（二）也。皇考宾天时，朕止六岁，不能服衰绖，行三年丧，终天抱恨。惟侍奉皇太后顺志承颜，且冀万年之后，庶尽子职，少抒前憾。今永

违膝下,反上廑圣母哀痛,是朕之罪一（三）也。宗室诸王贝勒等,皆系太祖、太宗子孙,为国藩翰,理宜优遇,以示展亲。朕于诸王贝勒等,晋接既疏,恩惠复鲜,以致情谊睽隔,友爱之道未周,是朕之罪一（四）也。满洲诸臣,或历世竭忠,或累年效力,宜加倚托,尽厥猷为。朕不能信任,有才莫展。且明季失国,多由偏用文臣。朕不以为戒,而委任汉官,即部院印信,间亦令汉官掌管。以致满臣无心任事,精力懈弛,是朕之罪一（五）也。朕夙性好高,不能虚己延纳。于用人之际,务求其德与己相侔,未能随材器使,以致每叹乏人。若舍短录长,则人有微技,亦获见用,岂遂至于举世无材,是朕之罪一（六）也。设官分职,惟德是用,进退黜陟,不可忽视。朕于廷臣中,有明知其不肖,不即罢斥,仍复优容姑息。如刘正宗者,偏私躁忌,朕已洞悉于心,乃容其久任政地。诚可谓见贤而不能举,见不肖而不能退,是朕之罪一（七）也。国用浩繁,兵饷不足。而金花钱粮,尽给宫中之费,未尝节省发施。及度支告匮,每令会议,诸王大臣,未能别有奇策,祇议裁减俸禄,以赡军饷。厚己薄人,益上损下,是朕之罪一(八)也。经营殿宇,造作器具,务极精工。求为前代后人之所不及。无益之地,糜费甚多。乃不自省察,罔体民艰,是朕之罪一（九）也。端敬皇后于皇太后克尽孝道,辅佐朕躬,内政聿修。朕仰奉慈纶,追念贤淑,丧祭典礼,过从优厚。不能以礼止情,诸事逾滥不经,是朕之罪一（十）也。祖宗创业,未尝任用中官。且明朝亡国,亦因委用宦寺。朕明知其弊,不以为戒。设立十三衙门,委用任使,与明无异。以致营私作弊,更逾往时,是朕之罪一（十一）也。朕性耽闲静,常图安逸,燕处深宫,御朝绝少。以致与廷臣接见稀疏,上下情谊否塞,是朕之罪一（十二）也。人之行事,孰能无过？在朕日御万几,岂能一无违错？惟肯听言纳谏,则有过必知。朕每自恃聪明,不能听言纳谏。古云:“良贾深藏若虚,君子盛德容貌若愚。”朕于斯言,大相违背。以致臣工缄默,不肯尽言,是朕之罪一（十三）也。朕既知有过，每自刻责生悔。乃徒尚虚文，未能省改，以致过端日积愆戾愈多，是朕之罪一（十四）也。(《清世祖实录》顺治十八年正月丁巳)

这篇《罪己诏》奇文，由翰林院掌院学士王熙起草，写完一条，立即呈送。一天一夜，3次进览，3蒙钦定。但后来王熙闭口不谈此事，似有难言之隐。因遗诏交皇太后、辅政大臣看过后，才颁示群臣。上述遗诏内容，史家多有怀疑。应当说，《罪己诏》的文字，有真、也有假，有半真、也有半假，有遗意、也有篡改，有自我反省、也有他人强加。其中，第二、第三条，天命大限，何罪之有？第一、四、五、六、七等条，主要是检讨满与汉、武与文、南党与北党、因循与更张、守旧与维新的关系问题，实质上是保守与改革的问题。福临亲政后的10年间，他代表满洲贵族中的维新派，而受到满洲贵族中保守派的抵触与反对。守旧派的观点和利益，藉《罪己诏》而得到反映。第十条不能“以礼止情”、第十一条“委用宦寺”等，显然是福临的过错。到康熙七年（1668年）正月，就是顺治帝死后7周年时，康熙帝为他的父亲建《孝陵神功圣德碑》，对《遗诏》内自责之词，逐条驳斥，歌颂乃父，“圣德神功”——这两篇文字，有各执一端之嫌，应加以对照，分析比较，仔细评读。当然，顺治帝的功过，既不能由《罪己诏》来评价，也不能由他的儿子康熙帝的《神功圣德碑》来评价，而只能由历史来评价。

顺治帝小议

顺治帝福临，天福降临，继承大位。在位18年，享年24岁。皇叔摄政，迁鼎燕京，中原一统，睿王功焉。然睿王殁后，刨坟鞭尸，感情用事，实属过矣。亲政之后，孜孜求治，清厘赋役，严肃吏治。为爱妃，日夜泣；要出家，弃社稷。身为君王，临危之际，下诏罪己，叹可已矣。

四 康熙大帝：统一版图

清康熙帝爱新觉罗·玄烨，顺治十一年三月十八日（1654 年 5 月 4 日）生，属马，康熙六十一年十一月十三日（1722 年 12 月 20 日）卒，庙号圣祖，谥号仁皇帝，葬景陵（今河北省遵化县清东陵）。8 岁登极，在位 61 年，享年 69 岁。年号康熙：康，意安宁，《汉书·元帝纪》称“黎庶康宁，考厥终命”；熙，意兴盛，《尚书·尧典》称“庶绩咸熙”，是取万民康宁、天下熙盛的意思。

康熙皇帝是中国历史上有文字记载以来，在位时间最长的君主。康熙帝面临的时代课题是：清朝虽兴，而国未盛。做一位民众康宁、国家熙盛的君主，是历史赋予康熙帝的使命。康熙大帝革除旧制，施行新政，勤于国事，好学不倦，御敌入侵，山河一统，治河重农，提倡文教，奠下了清朝兴盛的根基，开创出“康乾盛世”的大局面。康熙皇帝是中国自秦始皇以来第一个好皇帝，是一位英明的君主、伟大的政治家。

下面分作 14 点，做简明扼要介绍。

幼丧双亲　陶冶素质

伟人同常人一样，都有自己的童年；伟人同常人一样，也都有自己的命运。戏文小说，帝王本纪，在说到真龙天子出生时，他母亲常有红光绕裙的祥瑞，或有霞光映天的梦兆。真龙天子果真都有天生的好命运吗？皇子、公主生在帝王之家，命可能好，也可能坏！如崇祯皇帝临死前，到寿宁宫对长平公主说：“汝何故生我家！”以剑挥斫，断其左臂。年仅 16 岁的长平公主，5 天后复苏，愿髡缁，诏不许，嫁故主。公主涕泣，逾年而卒。这是一幕凄惨的悲剧，也是一副黑暗的图画。长平公主生于明末，所以少年命戾；康熙皇帝生于清初，应当少年命好，其实不然。

康熙帝的曾祖是清太祖努尔哈赤，祖父是清太宗皇太极，生父则是清入关后第一位皇帝清世祖福临。他出身于帝王世家,有着“黄金血胤”，可谓“天潢贵胄”。总的说来康熙皇帝命好，但他的幼年实在是不幸。

玄烨于顺治十一年三月十八日（1654 年 5 月 4 日），出生在北京紫禁城内景仁宫。这时他父亲 16 周岁，母亲才 14 周岁。按照清朝的规制，皇子、皇女出生后，都由乳母、保姆等哺育、服侍，同生父和生母分居3处，平日难得相见。玄烨出生后不久，为避痘（天花），由一位姓孙的保姆（内务府正白旗汉军包衣曹玺的妻子）照料，住在西华门外的一座府第养育。这座府第后改名为福佑寺，位于今北长街路东。当时对满洲人和蒙古人来说，痘症（天花）是一种传染厉害、死亡率高、令人恐惧的疾病。他们对于痘症，真是谈“痘”色变。玄烨到四五岁时，出了天花，有终生对痘症的免疫力，才回到皇宫。但是，他的脸上留下了稀疏的麻点。玄烨回到皇宫后，5岁开始读书写字。史书说他：“自五龄后，好学不倦，午夜批阅，每至宵分。”他除了学习满洲语文、蒙古语言之外，还要学习汉文。汉文中《论语》、《孟子》、《大学》、《中庸》等，对他的心灵产生了深刻的影响。有一次皇父福临问来到身边请安的3个儿子，长大之后有何志向。皇五子常宁刚3岁，不能作答；皇二子福全说“愿为贤王”；玄烨尽管年龄不大，却从容地答道：“长大后效法皇父，黾勉尽力！”福临称赞他有远大的志向。他的童年本应得到父亲的慈爱，这时父亲同皇贵妃董鄂氏痴情狂爱，皇贵妃又生了皇弟，他和生母便受到了冷落。后皇贵妃董鄂氏病死，顺治帝悲不欲生，要削发为僧。在皇太后和众臣的规劝下，玉林琇和尚要将为他剃发的弟子茚溪森和尚架柴烧死,福临才表示重新蓄发。“顺治出家”的闹剧也在木鱼的敲击声中收场。5个月后，福临大丧。这时小玄烨才7周岁，刚够现今入小学的年龄。

玄烨8岁丧父，10岁又丧母。康熙帝的生母佟佳氏，是汉军佟图赖的女儿，幼年入宫，后为皇妃。但佟佳氏福分不够，儿子刚做了两年皇帝，自己也做了皇太后，仅24岁便撒手人寰。玄烨在额娘（母亲）佟佳氏重病时，他“朝夕虔侍，亲尝汤药，目不交睫，衣不解带”。额娘佟佳氏病故之后，小玄烨又昼夜守灵，“擗踊哀号，水浆不御，哭无停声”。一个年龄才9周岁的孩子，两年之间，父母双亡，形影相吊，实在可怜，应当说是人生幼年之最大不幸。康熙帝的幼年就是在家庭充满悲剧的氛围中生活的。所以，他的幼年没有得到家庭欢乐。后来他回忆说：幼年在“父母膝下，未得一日承欢”。人常是这样：生于忧患，死于安乐。忧患使人痛苦，也激人奋进。玄烨从幼年的忧患家庭环境中，培养了自立、自信、自强、自励的精神。

康熙帝家庭与文化的环境，使他身上有着3种血统、3种文化和3种品格。他的身体里有3个民族的血统：父祖是满洲人，祖母是蒙古人，母亲是汉族人。他深受祖母的教诲，从祖母及其随嫁贴身侍女苏麻喇姑（苏墨儿）学习蒙古语，从满洲师傅学习满文和骑射，又从汉族师傅接受儒家教育。所以，康熙的勇武与奋进，继承了满洲人的性格；高远与大度，受到了蒙古人的熏陶；仁爱与韬略，是来自汉族儒学的营养。后来，开放与求新，则是受了耶稣会士西方文化的影响。康熙大帝的这种文化素养，在中国秦始皇以来2000年大一统王朝的皇帝中，既是空前的，也是绝后的。

康熙大帝吸收了中华多民族的、西方多国家的，悠久而又新近、博大而又深厚的文化营养，具有其时最高的文化素质。这为他展现帝王才气，实现宏图大业，陶冶了性格，开阔了视野，蓄聚了智慧，奠定了基础。

冲龄继位　擒鳌亲政

顺治帝临终前，想让皇兄袭承大位，但孝庄皇太后博尔济吉特氏力主子继父位。在诸皇子中：皇长子牛钮已殇；皇次子福全9岁、才赋平庸，其父不太喜欢；皇三子玄烨虽聪明，却年幼。但是，皇太后懿旨由皇子中出过天花的玄烨继立，征询耶稣会士汤若望的意见。汤若望支持皇太后的懿意。于是，顺治帝旨定玄烨继承皇位。在顺治帝皇位继嗣问题上，皇太后起了重要作用。孝庄太皇太后为人聪慧，通于政略，历事五朝，两辅幼主，是一位伟大的女性。康熙帝玄烨虽脸上有因患天花而出现的麻点，却因祸得福，袭受皇位，成为清入关后的第二代皇帝。他刚继位不久，一天太皇太后问道：你打算做什么？少年天子康熙帝回答说："惟愿天下乂安，生民乐业，共享太平之福而已！"史书评论说："康熙皇帝抚驭万方，驯致太平，其基已肇于此。"就是说，康熙基业，由

鳌拜像

此开始。

玄烨8岁登极。康熙做了皇帝,御名是要避讳的。此前,清太祖、太宗、世祖的名字,出现在实录、玉牒等官书上,用黄签盖上,以表示敬避。清朝皇帝名字讳缺末笔,是从康熙朝开始的。康熙名字玄烨的“玄”字,避讳时敬缺末笔;“燁”字,避讳时也敬缺末笔。康熙8岁登极,虽比其父登极时年长两岁,但还是一位少年天子。太皇太后和福临为了避免再次出现顺治初年摄政睿亲王多尔衮擅权专断的局面,对辅政制度做了改革。决定:不由皇族宗室中的长辈摄政,而在异姓功臣中选择辅政大臣;增加辅政大臣为4人,以便相互制约;皇族宗亲勋贵对辅政大臣实行监督;再由太皇太后对军国大政总裁。所以,康熙帝登位后,内由祖母太皇太后博尔济吉特氏鞠育懿教,外由索尼(正黄旗)、苏克萨哈(正白旗)、遏必隆(镶黄旗)、鳌拜(镶黄旗)四大臣辅政。四大臣辅政之初,尚能协力忠诚，辅佐政务，不结党羽，和衷共济，实践他们在顺治皇帝灵位前的誓言。但是，在四辅政大臣中，逐渐形成鳌拜结党营私、欺凌幼主的局面。四辅政大臣中，索尼曾为太祖一等侍卫，五朝元老，功勋卓著，位居四辅臣之首，但他年老多病。苏克萨哈以子为额驸、入侍禁廷，原隶正白旗多尔衮属下，睿王死后率先举发，后升为领侍卫内大臣，但爵位在遏必隆和鳌拜之后。苏克萨哈同鳌拜龃龉成隙，鳌拜便先拿他开刀。

先是，顺治初实行圈地时，摄政王多尔衮利用权势，将永平府一带原定圈给镶黄旗的好地让给正白旗，而另拨河间府一带次地给镶黄旗。这件事当时曾引起一场风波，但事过 20 多年，旗、民各安生业，旧怨也已淡忘。鳌拜重新提出此事，让正白旗与镶黄旗互换土地，目的是讨好自己与遏必隆所在的镶黄旗，而打击苏克萨哈及其所在的正白旗。此事朝野普遍反对，正白旗人诉告到户部。大学士、户部尚书苏纳海认为不可，直隶总督朱昌祚以此举造成数十万失业者而抗疏称其不便，保定巡抚王登联以圈拨扰民而疏请停止。鳌拜矫诏诛杀大学士兼户部尚书苏纳海、直隶总督朱昌祚、保定巡抚王登联。鳌拜借机又“一连七日强奏”，矫旨将辅政大臣苏克萨哈及其子孙全部处死，并籍没其家产。随之索尼病故，鳌拜因与遏必隆同旗，更加娇纵，专横跋扈，肆无忌惮。一些重大的朝政，鳌拜先在家中议定后施行，甚至不把少年天子玄烨放在眼里。他竟然在康熙御门听政时施威慑众。鳌拜目无君主，举朝震惊。康熙帝虽内心对鳌拜极为不满，却在表面上同其周旋。

康熙四年（1665 年），12 岁的玄烨举行大婚典礼，索尼之子、领侍卫内大臣噶布喇之女赫舍里氏正位中宫。两年之后，玄烨 14 岁，辅臣索尼援引先帝福临 14 岁亲政的祖制，疏请康熙帝亲政。康熙帝征得祖母太皇太后博尔济吉特氏同意，允索尼所奏，不久开始亲政（时索尼已病故）。自索尼死，“班行章奏，鳌拜列首”。辅臣鳌拜因首辅索尼已死、辅臣苏克萨哈已诛，自己又与遏必隆同旗，从而形成镶黄旗独掌朝政局面，遂无意收敛，更飞扬跋扈。康熙帝同太皇太后秘商之后，决定拔除鳌拜。但鳌拜为三朝勋臣，握有重兵，遍置党羽，不便轻动。康熙帝同索尼的第三子、侍卫索额图，在宫中召集满洲少年，组成宫廷卫队，天天演习“布库”（摔跤）。鳌拜以为康熙是在少年戏耍，并不在意。一日，鳌拜奉召入内观看“布库”演习。康熙帝不露声色，命满洲“布库”少年将鳌拜擒捕，并公布其三十大罪。但康熙帝对鳌拜做出宽大处理，免于处死，终身监禁；对遏必隆仅革其太师，后还公爵，从而稳住了镶黄旗。康熙帝年仅16岁，部署周密，沉着机智，处理得当，不失分寸，一举清除鳌拜及其同党，初露其胸怀谋略、临机果决的政治家风范。康熙帝擒鳌亲政之后，他的一大举措，就是削平三藩。

削平三藩　强化皇权

三藩是指降清明将并效忠新主的三王：平西王吴三桂，镇云南；平南王尚可喜，镇广东；靖南王耿继茂，镇福建。三藩占据要地，拥兵自重，权势日张，为患一方，成为清朝的3个地方割据势力，其中以吴三桂实力最强。吴藩年耗饷多时达银900万两，“天下财赋，半耗于三藩”。康熙帝剪除鳌拜后，“以三藩及河务、漕运为三大事，夙夜廑念，曾书而悬之于宫中柱上”。康熙帝认为：“天下大权，当统于一。”他要削平三藩，总握全国军政，减轻财政负担，强化皇帝威权。

决策的争议　三藩中的吴三桂，尚可喜及其子之信，耿仲明及其子继茂、孙精忠，他们原先都是降清的明朝将领，本来势力并不大。清军入关后，在配合八旗军平息南明与农民军抗清斗争中，立下了功劳，扩大了实力。清廷为着利用他们，曾给以高官显爵，丰厚赏赐，授以地方重权。清帝对他们的飞扬跋扈行径，则常加容忍。顺治十六年（1659年），吴三桂受命移镇云南，总管该省文武官员及兵马钱粮一切事务。康熙元年（1662年），又晋封吴三桂为平西亲王，并授其兼管贵州的权力。清廷还应吴三桂的请求，敕谕云贵总督听其节制。至于平南王尚可喜、靖南王耿仲明，在顺治初就已携带家眷驻防。顺治十七年（1660年），清廷为防备台湾郑成功，警备海防，加强军力，将耿氏改迁并驻镇福建。在顺治朝，连年争战不息，军费开支浩大，财政多用于兵饷，每年常入不敷出。以顺治十七年（1660 年）为例，国家正赋收入银 875 万两，而云南一省就要支出银 900 多万两。竭全国之财力，尚不足一藩之需求。到了康熙初年，局面未见好转。国家全部钱粮，大半耗于三藩。三藩在自己的独立王国里，设立税卡，私行铸钱，圈占土地，掠卖人口。吴三桂还自行选派官员，称为“西选”。清廷对待三藩，采取笼络策略，公主下嫁，加以安抚。吴三桂子应熊尚皇太极第十四女、顺治帝之妹和硕恪纯长公主为额驸，赐府第，居京师。尚氏的之隆、之孝，耿氏的昭忠、聚忠，也都各为额驸。这样一来，出现了一个清廷原先没有料到的结果，就是京师同藩地之间的信使往来，朝廷中的机要信息，很快便传到三藩。而且，三藩之间也相互联姻，彼此利害，联结一起。所以，三藩问题，成为康熙皇帝亲政后的第一大难题。

康熙帝要不要撤藩？如果要撤，在什么时机撤？康熙十二年（1673 年）三月，尚可喜因家庭内部矛盾，上疏请求回归辽东养老，将王爵交给儿子之信承袭。接着吴三桂和耿精忠也言不由衷地提出同样的请求，以试探朝廷的意向。吴三桂和耿精忠的疏请，引起朝廷的争论。在朝廷会议撤藩时，以大学士索额图为首的大部分官员，因慑于吴三桂等的声势，主张妥协，维持原状。但兵部尚书明珠、户部尚书米思翰等少数官员主张借机下令撤藩。总之，朝廷会议的形势是：“云不可撤者甚多，云可撤者甚少。”玄烨时年 20 岁，力排众议，抓住时机，决意撤藩，强化皇权。他认为：“三桂等蓄谋久，不早除之，将养痈成患。今日撤亦反，不撤亦反，不若先发。”于是，康熙帝下令撤藩！

严峻的形势　果然，皇帝撤藩令一下，吴三桂举旗反清。吴三桂于同年十一月起兵，自称“天下都讨兵马大元帅”。吴军很快由云南，出贵州，略湖南，攻四川，数月之间，6 省几陷。福建的耿精忠（仲明孙、继茂子）起兵响应，后来广东的尚之信也挟其父尚可喜起兵。与此同时，一些同三藩有密切关系的汉族将领——将军孙延龄首应于广西，提督王辅臣激变于陕西。当时形势，十分险恶:“东南西北，在在鼎沸”，叛报频传，举朝震动。原来主张不可撤藩的大学士索额图、户部侍郎魏象枢等，提出要处斩主张撤藩的大臣。他们要同三藩讲和，甚至京师不少官员把家眷送归原籍。康熙帝外有三藩起兵反叛，内有廷臣分歧意见；京城里有杨起隆举事，察哈尔有阿尔尼叛乱。而且，先后发生京师大地震，火烧太和殿，康熙帝爱后赫舍里氏也崩逝。朝里与朝外，外叛与内变，雷火与地震，天灾与人祸，连连击到年轻的康熙皇帝身上。

临大事，有静气。青年天子玄烨，三藩乱起，危殆之时，他持心坚定，气静不慌。大学士索额图提议杀主张撤藩的大臣，向吴三桂谢罪。康熙帝不同意索额图的意见，明确表示:撤藩出自朕意，他们何罪之有?这就坚定了主张平叛大臣的决心。他下诏：削夺吴三桂的官爵，公布其罪状。不久又将留居京师的吴三桂之子应熊、孙世霖等逮捕处死。消息传到吴军，吴三桂正在吃饭，闻讯大惊。康熙帝后来说：“吴三桂轻朕，谓乳臭未脱，及闻驿报神速，机谋远略，乃仰天叹曰：‘休矣’!”后西藏五世达赖喇嘛为吴三桂说情，请求朝廷“裂土罢兵”，遭到康熙帝的坚决驳斥。他为了安定惊恐的军心，慌乱的民心，每日游景山，观骑射，示豫暇。有人投帖，进行讽谏。康熙看后，置若罔闻。事后他说：“当时朕若稍有疑惧之意，则人心动摇，或致意外，未可知也！”他的坚定决心和平静心态，对于稳定大局和安定人心，起了很大的镇定作用。

精心的指挥 这场战争对清朝来说，是决定生死之战。康熙帝首先针对主要敌人吴三桂，集中兵力，重点打击。吴三桂在三藩中首先起兵，且势力最大。所以，康熙帝将军队的主力部署在中线即湖南前线，而将次要兵力部署在左翼的浙江、福建一线，右翼的陕西、四川一线。他对三藩采取区别对待的政策：下诏停撤耿、尚二藩，以孤立吴三桂。他又宣布对于散处各地的吴三桂旧部，凡不参加叛乱者，一律宽宥不究。他对杀死经略莫洛的陕西提督王辅臣，也极力争取。在前方作战中，满洲八旗军官腐败，将领贪婪，兵士怕死。康熙帝采取了一项重大的决策，就是大胆起用汉将汉兵。

康熙帝戎装像

康熙帝每日接军报多达三四百疏，手批口谕，调兵遣将，甚至深夜三更，坐待军书。他自做诗道：

> 午夜迢迢刻漏长，每思战士几回肠。
> 海东波浪何年靖，日望军书奏凯章。

康熙帝指挥平叛，运筹帷幄，精心谋画。他对各战场的指挥方略，常常先命前方将领、督抚提出意见，再命议政王大臣或九卿会议具奏。对一些重大战役的指挥，他命前线主帅绘制敌我双方军事形势图进呈，经过反复研究，决定作战方略。时满洲八旗，锐气大减，官骄兵惰，攻城陷阵，或迁延不前，或不堪苦战。他重用绿营，主攻湖南，东翼浙、闽，西翼陕、甘，剿抚并用，进取四川，终占云南。

事后的反思 经过8年平叛战争，取得削平三藩的胜利。群臣请上尊号，康熙帝严辞拒绝道:“上尊号一事，断不可行！”他认为，8年战火，生民涂炭，应该务实，切戒虚名。他自责道：三藩之乱缘起，皆因朕德之薄。这表现出一位帝王谦尊而光的气质。由是，汲取教训，调整政策，尽力与民休息，着手统一台湾。

统一台湾 设府置县

台湾，早在明天启四年(1624年)，被荷兰人侵占。顺治十八年(1661年)，郑成功驱逐荷兰殖民者，收复台湾。郑成功是中国历史上第一位反抗西方殖民侵略的伟大民族英雄。郑成功治理与开发台湾，奉明正朔，颇有建树。郑成功死后，子郑经继立。当三藩之乱时，郑经通使耿精忠，一度占据泉州、漳州、潮州等地。削平三藩后，康熙帝决定统一台湾，画一版图。但是，有廷臣谏言：“海洋险远，风涛莫测，长驱致胜，计难万全。”这表明朝臣中有对统一台湾持反对意见者。康熙帝又力排众议，做出收服台湾的决策。他一面起用原郑成功部将施琅为福建水师提督，造舰练兵，着实准备；一面派遣官员，进行招抚。但是，郑经竟说“台湾远在海外，非中国版图”，其意在长期盘踞台湾。

康熙二十年（1681 年），郑经在台湾病故。郑氏内乱，子克塽袭为延平郡王。郑克塽年幼，大权旁落在冯锡范、刘国轩等手中。这时，清军攻取昆明，三藩之乱，全部平定。康熙帝抓住台湾郑氏主幼内讧之机，断然拒绝其照琉球和高丽（朝鲜）例称臣纳贡之请，派施琅率福建水师进取澎湖。

施琅，福建晋江人，原为明总兵郑芝龙部下左冲锋，从芝龙降清。郑成功海上抗清，招琅，不从，成功执琅并系其眷属。施琅用计得脱，但其父、弟及子侄等都被成功杀害。施琅于顺治八年(1651 年)背郑降清。康熙元年（1662 年），施琅任福建水师提督，负责征讨台湾的水师军务。他先后两次出海，因遭飓风，无功而返。朝廷一些大臣说他与郑氏旧恩未断，于是施琅被解除兵权，调回京师。这次康熙帝决定收复台湾，力排众议，启用施琅。施琅上任后，积极进行海战准备。有人上疏言：彗星见，缓进剿。康熙帝从施琅议，遇顺风，即进取。康熙二十二年(1683 年)六月，施琅率军经过激战，攻取澎湖。郑氏失去屏障，兵民解体，风声

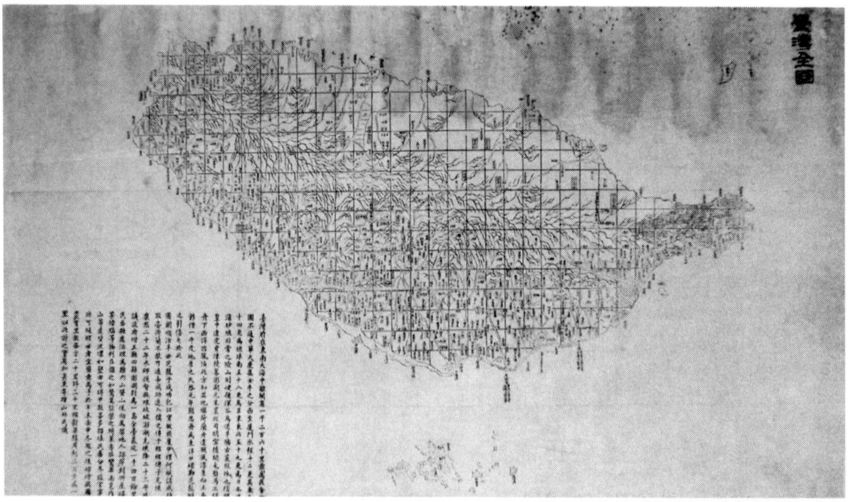

康熙年绘《台湾全图》

鹤唳，无力再战。闰六月，郑克塽派官至澎湖施琅军前，愿意纳款投降，兵部不允。康熙帝高瞻远瞩，特旨允降。八月，施琅统军入台湾，郑克塽率所属剃发降。捷报送到京师，正值中秋佳节，康熙帝赋诗志庆，诗云：

万里扶桑早挂弓，水犀军指岛门空。
来庭岂为修文德，柔远初非黩武功。
牙帐受降秋色外，羽林奏捷月明中。
海隅久念苍生困，耕凿从今九壤同。

他复授施琅为靖海将军，并封靖海侯。康熙帝对郑克塽等以往之罪，尽行赦免，并从优叙录，加恩安插。康熙帝封郑克塽为公、冯锡范为伯、刘国轩为天津总兵官。

台湾统一之后，如何进行管理，弃留两议，廷争未决。有人主张“迁其人，弃其地”，就是将岛上兵民迁到陆地，而将岛上土地给西洋红毛之人。靖海将军施琅认为不可弃地、迁民，他上疏说：“台湾北连吴会，南接粤峤，延袤数千里，山川峻峭，港道纡回，乃江、浙、闽、粤四省之左护。隔澎湖一大洋，水道三更——弃留之际，利害攸关。臣思弃之必酿成大祸，留之诚永固边疆。”康熙帝从施琅议，命在台湾设一府三县——台湾府，台湾（今台南）、凤山（今高雄）、诸罗（今嘉义）县；设总兵官 1 员、副将 2 员，率兵 8000，驻防台湾。台湾府隶属福建省。康熙帝又从施琅建议，开海禁，通贸易。康熙时开始在台湾府建府学，在台湾、凤山、诸罗 3 县分建县学，在番民中建社学，铸康熙钱。康熙朝纂修《康熙台湾府志》、《康熙台湾县志》、《康熙凤山县志》和《康熙诸罗县志》。台湾人始参加福建乡试。泉州人陈赖章与番民签约，开始在台北垦荒种田。康熙四十四年（1705 年）冬，台湾闹饥荒，康熙帝命蠲免台湾、凤山、诸罗 3 县粮米。在康熙朝台湾重归版图的近 40 年间，台湾的经济、文化、教育，都得到很大的发展。

康熙帝不仅削平三藩、统一台湾，而且善治蒙古、稳定北疆。

善治蒙古　民族协和

中国是一个统一的多民族国家，民族纷争是历朝汉族皇帝最为棘手的一个难题。康熙皇帝是满族人，他在处理民族关系时，既继承乃祖、乃父的遗训，又做出重大的创新。康熙帝对西藏尊重其信奉喇嘛教习俗，善待其政教首领达赖喇嘛和班禅额尔德尼，并派兵进拉萨，消除策旺阿拉布坦蒙古贵族势力的骚扰，治藏之策，卓有成效。康熙帝处理民族难题，凸显之大手笔、大谋略是解决蒙古族的问题。明末清初，蒙古主要分为三大部，即:漠南蒙古（内蒙古）、漠北蒙古（喀尔喀蒙古即外蒙古）和漠西蒙古（厄鲁特蒙古）。康熙帝采取了 4 项大举措：

平乱抚治　康熙帝治蒙，恩抚为主，平乱为次。在吴三桂叛清之后，蒙古察哈尔部林丹汗子阿布奈额驸之子亲王布尔尼叛乱。康熙帝派兵剿平，夷其王廷，断其宗祀。蒙古准噶尔部噶尔丹崛起，兼并天山南北，妄图占有漠北，进而犯乱内蒙，威胁中央皇廷。噶尔丹驱兵东犯，康熙帝 3 次亲征。第一次，康熙二十九年（1690 年），噶尔丹率军沿克鲁沦河东行，转而南下，长驱直入，直抵距京师 300 多公里的乌兰布通（今内蒙古克什克腾旗境）。康熙帝亲征（因病至博洛和屯停止北上），两军展开著名的乌兰布通之役。噶尔丹将万千骆驼，缚足相连，卧在地上，背加箱垛，组成城墙，称作“驼城”。清军施放火炮，敌军驼惊城毁。噶尔丹兵败，星夜逃遁。第二次，康熙三十五年（1696 年），康熙帝又率军亲征。清西路军在今蒙古国乌兰巴托迤南的昭莫多地方，与敌军相遇。经过激战，清军追杀 30 余里，获得大胜，史称“昭莫多大捷”。噶尔丹精锐丧失殆尽，成为大漠游魂。第三次，康熙三十六年（1697 年），康熙帝亲征曾到达克鲁伦河北岸的托诺山地方（今蒙古国境）。噶尔丹兵败身死，康熙帝取得全胜。

推恩会盟　康熙帝以仁道，抚蒙古。时蒙古诸部内讧不已，互相残杀。康熙帝巧值噶尔丹东犯喀尔喀之机，于三十年（1691 年）亲赴塞外，主持内外蒙古汗、台吉、济农等在多伦诺尔会盟。蒙古王公贵族、宗教首领土谢图汗、哲布尊丹巴呼图克图等，由理藩院官员引领，晋谒康熙皇帝。康熙帝对此前土谢图汗擅杀扎萨克图汗，引起喀尔喀蒙古内部纠纷，给噶尔丹以可乘之机的过错，令其“具疏引罪”，然后加以赦免。康熙帝在大蒙古包正式接受全体喀尔喀蒙古贵族的臣服。喀尔喀贵族 700 余名、哲布尊丹巴辖下喇嘛 600 余名，齐向康熙皇帝行三跪九叩大礼。尔后，举行会盟。康熙帝封蒙古喀尔喀贵族分别为亲王、郡王、贝勒、公、台吉等。后又举行盛大的阅兵典礼，列阵 10 里，吹角鸣炮，众呼前进，声动山谷。康熙帝骑马弯射，技艺精湛，令蒙古部众心悦诚服。康熙帝通过召见、训谕、封爵、检阅、较射、会盟、宴赏和修庙等，出现喀尔喀蒙古冰释前仇、化解分歧、安居辑睦、气氛和谐的局面，实现喀尔喀蒙古内部的重新统一，加强了清廷对喀尔喀蒙古的统一管辖。

编旗设盟　康熙帝针对喀尔喀蒙古强凌弱、互劫夺的混乱秩序，决策对其实行外扎萨克制，就是编旗设盟，分为旗队，原地驻牧，以便稽查。喀尔喀蒙古共分为 3 路、49 旗，旗下设扎萨克（旗长）、管旗章京（固山额真）、管旗副章京（梅勒章京）、参领（甲喇章京）、佐领（牛录章京）等官员，从而使喀尔喀蒙古建立了与内蒙古相似的行政、军事制度。其扎萨克（旗长）由旗中选定，皇帝任命；其下所属官员，盖由本旗选充。经过几次析增，至康熙末年，达到 69 旗。这就使各旗盟之间，不相统属，各自管辖，归心皇帝。此外，康熙帝还加强对西北地区蒙古的管理。先后设置阿拉善额鲁特蒙古旗和额济纳土尔扈特蒙古旗；将青海蒙古，归附清朝；又在哈密编置旗队，实行扎萨克制度。

重教尊俗　蒙古族信奉喇嘛教，早在清太祖、太宗时，已定尊崇喇嘛教的政策。喇嘛教的中心在西藏，康熙帝在多伦诺尔会盟时，特封哲布尊丹巴呼图克图为大喇嘛，掌管漠北蒙古黄教事务。后封章嘉呼图克图为“灌顶普善广慈大国师”，总管内蒙、京师、盛京、热河、甘肃及五台山等地黄教寺院。由是，达赖喇嘛、班禅额尔德尼、哲布尊丹巴呼图克图、章嘉呼图克图四大活佛，分掌前藏、后藏、漠北、漠南喇嘛教务，而四大活佛都直辖于清廷。这就收到既保护黄教、又析其势力，既尊重活佛、又分而治之的效果。

康熙帝对蒙古的治策，取得了完全的成功。他说：

> 昔秦兴土石之工，修筑长城。我朝施恩于喀尔喀，使之防备朔方，较长城更为坚固。

蒙古由明代的中原边患，变为清代的民族长城。康熙帝奠下民族政策的基石，使清代200余年的边疆民族关系，就总体而言，成为中华皇朝史上民族关系最好的时期。康熙帝对蒙古政策的奏效，为其抵御沙俄侵犯，提供了有利条件。

抗御外侵　同俄缔约

自秦统一六国而成为中央集权帝国后，中国北部只有边防而无国防。但到明末清初，沙俄军队入侵，中国北部开始出现国防问题。顺治帝由于注目于中原兵事，未能认真对待北部的国防，致俄人侵踞尼布楚（今涅尔琴斯克）、雅克萨（今阿尔巴津）等黑龙江广大地域。俄人抢掠黑龙江地域索伦、赫哲、费牙喀、奇勒尔等部民的财物和妇女，“子女参貂，抢掠殆尽”。俄人哈巴罗夫还将托尔加城主，残酷折磨，施以酷刑，“放在火上烧，用鞭子抽打”，尔后将托尔加城付之一炬。总之，他们捕捉人质，掳掠妇女，劫夺貂皮，无恶不作。

康熙帝作为一代雄主，不能容忍国土被侵占，臣民遭涂炭。康熙帝尝言：“朕亲政之后，即留意于此。”就是留意于东北的边事。康熙帝削平三藩、统一台湾后，战略目光，转注北疆。他巡视边防、增设将军、筑城驻军、屯田储粮、造船铸炮、设置驿站、扫清外围、侦察敌情，等等。如他3次东巡，派官探察，了解敌情，制定方略。在东巡时，泛舟松花江上，触景生情，挥笔作诗：

松花江，江水清，
夜来雨过春涛生，
浪花叠锦绣谷明。

松花江，江水清，
浩浩瀚瀚冲波行，
云霞万里开澄泓。

诗中洋溢着康熙帝轻松娱悦的情怀，气充六合的雄魄。他增设黑龙江将军，为黑龙江地区的最高军政长官。他派副都统郎坦等以捕鹿为名，沿黑龙江行围，直抵雅克萨城下，探明敌军的居址、地形、兵力、交通，还抓回6名“舌头”，为清军收复雅克萨提供了重要的军事情报。康熙帝根据已掌握的情报，精心部署，周密准备，运用外交和军事双重手段，驱除外敌，固圉北疆。

“征剿罗刹，众皆难之。”康熙帝庙堂睿算，不徇众见，决意出师，挞伐俄寇。康熙二十四年（1685年），康熙帝经过充分准备后，命将出师，攻雅克萨。康熙帝派都统朋春、副都统郎坦、黑龙江将军萨布素等，率领清军，水陆并进，向雅克萨进发。一队队抗俄轻骑，同仇敌忾，马蹄疾驰，尘埃飞扬；一船船藤牌勇士，怒火燃胸，帆樯纤缆，溯江直上。当地各族部民，积极配合清军，争作向导，探报敌情，运粮送炮，袭击罗刹。清军主力得到支援，抵达雅克萨的城外。

雅克萨城平面呈矩形，三面临江，靠陆地一侧，有围墙、壕堑，墙上建塔楼。城内俄军头目托尔布津，带领400余人负隅顽抗。清军到达雅克萨后，五月二十三日，水陆列阵，实施包围。清军都统朋春向托尔布津发出，行前康熙帝御定并分别用满、蒙、俄3种文字书写的咨文。大意是：你们速回雅库次克，勿入内地构乱，互相贸易，彼此宴居；如执迷不悟，仍然拒命，大兵必攻破雅克萨！但托尔布津对康熙帝的咨文置若罔闻。康熙帝先礼后兵，劝降不听，只有动武。二十四日，一队增援的哥萨克乘筏顺江而下，在城外江边受到清军水师的截击。原台湾郑氏投降的林兴珠，率领福建藤牌兵奋勇杀敌：众水兵头顶藤牌，游于江中；筏上俄兵火炮用不上，枪矢不管用。藤牌兵越到筏上，拼搏砍杀，俄兵惊呼“大帽鞑子”，死伤大半，余兵逃遁。

当日夜，清军开始攻城。黑龙江将军萨布素从城南进兵，设档牌、发矢镞；副都统温岱等从城北进攻，放红衣炮，猛烈轰击；其他两翼，配合攻击；都督何佑等在江面巡逻打援，并防敌窜。经过鏖战，雅克萨城内百余人被击毙，塔楼、城堡被轰毁，钟楼、粮仓被烧毁。神父额摩尔金手捧十字架，仰呼上帝，为败军打气，也无济于事。

二十五日，郎坦令在雅克萨城下，三面积柴，准备焚城。托尔布津见城内粮食被烧，火药告罄，军心涣散，走投无路，派员到清军大营“稽颡乞降”。都统朋春遵照康熙帝“勿杀一人，俾还故土”的谕旨，给予降人宽大处理：城内驻军可携带武器、行李撤退，并供给马匹和食物。对不愿回俄国而要居留清朝的25人，后来将他们编入上三旗。城内被掳掠的100多名达斡尔人也获释回归。

雅克萨被俄人侵踞20余年，终于得到光复。但是，清军没有派兵驻守，也没有收割庄稼；仅毁城堡，回军黑龙江城（今爱辉）。是为第一次雅克萨之战。

同年六月，俄军见清军撤回，重新侵踞雅克萨。

康熙二十五年（1686年），康熙帝得到俄军复回雅克萨的奏报后，决定派黑龙江将军萨布素、建义侯林兴珠等统军2 000余人，分水陆两路，会师查克丹，进逼雅克萨。清军到达雅克萨后，对敌军包围、攻打。城内敌军顽强抗拒，700多人大部或死或伤，只剩下百余人。到第二年七月，俄国派出使团前来谈判。康熙帝命萨布素撤军，回驻黑龙江城（今爱辉）和墨尔根城（今齐齐哈尔）。是为第二次雅克萨之战。与此同时，中俄开始筹备在尼布楚进行谈判。

军事的胜利，使团的往返，促成中俄外交谈判。康熙二十八年（1689

年),签订了《中俄尼布楚条约》,规定了中俄两国的东段边界,从法律上划定了以额尔古纳河、格尔毕齐河和外兴安岭为界,整个外兴安岭以南、黑龙江和乌苏里江流域(包括库页岛)都是中国的领土。这是中国历史上第一个同外国签订的平等条约,表明康熙帝独立自主外交的胜利。它使中国东北边疆,得到170余年的安定。雅克萨之战的胜利和《尼布楚条约》的签订,是康熙帝御外政策成功的两个史例。

上述雅克萨之战胜利和《尼布楚条约》签订,同康熙帝吸纳西方科学文化密切相关。

中西之争　亲自测验

明朝后期,西方耶稣会士来到中国。他们一面传教,一面传授西方科学知识。明末的大学士徐光启等,从传教士学习西方科学知识,翻译西方科学著作。在康熙朝的耶稣会士中,汤若望和南怀仁最为著名。

汤若望,在上节已经作了叙述。汤若望的对立人物是杨光先。

杨光先,安徽歙县人,气质粗暴,好作争斗。崇祯时来到京师,舁棺阙下,上疏弹劾大学士温体仁,称为奇人,遭到廷杖,戍辽西,明朝亡,被释放,回江南,后又旅居京师。他不懂天文历法,却自认为是一位天算学家。顺治时上书《摘谬论》、《辟邪论》等,指责《时宪历书》的封面,不当题"依西洋新法"5个字,攻击汤若望。当时顺治帝对汤若望宠眷未衰,礼部不予受理。康熙三年(1664年),杨光先再次向汤若望发起攻讦,一面上书朝廷,一面散发传单。杨光先指责汤若望推算日蚀不对,并指揭:历书只到200年,大清皇朝万万年,这岂不是让大清皇朝短祚吗!这是一场顽固派对改革派、愚昧文化对科学文化的斗争。其时汤若望患病,行动不便,无力争辩。可怜的汤若望身患重病,昏迷恍惚,戴着9条锁链,躺在小木床上,手举望远镜,在观测日蚀。杨光先的举动,得到了辅政大臣鳌拜、苏克萨哈等的支持。康熙四年(1665年),辅政大臣鳌拜等定谳:用杨光先之说,谴责汤若望,罢废新法,复用"大

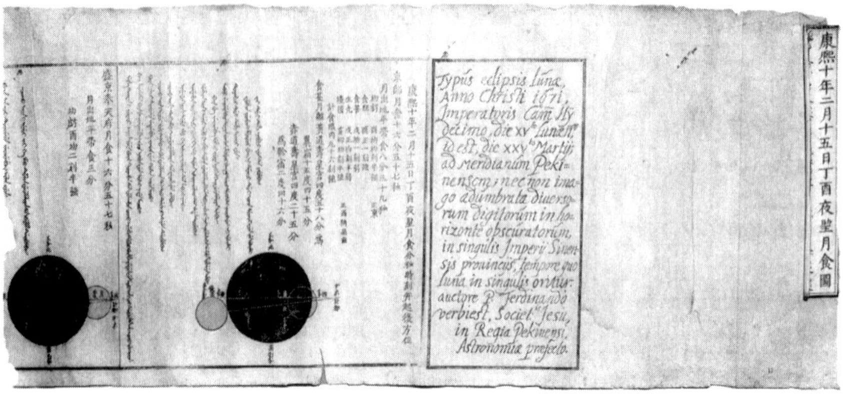

康熙十年月食图

统术”，并授杨光先为钦天监监正。寻定汤若望死罪，钦天监 5 位部门负责官员被处死，废弃新法。孝庄太皇太后认为对汤若望处分过重：“汤若望向为先皇帝信任，礼待极隆，尔等岂俱忘却，而欲置之死耶！”经过两次覆议，汤若望免死。

科学不分民族，科学也无国界。康熙帝亲政后，对这桩学术公案，采取了谨慎而科学的态度。因杨光先靠政治讦告做了钦天监的监正，但他不能胜任天文数学的研究和实测。后复用比利时人南怀仁治理历法。

南怀仁（Ferdinand Verbiest，1623—1688 年），比利时人，耶稣会士，顺治十六年（1659 年）来华，次年到北京，成为汤若望的助手。后著《教要序论》、《康熙永年历法》等。南怀仁对汤若望的冤案不平，借康熙京师大地震为由，奏称杨光先等在历法、测验方面的错误。康熙帝曾召杨光先与南怀仁到宫中当众测验，结果每次都证明南怀仁测算正确，而杨光先并不善计算。康熙八年（1669 年），16 岁的康熙皇帝，以“历法精微，难以遽定”，命大学士图海等 20 人会同钦天监官员，赴观象台，共同测验。先是，关于日蚀的预测，杨光先与南怀仁推算的时间不一样，孰对，孰错？只有实测验证。科学需经实践检验，谎言必定不会长久。届时，大学士、尚书、官员等，聚集一处，当场测验。结果，南怀仁所言悉应，杨光先等言悉不应。他们还做了其他的验证表明：南怀仁测算的正确，杨光先测算的谬误。最后，议政王等议：推倒杨光先诬告汤若望案，坐杨光先斩首，为汤若望及同案死者平反。康熙帝宽宏仁厚，命对杨光先夺其官、免其死、遣回籍（死于途中）；汤若望时已死，恢复其通玄教师封号，因避康熙帝名讳，改“玄”为“微”，故为通微教师。

从此，康熙帝采用南怀仁的天算方法，一日分为 96 刻，而废除杨光先等传统的一日分为 100 刻。就是说，一日为 12 个时辰（如子时由夜 23 时至 1 时，12 时为子正；丑时为 1 时至 3 时，2 时为丑正……以此类推）。这就比过去的一日百刻要精确 4 刻，以此来制定中国的农历。南怀仁改造观象台仪器，有：黄道经纬仪、赤道经纬仪、地平经仪、地平纬仪、纪限仪、天体仪，并绘图说明，编为《灵台仪象志》。南怀仁为钦天监监正，后升为工部侍郎。

康熙二十七年（1688 年），6 位法国耶稣会士、科学家到达北京，康熙帝在乾清宫接见了他们。康熙帝对他们献上从法国带来的科技仪器和科学书籍而“天颜喜悦”，命把这些仪器摆放在乾清宫的东暖阁里。他决定让白晋、张诚等入宫，担任他的科学教师。他们赞扬康熙热衷科学的精神与态度：康熙带着极大的兴趣学习西方科学，每天都要花几个小时同我们在一起，常常是起早贪黑，白天和晚上都要用更多的时间自学。尽管我们谨慎地早早就来到宫中，但他还是经常在我们到达之前就准备好了功课。他急于向我们提出已经做过的一些习题，或者是向我们提出一些新的问题。他有时亲自用几何方法进行测量，他自己定位，调整各种仪器，测量山的高度和池塘的宽度，并精确地行计算。然后他再让别人重新测量。当他看到自己计算的结果和别人测量的数据相符合时就十分高兴。

总之，汤、杨中西天算历法之争，对康熙帝产生了重要的影响，既是康熙帝学习西学的起点，也是他学习西学的动力。《清史稿》汤若望传、杨光先传、南怀仁传“论曰”：“其在当日，嫉忌远人，牵涉宗教，引绳批根，互为起仆，诚一时得失之林也。圣祖尝言：‘当历法争议未已，己所未学，不能定是非，乃发愤研讨，卒能深造密微，穷极其阃奥。’为天下主，虚己励学如是。呜呼，圣矣！”

历法之争，使康熙皇帝深感自己作为一国之君，应该了解科学技术，取得发言权。他在《庭训格言》中曾对皇子们说：

> 尔等惟知朕算术之精，却不知我学算之故。朕幼时，钦天监汉官于西洋人不睦，互相参劾，几至大辟。杨光先、南怀仁于午门外九卿前当面赌测日影，奈九卿中无一知其法者。朕思己不知，焉能断人之是非，因而愤而学焉。

酷爱读书 吸纳西学

康熙帝是中国历史上少有的酷爱读书、吸纳西学的皇帝。他身为满人，既要崇尚“国语骑射”，又要研修儒家经典，还要吸纳西方科学。

他5岁入书房读书，喜典籍，嗜书法，尝“早夜诵读，无间寒暑，至忘寝食”，又“自幼好临池，每日写千余字，从无间断”。读书和写字成为康熙帝生活中的重要组成部分。他说：“朕万几余暇，精研典籍，间取古人墨迹临摹”；又说：“朕听政之余暇，无间寒暑，惟有读书、作字而已。”他读“四书”——《大学》、《中庸》、《论语》、《孟子》，“必使字字成诵，从来不肯自欺。”后来他要求皇子读书，既要读满120遍，还要背诵120遍，这是他早年读书经验的传承。康熙帝登位之后，益加勤奋，因刻苦攻读而咯血：“诸日未理事前，五更即起诵读，日暮理事稍暇，复讲论琢磨，竟至过劳，痰中带血，亦未少辍。”康熙帝读书的特点是喜欢、有兴趣、常年不辍、持之以恒。他说：

> 朕自五龄，即知读书。八龄践祚，辄以《学》、《庸》、训诂，询之左右，求得大意，而后愉快。日所读书，必使字字成诵，从来不肯自欺。……反复探索，必心与理会，不使纤毫扞格，实觉义理悦心，故乐此不疲耳！

他诵读儒家典籍，经史子集，莫不涉猎，学识渊博。康熙帝学习与运用儒家思想，作为处理军政要务、家国大事的总脉络。康熙的儒学修养，在中国历代皇帝中是罕见的。他读书不是为消遣，而是为治国："体会古帝王孜孜求治之意"，以治国、平天下。他在出巡途中，深夜乘舟，或居行幄，谈《周易》、览《尚书》，读《左传》、诵《诗经》，赋诗著文，习以为常，虽年已花甲，仍手不释卷。康熙帝重视史籍，稽古右文，令编纂《清文鉴》(满文字书)、《康熙字典》、《古今图书集成》、《全唐诗》、《全唐文》等，开一代整理与出版文化典籍之风。他还有《圣祖仁皇帝御制文集》176卷、《圣祖仁皇帝御制诗集》29卷传世。其赋诗词，即兴抒怀，题材广泛，崇闳博大，拙朴雅实，结成4集，29卷，共1147首。康熙诗词的一个特点是勤劳政事、关心民瘼、固边安民、国家一统。如勤政悯农，赋诗《冬雪》云：

三冬望雪意殷殷，积素春来乱玉纹。
农事东畴堪播植，勤民方不愧为君。

康熙帝既喜爱自然科学，也吸纳西方科学。他除了天性好学外，研究和吸纳西学的一个动因，是因不懂自然科学而在御政时遇到困难。前面提到，杨光先叩阍状告汤若望，面临朝廷会议的一场大争论。这场关于天算历法的大辩论，少年康熙帝感到自己的科学知识太少，作为一代明君，不学习和研究自然科学是不成的。他说："汤若望于午门外九卿前，当面睹测日影，奈九卿中，无一知其法者。朕思已不知，焉能断人之是非，因自愤而学焉。"从此，他下定决心，除努力学习经、史、子、集之外，还要发愤学习和研究自然科学。康熙帝在宫中从耶稣会士研习数学、化学、医学、药学、天文学、地理学、音韵学、解剖学等。耶稣会士张诚、白晋等将《几何原本》译成满文，在内廷教习，而他的学业成绩令人惊叹，著《御制三角形推算法论》(满汉文合璧)。他不仅读书，还亲自动手演

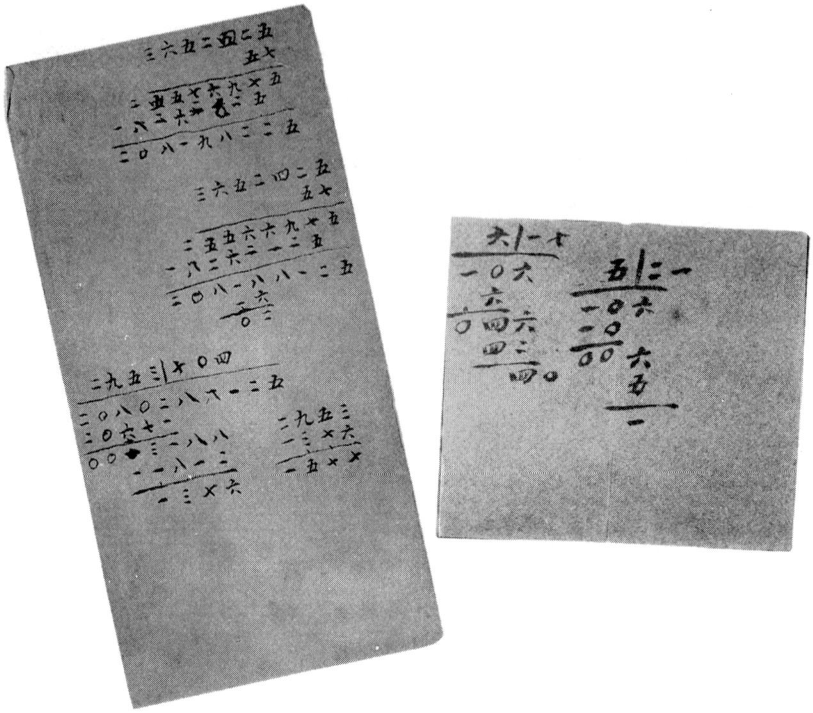

康熙帝学习数学时的算草

算习题、做实验，至今在故宫博物院里还保存康熙帝演算数学题时用的桌子和文具。如手摇计算机、铜镀金比例规、角尺、平面和立体几何模型、绘图仪，以及比例规、半圆仪、分厘尺、假数尺、两脚规、鸭嘴笔、简平仪、地平仪、罗盘、象限仪、矩度为一仪的多功能测量仪器。他在巡视水利时，也亲自同皇子们拉线测量。

他任耶稣会士南怀仁为钦天监监正、工部右侍郎。《清史稿・南怀仁传》说：“自是钦天监用西洋人，累进为监正、监副，相继不绝。”他又用南怀仁等制造黄道经纬仪、赤道经纬仪、地平经仪、地平纬仪、纪限仪、天体仪，并绘图立说，著《灵台仪象志》。后纪理安又受命制造地平经纬仪。他命法国耶稣会士白晋，到欧洲约聘科技之士，后来白晋用法文撰写《康熙帝传》一书，在欧洲产生了广泛的影响。樊守义留学回京后，康熙帝召见他，亲加垂询。樊守义撰《身见录》，进呈御览。他还用法国人、耶稣会士张诚和葡萄牙人、耶稣会士徐日升任中俄尼布楚谈判的中方译员。

他在《清圣祖御制诗文三集》中有《三角形推法算论》。康熙时编刻两部数学著作：一部为满文《欧几里得几何学》，这是康熙帝听了白晋等人讲授几何学后，命白晋把这部欧洲古老的几何学著作译成满文的，是至今世界上仅有的一部满文几何学著作。另一部为《律历渊源》。康熙帝喜欢数学，组织编纂从数学视角解释天文与乐律的《历象考成》和《律吕正义》，又命人编纂了一部除微积分之外、当时中西数学大全之著——《数理精蕴》,并将其收入《律历渊源》中。《数理精蕴》分上下两编，在上编 5 卷中,《几何原本》就占 3 卷。《数理精蕴》内有“难题”一卷，是康熙帝解题的心得之作。在梵蒂冈罗马传信部的档案室中，曾发现有关康熙帝向法国科学家学习代数的档案。此外，国家图书馆收藏意大利音乐家德理格（内普里迪）的小提琴鸣奏曲的手稿。他是康熙五十年（1711 年）来华的耶稣会士，曾担任康熙帝的音乐师。他还同徐日升参与《律吕正义》的编纂工作。2002 年李岚清副总理访问意大利时，将此稿复制品赠送给意大利总统作为纪念。《李岚清音乐笔谈》记载了这件事。

他对医学很有兴趣，也很有研究。作为骑射民族入关后第二代满洲人，玄烨的体质是强健的。他曾经说自己“年力盛时，能挽十五力弓，发十三把箭”，可见他是长于弓马、体格强健的。但是，他曾得过几场大病。少年时因读书过劳而咯血。所以，他很早就接触御医，并留心医药学。后来他说自己“诸病时作,不离灼艾”。康熙三十二年（1693 年），康熙帝 40 岁那年患了疟疾，御医用中医药未能治愈，耶稣会士洪若翰、刘应进金鸡纳霜（奎宁）。康熙帝因不了解药性，选几位患者并派索额图、明珠等 4 位大臣试验，他们服用后，结果患病者很快痊愈，无病者安全无恙。康熙帝服用金鸡纳霜（奎宁）后，很灵验，病痊愈。于是他召见了洪若翰、刘应等，并在西安门内赏赐房屋，成为天主教北堂。此后，康熙帝更对西药发生兴趣，命在京城内炼制西药，在宫中设立实验室，还在造办处设西药作坊。在药品的试制过程中，他亲自临观，给予支持。他提倡种痘以防天花。关外的游牧族群，特别怕患天花。顺治帝因患天花而死，康熙帝也出过天花，由于命大，留下麻子，成为皇帝。清朝在塞外建避暑山庄、木兰围场，原因之一是蒙古贵族等可以不入口朝觐，减少出天花的机会。康熙帝得到种痘方法后，当时年老的人，以为怪事，不能理解。康熙帝破除因循，“坚意为之”。他命先给自己的子女及宫女种痘，还给蒙古 49 旗及喀尔喀蒙古部民种痘，遂使千万人皆因种痘得以无恙，免去患天花死亡或不死而留下麻子的悲剧。

康熙四十七年（1708 年），康熙帝因废太子事过度忧伤而患病。他多次要耶稣会士医生给他看病。康熙帝还命耶稣会士张诚、白晋编纂《西洋药书》（满文本），介绍西药金鸡纳霜（奎宁）等 40 余种，并介绍疾病 30 多种之症状、病因、病理及其用药等内容。巴多明等将西洋人体解剖学书籍翻译成满、汉文，并绘制插图，康熙亲自定书名为《钦定格体全录》（抄写 3 部）。他自己命将一只冬眠的熊进行解剖，亲自观察。康熙在宫中或出巡常带着西洋内科和外科医生。

他晚年健康状况不佳。康熙四十年（1701 年）冬，他到太庙行礼，“微觉头眩”。特别是康熙四十七年（1708 年）第一次废太子，他的健康受到极大的损害。他曾痛哭流涕，不进饮食，寝不安眠。后来行动不便，腿脚肿胀，头脑发晕。58 岁那年，到天坛行祭天礼，两旁须人搀扶。60 岁以后，身体愈发不好。一次大学士呈折恭祝他万安，他在折片上批答说：“至今朕体未见甚好，行走需人搀扶，甚虚弱。何言万安？一安亦无！”不要说万安，一安也没有！他还说：“朕以右手病，不能写字，用左手批旨，断不假手于人。”可见病情不轻，但是仍很顽强。大臣们向他进补药，他不赞成乱用补药。康熙帝对身体的调理主张 8 个字：“饮食有节，起居有常。”

康熙帝在畅春园创建了被法国科学家称为“中国科学院”的蒙养斋算学馆。蒙养斋算学馆完成了《律历渊源》等著作，也培养了一批科学家和学者。数学家梅珏成、明安图、何国宗等，都是在蒙养斋算学馆学而后有成的。蒙养斋算学馆也促成了康熙实施中国地理大测绘的创举。康熙帝对白晋、雷孝思、杜德美3位耶稣会士绘制的长城地图很满意，他决心组织力量，测量与绘制皇舆全图。他组织耶稣会士白晋、雷孝思、杜德美、巴多明以及中国学者等，进行全国大地测绘，编绘成著名的《皇舆全览图》。《皇舆全览图》以铜版雕印，设有总图与各省分图，反映了当时世界地理学的最高成就。李约瑟在《中国科学技术史》中说：《皇舆全览图》“不但是亚洲当时所有的地图中最好的一幅，而且比当时所有的欧洲地图都更好”。今故宫博物院还保存着他们当年使用过的测绘器材，其中有半圆测量仪、绘图平板仪、三角形测量仪等。康熙帝命编纂《律历渊源》、编绘《皇舆全览图》，自著科学文集《几暇格物编》，并设立蒙养斋算学馆。康熙帝打开了一扇了解西方科技文化的窗户，这对日理万机的帝王来说，确是难能可贵的。然而，康熙皇帝仅仅将其作为个人的兴趣、个人的爱好、个人的需要，而没有从个人爱好上升到国家政策，也没有从个人行为上升到政府行为。因而，康熙之后，人亡政息。可以痛惜地说，康熙皇帝失去了一次吸纳西学、进行鼎新的历史机遇。

康熙帝是一位学习型的皇帝，也是一位学者型的皇帝。“康熙帝在事业上超越前人的地方，正是他在思想上超越前人的地方”，他“是一部二十五史中，唯一了解西方文明、尊重科学精神的一个皇帝”。康熙帝注重文化同时，还注重发展经济。

重农治黄　兴修水利

自清太祖辽左起兵，至康熙帝统一台湾，中州大地，百年战争，人死田荒，生产凋敝。康熙帝作为一位兴国之君，摆在他面前最重要的议题是：与民休息，轻徭薄赋，兴修水利，发展农业。

第一，停止圈地。清军入关后，最大的弊政，莫过于圈占土地。跑马占田，任意圈夺。顺治帝曾谕令禁止圈地，但令而不止。康熙帝颁令，停止圈地，招徕垦荒，恢复生产。

第二，蠲免钱粮。据统计，康熙帝在位 61 年间，先后蠲免税粮、丁银、逋赋达 545 次之多，尤以普免全国钱粮在以往历代更是罕见的，因此自诩此“乃古今第一仁政”。康熙帝蠲免钱粮总计约 1.5 亿两，数量之大，亘古所无。

第三，免除丁银。清承明制，丁纳银，地交赋，丁银与地赋分征。随着清初以来的社会变化，有的丁去而丁银未减，更有的丁增而丁银未加，特别是许多新丁未入户籍。康熙五十一年（1712 年）宣布：“滋生人丁，永不加赋。”后来“摊丁入地”，将丁银摊入地亩。这项政策的正面影响是，免除丁银，减轻人身依附，促进人员流动；负面影响是，刺激人口，过快增长，至道光十七年（1837 年），全国人口达到 405 923 174 人。

第四，兴修水利。他 6 次南巡，视察黄河，阅读方志，访问耆老，亲自测量，指授方略。河道总督靳辅与直隶巡抚于成龙（汉军镶黄旗人），治河方略，意见相左。他不妄加论断，而集双方在御前辩论，各申己见，互相驳难。辩不能决，又命集乡里濒临河工的在京官员疏陈己见。最后经朝廷会议，提出方案。康熙帝集思广益，几经反复，做出御断。他悉心治河数十年，河督张鹏翮请将治河谕旨编纂成书，以便永久遵行。他说：前代治河之书，无不翻阅，泛论虽易，实行则难。河水没有定性，治河不可一法。今日治河之言，欲令后人遵行，断不可行。这表现了康熙帝可贵的科学态度。

康熙兴水利，治理永定河。永定河，源出山西北部管涔山，上游为桑干河，怀来以下称永定河。上游经大同合浑水东北流，穿黄土高原，含大量泥沙，河水混浊，故有浑河之称。《元史》名为小黄河。下游淤浅，河道变迁，又称无定河。顺治八年（1651 年），河决改道；十一年（1654 年）又决口改道；康熙七年（1668 年），决卢沟桥堤。尔后，河道多次北移，沿河地域常受水灾。三十七年（1698 年），河水时有泛滥，康熙亲自临视。他乘船考察，了解水势，亲自测量，随驾的皇太子、皇四子、皇五子、皇八子、皇十四子、皇十五子、皇十七子等，也遵父命分钉木桩，运用仪器，进行丈量，记录数据。他任用巡抚于成龙，实行疏筑兼治。自北

《康熙南巡图》中皇帝临河场景

京良乡老君堂旧河口起，经固安、永清、东安、霸州，达西沽入海，疏浚河 145 里，筑南北堤 180 里。康熙帝赐名为“永定河”。从此，40 多年永定河没有迁徙，京畿地区获益很大。

这里有必要特别介绍康熙帝治理黄河。他治理黄河，首重探源。曾派侍卫拉锡、侍读舒兰，往穷河源，到星宿海，往返万余里，并绘成舆图。这是中国历史上第一幅经过实踏而绘成的黄河图。了解河源，为了治河。康熙时治河的名臣为靳辅和陈潢。靳辅，汉军镶黄旗人，以安徽巡抚授为河道总督。受命后，一日上八疏，言治河之策。他的治河方略是：统审全局，河运并治，浚河筑堤，束水攻沙，多开引河，量入为出。他重点治理黄河、淮河、运河交汇的清口。陈潢，浙江杭州人，善治水，负才不遇，题诗祠壁。靳辅见而惊异，访得引为幕友。疏奏多由陈潢起稿，施工亦由陈潢监理。他们督率民工，日夜辛勤，治河大成。但是，靳辅受到诸臣合讦交攻。争论主要是两个问题：一个是治河水退田出，这些田地是实行屯田还是豪绅垦占？另一个是开浚海口还是修筑大堤？康熙帝说：“近因靳辅被劾，议论其过者甚多。靳辅若不陈辩朕前，复何所控告耶！”于是，康熙帝命双方在乾清门进行御前辩论。关于屯田——郭琇说屯田夺民产业。靳辅说："丈出之田，作为屯田，抵补河工所用钱粮。因属吏奉行不善，民怨是实，臣无可辩，唯候处分。”关于浚海口，靳辅说：开海口虽可泄水，但有海水倒灌之虞。于成龙说：堤高一丈五尺，民居在其下，一旦河决，无数百姓，将饱鱼腹。康熙帝听了两方面的陈述，交九卿会议裁决：结果是靳辅被罢官；陈潢被削职，逮京师，以病死。康熙帝曾数次派大臣视察河工，检验廷辩意见孰对孰错。后康熙帝南巡阅河，靳辅扈行。回京后，肯定靳辅治河功绩，复还其原品级。靳辅死后，命于成龙为河道总督。康熙帝召于成龙入京，问："过去你说靳辅之短，现在怎样？”于成龙回答："臣那时妄言，现在也按照靳辅的办法去做。”这是对靳辅治河最好的结论。

康熙帝治河，有几个特点：第一，他重视治河，亲政后将三藩及河务、漕运3件大事，书于宫中柱上。第二，他亲自巡查河漕以及京畿水利，并动手测量。第三，他用人得当，靳辅、陈潢是力证。第四，他对有争论的问题，自己不轻下结论，而是派人去调查，令九卿等会议讨论，甚至进行御前辩论。第五，他对治河，查阅文献，调查研究，写出论述。第六，他的治河论述，大臣疏请刻书颁行，谦辞不允。以上6点，能为其一，可谓明君。由上可见：康熙皇帝治河，古今帝王第一。

康熙帝不仅兴农治水，而且兴造园林。

移天缩地　兴建园林

康熙帝的先祖，都出生于关外，崇尚骑射，驰骋山林。清帝与明帝不同：明帝为汉人，乐静、崇文；清帝为满人，喜动、尚武。满族皇帝定鼎北京之后，对北京的人文、地理、气候环境不大适应。摄政睿亲王多尔衮说：北京“春、秋、冬三季，犹可居止，至于夏月，溽暑难堪”。他下令在塞外兴建喀拉城，城未成，而身死。其后，康熙朝的畅春园、避暑山庄、木兰围场，雍正、乾隆朝的清漪园（后改名为颐和园）、圆明园，就是明证。

清朝皇帝定都北京后，他们既要春秋射猎、又要夏季避暑，便大兴皇家园林。康熙帝既乐巡游，又倡骑射。清初除北京原有的御园外，大造皇家园林，使清代的皇家园林达到中国古典园林史上的高峰，而康熙帝是其经始者。清代北京的“三山五园”，即香山静宜园、玉泉山静明园、万寿山清漪园和畅春园、圆明园，康熙帝是其开创者。他命仿江南山水园林胜景，利用京西海淀丹棱沜泉水，凿池堆山，植树种花，建成畅春园，作为夏季听政之所，也是几暇游冶之区。康熙帝勤政，平日在乾清门听政，夏季早期多在畅春园、后期多在避暑山庄听政，寒暑不辍，无日间断，仅过年封印到正月十五。他一生过度劳累，最后死在畅春园内清溪书屋。康熙帝将圆明园赐给雍亲王胤禛，后经雍正帝、乾隆帝等百余年的经营，凭借其时江山一统、国力鼎盛、政局稳定和府库充盈的条件，移江南精致景胜，藉北国林莽气势，镜鉴历代造园经验，吸取西方建筑艺术，建成被誉为“万园之园”的圆明园。康熙云：“圆而入神，君子之时中也；明而普照，达人之睿智也。”因之名圆明园。圆明园后来含有圆明 48 个景区、长春园 30 个景区、万春园（后改名为绮春园）30 个景区，共为 108 个景区。圆明园集中华 5000 年文明的精粹，成为中国古典园林史上最辉煌的杰作。

康熙帝喜爱的园林，是京郊的畅春园、京北的避暑山庄和木兰围场。这里说一下他常去的畅春园。他在《畅春园记》中说：

> 都城西直门外十二里曰海淀，淀有南有北。自万泉庄，平地涌泉，奔流滮滮，汇于丹陵沜。沜之大，以百顷，沃野平畴，澄波远岫，绮合绣错，盖神皋之胜区也。朕临御以来，日夕万几，罔自暇逸，久积辛劬，渐以滋疾。偶缘暇时，于兹游憩，酌泉水而甘，顾而赏焉。清风徐引，烦疴乍除，爰稽前朝戚畹武清侯李伟因兹形胜，构为别墅。当时韦曲之壮丽，历历可考。圮废之余，遗址周环十里。……爰诏内司，少加规度，依高为阜，即卑成池。

畅春园的中路，大宫门五开间，小河环绕，朝房排列，内为九经三事殿。二宫门五开间，内殿为寿萱春永，是皇太后来园的寝居处所。其后有亭、馆、轩、楼，有山、池、斋、榭。西路有无逸斋，为皇子读书的场所。这里还有买卖街，后来清漪园（颐和园）等的买卖街就滥觞于此。东路主要建筑为澹宁居。澹宁居前殿为康熙帝御门听政之所，后殿为其读书之处。乾隆帝 12 岁时，被祖父养育在澹宁居，他做诗记述这段生活："忆昔垂髫岁，赐居曰澹宁。无忘斯黾勉，有勤在亭轩。"在土山北，有渊鉴斋，《渊鉴类涵》书名典故出在这里。斋后为佩文斋，《佩文韵府》书名典故也出在这里。院中有溪，溪北的清溪书屋，为康熙帝宴寝之所。康熙帝死在清溪书屋，这里演绎出雍正皇位是篡夺还是正取的历史故事。康熙帝死后，雍正帝将清溪书屋改建为恩佑寺，里面悬挂康熙帝的画像。它的山门，就在今北京大学西门外。

康熙帝又兴建承德"避暑山庄"。康熙四十二年（1703 年），开始建造避暑山庄，到乾隆四十五年（1780 年）基本建成。避暑山庄位于今河北省承德市，初称热河行宫。康熙五十年（1711 年）宫殿区基本告成，康熙帝撰《避暑山庄记》，并题写"避暑山庄"门额，热河行宫遂以"避暑山庄"为名。后经乾隆扩建、嘉庆修整，使得避暑山庄逐渐完善。避暑山庄围墙 20 里，分为宫殿区和苑景区（包括湖区、林区、山区）两部分，内有康熙 36 个景区，乾隆 36 景区，合称"七十二景"。乾隆四十年（1775 年）于山庄内建成文津阁，贮藏《四库全书》，称文津阁本《四库全书》。该书今藏中国国家图书馆。康熙五十二年（1713 年）在避暑山庄外，为康熙帝六旬寿辰，应众蒙古部落举行朝贺而建溥仁寺祝厘。此后，乾隆年间又陆续兴建寺庙，习称为"外八庙"。主要有：普宁寺，乾隆二十年（1755 年），为纪念平定新疆厄鲁特蒙古准噶尔达瓦齐之乱，并宴赉厄鲁特蒙古四部首领，仿多伦诺尔汇宗寺而建。寺内大乘之阁雄伟高大，四面罗列塔台殿堂，融合汉藏建筑艺术，佛像奇丽，蔚为壮观。安远庙，俗称伊犁庙，建于乾隆二十九年（1764 年），仿照新疆伊犁固尔扎庙形制，旨在"怀柔远人"。普乐寺，建于乾隆三十一年（1766 年），为纪念巴尔喀什湖附近哈萨克族、葱岭以北布鲁特族（今柯尔克孜族）来朝觐而建,主殿为圆形,俗称圆亭子。普陀宗乘之庙,乾隆三十五年(1770年),仿西藏拉萨布达拉宫形制，为乾隆六十、皇太后八十寿辰，并接待各少数民族王公贵族而建。殊像寺，乾隆三十九年（1774年）建。先是，乾隆奉皇太后到五台山进香，归后在北京香山摩文殊师利像建寺，名宝相寺。是年，在承德建殊像寺，像庄严金容，如香山之制。寺内曾收藏《满文大藏经》。须弥福寿之庙，乾隆四十五年（1780年），仿西藏日喀则扎什伦布寺形制，为西藏班禅六世前来参加乾隆帝七旬寿典而建。

康熙还兴建木兰围场。“木兰”为满语,汉意为“哨鹿”;“秋狝”为汉语,意为秋季狩猎。康熙二十年（1681年）,康熙帝出巡塞外,会蒙古科尔沁、喀喇沁等王公贵族及八旗蒙古官兵。时“喀喇沁、敖汉、翁牛特诸旗敬献”其地，康熙帝决定在此兴建木兰围场。它周长千余里，占地总面积一万多平方公里，境内山峦起伏，森林密布，河水穿插，草原相间，飞禽走兽，繁盛孳衍。康熙帝从此每年到木兰围场举行秋狝。木兰围场先后设围72处，满、汉、蒙古王公大臣，内蒙古49旗、喀尔喀蒙古4部及厄鲁特蒙古王公、台吉等，随帝入围。康熙帝到木兰围场48次，直到康熙六十一年（1722年），他69岁的高龄，还最后一次到木兰围场（同年逝世）。在木兰围场秋狝历康熙、乾隆、嘉庆三朝，凡126年。

避暑山庄与木兰围场正值清朝鼎盛时期，其避暑与围猎、政治与民族、军事与文化、园林与艺术的价值，虽留下宝贵的文化遗产，但民众也付出巨大的代价。

由康熙帝经始至乾隆帝完成的清代皇家园林，不仅是中国园林史上的佳作，而且在世界园林史上占有重要地位。

表彰清官　严肃吏风

“官箴碑”文曰：“吏不畏吾严而畏吾廉，民不服吾能而服吾公，公则民不敢慢，廉则吏不敢欺，公生明，廉生威。”清官，立身要公，处事要廉。清官是康熙帝的一面旗帜。康熙朝著名的清官有：

于成龙 山西永宁（今离石）人（康熙时还有一位于成龙，汉军镶黄旗人），顺治十八年（1661年）任广西罗城县知县，已经45岁。罗城位于万山之中，历经战乱，没有城郭，遍地榛莽，县衙茅屋3间，居民仅有6家。于成龙到任后，招民充实，鼓励耕耘，设养济院，宽免徭役，兴建学宫，县境大治。史书说他“居罗七年，与民相爱，如家人父子”。受总督罗兴祖举荐，升为四川合州知州。前往赴任时，百姓倾城出动，痛哭号泣相送。有一位瞎子不肯离去，于成龙问他为什么不走，回答说：我想您路上盘缠不够，我会算卦，可以沿途赚点钱，以备不足之用。于成龙很感动，把他留下来。果然途中钱花光了，幸亏瞎子赚些钱补充路费，才到了合州。在合州，有政绩，又迁黄冈。黄冈社会治安很乱，他装成乞丐，深入罪犯巢穴，日夜杂处，探明实情，一举端掉。又受巡抚张朝珍举荐，署武昌府知府，又任黄州知府，再升任福建布政使。时清军平定三藩之乱，军中多掠良民子女为奴。他集资赎出放还。康熙十九年（1680年），升为直隶巡抚。上任后，严戒馈送长官。又迁江南江西总督。他诫属吏，严清廉，革加派，剔积弊，勤敏治事，通宵达旦。当时江南民俗侈丽，他自奉俭约，每日粗米蔬食，终年不知肉味，时人称他为“于青菜”。在他的带动下，士绅们改衣绸缎为服布衣，官宦出门轻车简从，甚至婚嫁不用音乐。仅仅数月，朴素之风，大为流行。于成龙惩治豪强，打击邪恶，遭到流言，至被诬告。他不贿赂权贵，遭到权贵的嫉恨，赖有康熙帝的回护。他过度劳累，死于官衙。于成龙做官，不带家眷，极为俭朴。死后，将军、都统、官吏、友人到他家中一看，“惟笥中绨袍一袭，床头盐豉数器而已”。市民罢市，聚哭志哀！家绘画像，悬挂祭祀。康熙帝说：“朕博采舆评，咸称于成龙实天下廉吏第一！”康熙帝褒扬于成龙是“清官第一”。

格尔古德 满洲镶蓝旗人，以笔帖式即文秘翻译出身，后由侍读进翰林院侍读学士，任日讲起居注官。康熙二十一年（1682年），任直隶巡抚。上任前，康熙帝告诫他说：在你之前，金世德、于成龙为直隶巡抚，他

于成龙像

们声名很好。“尔承其后，得名甚难。若急于求名，或致偾事，尔其懔诸。”指示他不要急于求名，而要踏实做事；或遭愤恨报复，定要特别小心。当时京畿地区，旗人与民人杂处；旗下的庄田，有王公大臣的庄田，有贵族豪绅的庄田。庄田设庄头，像《红楼梦》里的庄头乌进孝，管理庄田，负责收租，为害一庄。还有投充旗下的人，依靠主子，逃避差徭，诈害良民，无恶不作。自康熙初，鳌拜专权，总督朱昌祚、巡抚王登联因触犯满洲权贵利益而遭杀害后，没有人敢对这个敏感的问题上疏指陈。但是，格尔古德上任不久，亲自访察，提出问题，上疏陈奏：自己卖身投靠旗下之人，有的作奸犯科，冀逃法网；有的游手好闲，逃避差役。这些人，放债牟利，则讳旗称民；遇上官司，又舍民称旗。他们诈害良善，官府不敢过问。应当责成本主，只留农户在庄，其余收回服役。有徇私包庇者，加以严厉议处。这个奏疏，康熙帝谕户部："凡鬻身之人，先经犯罪，投旗冀幸免者，与知情之本主，并从重治罪。"格尔古德得到康熙帝的有力支持。然而，事情并不那么简单。其时，大学士明珠权势倾朝，其佐领下人户指圈的百姓坟地，民人投诉户部。户部将诉状转直隶巡抚，格尔古德令宛平县察勘。知县王养濂怕得罪权相明珠，报称"无碍民塚"。格尔古德不畏权相，上疏劾奏明珠属下"圈占塚地属实"，并请吏部问知县王养濂的罪。格尔古德敢于触犯权相，敢于顶撞勋贵，秉承上旨，执法严惩，被时人誉为"铁面巡抚"。格尔古德居官清介，布衣蔬食，廉洁自律，拒纳馈送。康熙帝命朝廷大臣公举清廉官吏，格尔古德被列为第一。

彭鹏 福建莆田人。幼年聪慧，乡试中举。三藩乱起，耿精忠叛，胁迫他就任官职。他佯装疯癫，坚决不从。平定三藩之后，官任三河知县。三河在京师之东，地当要冲，旗民杂处，号称难治。有人冒称自己是给皇帝放鹰的，到县里敲诈勒索，作恶多端。彭鹏经过侦访，查明其真实身份，加以逮捕，鞭刑严惩。有人偷盗，彭鹏闻警，立即配刀乘马，急疾追捕。康熙帝巡视京畿，知道彭鹏清廉，在接见他时，赐给他内库帑金 300 两，并说："知尔清正，不受民钱，以此养尔廉！"后康熙帝命荐举清廉能干官吏，彭鹏被行取，调升为科道。他受命到陕西、山西、河南了解民情，赈济灾荒。他疏奏：泾阳知县刘桂，克扣籽粒；猗氏知县李澍，杖杀灾民；磁州知州陈成郊，滥派运费；南阳知府朱琳，暧昧分肥等。诏三省巡抚察审，奏报没有查实。在当时，要核实一个贪污案件，当事人因受到关系网的保护，是十分困难的。康熙帝又派他做顺天府尹。彭鹏疏劾顺天乡试举人李仙湄的考卷墨迹删改过多，考官徐倬、彭殿元徇私欺蒙，疏语中有"臣如妄言，请劈臣头，半悬国门，半悬顺天府学"。九卿等会议，以其语言不敬，应罢官。康熙帝命徐倬、彭殿元退休，而对彭鹏不问。彭鹏为官，拒馈赠，清操守，是康熙朝著名的清官。

康熙帝表彰清官，一则是为大小官员树立榜样，养成一代清廉的吏风；二则是借清官监督、揭发、打击贪官；三则是为百姓派几位好官，为民做点好事；四则是实现君仁臣敬、存理德化、务实爱民、穷理实践的意念。但是，廉吏往往为上级所不喜欢，也普遍为同僚所不喜欢。清官必遭贪官的嫉恨，也必遭贪官的报复。前述于成龙、格尔古德、彭鹏等无一例外。然而，康熙帝之所以仁明，在于他能明察是非曲直，能信任并保全清官。

教育皇儿　望子成龙

康熙帝也像老百姓一样，严教诸子，望子成龙。老百姓的儿子，经过教育，可以成才，但不能成龙；除非造反，夺得天下，自登皇位。“泗水亭长”汉高祖刘邦和“凤阳乞僧”明太祖朱元璋等，他们之所以成龙，绝不是其父母培养教育出来的。在中国帝制时代，只有皇帝才可能通过教育使自己的儿子成龙；至于平民百姓，那是万万做不到的。康熙皇帝为着大清江山永不褪色，社稷绵延亿万斯年，便对诸皇子进行严格的教育。

《清史稿·诸王传》曰：“有明诸藩，分封而不锡土，列爵而不临民，食禄而不治事，史称其制善。清兴，诸子弟但称台吉、贝勒；既乃敦明建亲、郡王，而次以贝勒、贝子，又次以公爵，复别为不入八分。盖所以存国俗，而等杀既多，屏卫亦益广，下此则有将军，无中尉，又与明小异；诸王不锡土，而其封号但予嘉名，不加郡国，视明为尤善。然内襄政本，外领师干，与明所谓不临民、不治事者乃绝相反。”清承明制，又有损益。所不同者有五：其一，清朝诸王，内襄政本，亲理国务，显贵用事，以摄政始，以摄政终。其二，清朝诸王，外领师干，开创之初，驰骋百战，南北用师，诸王统兵。其三，清朝诸王，不设外藩，汇聚京师，开设府第，长于骑射，拱卫皇室。其四，清朝诸王，天潢贵胄，享有钱粮，坐吃俸禄，关心朝政，不务实业。其五，清朝诸王，所受教育，儒家经典，精力之耗，多擅书画，亦喜戏曲。所以，康熙皇帝对皇子的教育，首选为成龙，次之为襄政，又次之为领兵，再次之为务学，复次之为书画。由是，康熙帝对皇子的教育，不仅制定严格的制度，而且进行严格的检查。

清朝皇子的教育，《养吉斋丛录》记载："我朝家法，皇子皇孙六岁，即就外傅读书。"学习的时间，"寅刻至书房，先习满洲、蒙古文毕，然后习汉书。师傅入直，率以卯刻。幼稚课简，午前即退直。迟退者，至未正二刻，或至申刻"。休假日，"惟元旦免入直，除夕及前一日，巳刻准散直"。一年之中，休假只有元旦一天和其前两天。相比之下，今日学生的假日可谓多矣。这个制度，是康熙帝建立的。在清太祖、太宗时，矢镞纷飞，争战不已，无暇顾及建立教育制度。顺治帝离世过早，也未能制定皇子教育制度。到康熙朝，确定了皇子皇孙的教育制度。康熙帝定制，皇子 6 岁开始在上书房读书。皇子读书的上书房，其建立的时间，学者见解不一。皇子读书的地点，初在皇宫兆祥所，后在畅春园等地。康熙帝亲自为皇子们选定师傅，初有张英、熊赐履、李光地、徐元梦、汤斌等一代名儒。皇子老师中的汉人师傅，主要教授儒家经典；满人师傅称谙达，其中内谙达教授满文和蒙古文，外谙达教授骑射技艺。康熙二十六年（1687 年）六月初十日，《康熙起居注册》记载，康熙帝检查皇子读书的情状：

寅时（3—5 时），皇子在书房读书，复习前一天的功课，准备师傅到来上课。（此条《康熙起居注册》未载，为笔者据其他史料补充）。

卯时（5—7 时），满文师傅达哈塔、汉文师傅汤斌和少詹事耿介，进入无逸斋，向皇太子恭行臣子礼后，侍立在东侧；管记载皇太子言行的起居注官德格勒、彭孙遹侍立在西侧。皇太子允礽伏案诵读《礼记》中的章节，讽咏不停。允礽遵照皇父"书必背足一百二十遍"的规定背足数之后，令汤斌靠近案前，听他背书。年近 60 岁的汤斌跪着捧接皇太子的书，听完背诵，一字不错，就用朱笔点上记号，重画一段，再读新书，捧还经书，退回原来的地方站立。皇太子又书写楷字一纸，约数百字。

辰时（7—9 时），康熙帝上完早朝，向太皇太后请安之后，来到皇太子读书的畅春园无逸斋。皇太子率领诸臣到书房外台阶下恭迎。康熙帝入斋升座后，问汤斌曰："皇太子书背熟否？"汤斌奏道："很熟。"康熙帝接过书后，命皇太子背书：皇太子朗朗背诵，一字不错。康熙帝又问起居注官:“尔等看皇太子读书如何？”众师傅奏道:“皇太子睿质歧嶷，学问渊通，实在是宗庙万年无疆之庆！”康熙帝嘱咐他们对皇太子不要过分夸奖，而应严加要求。检查完皇太子的功课，康熙帝回宫。

巳时（9—11 时），时值初伏，日已近午，骄阳似火。皇太子不摇折扇，不解衣冠，凝神端坐，伏案写字。这时他们的师傅达哈塔、汤斌和耿介，因为年迈暑热，晨起过早，伫立时久，体力不支，斜立昏盹，几乎颠仆。皇太子写好满文一章,让师傅达哈塔等传观批阅。汤斌奏道:“笔笔中锋，端严秀劲，真佳书也！”达哈塔也奏道:“笔法精妙，结构纯熟。”皇太子又开始习诵《礼记》新画定的篇章 120 遍。

午时（11—13 时），侍卫给皇太子进午膳。皇太子命赐诸师傅也吃饭。诸臣叩头谢恩后,就座吃饭。膳后,皇太子没有休息,接着正襟危坐,又读《礼记》。读过 120 遍，再由汤斌等跪着接书，皇太子背诵。

未时（13—15 时），侍卫端进点心。皇太子吃完点心后，侍卫在庭院中张侯——安上箭靶。皇太子步出门外，站在阶下，运力挽弓，扣弦射箭。这既是一节体育课,又是一节军事课。是为教育皇子们,“崇文宣武”,治理国家。皇太子射完箭，回屋入座，开始疏讲。汤斌和耿介跪在书案前面，先生翻书出题，学生依题讲解。

申时（15—17 时），康熙帝又来到无逸斋。皇长子允禔、三子允祉、四子胤禛、五子允祺、（六子早殇）七子允祐、八子允禩，同来侍读。康熙帝说：“朕宫中从无不读书之子。向来皇子读书情形，外人不知。今特召诸皇子前来讲诵。”汤斌按照康熙帝的旨意,从书案上信手取下经书，随意翻书命题。诸皇子依次鱼贯进前背诵、疏讲。皇五子允祺因学满文，所以只写满文一篇，圈点准确。康熙帝亲自书写程颐七言律诗一首，又写“存诚”两个大字一幅,给皇子们示范。群臣称颂说小字写得“秀丽”、大字写得“苍劲”。

酉时（17—19 时），侍卫在院中张侯——安置箭靶之后，康熙帝令诸子依次弯射，各皇子成绩不等。又命诸位师傅射箭。随后，康熙亲射，连发连中。

天色已暮，诸臣退出。皇太子等在畅春园无逸斋一天的功课完毕。

但是，教育只能影响性格，而不能改变性格。康熙帝的 35 个儿子中，排序齿的有 24 位，实际上成人（年满 16 岁）的，只有 20 位。这 20 个儿子，是由 17 个妻子生育的。他们的性格可分为艺术型、学者型、政治型和生活型 4 类：

艺术型 清朝皇帝自顺治始，都擅长书法和绘画。顺治帝的指画颇具造诣，台北故宫博物院珍藏顺治帝画的牛，笔墨清简，神韵溢彩。康熙帝的书法，下过一番功夫。他同皇子们说："朕自幼好临池，每日写千余字，从无间断。凡古名人之墨迹、石刻，无不细心临摹，积今三十余年，实亦性之所好。"他对有的皇子练字，做出具体规定：每一日要写 10 幅呈览。在皇父严格要求与督促之下，皇太子、皇三子、皇四子、皇七子、皇十三子和皇十四子等，都写得一手好字。皇二十一子允禧，史载其"诗清秀，尤工画，远希董源，近接文徵明，自署紫穷道人"。皇三子允祉和皇七子允祐，以其尤长书法而受命书写康熙帝景陵的《神功圣德碑文》。康熙帝的诸皇子中，凡工艺术而又不参与争夺皇位者，多得善终（因病夭折者除外）。

学者型 康熙帝喜好科学技术，他教育皇子数学、天文学、地理学、医学、测量学、农学等。先以观测日食为例。康熙三十六年（1697 年）闰三月初一日，日食。时康熙帝亲征噶尔丹在外，皇太子在北京观测后奏报："彼日，臣使用皇父所赐嵌有三层玻璃之小镜子，装于自鸣钟上之，用望日千里眼观望，日食似不到十分，日光、房屋、墙壁及人影俱为可见，甚属明耀。并无昏黑处，星星只在东北角一颗。日食彩绘，已于二十一日自京城发出，送皇父览阅。"康熙帝得到奏报后，朱批曰："从此处观测日食情形，揆度京城，岂能全部亏缺？想必剩余数秒。览尔所奏，果然如此。"后来皇四子回忆道："昔年遇日食四五分之时，日光照耀，难以仰视。皇考亲率朕同诸兄弟在乾清宫，用千里镜，四周用夹纸遮蔽日光，然后看出考验所亏分数。此朕身经实验者。"另以测量学为例。

康熙帝巡视北京通州河堤，随驾的皇子，分钉木桩，亲视仪器，记录丈量数据。又以几何学为例。法国耶稣会士白晋写给法王路易十四的信中说，康熙帝亲自给皇三子允祉讲解几何学，并培养其科学才能。后又让允祉等向意大利耶稣会士德理格（内普里迪）学习律吕知识，“命臣德理格在皇三子、皇十五子、皇十六子殿下前，每日讲究其精微，修造新书。”康熙帝命在畅春园蒙养斋开馆，派允祉主持纂修《律历渊源》，汇律吕、历法和算法于一书。允祉还为《古今图书集成》的纂辑做出贡献，成为康熙朝一位杰出的学者。但他在雍正继位后,仍未逃过劫难:被夺爵，禁景山永安亭而死。

政治型 康熙帝培养儿子的主要目标是从皇子中产生一位满意的接班人，以使大清帝国江山永固、社稷万年。首先，以儒家经典教育皇子。其次，以“国语骑射”培养皇子。再次，训练皇子实际能力。复次，传授治国安邦之道。诸皇子的培养教育，以皇太子为重。皇次子允礽康熙十三年（1674年）生，翌年被册立为皇太子，年仅2岁，加以眷宠，施以特教。初始，康熙帝亲自教他读书、写字。6岁就傅，令大学士张英、李光地做他的老师，又命大学士熊赐履教他性理之书。康熙帝3次亲征噶尔丹，命皇太子留京代理政务。康熙帝几次南巡，也多命皇太子留守京城。康熙三十二年（1693年），康熙帝患病，命皇太子代理政事：“朕因违和，于国家政事，久未办理，奏章照常送进，令皇太子办理，付批办处批发。”康熙帝病愈之后，命皇太子协助处理一般政务和旗务。他对其他皇子，如皇四子、皇八子、皇十四子等，常委以军政重任，既对其加强锻炼，又对其进行考察。

生活型 康熙帝的儿子们，有的因其生母卑微，如皇十二子生母万琉哈氏为定嫔，皇十五子生母王氏为密嫔，皇十七子生母陈氏为勤嫔，还有连嫔的品级也未受封；有的因年龄太小，如康熙帝初废皇太子后出生的皇子，到他崩驾时皇二十一子和皇二十二子都是11岁，皇二十三子9岁，皇二十四子才6岁。他们没有资格、没有能力、也没有条件同兄长们去争夺皇位。这些皇子能明哲保身，母子平安，荣享富贵，就算有大福了。他们不求登大位，但求生活好。所以，我把他们归为生活类。

康熙帝的儿子太多，他在位时间又长。但是“夜长梦多”，皇子们结党自固，争夺皇位，由表及里，由隐到显，由缓到急，由温到烈，最后导致残酷的宫廷斗争。

皇位争夺　你死我活

康熙帝同平民一样，也生儿育女，既有天伦之乐，也有家庭烦恼。康熙帝儿子们所争夺的，主要不是房子、银子、财产和土地，而是皇位。所以，他们之间的争斗，就演变成为残酷的宫廷斗争和政治斗争。

康熙帝晚年最大的苦痛是：皇子争位，宫廷内讧。

康熙帝尽管教子极严，但皇太子允礽并没有按照他所期望的路子走，后来被废掉了。这里原因自然极为复杂，清朝不取皇位嫡长继承制，而康熙帝在位年久，皇子众多，诸子结党，奔走钻营，觊觎大位。所以，康熙帝深感“不卜今日被鸩，明日遇害，昼夜戒慎不宁”。

康熙帝教子，可谓费尽苦心。虽思之久远，却事与愿违。这不是康熙帝无能，而是千年封建专制制度结下的苦果。

皇太子从康熙十四年（1675 年）初立，至康熙四十七年（1708 年）初废，长达 33 年之久。在这漫长的岁月里，诸皇子日渐长大，其中虽有不贪大位者，但总体上却是争夺皇储之心与日俱增。于是，皇子们逐渐形成了几个集团。

第一是皇太子集团。皇太子允礽生母皇后赫舍里氏，是辅政大臣、一等公索尼子领侍卫内大臣噶布喇之女。大学士、领侍卫内大臣索额图是皇太子的外叔祖父。皇后赫舍里氏在生育他时因难产而死，年仅 22 岁。母以子死，子以母贵，故皇父对他格外关爱。皇太子在康熙帝亲征噶尔丹时，留守京师，处理政务。平时，他也分担皇父的部分政务和军务。所以，在皇太子册立后的 20 余年间，朝廷中自然形成太子党。索额图结党，趋奉皇太子，议论国政，密谋大事。康熙帝警告索额图曰：“尔议论国事，结党妄行，背后怨尤之言，不可宣说，尔内心甚明。”后将索额图处死。康熙帝諭曰:“从前索额图助伊（皇太子）潜谋大事，朕悉知其情，将索额图处死。”处死索额图，打击太子党。但皇太子并未因此而收敛，却是愈做愈密、愈演愈烈。康熙帝指责皇太子：“鸠聚党羽，窥伺朕躬，起居动作，无不探听。”康熙四十七年（1708 年）九月初四日，康熙帝在木兰围场布尔哈苏台行宫，宣布废除皇太子时宣谕：允礽“不法祖德，不遵朕训，惟肆恶虐众，暴戾淫乱”，而宣布废斥皇太子。他且谕且泣，悲伤万分，愤懑不已，至于摔倒，“痛哭仆地，诸大臣扶起”。甚至 6 天 6 夜，不安寝食，涕泣不止。这引出一个更为严重的后果是：抱有野心的皇子们，结党钻营，更加隐秘，暗里争夺，谋贪大位。

第二是皇八子集团。皇八子允禩，生母为良妃，“有才有德”，聪明能干，内外经营，颇得众心。允禩在初废皇太子之后，署内务府总管事，党羽相结，谋为代立。皇长子允禔为惠妃庶出，无望希冀储位，但允禩少时为长兄允禔生母惠妃所抚养，便同八弟允禩勾联。其他皇九子允禟、皇十子允䄉、皇十四子允禵（与胤禛同母），大臣阿灵阿、鄂伦岱、揆叙、王鸿绪等，皆附允禩。皇长子允禔的密谋泄露，被夺爵、幽禁。康熙帝谕：“允禔曾奏请允禩为皇太子，伊当辅之。可见伊等结党潜谋，早定

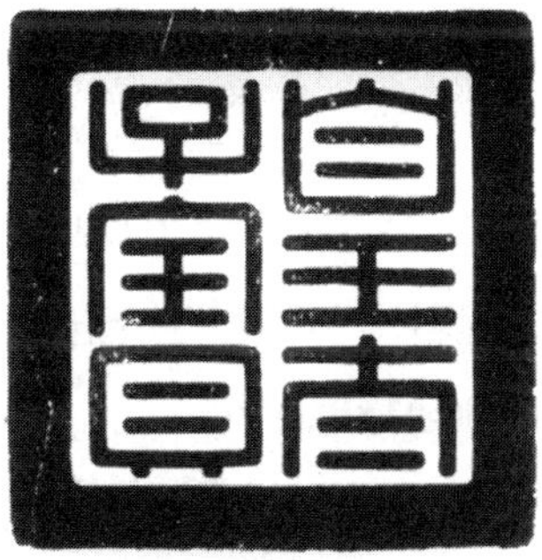

皇太子宝

于平日矣！”康熙命诸大臣密举可继立为太子者，大学士马齐等大臣举奏允禩。但事与愿违，帮了允禩倒忙。其后，诸皇子中有钻营皇太子者，康熙帝大怒，“出佩刀将诛允禵，允祺跪抱劝止。”诸皇子俯地叩头，恳求皇父息怒。康熙帝怒气稍解，命诸皇子鞭挞允禩。允礽复立再废以后，康熙帝对其党羽恨之入骨，如将尚书齐世武“以铁钉钉其五体于壁而死”，将死于狱中的步军统领托合齐锉尸焚烧。由是，在皇八子允禩周围，逐渐形成一个争夺皇储的政治集团。后允禩被锁拿，革爵位。十四阿哥允禵求情，却挨了打。他的胞兄胤禛却在暗里争夺皇储。

第三是皇四子集团。皇四子集团包括胤禛十三弟允祥和十七弟允礼，以及隆科多、年羹尧等。胤禛颇有心计，细心观察，不露声色。他对皇太子的废立，观察风向，暗藏心机。他对皇八弟允禩集团，既不附从，也不作对。他顺听父言，“安静守分”，虔心佛法，广结善缘，巧妙地将自己韬晦起来。他一味地对父皇表示忠孝，又尽力友善兄弟，并交好朝廷诸臣。对其同母所生的皇十四弟允禵，也不交结，静观待之，听任其同皇八弟允禩结党。胤禛“戒急用忍”（康熙帝语），工于心计，讨父信任，等待时机。当皇太子党和皇八子党争得鱼死网破的时候，在皇父、兄弟、王公、大臣们将视线集注于皇太子党和皇八子党之际，他却以不争为争，坐收渔人之利。有位哲人提出一条力学平行四边形原理，即平行四边形两条边的两个分力，而产生一个既不属彼、也不属此的合力。最后，康熙朝皇位争夺的结局，既不属于皇太子党，也不属于皇八子党，而归属于皇四子胤禛（雍正皇帝）。

康熙帝在诸子皇位继承上，伤透脑筋，心力交瘁。后患中风，左手朱批。康熙五十六年（1717年）十一月二十一日，康熙发布上上谕称：“此谕已备十年，若有遗诏，无非此言。”后康熙帝说：“日后朕躬考终，必至将朕置乾清宫内，尔等束甲相争耳！”由此可以透出康熙大帝晚年心境的悲苦。康熙帝终于因其诸子皇位继承纠葛，大伤元气，郁结成疾，病情日重，未定储位，悲离人世。

家庭生活　酸辣苦甜

伟人同平民一样，也有自己的家庭生活。一个人的家庭包括父母、兄弟、姐妹、妻妾、子女、孙子等。康熙帝的家庭，是清代最大的帝王之家。他的生父、生母，前面已经做过介绍。

康熙帝的兄弟，共有 8 人，其中荣亲王未名早殇，牛钮、奇授、永幹无封而死，隆禧亦死得较早。有事迹可载者，只有裕亲王福全和恭亲王常宁 2 人。康熙帝的二兄福全，生母为宁妃董鄂氏，曾任抚远大将军，率师出古北口，在乌兰布通击败蒙古准噶尔部噶尔丹。但福全轻信噶尔丹所派济隆胡土克图之言，檄各路军，停止勿击。裕亲王福全误中其“缓兵之计”，噶尔丹得以从容逃窜。康熙帝以贝勒阿敏弃守永平史例，议其罪。命罢议政，罚俸 3 年。康熙帝五弟常宁，生母为庶妃陈氏，曾任安北大将军，率师出喜峰口会福全军。康熙帝也以常宁不穷追噶尔丹败兵，而罢其议政，罚俸 3 年。康熙帝对其兄弟的严厉处罚，体现了“法不避亲”的典则。

康熙帝共有多少后妃？目前还无法做出准确的统计。《清史稿・后妃传》记载生育过子女的 32 人，《星源吉庆》记载为 40 人，《康熙全传》统计贵人以上为 49 人，据正史和档案记载册封的后妃为 67 人。档案资料表明，康熙四十六年（1707 年），宫中有“大答应”、“小答应”、“答应”和“学生”共 247 人。她们为康熙皇帝生育了 35 个儿子和 20 个女儿，共 55 个子女。

康熙帝的后妃，随其入葬清东陵的有 55 人，即皇后 4 人、皇贵妃 3 人、贵妃 1 人、妃 11 人、嫔 8 人、贵人 10 人、常在 9 人、答应 9 人。此外，尚有许多“幸御”而未生育子女或未有封号的，这个数字难以统计。据《康熙皇帝一家》著者计算，康熙四十六年（1707 年）宫内有大答应 64 人、答应 41 人、小答应 104 人，共 209 人，而入葬清东陵的答应仅有 9 人。他的妻妾中有满洲人、有蒙古人，也有汉人，晚年更多的是“江南女子”。皇帝也是有爱情的。康熙虽是多妻妾的皇帝，但对他的皇后赫舍里氏颇为钟情。赫舍里氏病故后的 27 日内，他有 23 天到皇后梓宫前举哀。皇后灵柩安放在京城北 40 华里的巩华城，他在皇后逝世周年内，平均每周都骑马前去默哀。康熙帝复册钮祜禄氏为皇后，翌年死。他再册佟佳氏为皇后（病笃才册封），翌日又死。康熙皇帝，命剋皇后。从此康熙帝便不再册立皇后。

康熙帝的儿子，共有 35 人，在清代皇帝中算是最多的。他结婚时

康熙帝老年像

的实际年龄是 11 岁零 6 个月；新娘则是 11 岁零 9 个月。但康熙帝或因营养好、理政早而发育早熟。朝鲜史籍记载，康熙六年（1667 年），朝鲜使臣在北京见闻：14 岁的康熙皇帝，“年少而颇壮大。往年宫女有生男者，今年又有怀孕者，外人无不知之，而甚讳之。盖先出者当为长子，故嫌其妾出也。”第一个儿子出生时，他 13 周岁半；最后一个儿子出生时,他已经 65 岁。其长子和末子间年龄相差 54 岁。在他的 35 个皇子中，最为长寿的是皇十二子允祹，活到 79 岁；最小的是长华，降生之日即夭亡。其诸皇子中，按每 10 岁年龄段统计，寿至 70 岁以上者 3 人，60 岁以上者 2 人，50 岁以上者 8 人，40 岁以上者 5 人，30 岁以上者 2 人，10 岁以上者 1 人，10 岁以下者 14 人（占皇子总数的 40%）。他们的平均年龄为 32.77 岁。康熙帝的皇子中，真正成年且受册封者只有 20 人。

康熙帝的女儿，共有 20 人，在清朝皇帝中是最多的，但钱大昕《十驾斋养心录》据《新唐书》记载,唐明皇有女 29 人。康熙帝的 20 位公主，其中夭折 12 人，成人下嫁者 8 人，另有弟常宁庶妃晋氏生女养育宫中 1 人。8 位下嫁公主中，有 6 位下嫁给蒙古王公贵族（清代仅下嫁蒙古博尔济吉特氏的公主就多达 22 位），1 位下嫁给佟国维之孙，1 位下嫁给甘肃提督孙思克之子。可以看出，康熙帝公主下嫁的额驸，都是政治婚姻。她们下嫁时的年龄，22 岁者 1 位、20 岁者 1 位、19 岁者 3 位、18 岁者 3 位,平均下嫁年龄为 19 岁。这说明康熙帝公主下嫁时的年龄偏大。这 8 位下嫁的公主，享年最高者为皇六女，57 岁；享年最低者为皇十五女,19 岁。她们的平均年龄为 35.75 岁。也就是说,康熙帝的 20 个女儿，没有一个活到 60 岁的。应当说她们的物质生活是极为优裕的，但由于其下嫁前后生活环境有很大的反差，政治婚姻情感生活也有很大的悲苦，这可能是导致她们享年不永的两个重要原因。康熙帝下嫁 8 女中，第六女生母为贵人郭络罗氏（宜妃之妹），19 岁时受封为和硕公主，下嫁蒙古喀尔喀土谢图郡王敦多布多尔济。康熙四十五年（1706 年）受晋封为和硕恪靖公主。雍正八年（1730 年）夫亡,十三年（1735 年）公主病死。其公主府初设在归化城（今呼和浩特旧城），占地 600 亩，北依大青山，两河左右环绕，交汇于府前。后公主北归库伦（今乌兰巴托）。其长子根扎布多尔济娶多尔衮五世孙女为妻，世居此府，后经沧桑（现为国家级文物保护单位）。

康熙帝的晚年，健康状况不佳。康熙帝废太子那年55岁，患了中风。58岁时，天坛大祭行礼，两旁需人搀扶。60岁时，因为生气，心动过速，几危生命。62岁时，他说：“朕以右手病，不能写字，用左手执笔批旨，断不假手于人。”64岁时，脚背浮肿，遍身沉重，步履维艰，中心烦躁，又添加写字手颤。65岁时，卧病两月，容颜憔悴，身体羸瘦，行动困难。以后病情，逐年加重，药石本草，不见明效。康熙帝因太子废立烦恼，而患中风，过早病逝。后雍正帝吸取教训，创立秘密建储制度。这种建储秘制，虽说避免了皇家的骨肉相残，却未能跳出封建世袭制的窠臼。辛亥鼎革，废除帝制，政体做了改革，历史向前进步。

康熙帝小议

康熙帝玄烨，《清史稿·圣祖本纪》论曰：“早成大业，勤政爱民。经文纬武，寰宇一统。虽曰守成，实同开创焉。”康熙时版图，东濒大海，南极曾母暗沙，西接葱岭，西北到巴尔喀什湖，北达外兴安岭，东北至库页岛，是当时世界上幅员最为辽阔、人口最为众多、军事最为强盛、实力最为雄厚的大帝国。可贵之处，在于学习。康熙大帝是一位学习型的皇帝，也是中国和世界历史上一位著名的伟大君主。

五

雍正皇帝：改革积弊

清雍正帝爱新觉罗·胤禛，康熙十七年十月三十日（1678 年 12 月 13 日）生，属马，雍正十三年八月二十三日(1735 年 10 月 8 日)卒，庙号世宗，谥号宪皇帝，葬泰陵（今河北省易县清西陵）。45 岁登极，在位 13 年，享年 58 岁。年号雍正，就是雍亲王得位之正的意思。

雍正帝是清朝“康乾盛世”时代，上承康熙，下启乾隆，具有承上启下历史地位的人物。他盛年登极，年富力强，学识广博，阅历丰富，刚毅果决，颇有作为。康熙政尚宽仁，雍正继以严明。其对兄弟处置，舆情颇有微词。

下列 10 目，分作介绍。

皇四阿哥　勤奋学习

胤禛的母亲姓乌雅氏，是满洲正黄旗护军参领威武的女儿。康熙十六年（1677 年）进宫，初为常在，不久晋为德贵人，十七年（1678 年）生下皇四子胤禛，第二年晋为德嫔，二十年（1681 年）再晋为德妃。胤禛即皇帝位后，尊生母乌雅氏为皇太后。这位皇太后看到儿子做了皇帝，算是有福分；但福分不够，雍正元年（1723 年）五月，便离开人世，享年 64 岁。乌雅氏生胤禛那年才 18 周岁，过了 45 年的妃嫔生活，刚当上半年的皇太后，便葬身景陵。乌雅氏生了 3 个儿子，就是皇四子胤禛、皇六子允祚（6 岁而殇）和皇十四子允禵（原名胤祯）；还生了 3 个女儿，其中两个早殇，另一个下嫁舜安颜。胤禛出生时，皇父康熙帝 25 岁。他的生母和外公并不高贵，但他从小受孝懿仁皇后（康熙生母孝康章皇后的侄女）育养，年幼的胤禛因她而尊贵。胤禛整整过了 45 年的皇子藩邸生活。

胤禛像他的兄弟一样，受到严格而良好的教育。他的长兄允禔，生于康熙十一年（1672 年），比他年长 6 岁；二兄允礽，生于十三年（1674 年），比他年长 4 岁，2 岁便被立为皇太子；三兄允祉，生于十六年（1677

年),比他年长1岁。胤禛从7岁开始,同他的3位阿哥,到尚书房(又作上书房)读书。他有时在宫城的上书房读书,有时在畅春园的无逸斋读书。他的师傅主要有大学士张英、徐元梦和侍讲顾八代等人。他们都是当朝一流的学者。他学的功课,一种是儒家经典,主要为四书——《大学》、《中庸》、《论语》、《孟子》与五经——《诗》、《书》、《礼》、《易》、《春秋》;一种是满洲的"国语骑射",就是满洲语文与骑马射箭;还有书法等。胤禛的书法,造诣很高,笔锋苍劲。流传至今的墨翰,就是有力的证据。

读书是学习,实践也是学习。他经常随从皇父,或代行祭祀,或军事出征,或塞外行围,或巡视地方,或代理政务,或观测天象。康熙二十五年(1686年),9岁的胤禛同大阿哥允禔、二阿哥皇太子允礽、三阿哥允祉,随皇父巡行塞外。康熙二十七年(1688年),11岁的胤禛同大阿哥、三阿哥随皇父到遵化昌瑞山孝陵旁,为清太宗孝庄文皇后梓宫"暂安奉殿"祭祀。二十九年(1690年),舅舅佟国纲在反击噶尔丹的乌兰布通之役中阵亡,灵榇到京,受皇父之命,胤禛同大阿哥迎接灵柩。同年再随皇父同3位阿哥到遵化"暂安奉殿"祭祀。三十二年(1693年),16岁的胤禛同二阿哥等侍从皇父巡视畿甸水利。经南苑、永清、霸州、雄县,从雄县十里堡乘船到苑家口,途中登河堤、阅堤工,见旧堤多处坍塌。康熙帝说:如浑河泛溢,大城、文安等必受水灾,命估算所需费用,增固河堤,以防水患。同年十月,曲阜孔庙重修落成,受皇父之命,胤禛同三阿哥允祉前往祭祀。

胤禛皇子生活中有两件大事:结婚与受封。其一,康熙三十年(1691年),14岁的胤禛,奉皇父之命,同内大臣费扬古的女儿乌拉那拉氏成婚。康熙帝册封那拉氏为胤禛的嫡福晋。胤禛的岳父费扬古,姓那拉氏,隶满洲正黄旗,康熙时为内大臣。父以女贵,费扬古后官至步军统领,正一品,死后追封为一等承恩公。其二,康熙三十七年(1698年),21岁的胤禛受封为贝勒,他的大阿哥允禔(27岁)、三阿哥允祉(22岁)被封为郡王,他的五弟允祺(20岁)、七弟允祐(19岁)、八弟允禩(18岁)也被封为贝勒。按清朝的规定,皇帝的儿子封爵,依次为亲王、郡王、贝勒、贝子等。胤禛因年龄等原因，被封为第三等级的贝勒。次年，康熙帝为诸皇子建府邸。“禛贝勒府”（又称四贝勒府）建成后，胤禛从皇宫阿哥住所迁往府邸居住。康熙四十八年(1709年),胤禛被封为雍亲王，这里就成为雍亲王府。胤禛继承皇位后，原雍亲王府赐给皇十三弟允祥。后来乾隆帝将其改为雍和宫。

康熙四十七年（1708年）九月，皇太子允礽被废。这是一件震动朝野的政治大事,也是一件震惊庙社的大事。胤禛时年31岁,此后15年间,历史对他进行烈火般的考验，也为他登上皇位提供难得的机遇。

藩邸生活　韬光养晦

胤禛看到皇父在避暑山庄声泪俱下地宣布废太子的情景，思想受到巨大的震动。此后，诸皇子间争夺储位的斗争异常复杂而激烈。胤禛共有同父同母或同父异母兄弟35人，其中不序齿而早殇者11人，序齿而早殇者4人，实际长成人者20人，到第一次废太子允礽时，20岁以上的兄弟只有12人。他们是：大阿哥允禔37岁、二阿哥允礽35岁、三阿哥允祉32岁、四阿哥胤禛31岁、五阿哥允祺30岁、七阿哥允祐29岁、八阿哥允禩28岁、九阿哥允禟和十阿哥允䄉均26岁、十二阿哥允祹24岁、十三阿哥允祥23岁、十四阿哥允禵21岁。胤禛面对复杂的君臣父子、兄弟手足的关系，他给自己定下新的生活准则:诚孝皇父、友爱兄弟、勤勉敬业、戒急用忍。胤禛知道要处理好兄弟之间的关系，首要处理同皇父的关系——对皇父要诚敬孝谨。

诚孝皇父　胤禛知道，博得皇父的信赖和喜欢，是自己一生事业中最为重要的事情。他抱定一项宗旨,就是诚孝皇父。胤禛熟读四书、五经，深谙儒家经典。《大学》开宗明义讲“诚”字。所谓“欲修其身者，先正其心;欲正其心者，先诚其意;欲诚其意者，先致其知”。《中庸》也谓:诚“能经纶天下之大经,立天下之大本”。胤禛对“诚”字可谓心领神会，用“诚”敬事皇父。至于“孝”,《大学》谓:“孝者,所以事君也。”《中庸》

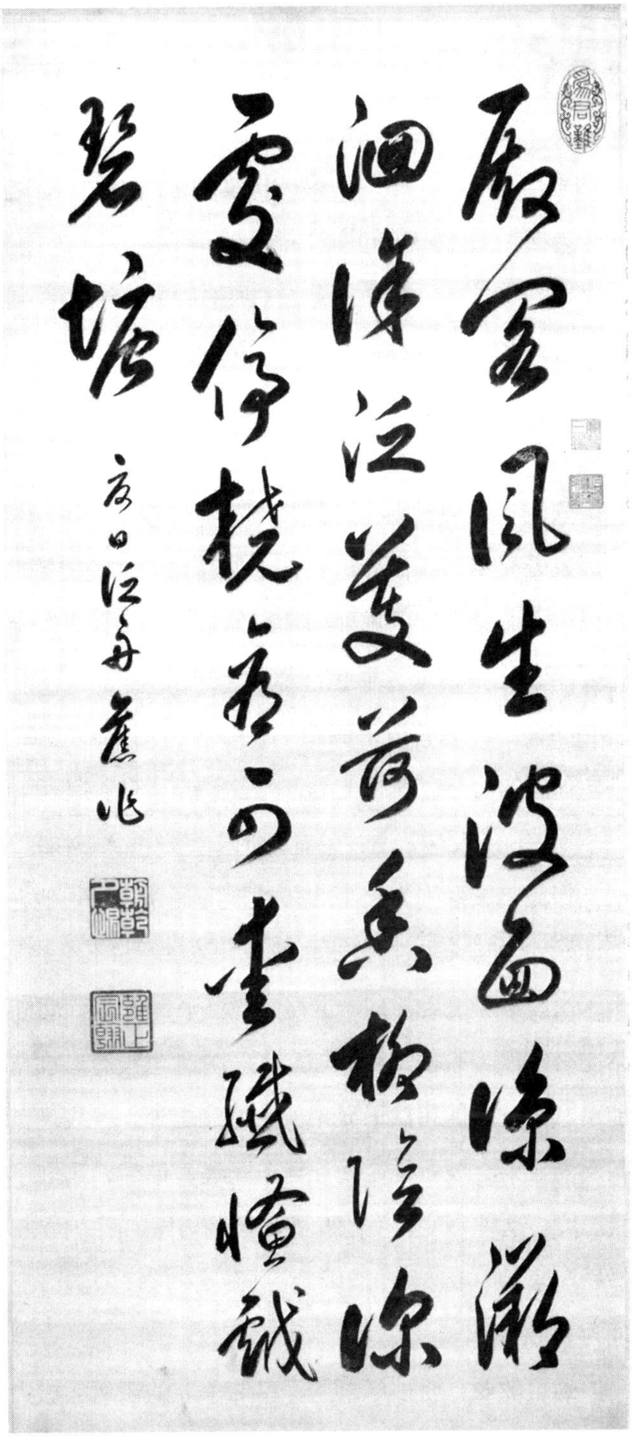

雍正帝行书《夏日泛舟诗》

谓:"夫孝者，善继人之志，善述人之事者也。"又谓:"为人子，止于孝。"胤禛对"孝"字也可谓心领神会，用"孝"敬事皇父。如在诸皇子争夺皇位激烈之时，他极力表现出对皇父的"诚"与"孝"，既不明于竞争，且劝慰皇父保重。康熙帝第一次废太子后，大病一场。胤禛入内，奏请选择太医及皇子中稍知药性者允祉、允祺、允禩和自己检视方药，服侍皇父吃药治疗。康熙帝服药后，病体逐渐痊愈。于是，康熙帝命内侍梁九功等传谕："前拘禁允礽时，并无一人为之陈奏，惟四阿哥性量过人，深知大义，屡在朕前为允礽保奏，似此居心行事，洵是伟人。"胤禛自己也说:"四十余年以来，朕养志承欢，至诚至敬，屡蒙皇考恩谕。诸昆弟中，独谓朕诚孝。"胤禛对皇父的"诚"与"孝"，得到了皇父的回应。

友爱兄弟 胤禛知道，善于处理兄弟之间的关系，是自己一生事业中仅次于诚孝皇父的重要事情。他抱定一项原则，就是友爱兄弟。他在随驾出京途中，做《早起寄都中诸弟》诗说："一雁孤鸣惊旅梦，千峰攒立动诗思。凤城诸弟应相忆，好对黄花泛酒卮。"表明他愿做群雁而不做孤雁的心意。胤禛的 35 个兄弟中，其时最要紧的是年满 20 以上的 11 位兄弟。《大学》谓:"弟者，所以事长也。"《中庸》也谓:"亲亲为大。"就是将昆弟关系列为天下 5 条达道即通路之一。他在登上皇位之前，在处理兄弟之间关系时，主要原则是"不结党"、"不结怨"。在康熙帝第一次、第二次废太子之后，有一定强势的皇子，结成不同的朋党。诸兄弟之间，结党必结怨。胤禛没有参加皇太子党，也没有参加皇长子党，更没有参加皇八子党。他超然于兄弟们的朋党之外，既表现其诚孝皇父，也表现其友爱兄弟。或者说，他在兄弟角逐皇储时，采取了一种不附不合的中庸态度。这种态度，使他躲避开皇父与兄弟两方面的矢镞，而安然无恙。最后在众兄弟或废黜、或囚禁、或疏离、或厌倦的情况下，胤禛登上宝座，成为大清皇帝。

勤慎敬业 胤禛尽量避开皇储争夺的矛盾，极力表现自己不仅诚孝皇父、友爱兄弟，而且勤勉敬业。他结婚之后，多次受皇父之命，参与重大政治与祭祀活动。胤禛的足迹所至，遍及东西南北中——东向，至少5次到东陵祭祀，还到关外祭祀三陵——永陵、福陵和昭陵；西向，随行皇父西巡五台山;南向，随皇父两次南巡;北向，康熙三十一年（1692年)随皇父巡视塞外,以后到康熙六十一年(1722年),先后十余次到塞外;京畿，5次随皇父巡视京畿，察看水利，写诗纪事："帝念切生民，銮舆冒暑行；绕堤翻麦浪，隔柳度莺声；万姓资疏浚，群工受准程；圣心期永定，河伯助功成。"此外，他还察勘仓储粮谷。特别是在康熙三十五年（1706年），他跟随皇父远征噶尔丹，领正红旗大营，军旅生活使他受到了锻炼。在文的方面，他也受到磨炼。康熙六十年（1721年）三月，胤禛受命同三阿哥允祉率大学士王顼龄等磨勘（复核）会试中式的原卷。总之，自结婚后30年的实际磨炼，使他对社会、对人生、对政治、对民情有了深刻的感悟与深切的体验，为其后来登上皇位准备了条件。

戒急用忍 胤禛的性格，有两个特点:一是喜怒不定，二是遇事急躁。胤禛是个喜怒不定的皇子。康熙四十七年（1708年），胤禛央求皇父说：今臣年逾三十，请将谕旨内"喜怒不定"4字，恩免记载。康熙帝同意："十余年来实未见四阿哥有'喜怒不定'之处",因谕:"此语不必记载"！胤禛还是个性格急躁的皇子。他曾对大臣说："皇考每训朕，诸事当戒急用忍。屡降旨，朕敬书于居室之所，观瞻自警。"可见他皇父不止一次地训诫他要"戒急用忍"。胤禛继位后，定做"戒急用忍"吊牌，为座右铭，用以警示。

胤禛经历45年的皇子生活，特别在第二次废皇太子后的10年间，更加工于心计，秘筹争夺皇位。

皇位争夺　工于心计

康熙帝废太子后，皇长子允禔首先谋取皇位。他的有利条件是：一则居长，二则原大学士明珠是其外叔祖父，三则得到皇父的宠爱。允禔见太子被废，急欲谋得储位。他奏称："如诛允礽，不必出皇父手。"康熙帝听后大怒。他又用喇嘛施魔术，魇废太子。允禔谋太子的地位过急、过显，被夺爵、幽于第。此时，胤禛非但没有落井下石，而是给以关照。允礽初废后被幽禁在上驷院旁所设的毡帷里，派允禔和胤禛看守。允礽对皇父所斥“弑逆”一事，自己觉得实无其事，请求皇兄代为奏明。允禔不答应；胤禛却说：“你不奏，我就奏。”允禔只好代奏。康熙帝听了允禔的陈奏后说奏得对，命将允礽身上的锁链去掉。

允禩在皇兄允禔谋求皇储失败后，更增强了谋取皇位的信心。他在家族内，同九阿哥允禟、十阿哥允䄉、十四阿哥允禵；他在朝臣中，同辅政大臣遏必隆子、镶黄旗满洲都统、领侍卫内大臣、理藩院尚书阿灵阿，镶黄旗汉军都统、领侍卫内大臣、佟国纲之子鄂伦岱，大学士明珠子、日讲起居注官、翰林院掌院学士揆叙，康熙十二年（1673 年）殿试榜眼、日讲起居注官、《明史》总裁、左都御史、工部尚书王鸿绪等结党。康熙帝深恶痛绝皇子结成党羽，内外勾结，上下串联，蓄谋大位。他说：“诸皇子有钻营为皇太子者，即国之贼，法所不容。”他痛斥允禩道：“允禩柔奸性成，妄蓄大志，党羽相结，谋害允礽。今其事败露，即锁系，交议政处审理。”允禟告诉允禵，允禵进入，营救允禩。康熙帝大怒，拔出佩刀，将诛允禵。允祺上前，跪抱劝止，这时康熙帝愤怒少解。此次宫廷斗争，闹得乌烟瘴气。康熙帝忧伤地说：“日后朕躬考终，必至将朕躬置乾清宫内，尔等束甲相争耳！”这个典故，说的是春秋五霸之一的齐桓公晚年，5 个儿子树党争立，桓公刚死，诸子相攻，箭射在尸体上，其尸体在床上 67 日未入殓，以至蛆虫爬出窗外的悲剧故事。康熙四十七年（1708 年）冬，命诸大臣在皇子中荐举太子，左都御史、理藩院尚书、户部尚书、议政大臣、武英殿大学士马齐等推举皇八子允禩。康熙四十八年（1709 年）正月，康熙帝责查倡举允禩为皇太子的诸大臣。三月，康熙帝复立允礽为皇太子。允礽自己不争气，诸弟愈加争皇储。五十一年（1712 年），再废皇太子允礽。在这个过程中，胤禛的态度是，既不结党，也不钻营，而是工于心计，八面玲珑。如允禟、允祹、允禵等封为贝子时，他启奏说，愿意降低自己的爵位，以提高弟弟们的世爵。胤禛这样乖巧的做法，既讨得皇父的欢欣，也博得兄弟的好感。

允禵在允禩谋求皇储受挫之后，积极活动，谋取储位。允禵虽为胤禛的同母胞弟，但同八阿哥允禩拉得很近。在几位阿哥谋求皇储接连受挫后，允禵也希冀大位。他讨好大臣，礼贤下士。朝臣中流传“十四阿哥虚贤下士”，说明他也在谋取皇储。历史给他提供一个或吉或凶的机遇。康熙五十七年（1718 年），康熙帝命允禵为抚远大将军，征讨策旺阿拉布坦。行前，康熙帝亲往堂子行祭告礼；命将，康熙帝亲御太和殿授印；出师，允禵乘马出天安门，诸王、二品以上文武官员都到德胜门外军营送行。允禵称“大将军王”，用正黄旗纛。允禟对允禵说：“早成大功，得立为皇太子。”可见允禵、允禟等将这次出征立功，视为争取皇储的机会。但是，康熙帝病故时，允禵恰巧不在宫廷，胞兄胤禛得以继位。所以允禵挂大将军印出征，给他命运带来的不是吉兆，而是凶讯。

胤禛尽管四方讨好、八面玲珑，在兄弟争夺皇储中，也碰到麻烦。《皇清通志纲要》记载，在第一次废太子后，皇三子允祉、皇四子胤禛、皇五子允祺、皇八子允禩等同被圈禁。这里可能的原因是，康熙帝宣布废太子允礽后，健康不佳，情绪极坏，将他们暂时收禁起来，以防不测，不久开释。此后，胤禛为着谋取皇位，韬光养晦，费尽心机。他的心腹戴铎，在康熙五十二年（1713 年）为他出谋划策道：

当此君臣利害之关，终身荣辱之际，奴才虽一言而死，亦可少报知遇于万一也。仅据奴才之见，为我主陈之:“皇上有天纵之资，诚为不世出之主；诸王当未定之日，各有不并立之心。论者谓处庸众之父子易，处英明之父子难；处孤寡之手足易，处众多之手足难。何也？处英明之父子也，不露其长，恐其见弃，过露其长，恐其见疑，此其所以为难。处众多之手足也，此有好竽，彼有好瑟，此有所争，彼有所胜，此其所以为难。而不知孝以事之，诚以格之，和以结之，忍以容之，而父子兄弟之间，无不相得者。我主子天性仁孝，皇上前毫无所疵，其诸王阿哥之中，俱当以大度包容，使有才者不为忌，无才者以为靠。”

戴铎的书启，首先分析了当时形势:太子被废，诸王并立，争夺储位，策略从事。接着提出应对谋略——诚孝事上：适露所长，掩饰所短，避免过露所长，引起皇父疑惑；友爱兄弟：对待诸位阿哥，大度包容，和睦相待；平和忍让：能和则和，能结则结，能忍则忍，能容则容；善待百官：有才者不嫉妒，无才者相依靠。雍正帝基本上按照上述策略，一步一步地绕过争夺皇位航程中的险滩暗礁，终于登上皇帝的宝座。

在这里有几个问题需要回答。

雍正是否夺嫡而立？清朝的皇位继承，没有实行嫡长制。在清太祖、太宗时，皇位继承人采用满洲贵族会议推选制。清世祖福临首用遗嘱制，即在临终前指定皇三子玄烨为皇位继承人，就是康熙皇帝。康熙帝的皇位继承，先是指定允礽为皇太子，继而废，废而立，又再废。作为中国自秦始皇以来第一英君、明君、仁君的康熙帝，一生中最大的悲苦就是皇位继承人的反复无常。既然清朝没有实行“嫡长制”，雍正登极之前康熙帝并未“立嫡”,雍正有何嫡之可夺？所以不能说雍正继位是“夺嫡”。

雍正是否篡位而立？既然康熙晚年没有“立储”，雍正登极之前康熙帝没立“储位”，雍正有何位之可篡？唐太宗李世民的“玄武门之变”夺了长兄李建成的储位，明成祖朱棣的“靖难之役”夺了侄子建文帝的皇位，所以他们都可谓是“篡位”。到目前为止，没有一条可信的史料证明康熙帝生前已经立储，因而不能说雍正继位是“篡位”。

雍正是否夺位而立？康熙身后，储位未定，诸子争夺，雍正参与了兄弟间夺位之争。所以,雍正只是“夺位”,既不存在“篡位”,也不存在“夺嫡”。因此，所谓《清世宗夺嫡考实》，命题欠妥，设计不周。

雍正是否伪造遗诏？《清圣祖仁皇帝实录》记载康熙帝临死前留下《遗诏》，今中国第一历史档案馆存有一份《康熙遗诏》档案。经过清史专家研究，这份《康熙遗诏》是参照康熙五十四年（1715 年）十一月二十一日的谕旨加以修改而成的。康熙帝说:“此谕已备十年，若有遗诏，无非此言。”因此，有的学者认为“康熙遗诏漏洞百出”，有的学者认为康熙临死之前没有留下让雍亲王继位的遗诏。

康熙六十一年十一月十三日（1722 年 12 月 20 日），康熙病重。《清圣祖仁皇帝实录》记载：

> 寅刻，召皇三子诚亲王允祉、皇七子淳郡王允祐、皇八子贝勒允禩、皇九子贝子允禟、皇十子敦郡王允䄉、皇十二子贝子允祹、皇十三子允祥、理藩院尚书隆科多，至御榻前，谕曰：“皇四子胤禛，人品贵重，深肖朕躬，必能克承大统。著继朕登基，即皇帝位。”皇四子胤禛闻召驰至。巳刻，趋进寝宫。上告以病势日臻之故。是日，皇四子胤禛三次进见问安。戌刻，上崩于寝宫。”

上述记载，有 3 种不同的诠释：第一种说，《清圣祖仁皇帝实录》明确记载康熙向 7 位皇子和 1 位尚书宣谕由胤禛继承皇位，言之凿凿，可以相信。第二种说，既然将继位大事告诉 7 位兄弟和隆科多，为什么不告诉当事人胤禛？且《遗诏》为什么在康熙帝死后 3 天即十六日才公布？可见这段记载是伪造的。第三种说，既不能证明《遗诏》之真，也不能证明《遗诏》之伪，《康熙遗诏》仍是一个历史之谜。

雍正是否篡改遗嘱？康熙帝刚死，就传出雍正党人将康熙遗嘱“传位十四子”，篡改作“传位于四子”或“传位皇四子”。此属传闻，不为史实。因为如果康熙帝真有“传位于四子”的遗嘱，那么——其一，当时繁体字“于”写作“於”，“十”字很难改成“於”字；其二，当时行文的习惯是“皇某子”，“于”与“四”之间隔了一个“皇”字，行文就会变成“传位皇于四子”，显然不通；其三，况且当时如此重要的遗嘱，应同时以满、汉两种文字书写，满文又岂能改“十”为“于”？以上 3 点表明，此说不能确信。

雍正是否毒死皇父？一种说法是：康熙帝是喝了胤禛（雍正）送的人参汤被毒死的。康熙帝生前深通医药学，也很会保健。他对人参补养身体有一定看法，他周围的人和子女们应是知道的。胤禛不会、也不可能违背其皇父的意愿而进人参汤。上面的话从伦理、法理、情理讲，既悖于伦理，也悖于情理，更悖法理，是不合理的。总之，从当时的具体环境、周围条件分析，既违背史实，也绝无可能。

雍正是否逼死母亲？雍正的生母乌雅氏，雍正元年（1723 年）五月

雍正帝的生母孝恭仁皇后朝服像

二十三日死。她先后生下3个儿子:皇四子胤禛、皇六子允祚(5岁死)、皇十四子允禵和3个女儿:皇七女(生二月而殇)、皇九女、皇十二女(12岁死)。传说:雍正继位后,将允禵调回北京关押起来,他母亲想见允禵,雍正不准,太后一气之下,撞死在铁柱子上。《大义觉迷录》说:"逆书加朕以逼母之名。"看来当时雍正"逼母"说流传很广。乌雅氏眼看亲生儿子允禵被囚禁,作为皇太后能不生气吗?时人将雍正母亲的死同他囚禁胞弟相联系是很自然的事情。

雍正是否更改名字?学界对雍正改名有两种看法:第一种看法是,康熙帝遗嘱传位"胤禵"(皇十四子),因"胤禵"与"胤禛"字形、字音相近,胤禛遂取而代之。后将《玉牒》中的名字做了挖改。雍正又命胤禵改名为胤禵。这就是"玉牒易名"说。第二种看法是,本来皇四子就叫胤禛(zhēn),皇十四子就叫胤禎(zhēn),雍正做了皇帝,因"禛"与"禎"的字形和字音相近,便命皇十四弟胤禎改名为允禵。

总之,雍正帝的皇位,是正取,还是逆取?从胤禛登极至今280多年来,既是学术界激烈争议的问题,也是演艺界火爆炒作的题目。雍正继位是否逆取?历史没有留下记载。历史是胜利者的记录,正史不会、也不可能会对雍正逆取皇位做出记载。康熙生前未立皇位继承的遗诏,也不会留下一鳞半爪暗示皇位继承的文献。但是,康熙帝宾天,雍正帝继统,即有皇位出自篡夺的传闻异说。雍正为此亲撰上谕驳斥,编纂为《大义觉迷录》一书,就"谋父"、"逼母"、"弑兄"、"屠弟"、"贪财"、"好杀"、"酗酒"、"淫色"、"好谀"、"任佞"等10项"大罪",逐一驳斥,进行自辩,雕梓刊印,颁行天下。然而,事与愿违,弄巧成拙,欲盖弥彰,愈描愈黑,留下生动而曲折的历史故事。

继位登极　杀兄害弟

雍正登上皇帝宝座之前和之后,表现出两种性格、两张面孔和两副心肠。这种性格、面孔和心肠的变化,突出表现在他对兄弟和近臣的态度上。

雍正帝继承皇位之日，就面临着兄弟们的不满和挑战。康熙帝崩逝的噩耗传出，京城九门关闭 6 天，诸王非传令旨不得进入大内。箭在弦上，形势紧张。当时年满 20 岁的皇子共有 15 人：即雍正的大哥允禔、二哥允礽、三哥允祉、五弟允祺、七弟允祐、八弟允禩、九弟允禟、十弟允䄉、十二弟允祹、十三弟允祥、十四弟允禵、十五弟允禑、十六弟允禄和十七弟允礼。

皇大阿哥允禔，在太子废立中得罪皇父，被夺爵，幽于第。康熙帝派贝勒延寿等轮番监守，并严谕：疏忽者，当族诛。允禔已成为一只不再见天日的死老虎。雍正十二年（1734 年）死，以贝子礼殡葬。

皇二阿哥废太子允礽，被禁锢在咸安宫，但雍正仍不放心。雍正帝一方面封其为理郡王，另一方面又命在郑家庄盖房驻兵，将允礽移居幽禁。雍正二年（1724 年），允礽死去。

皇三阿哥允祉，本不太热心皇储，一门心思编书，但也受到牵连。雍正即位后，以“允祉与太子素亲睦”，命“允祉守护景陵”，发配到遵化为康熙守陵。允祉心里不高兴，免不了私下发些牢骚。雍正知道后，干脆将允祉夺爵，幽禁于景山永安亭。雍正十年（1732 年）死，以郡王礼殡葬。

皇五弟允祺，康熙帝亲征噶尔丹时，曾领正黄旗大营，后被封为恒亲王，其子弘升为世子。允祺没有结党，也没有争储，只想做个平安皇子。但是，雍正即位后，借故削弘升世子爵。雍正十年（1732 年），允祺死。

皇七弟允祐，雍正八年（1730 年）死。

皇八弟允禩，是雍正兄弟中最为优秀、最有才能的一位。但是，“皇太子之废也，允禩谋继立，世宗深憾之”。允禩为谋继位，同大阿哥允禔、九阿哥允禟、十阿哥允䄉、十四阿哥允禵等结党。所以，雍正继位后，视允禩及其党羽为眼中钉、肉中刺。允禩心里也明白，常怏怏不快。雍正继位，耍了个两面：先封允禩为亲王——其福晋对来祝贺者说：“何贺为？虑不免首领耳！”这话传到雍正那里，后命将福晋赶回娘家。不久，借故命允禩在太庙前跪一昼夜。后命削允禩王爵,高墙圈禁,改其名为“阿其那”。“阿其那”一词,学者解释有所不同,过去多认为是“猪”的意思,近来有学者解释为“不要脸”。允禩被幽禁后,受尽折磨,终被害死。后来乾隆帝给他的这位皇叔父平反:“未有显然悖逆之迹。”恢复原名,收入《玉牒》。

皇九弟允禟因同允禩结党,更为雍正所不容。允禟心里明白,私下表示:“我行将出家离世!”雍正哪能容许允禟出家!他借故命将允禟革去黄带子、削宗籍,逮捕囚禁。改允禟名为“塞思黑”。“塞思黑”一词,过去多认为是“狗”的意思,近来有学者亦解释为“不要脸”。不久给允禟定28条罪状,送往保定,加以械锁,命直隶总督李绂加以幽禁。允禟在保定狱所,备受折磨,以“腹疾卒于幽所”,传说是被毒死的。后乾隆帝给其九叔允禟“复原名,还宗籍”。

皇十弟允䄉,因党附允禩,亦为雍正所恨。雍正元年(1723年),哲布尊丹巴胡图克图来京病故,送灵龛还喀尔喀蒙古(今蒙古国),命允䄉赍印册赐奠。允䄉称有病不能前行,命居住在张家口。同年借故将其夺爵,逮回京师,加以拘禁。直到乾隆二年(1737年)才开释,后死。

皇十二弟允裪,康熙末年任镶黄旗满洲都统,很受重用,也很有权,但他没有结党谋位。雍正刚即位,封允裪为履郡王。不久,借故将其降为“在固山贝子上行走”,就是从郡王降为比贝勒还低的贝子,且不给实爵,仅享受贝子待遇。不久,又将其降为镇国公。这位允裪较之其他兄弟气量大,乾隆帝即位后被晋封为履亲王,一直活到乾隆二十八年(1763年),享年78岁。

皇十四弟允禵,虽与雍正一母同胞,但因他党同允禩,又传闻康熙帝临终前命传位“胤祯”而雍正党篡改为“胤禛”,所以二人成了不共戴天的冤家兄弟。雍正即位,先是不许抚远大将军允禵进城吊丧,又命他在遵化看守皇父的景陵,再将其父子禁锢于景山寿皇殿左右。乾隆帝继位后,将其十四叔开释。

皇十五弟允禑,康熙帝死后,雍正命其守景陵。

允禵像

雍正兄弟在康熙帝死时年 20 岁以上者，除以上 10 人外，尚有两人——就是其皇十三弟允祥和皇十七弟允礼。允祥，曾被康熙帝幽禁，原因不详。雍正继位，即封允祥为怡亲王，格外信用。允礼，雍正帝继位封其为果郡王，再晋为亲王，先掌管理藩院事，继任宗人府宗令、管户部。允祥和允礼显然早已加入“胤禛党”，只是康熙帝在世时，十分隐秘，未加暴露。

雍正的两种性格、两张面孔和两副心肠，还表现在他对待近臣隆科多和年羹尧。

隆科多，满洲镶黄旗人，父为一等公佟国维，妹为康熙帝孝懿仁皇后。康熙晚年任理藩院尚书、步军统领。康熙帝死时，唯有隆科多一人传遗诏由雍亲王胤禛继位。康熙帝报丧，隆科多提督九门、卫戍京师。雍正继位，隆科多说：“白帝城受命之日，即死期将至之时。”隆科多虽在雍正初继位时受赐袭一等公、吏部尚书、加太保等，仍被定 41 款大罪，命在畅春园外建屋3间，永远禁锢。六年（1728年）六月，隆科多死于禁所。

年羹尧，汉军镶黄旗人，父遐龄官至湖广总督、遐龄女事胤禛潜邸，后为雍正帝皇贵妃。羹尧生年不详，康熙三十九年（1700年）成进士，在康熙时任四川巡抚、定西将军，在青藏有军功。雍正继位，委以重任,召抚远大将军允禵还京师,命羹尧管理大将军印务。雍正三年(1725年）二月，以羹尧《贺疏》中有“夕惕朝乾”（应作“朝乾夕惕”）等因，命罢其将军，尽削其官职。同年，定年羹尧92款大罪，令其狱中自裁，斩其子年富，余子年15岁以上皆戍极边。此外，野史有胤禛为年羹尧私生子一说，当属无稽之谈。

隆科多以元舅之亲，受顾命之重；年羹尧以贵妃之兄，获累战之功。雍正初，隆科多与年羹尧，文武权臣，内外夹辅。《清史稿》论者谓:隆、年凭借权势，无复顾及，即于覆灭，古圣所诫。隆科多与年羹尧，知进不知退，知显不知隐，由此来说，是自酿祸。狡兔死，走狗烹；飞鸟尽，良弓藏——这条铁则，再次重复。

应当说，雍正兄弟之间、君臣之间，彼此猜忌，相互残杀，既是家族斗争,也是宫廷斗争。雍正帝毕竟是一位政治家,对他历史地位的评价，主要应看其政治功过。

初政锐利　改革积弊

雍正在位13年，锐利拓新，改革积弊，使他在康、雍、乾三朝，承前启后，名垂史册。

雍正帝的改革积弊措施，主要有以下几点：

设军机处　清朝辅佐皇帝的最高军政决策机构，主要为王大臣会议和内阁。雍正朝增设军机处，作为辅助皇帝决策的机构。军机处设立的时间，清史界看法歧疑，有雍正四年、七年、八年、十年诸说。雍正七年（1729年），用兵西北，设军机房，八年始正式设立办理军机处，简称军机处。地点在紫禁城隆宗门内北侧，由亲王、大学士、尚书、侍郎中特召简选，任军机大臣。起初有允祥、张廷玉、蒋廷锡 3 人，无定员，雍正朝多为 3 人。其僚属称军机章京，掌缮写谕旨，记载档案等。军机处“掌军国大政，以赞机务；常日侍直，应对献替，巡幸亦如之”。具体地说，主要职掌：每日晋见皇帝，商承处理军政要务，以面奉谕旨名义，对各部门、各地方发布指示；面奉谕旨，起草公文，由朝廷直接寄发，称为“廷寄”，封函标明“某处某官开拆”字样，由兵部捷报处发送；誊录保存公文，就是将皇帝批阅的奏折，誊录副本，称为“录副奏折”，这项制度使大量档案得以保存。在清初，重要的军政机构有 3 个：一是议政处，二是内阁，三是军机处。议政处源自关外，主要由王公贵族组成，称议政大臣，参画机要。后设内三院，即后来的内阁。军务归议政处，政务归内阁。议政处的权力逐渐减弱，到乾隆朝撤销。内阁，仿明朝制度，逐渐排斥议政处于机务之外。而军机处建立后，军政要务归军机处，一般政务归内阁，军机处权力远在内阁之上，大学士的权力为军机大臣所分，逐渐排斥内阁于机务之外。内阁宰相，名存实亡。军机处的建立，标志着皇权专制走向极端。明代的内阁，对皇权有一定的约束，如诏令由内阁草拟、经内阁下发，阁臣对诏令有权封驳。但是军机处成立之后，参与最高军国机密者，排除了王公贵族，也排除了内阁大臣。军机处公文，以廷寄形式，直达官员本人。军机处设立后，只会有庸臣，不会有权臣。有人指出：“军机处虽为政府，其权属君；若内阁，则权属于臣。”所以，军机处的设立，清朝皇帝，乾纲独断——既不容皇帝大权旁落，也不许臣下阻挠国是。雍正为强化君权专制，更完善密折制度。

密折制度 清朝臣下给皇帝的报告，主要有 3 种形式，即题本、奏本和奏折。题本和奏本都经过通政司转内阁呈奏。它要做“摘要”即“贴黄”，录备副本，内阁审核，送呈御览。皇帝朱批，再行下达。清朝在顺治时，已经出现“密封奏折”，但只是因人、因事，尚未形成制度，至今也未见到实物。康熙朝先有满文奏折（满文朱批），后有汉文奏折（汉文朱批），现存满文奏折 5 000 余件、汉文奏折 4 000 余件，它是皇帝同臣工联系的一条重要渠道。什么是密折呢？密就是机密，有些奏折与朱批不便或不宜公开，在当时属于机密（有的并不保密）；折就是奏折，奏文的载体为折片，奏文多写在无格白折纸上，像扇面能折叠，外面加上封套。康熙曾就一份满文奏折朱批道："以后奏折，尔亲手写来，即字不好有错亦不妨，但不可令人知道。况且在尔等折内，皆朕随手草写，再无一人知道，亦无底稿。"雍正朝的密折，现存汉文奏折 35 000 余件、满文奏折 6 600 余件，共有 41 600 余件，是研究雍正朝历史的重要档案。不是所有的官员都可以向皇帝上奏折，而是经过皇帝特许者才有资格。有学者统计，康熙朝有具折奏事的官员 100 多人，雍正朝增加到 1 200 多人。密折传递程序是，在京官员奏折直送奏事处，外省官员奏折由驿递或专送汇到奏事处，再交奏事太监呈送皇帝拆阅。皇帝批发的奏折，按原程序发还原奏者遵行。奏折人知道谕旨后，再将朱批奏折缴回存档。康熙朝的奏折由本人收藏。雍正继位后，怕有的奏折和朱批于己不利，下令全国通统收缴奏折："朕之皇考朱批旨意，俱著敬谨查收，送到朕处。若抄写存留、隐匿、焚弃，日后败露，断不宽恕，定行从重治罪。"这样做得到一个意想不到的结果，就是将大量朱批奏折保存下来，成为珍贵的历史档案。雍正还建立录副制度，就是将朱批奏折抄录副本，称为录副奏折，这就补充了原折的缺失。因为奏折由官员个人直接向皇帝奏报，中间没有任何人知道，这条渠道就成为暗箱。臣工奏折的内容，几乎无所不包，诸如刮风下雨、社会舆情、官场隐私、家庭私事等等。皇帝通过奏折，直接了解和掌握下面的实际情况。奏折运转处理程序，因"阁臣不得与闻"，而避开阁臣干预，特别是官员之间互相告密、互相监督，而强化了皇帝的专制权力。后来乾隆废止使用奏本，光绪又废止自明以来的题本，奏折成为臣工上奏政务文书的唯一管道。所以，密折制度更加强化了清朝的君主专制。

秘密建储　清朝皇帝的继承人问题，康熙以前没有制度化。清太祖死后，因皇位继承演出大妃生殉的悲剧，害得多尔衮从小失去母亲。清太宗死后，尚未入殓，几乎演出兵戎相见的惨剧。清世祖死后，仓促让一位 8 岁的孩童继位，大清幸运出现一位英明的君主。清圣祖死前未留继位遗诏，演出了雍正兄弟骨肉相残的闹剧。大清皇朝，是家天下。用什么办法在家族内确立接班人，是清朝建立 100 多年所没有解决的问题。用嫡长制？虽可以避免兄弟之争，但不能保证选优。明亡教训，前车之鉴。用太子制？康熙帝失败的教训，雍正已经亲历切肤之痛。怎么办？雍正想出一条办法，既预立皇位继承人，又不公开宣布，这就是秘密建储。雍正元年（1723 年）八月十七日，雍正帝在乾清宫西暖阁，召见总理事务王大臣，满、汉文武大臣及九卿等面谕：

> 今躬膺圣祖付托神器之重，安可怠忽，不为长久之虑乎？当日圣祖因二阿哥之事，身心忧悴，不可殚述。今朕诸子尚幼，建储一事，必须详慎，此时安可举行。然圣祖既将大事付托于朕，朕身为宗社之主，不得不预为之计。今朕特将此事，亲写密封，藏于匣内，置之乾清宫正中，世祖章皇帝御书“正大光明”匾额之后，乃宫中最高之处，以备不虞。诸王大臣，咸宜知之。或收藏数十年，亦未可定。

诸臣退后，留总理事务王大臣允祥，将密封锦匣收藏于乾清宫“正大光明”匾后。这是建储制度的一项重大创革。其积极的方面是，既有利于在皇子中选优，又避免皇子中争夺储位，相对地保证皇位继承的平稳过渡。其消极方面是，皇位的继承盖然排除满洲贵胄和朝廷大臣的意见，完全由皇帝一人决定，从而在皇位继承问题上独断专行。

改革八旗 八旗制度作为清朝最根本的军政制度，自清太祖创立到雍正帝即位，已经 100 余年。它的弊病，与日俱增。雍正对八旗制度只做一些小的调整，主要表现：一是增强皇帝对八旗的控制，削弱旗主的权力。二是限制王公对属下勒索，减轻旗人的负担。三是兴办旗学，为宗室贵族设立宗学，为觉罗贵族设立觉罗学，还为八旗优秀子弟设立咸安宫官学、景山官学等。让这些八旗子弟，学习满文、汉文，练习骑射，

雍正帝御笔"勤政亲贤"匾

受到教育，鼓舞上进，好善恶恶，崇俭远奢，学习生计，严戒游惰。四是解决旗人生计。清定鼎北京近百年，八旗属下，人口日繁，不事生产，生计困难。雍正采取许多办法，如增加兵额——终究兵源有限；实行优恤——毕竟杯水车薪；设立井田——纯属于乌托邦；关外移民——拖家带口迁也难。应当说，八旗制度设立，清朝崛兴；八旗制度发展，清朝强盛；八旗制度衰落，清朝覆亡。雍正没有、也不可能有办法，去解决八旗制度的根本问题。但是他通过调整八旗的一些问题，使皇权得到加强。

从以上 4 例可以看出，雍正即位之初，大刀阔斧，雷厉风行，既改革了康熙的一些积弊，也强化了皇帝的专制独裁。雍正将中国皇权主义更加推向峰巅。

勤于政事　励精图治

雍正在位 13 年，不管他的朋友还是他的敌人，都一致肯定他是中国历史上一位勤政的皇帝，也是一位改革积弊的皇帝。这主要是：整顿吏治、摊丁入地、改土归流、废除贱籍。

整顿吏治　康熙晚年，身患中风，精力不够，标榜宽仁，吏治松弛，贪污腐败，已然成风。雍正在长年皇子生活中，对皇父晚年政弊，看得较为清楚。雍正元年（1723 年）正月，他颁布 11 道谕旨，训谕总督、巡抚、督学、提督、总兵、布政司、按察司、道员、副将参将游击、知府、知州知县，文官到县令，武官到游击。训谕总督：今或以逢迎意旨为能，以沽名市誉为贤，甚至暗通贿赂，私受请托；训谕巡抚：库钱亏空，近来或多至数十万；训谕督学：勿私纳苞苴，勿瞻徇情面；训谕提督：虚名冒饷、侵渔扣克，将国家恤兵养士之饷，作将吏肥家之计；训谕总兵：给粮而克扣、则师旅有枵腹之忧，却兵而不补、则营伍有空虚之患；训谕布政使：各省库项亏空，动辄千万，是侵是挪，总无完补，耗蠹公帑，视为泛常，尤为不法，应严革前弊，永杜侵挪；训谕按察司：今法吏纳贿财货，出入人罪，戕人之罪，破人之家，以求得名（官爵）实（钱财）兼收；训谕道员：粮道克扣运费、营私烦扰，河道冒支帑金、馈遗纳贿，盐道上亏国课、高抬盐价、下累小民；驿道多方勒索、病官病民；训谕副将等：营伍废弛，将弁贪利，纵兵肆虐，诱赌放债；训谕知府：近闻州县火耗，任意加增，以民之脂膏，饱吏之贪壑；训谕知县：或恣意贪婪，或朘削肥家，或滥行逞虐，或恃才多事，或谄媚上司，或纵吏扰民等。严诫：如因循不改，朕必置重典。二月，命将亏空钱粮各官即行革职追赃，不得留任。三月，命各省督、抚将幕客姓名报部。四月，训饬大学士、领侍卫内大臣、文武大臣三道。六月，敕八旗人员有被本旗都统、本旗王公刁难苛索者，许其控诉。七月，禁止出差官员纵容属下需索地方，并禁止州、县借故私派。

后以户部库存亏空银250余万两，令历任堂司官员赔补。同年设立会考府，整顿收支。他对怡亲王说："尔若不能清查，朕必另遣大臣；偌大臣再不能清查，朕必亲自查出。"他的铮铮决心，收到切切成效。《清史稿·食货志》说："雍正初，整理度支，收入颇增。"史学家章学诚评价雍正整顿吏治成绩说："澄清吏治，裁革陋规，整饬官方，惩治贪墨，实为千载一时。彼时居官，大法小廉，殆成风俗，贪冒之徒，莫不望风革面。"这个评论有张饰之词，但也说明雍正整顿吏治的功效。

摊丁入地 中国过去土地和人丁分开纳税。康熙五十年后，实行"盛世滋生人丁，永不纳赋"，但此前出生的人丁还要缴纳赋银。康熙时曾议论将丁赋摊入地银里。雍正元年（1723年）九月，先允直隶巡抚李维钧所请，将丁银摊入地亩，随后大部省份相继推行。这项赋役制度的重大改革，从法律上取消了人头税，减轻了贫穷无地者的负担。就这一点来说，摊丁入地制度有一定的积极意义。但是，自“盛世滋生人丁，永不纳赋”之后，特别是实行“摊丁入地”制度之后，社会人口，急剧增长。道光年间，人口之数，突破 4 亿。

改土归流 在中国西南少数民族地区，主要由土司进行管辖。土司世袭，长久不变，愚昧落后，百姓痛苦:“汉民被其摧残，夷人受其荼毒。”明朝部分实行派遣轮流调换官员进行管辖。因这种官员，经常流换，习称流官。雍正即位后，在西南少数民族地区，全面实行“改土归流”制度。就是在云南、贵州、广东、广西、四川、湖南、湖北等省原土司管辖的地区，革除土司制度；清廷在上述地区分别设立府、厅、州、县，委派有任期的、非世袭的官员进行管理。这种管理体制，同内地大体一样。显然，这项制度必然招致怀有守旧观念的、享有世袭特权的土司的不满和反抗。雍正命鄂尔泰为云贵总督，排除土司阻力，推行改土归流。鄂尔泰以招抚和镇压两手，使雍正帝这项改革措施得以实行。雍正帝的改土归流，打击了土司的世袭特权和利益，减轻了西南少数民族的负担和灾难，促进了这一地区社会经济与文化的进步。

废除贱籍 贱籍就是不属士、农、工、商的民籍，世代相传，不得改变。他们不能读书科举，也不能做官。在清以前，这种贱籍主要有陕西乐籍、浙江丐籍、广东疍民等。山西、陕西的乐户，起源于明朝永乐年间。明燕王朱棣起兵推翻其侄子建文帝的政权后，将当时坚决拥护建文帝官员的妻女，罚入教坊司，充当官妓，身陷火坑，备受蹂躏，世代相传，久习贱业。年羹尧之子年熙，请求开豁她们的贱籍。雍正帝让大臣议奏，大臣认为：“压良为贱，前朝弊政。我国家化民成俗，以礼义廉耻为先，似此有伤风化之事，亟宜革除。”雍正皇帝批准，革除乐民贱籍。随之，也革除京中教坊司的乐户，成为良人的职业。浙江绍兴宋罪俘后人成为惰民丐籍，他们男的做捕蛙、卖汤、抬轿等，女的做媒婆、卖珠、接生等活计。这些人，“丑秽不堪，辱贱已极”，人群之中，人皆贱之。雍正帝同意他们脱离丐籍，转为民户。尔后，安徽的伴当、世仆，其地位比乐户、惰民更为悲惨。如果村里有两姓，此姓全都是彼姓的伴当、世仆，有如奴隶，稍有不合，人人都可加以捶楚。雍正帝下令，将他们豁免为良。还有，广东沿海、沿江一带，有疍户，以船为家，捕鱼为业，生活漂泊不定，不得上岸居住。雍正帝令其可以在陆地上建造房屋，登岸居住，缴纳鱼课，编为齐民。江苏苏州府有丐户，也为贱民。雍正帝也同意将他们编入正户，免除丐籍。雍正帝对历史上遗留下来的乐户、丐户、世仆、伴当、疍户等，命令除籍，开豁为民，这充分表现他敢于革除旧弊、推动社会进步的精神。

以上 4 例表明，雍正帝在位期间，革除社会积弊，推动历史发展，做了一些有益于百姓的事情。

崇佛重道　期盼长生

雍正帝的宗教信仰是:不仅崇佛，而且重道。雍正的先祖太祖、太宗、世祖、圣祖都崇奉佛教，所以雍正信佛自在情理之中。但是，雍正重道、痴道，却大大地超越了他的先祖。

中国历代皇帝，登上最高权力宝座，享尽人间荣华富贵。他们主要不是追求来世人生，也不是憧憬蓬莱仙境，而是向往长生不老。所谓长生，就是万寿无疆；所谓不老，就是青春常在。他们认为，要达到人生这一最高境界，就得修道。秦始皇为求长生不老，派五百童男童女，到蓬莱三岛——蓬莱、瀛洲、方丈去寻长生不老药，结果只活了 49 周岁；汉武帝为求长生不老，崇道求仙，也只活了 69 周岁。至于唐朝皇帝尊道，据说是因为老子姓李，和当朝皇帝同姓，借助道教来提升皇帝的地位。随后宋朝皇帝多信道教，也是为了长生不老。明朝皇帝中信道教最虔诚的，要算明世宗嘉靖皇帝。他崇道修玄，为着求嗣、长生、不老、成仙。他 15 岁结婚后，到 25 岁还没有儿子。他尊奉真人邵元节，在皇宫御花园的钦天殿，建祈嗣醮坛，曾亲自行礼，大醮 7 昼夜。又在宫外建大高玄殿，行安神大礼。他在夜中遭逢火灾，在宫中遭宫女之变，两次受惊，大难不死，对待道教，更加笃信。后干脆移居西宫，专意玄修。邵元节死后，真人陶仲文来到他的身边，传授丹铅灵药，长生不老。嘉靖帝信以为真，命采幼女经血炼丹，仅 3 次就选 760 名 8 至 14 岁少女入宫备用。他又广泛搜求房中秘术和长生不老药。一位叫顾可学的落魄文人，声言用童男童女尿水可以配制壮阳不老药。此人被封为礼部尚书、太子太保。时人嘲笑说："千场万场尿，换得一尚书。"嘉靖每天不理朝政，不见大臣，烧香修道，又吞丹药。嘉靖皇帝崇道求仙，态度之虔诚、用功之勤奋、炼丹之考究、手段之怪离，可以说是亘古罕见，但也只活了 59 周岁。这些著名的崇奉道教、祈求长生的皇帝，没有一个是长生不死的。

雍正帝不接受历史的经验，仍迷信长生不老。雍正原本信奉佛教，在位 7 年时患过一场大病，1 年多才痊愈。病好之后，他信奉道教。他在宫中养道士，一面治病强身，一面祈求长生。道士所用的方法，有丹药、有按摩、有念咒等。真人有贾士方、娄近垣、张太虚、王定乾等。雍正早在雍邸时就对道教产生兴趣，曾作《烧丹诗》：

铅砂和药物，松柏绕云坛。
炉运阴阳火，功兼内外丹。
光芒冲斗耀，灵异卫龙蟠。
自觉仙胎熟，天符降紫鸾。

雍正推崇紫阳真人，赞赏他"发明金丹之要"，说明他对道家丹药灵石有着兴趣。雍正登上宝座后，常吃丹药，还把丹药赐给近臣鄂尔泰、田文镜等。他在给田文镜的朱批中说道："此丹修合精工，奏效殊异，放胆服之，莫稍怀疑，乃有益无损良药也。朕知之甚确。"这说明雍正不仅懂得药理，而且经常服用。

雍正在宫中养道士，主要为的是长生不老。他密令各地总督、巡抚推荐"修炼养生"的道家方士，赐住圆明园，为他炼制长生不死之药，教他长生不老之术。雍正经常吃丹铅之药，久之必会中毒。雍正值 58 岁的盛年，突然暴死，学者认为死因或与丹铅中毒有关。还有一例可做佐证，就是他死后第 3 天，新君乾隆皇帝下令驱逐圆明园中的道士。乾隆上谕说：

> 皇考万几余暇，闻外间有炉火修炼之说。圣心深知其非，聊欲试观其术，以为游戏消闲之具。因将张太虚、王定乾等数人，置于西苑空闲之地，圣心视之，如俳优人等耳，未曾听其一言，

雍正帝道装像

> 未曾用其一药。且深知其为市井无赖之徒，最好造言生事，皇考向朕与和亲王面谕者屡矣。今朕将伊等驱出，各回本籍。令莽鹄立传旨宣谕：伊等平时，不安本分，狂妄乖张，惑世欺民，有干法纪，久为皇考之所洞鉴。兹从宽驱逐，乃再造之恩；若伊等因内廷行走数年，捏称在大行皇帝御前一言一字，以及在外招摇煽惑，断无不败露之理，一经访闻，定严行拿究，立即正法，决不宽贷。

以上说明，乾隆帝想掩饰其父笃信道教、服用丹药的事实。然而，他登极3天，就急不可待地将道士张太虚、王定乾等驱逐出圆明园。告诫他们：不许泄漏内廷一言一字，否则立即正法。这证明雍正帝之暴死，同服用丹药有直接的关系。

表面俭约　内在奢侈

雍正帝的生活，是俭朴还是奢华？从雍正的学术传记到演艺形象，看法雷同，都是俭朴。

依据新挖掘的档案史料，我们便可以看到雍正奢华的生活形象。

关于雍正的私人生活，他自我标榜为秉性不喜华靡，强调撙节美德，禁止臣工进献华丽、精巧之物。他说：“外间所进香囊、宫扇中，有装饰华丽、雕刻精工者，此皆开风俗奢侈之端，朕所深恶而不取也。”廷臣也顺着和主颜色，如宠臣张廷玉说：“世宗宪皇帝时，廷玉日值内廷。上进膳，常承命侍食，见上于饭颗、饼屑，未尝废置纤毫。每见臣工，必以珍惜五谷、暴殄天物为戒。”礼亲王昭梿在《啸亭杂录》中，美评雍正皇帝说：“在位十三年，日夜忧勤，毫无土木、声色之娱。”总之，清代官书、宠臣、宗室、文人，对雍正皇帝的私人生活，多为谀辞赞语。当代学者文士，也对雍正皇帝私人生活蹈袭前臼，倍加赞辞：雍正皇帝“看到其父俭朴如此，十分感动，谕令王公大臣，要崇俭禁侈，他自己也是这么做

雍正帝洋装像

的”。前述雍正《上谕》、昭梿载记、廷臣目击等等，平心而论，都有其事，都是真实的一面。然而，雍正皇帝是多重性格，有多张面孔。研究历史人物的难点和重点在于，揭示其多重性格与典型性格，展示其多重面目与真实面目，特别是要揭开其隐秘面纱与揭露其隐秘性格。

下面我们就依据内务府造办处《各作成做活计清档》，撩开雍正帝私人生活的面纱：雍正不但不节俭，私生活的奢靡，已达到顶峰。这里仅举数例：

狗衣：雍正帝命给狗做麒麟衣、狻猊马衣、硬虎皮衣、软虎皮衣、猪皮衣、豹皮衣、良鼠皮衣、白绫面蓝纺丝衬棉花里麒麟衣，给狗做纺丝软里麒麟套头、棉花软衬套头、月白绉绸里套头，以及各色的狗笼、狗窝、狗被、狗褥等等，还要朗世宁为名叫“者尔得”的狗画写生画。

象牙席：雍正帝一面禁止进贡象牙席，一面又颁旨制作象牙席。如雍正三年（1725年）年希尧进象牙4根、重290斤，后下旨做象牙席、象牙床边、象牙靠背等。

灯饰：“不要铜铸异兽，不要狮子，不要下托杆子。要（在）二十四节气灯上，安璎珞、宝盔。其灯片着蒋廷锡画花卉、翎毛。”

器物：洋漆书桌，“此桌面甚好，但桌腿不好。可将桌面取下，另做紫檀木桌腿”。此外雍正还下旨制作三色玛瑙牌、白玉葫芦式花插、珐琅钟、象牙马、嵌玻璃镜黑珠皮匣、黑晶牛镇纸、碧玉鹿、琥珀扇器等。

其他:雍正帝喜爱眼镜,一次外进100副;喜爱鼻烟壶,一次进100个,仅《活计档》就记载2 219个;又喜爱钟表,诸如轿内左、右、前都安钟表;还喜爱骨牌、围棋、玩具、假发、喜鹊、鹦鹉、盆景等，命一次定做楠木床18张，还做紫檀银钿丝边玻璃靠背床等等。

雍正皇帝的性格特点，具有两面性：说是一套做是一套、明处一套暗里一套、外朝一套内廷一套。他的两重性格，有其历史渊源。胤禛之所以能登上皇位，主要不是因为他比其他兄弟聪明，而是因为他的性格具有两面性。康熙末年太子允礽被废后，皇三子允祉既有学识，又受皇父眷顾，但终与皇位无缘。究其原因，当然是不如胤禛工于心计与会耍两面。胤禛以诚孝奉君与无意大位来包装自己：写诗“太平无一事，常愿奉君王”——表示诚孝事父；“生平耽静僻，每爱住深山”——流露无意君位。胤禛在做皇子的时候，能够“掩短显长”：其长，诚孝皇父、友爱兄弟、勤勉敬业；其短，残忍苛刻、猜忌多疑、虚伪急躁——虚伪造作将“残忍苛刻、猜忌多疑”的性格掩盖，特别把自己贪禄天位的想法隐藏起来。雍正的急躁性格，常以皇父训诫自律。他说:“皇考每训朕，诸事当戒急用忍。”即位后制做“戒急用忍”牌为座右铭。所以，在众兄弟角逐皇位时，诸兄弟失败，而胤禛独胜。雍正的两面性格是他取得皇位的秘诀，也是他巩固皇位的法宝。他在做皇帝时，极力表现出节俭、爱民，隐藏其奢靡、残忍。近年以来，关于雍正皇帝的学术论著与艺术形象，只突出、显现其节俭的一面，而忽视、隐藏其奢靡的另一面。这就给读者、观众以误导。

宫廷生活　喜中有忧

雍正的家庭生活，有喜也有忧。

雍正的后妃，有 9 人，受他册封的有：孝敬皇后、孝圣皇后、敦肃皇贵妃、纯悫皇贵妃、齐妃、宁妃，懋嫔，还有被乾隆帝尊为妃的皇考谦妃，以及李贵人。实际上，据统计：仅葬在清西陵的就有 23 人。

孝敬皇后，乌拉氏，内大臣费扬古的女儿。雍正为皇子时，被乃父康熙帝册为嫡福晋。雍正元年（1723 年），册为皇后。她做了 9 年皇后，患病而死，后与雍正帝合葬泰陵。雍正帝没有再册立皇后。

孝圣皇后，钮祜禄氏（一说为钱氏），四品官凌柱的女儿。她 13 岁到胤禛府，称为格格。这位格格非常幸运，因为生下讨祖父康熙和父亲雍正喜欢的弘历，就是后来的乾隆皇帝，得以先晋熹妃，再晋熹贵妃。乾隆即皇帝位后，说是他父亲有遗命，尊为皇太后，居住在慈宁宫。乾隆很孝顺，每次巡幸，常带太后，南巡 3 次，东巡 3 次，西巡五台山 3 次等。拜谒孝陵，秋狝木兰，每年必往，几无缺空。乾隆十六年（1751 年），皇太后 60 大寿，乾隆帝修建清漪园（后改名为颐和园），改瓮山名为万寿山，并拓扩昆明湖，作为向皇太后 60 大寿的献礼。皇太后 70 大寿、80 大寿，乾隆帝都为她举行隆重的庆典大礼。皇太后活了 86 岁，正赶上国家盛世，天下太平，享尽人间富贵荣华。像孝圣皇太后既健康高寿，又一生华贵的女人，中华历史，曾有几人？

敦肃皇贵妃，巡抚年遐龄的女儿，年羹尧之妹。胤禛在潜邸，就为侧福晋。雍正登位，封为贵妃。这位年贵妃既不幸、又有幸。不幸的是，当上两年多的贵妃，便得了大病而死，虽晋为皇贵妃，却享受不到这种待遇；有幸的是，死后不久，年羹尧案发，全家受到牵连，她却入土为安。年妃生下 3 子、1 女，都早殇。

纯悫皇贵妃，耿氏，事胤禛于潜邸，后晋为嫔、妃，死后被尊为纯悫皇贵妃。她高寿，享年96岁，有一子，名弘昼。

此外，齐妃，李氏，有1子，名弘时;谦妃，刘氏，有1子，名弘瞻;懋嫔，宋氏，生2女，皆早殇。

雍正帝有10个儿子。长子在弘历（乾隆）出生前死去（卒年8岁），皇二子（卒年11岁）、皇三子（卒年24岁）、皇七子（卒年3岁）、皇八子（卒年2岁）、皇九子（卒年8岁）、皇十子（卒年1岁）。长成人的只有皇三子弘时、皇四子弘历、皇五子弘昼和皇六子弘瞻4人。其中，皇三子弘时，为齐妃李氏所生，因放荡不谨，被削宗籍，在乾隆继位前

雍正帝熹贵妃、乾隆帝生母孝圣宪皇后像

死去。皇六子弘瞻，为谦妃刘氏所生，善诗画、好藏书，过继给果亲王允礼（康熙第十七子）为后（子）。所以，只有皇四子弘历与皇五子弘昼存在继位的可能。弘昼，为纯悫皇贵妃耿佳氏所出，与乾隆同岁，却比弘历（乾隆）出生晚一个时辰。因他幼时受乾隆生母钮祜禄氏抚养，其生母又高寿，而得到特别的关爱与庇护，被封为和亲王。弘昼少年骄抗，心情愤郁，生活奢靡，无所事事，好言丧礼。《清史稿·诸王六·弘昼传》载：

> 弘昼少骄抗，上每优容之。……性复奢侈，世宗藩邸旧赀，上悉以赐之，故富于他王。好言丧礼，言："人无百年不死者，奚讳为？"尝手订丧仪，坐庭际，使家人祭奠哀泣，岸然饮啖以为乐。作明器象、鼎、彝、盘、盂，置几榻侧。

这充分说明满洲贵族中的天潢贵胄，整日悠闲，无事可做，精神空虚，颓废至极。这样的王公贵族，长期地延续下去，大清皇朝，不亡何待！

雍正帝有 4 个女儿，长成人的只有 1 人，为齐妃所生，下嫁星德。雍正的 4 个女儿，在清代公主中平均寿命最短，只有 6 岁。

死亡之谜　众说纷纭

胤禛于雍正十三年（1735 年）八月二十三日子时，在圆明园猝然去世。据《清世宗实录》和《张廷玉年谱》记载：雍正十三年八月二十日，胤禛偶感违和，仍照常听政，并召见臣工。二十一日，病情加重，照常理政。大学士张廷玉，每日进见，未尝间断。皇四子宝亲王弘历、皇五子和亲王弘昼等，御榻之侧，朝夕奉侍。二十二日，病情恶化，太医抢救。二十三日子时，进药无效，龙驭上宾。前后 3 天，可算急症。胤禛突然而死，官书不载原因。于是，胤禛死亡之谜，朝野众说纷纭。

一说，胤禛是被吕四娘谋刺死的。稗官野史如《清宫十三朝》、《清宫遗闻》等书，都有雍正遇刺死亡之文。传说吕四娘是吕留良的女儿，也有说是吕留良的孙女。当年，吕留良因文字狱，被死后戮尸，吕氏一门，或被处死，或被遣戍。但吕四娘携母及一仆逃出，隐姓埋名，潜藏民间。吕四娘拜师习武，勤学苦练，尤长剑术，技艺高超。后来，吕四娘乔装打扮，混入深宫，一日乘机，砍掉雍正脑袋。或说，吕四娘的师傅，原是雍正的剑客，后离去，培养了女徒吕四娘。这个民间传说，流传 200 多年。到 1980 年，曾发掘雍正泰陵地宫，未打开，即作罢。但民间传言雍正棺材已经打开，雍正的遗体有尸身而无首。想以此证明胤禛之头是被吕四娘砍掉的。这些传说，都是无中生有，纯属野史逸闻。学者认为，吕留良之案，吕氏一门，男女老幼，俱已严禁，不能逃逸。就连吕留良父子坟墓，都加以监视，吕女不可能逃脱。所以，吕四娘行刺雍正说，实属子虚乌有，绝不可信。

二说，胤禛是被宫女等缢死的。柴萼《梵天庐丛录》记载：传说雍正九年（1731 年），宫女伙同太监吴首义、霍成，伺胤禛睡熟，用绳缢杀，气将绝，被救活。这个逸闻源自明世宗嘉靖皇帝的真实故事。明嘉靖二十一年（1542 年），宫女杨金英等“伺帝熟睡，以组缢帝项，误为死结，得不绝”。同伙张宫女害怕，跑去报告方皇后。皇后赶到，解帛组，帝气绝。命召太医许绅急救。《明史·许绅传》记载：绅“急调峻药下之，辰时下药，未时忽作声，去紫血数升，遂能言，又数剂而愈”，事后将杨金英等磔于市。显然，雍正帝与嘉靖帝的庙号都是“世宗”，这个清世宗雍正被宫女缢杀的故事，完全是明世宗嘉靖被宫女勒缢故事的翻版。所以，宫女缢勒雍正说，实属移花接木，张冠李戴。

三说，据说《红楼梦》的作者曹雪芹，有个恋人叫竺香玉，是林黛玉的原型。这竺香玉后来被雍正霸占成为皇后。曹雪芹想念恋人，就找了一个差事混入宫中，与竺香玉合谋，用丹药将雍正毒死。这是编造的故事，纯属于无稽之谈。

四说，胤禛是服丹药中毒而死的。胤禛在雍正七年（1729 年），得了一场大病。大臣说“皇上下颏偶有些微疙瘩”，是什么病，说不清楚。

胤禛向心腹密臣发出谕旨，要他们推荐好医生、道士："可留心访问，有内外科好医生与深达修养性命之人，或道士，或讲道之儒士、俗家。……一面奏闻，一面着人优待送至京城，朕有用处。"后来李卫密荐道士贾士芳，到北京为胤禛看病。后将贾道士处死。胤禛对道士、对丹药感兴趣，特为紫阳道人重建道院。胤禛还曾延请道士张太虚、王定乾等，到圆明园炼丹，以求吞服灵丹妙药，长生不老。

胤禛死后3天，他的儿子、新君乾隆帝下令驱逐张太虚等道士，并严谕他们不许透露宫中只言片字。乾隆帝对圆明园中道士的严厉态度，可能同其乃父食道士烧炼的丹药致死有关。近人金梁（息侯）在《清帝外纪·世宗崩》中说："惟世宗之崩，相传修炼丹饵所致，或出有因。"杨启樵教授认为雍正是"服饵丹药中毒而亡的"。有学者则认为："此说颇有合于情理处，然而究属推论，未可成为定谳。"或谓："这类宫闱秘事，要确证论定，难得过硬资料。"

五说，胤禛是患中风而死的。郑天挺先生认为，雍正"是中风死去的"。这个重要论断，需要史料证明。

雍正皇帝死因，是个历史之谜。

雍正皇帝一生，继位与死因两个谜，既给读者留下想象的空间，也给学者留下研究的课题。

雍正帝小议

雍正帝胤禛是一位勤政的君主。"康乾盛世"，承上启下。但留下的负面历史遗产，诸如完善奏折制度、实行军机处制、秘密建储制度、文字狱案件等，极大地强化了皇权，强化了君主集权制。中外历史经验表明：权力愈接近民众，便愈激发社会生气；权力愈强化集中，便愈扼杀社会生机。雍正朝，如此否？

六

乾隆大帝：全盛高峰

清乾隆帝爱新觉罗·弘历，康熙五十年八月十三日（1711年9月25日）生，属兔，嘉庆四年正月初三日(1799年2月7日）卒，庙号高宗，谥纯皇帝，葬裕陵（今河北省遵化县清东陵）。25岁登极，在位60年，太上皇3年，享年89岁，是中国有文字记载以来享年最高、实际执政时间最长的皇帝。年号乾隆，乾，意为天运，隆，意为兴隆，乾隆意思是乾运隆兴。

在清朝皇帝中，可以作为英雄人物来论说一番的，只有 4 位——清太祖天命汗努尔哈赤、清太宗崇德帝皇太极、清圣祖康熙帝玄烨和清高宗乾隆帝弘历。翻开二十五史，一个王朝能有 4 位皇帝被当做英雄来评论的，应当说是只有清朝。

乾隆皇帝弘历在人类中——无论是满族人、还是汉族人，也无论是中国人、还是外国人，算是一生很幸运的一个人。先从他的皇孙、皇子生活说起。

皇祖喜爱　皇父信任

弘历出生于天潢贵胄之家，少年过着优裕富贵的生活。他生得聪明可爱，十分讨人喜欢。从 6 岁起，在雍亲王府，跟师傅受启蒙教育。长到 9 岁，开始入学读书。汉文师傅是翰林院庶吉士福敏，骑射师傅是贝勒允禧，火器师傅是庄亲王允禄。允禧是康熙第二十一子，《清史稿》说他不仅“立志向上”，而且“诗清秀，尤工画，远希董源，近接文征明”，看来是位文武兼备的人才。允禄是康熙第十六子，聪明能干，学识渊博，《清史稿》说“允禄精数学，通乐律，承圣祖指授，与修《数理精蕴》”，任算法馆总裁，雍正元年（1723 年）过继给庄亲王博果铎（顺治五兄长子）。弘历在当时出类拔萃师傅的教导下，学业、人品、素养、武艺很高，12 岁便开始参加朝廷的政治活动。这年康熙举行千叟宴，弘历作为皇孙辈向老臣执爵献酒，开了大眼界，见了大场面。

弘历独得康熙的喜爱。他做诗说：“当年诸孙行，惟我承恩最。”这话当属真实。有书记载：弘历少时，天资凝重。6 岁时能背《爱莲说》。

弘历采芝图

这对汉族书香子弟不算回事，但对当时满洲儿童却很不容易。康熙六十一年（1722 年）三月，康熙在圆明园的牡丹台镂月开云殿，同胤禛、弘历见面。这是普通的家庭聚会，但后来演绎成为“康雍乾”盛世三代帝王的历史性相会的故事。康熙很喜欢这个小皇孙，命将弘历养育宫廷，“亲授书课，教牖有加”，亲自加以训育，胜过其他皇孙。这件事对后来弘历的人生，发生了重大的影响。同年秋，康熙带弘历到避暑山庄，赐居“万壑松风”读书。当时胤禛住在狮子园，康熙到园中进膳，弘历生母钮祜禄氏拜觐皇帝公爹，康熙称赞她为有福之人，可以断定弘历生母是一位非常优秀的女性。康熙又带弘历到木兰围场。少年弘历，射箭表演，左右开弓，五箭连中，受到祖父的嘉奖。木兰围场后形成七十二围，康熙带他进入其中的永安莽喀围场。围猎初开，康熙命侍卫射熊，举枪射中，熊仆倒地；命弘历往射，刚骑上马，熊又立起；康熙再发一枪，将熊射死。康熙回到武帐，对温惠皇贵妃（时为和妃）曰：“是命贵重，福将过予。”官书的上述记载，意在说明弘历福大，日后会登大位。甚至有人根据康熙对弘历的特殊关爱，进一步推论康熙帝有意让胤禛继位，以便弘历继位，是父亲沾了儿子的光。其实，这段话说明康熙很喜爱这位聪明灵秀的小孙子，并表明他们祖孙之间的亲密关系，不能成为雍正继位、乾隆登极的历史依据。

果然，胤禛登上了大位，成为雍正皇帝。他鉴于以往太祖、太宗、世祖、圣祖 4 代储位问题的麻烦，创设秘密建储制度。雍正元年（1723 年）八月，雍正御乾清宫，密书弘历名字缄封藏于“正大光明”匾后。从此，弘历就成为中国历史上第一位密立的储君。

弘历的老师由徐元梦、朱轼、嵇曾筠等名流担任，受到当时最好的教育。他一面学习满语、骑射，一面学习儒家文化，还作文赋诗。雍正五年（1727 年）七月，弘历同察哈尔总管李荣保之女富察氏成婚，他时年 17 岁。这对新婚夫妻被特准住在紫禁城内西二所，乾隆帝即位后赐名重华宫。重华宫经乾隆帝下诏修建，前为崇敬殿（内额乐善堂），东庑葆中殿，西庑浴德殿，后殿翠云馆（东次室为长春书屋）。宫东为漱芳斋，内有小戏台，还有外戏台。他20岁那年，将所著诗文辑成《乐善堂集》，共14卷。雍正十一年（1733年），弘历23岁受封为宝亲王，弟弘昼被封为和亲王。此后，他经常参加祭祀活动。还参与准噶尔与黔苗兵事，综理军机，咨决大计。两年后皇父病故，弘历的生活发生了根本转折。

雍正帝死后，庄亲王允禄、果亲王允礼、大学士张廷玉、原任大学士鄂尔泰在乾清宫，由内侍从正大光明匾后，取下缄密封函。开启，上书：

> 宝亲王皇四子弘历，秉性仁慈，居心孝友，圣祖皇考于诸孙之中，最为钟爱，抚养宫中，恩逾常格。雍正元年八月间，朕于乾清宫，召诸王、满汉大臣入见，面谕以建储一事。亲书谕旨，加以密封，收藏于乾清宫最高之处，即立弘历为皇太子之旨也。其后仍封亲王者，盖令备位藩封，谙习政事，以增广识见。今既遭大事，著继朕登基，即皇帝位。

于是，25岁的英姿勃发的弘历，就成为清朝入关后的第四任皇帝——乾隆大帝。乾隆做了皇帝，自然御名是要避讳的。乾隆帝名字弘历的“弘”字，避讳时缺末笔;“曆”字则改作“歷”字。清朝皇帝的名字，从乾隆帝开始，将名字改字。尔后，嘉、道、咸、同、光、宣，六朝沿袭，成为典则。

青年登极　初政不凡

乾隆帝青年登极，施展才能，初政不凡。

乾隆帝登极时25岁，其年龄，其形势，既不同于乃祖，也不同于乃父。论年龄，登极时比乃祖年龄（8岁）大，又比乃父年龄（45岁）小;论形势，登极时没有乃祖辅政大臣专权的难局，也没有乃父兄弟争权的危局。所以，乾隆帝登极时，在年龄上既已成人，而并未成熟;在形势上既已稳定，而并未稳固——青年皇帝乾隆面临的课题是，稳住皇帝大权，磨练治国经验。为此，他采取了一些重要措施。

稳定老臣 谕由庄亲王允禄、果亲王允礼和大学士张廷玉、大学士鄂尔泰辅政（鄂尔泰已经解任、复任辅政）。又将鄂尔泰、张廷玉日后配享太庙事写入雍正遗诏。再发布上谕，训诫诸王大臣及直省文武官员，要黾勉奉公，百度整肃，“殚心协力，辅朕不逮”。原先规定的奏折制度，仍然执行。这样就既取得前朝王公与老臣的支持，又避免前朝王公与老臣的专权。这实在是一招高棋。

安定民心 雍正帝死得太突然，死前两天还召见大臣“办事如常”，忽遭大故，引起了种种猜测和纷纷议论。乾隆帝登位后，发布谕旨，安定人心。他命皇叔果亲王允礼，掌管紫禁城门钥锁。他命内廷太监不许将宫内事传到外面，也不许将外间闲话传到宫内，如有违反，立即正法。他下令驱逐禁苑的道士张太虚、王定乾等，并不许他们言说皇父生前一言一字。他下谕僧人、道士如有皇父生前赏赐的朱批、御书，不论字数多寡，一律上缴，不许私藏。这对安定宫廷内外、京师内外的军心、民心，起着镇定安神的作用。

重处旧案 雍正在位时，发生曾静、张熙大案。康熙宾天，雍正继统，即有皇位出自篡夺的传闻异说。事情的缘起者曾静，湖南人，派其门徒张熙投书川陕总督岳钟琪，指雍正有谋父、逼母、弑兄、杀弟等十大罪行，称钟琪为岳飞后裔，劝他起兵反清。岳钟琪将上述情状奏报雍正。雍正派人将曾静、张熙等押解京师审问。曾静供出传闻是从允禩、允禟的太监那里来的。雍正为此亲撰上谕驳斥，编纂《大义觉迷录》一书，就“谋父”、“逼母”、“弑兄”、“屠弟”、“贪财”、“好杀”、“酗酒”、“淫色”、“好谀”、“任佞”等10项大罪，进行自辩，颁行天下。但对曾静、张熙免罪，放归原籍。然而，雍正做了一件蠢事——本意自辩，事与愿违，弄巧成拙，欲盖弥彰，留下生动而曲折的历史故事。乾隆帝比较聪明，命重新审理此案，将曾静、张熙凌迟处死，并将《大义觉迷录》收回。他称：“皇考当日或可姑容，而在朕今日断难曲宥。”这就表明，乾隆帝重新审理曾静案，可以达到一石三鸟的效果，即维护皇父声誉、打击反叛势力、清除历史流毒。

平反冤案 雍正在位13年，其最受时人和后人非议的是弑兄杀弟、骨肉相残，乾隆帝在做皇子时也会感受到这一点。所以，乾隆帝即位后，逐渐着手处理这个历史遗案。乾隆帝的大伯父允禔，遭幽禁而死，其子弘昉袭公爵死、孙坐事夺爵，乾隆帝命其十三子弘晌为奉恩将军世袭，接续香火。乾隆帝二伯允礽，被废太子后禁锢在咸安宫，雍正即位后将其移居郑家庄，不久死。乾隆帝对其后裔做了安排。乾隆帝的三伯诚亲王允祉，雍正以其党附允禩，被监禁在景山永安亭，后死。乾隆二年（1737年），对其追谥。乾隆帝的五叔允祺，康熙封为恒亲王、其子弘升为世子；雍正削弘升世子，乾隆帝对其子孙做了照顾。乾隆帝十叔敦郡王允䄉，雍正借故将其拘禁；乾隆二年，命予释放，封辅国公。乾隆十二叔允裪，雍正二年，借故降镇国公；乾隆帝即位，晋封亲王。乾隆帝的十四叔允禵，雍正将其幽禁于景山寿皇殿;乾隆帝即位，谕命释之，后封公、晋贝勒、升郡王。特别要提的是，乾隆帝的八叔允禩，雍正革其黄带子、削其亲王爵、圈其于高墙内，后死于幽所。乾隆帝的九叔允禟，雍正将其幽禁于保定，暴死在幽所。后乾隆帝谕曰:“圣祖第八子允禩、第九子允禟，……就两人心术而论，觊觎窥窃，诚所不免，及皇考绍登大宝，怨尤诽谤，亦情事所有，特未有显然悖逆之迹。皇考晚年屡向朕谕及，愀然不乐，意颇悔之，若将优待。……此事重大，朕若不言，后世子孙，无敢言者。允禩、允禟，仍复原名，收入玉牒，子孙一并叙入。”以上数例，可以证明，乾隆帝为其伯叔平反，表现出胸怀宽大与政治成熟，有利于爱新觉罗宗室的凝聚与团结，有利于大清皇朝的巩固。

调整政策 康熙晚年，政尚宽弛;雍正初政，政偏严苛;矫康熙之枉，而有过正。乾隆帝即位之初，有意纠正其父过严、过猛的政策。当时有的大臣私下说，要想升官，就要同宪皇帝（雍正）反着上奏章。乾隆帝听到后很不高兴，说自己按祖宗成法办事，岂能违背皇父意愿？但在实际上，他纠正其皇父“过正”的政策。乾隆帝在制定政策、处理问题时，既不主张过于严苛，也不主张过于宽弛。他主张“中庸之道”，就是“治贵得中”。他说：“治道贵乎得中，矫枉不可过正。”这一番话，实在得体。所以，乾隆帝认为做事既不能纵弛，也不能刻薄。他说：“宽，非纵弛之谓；严，非刻薄之谓。朕恶刻薄之有害于民生，亦恶纵弛之有妨于国事。”因而，乾隆帝认为：“为政之道，损益随时，宽猛相济。”就是说，既要损益随时——因时因地，变化政策；又要宽猛相济——刚柔结合，恩威兼施。他告诫众臣：“不当宽而宽，朕必治以废弛之罪；不当严而严，朕又必治以深刻之罪。”这些话可以看出，乾隆帝确是认真总结了康熙、雍正两朝治国的经验与教训，而做出理性的概括。如前面讲的，乾隆帝对其八叔允禩、九叔允禟的分析，一面是怨尤诽谤，情事所有；一面是悖逆之迹，未有显然。这就比较“执两用中”，也比较平和，从而做出为其平反的结论。乾隆帝调整政策，取得较好的结果。《啸亭杂录·纯皇初政》评论道：“纯皇帝（乾隆）即位时，承宪皇（雍正）严肃之后，皆以宽大为政。罢开垦、停捐纳、重农桑、汰僧尼之诏累下，万民欢悦，颂声如雷。”这些话过于饰美，但也说明乾隆帝调整政策的成绩。

蠲免赋税　重视民生

农业是清朝的立国之本，富民之道。清朝从顺治入关到乾隆登极，已近百年。康熙帝的“盛世滋生人丁永不加赋”和雍正帝的“摊丁入地”两项政策，既有利于社会发展，又刺激着人口增长。摆在乾隆皇帝面前的重要课题是：广大旗、民的生计即穿衣吃饭问题。为此，乾隆帝采取一系列措施，来解决这个清代帝王头疼的难题。

首重农桑　乾隆帝继承乃祖、乃父重视农业的传统政策，首重农桑。乾隆帝提倡开垦荒地，扩大耕地面积，增加粮食产量，解决百姓生计。乾隆十一年（1746年），他发布上谕：“各省生齿日繁，地不加广，贫民资生无策。无论边省内地，零星土地，听民开荒。”新开的荒地，免其纳赋税。这样一来，有些地方官员，虚报新垦亩数，既表现政绩，又少缴赋税。乾隆帝发现福建、河南所报开荒数字不符实际，批评道：“名为开荒，而实则加赋，非徒无益于地方，而并贻害于百姓。”他严令各地官员:“凡造报开垦亩数，务必详加查核。”他命令各地，对垦荒者新开垦的土地，发给执照，永世为业。乾隆朝 60 年间，土地数量有了明显的增加：大约增加四五千万亩。但同期人口增加 1 亿多，相对人均土地面积有所减少。乾隆帝关心水旱灾害。他注意农业收成，关心粮价雨情，特别关注自然灾害。他命令各地官员，定期奏报农业气象、庄稼长势、谷物行情、水旱灾害等。当旱灾严重时，他“下诏修省”，还亲自到天坛、黑龙潭祈祷求雨。当然，他的祈雨，不会因“天人感应”而下雨，但说明他关切风调雨顺、五谷丰登的心情。乾隆帝重视推广新的耕作技术。在乾隆朝，白薯、玉米等高产作物，得到广泛传播，从而大大提高了农作物的产量。乾隆帝重视养蚕，在京城设蚕坛，在清漪园（后改名为颐和园）也设蚕园，皇后亲自参加祭礼。今颐和园的《耕织图》和《耕织诗》的碑刻，乾隆一生写下许多《喜雨》、《报雪》等诗作，都表明他的“务本足国”、“首重农桑”的理念。

兴修水利 顺、康、雍三代，都重视水利，其中康熙成绩最好。乾隆帝兴修水利，主要为治理黄河与修建海塘。乾隆朝治理黄河突出的成绩是，解决清口难题。清口，在今江苏省淮阴市杨村地区，是黄河、淮河、运河交汇之处，既是河防要地，又是治理难点。淮河流经鄂、豫、皖、苏 4 省，74 条支流，汇于洪泽湖中。暴雨之季，湖水漫溢，冲毁黄河与运河大堤。所以，治河、导淮、济运，集中于清口。清口受灾之重，治理之难，工程之巨，耗资之大，未有甚于此。乾隆帝多次南巡到清口，勘察水情，了解地势，亲自部署，综合治理。此外，乾隆帝重视民族地区水利，如开凿云南通川河道（全长千余里）、修宁夏水渠，都取得一定效果。乾隆帝加固海塘，可谓成绩斐然。先是，江苏、浙江沿海一带，受海潮侵袭，堤岸被毁，良田被淹。他南巡时，专门到浙江海宁一带，亲自巡视，了解实情，认为“海塘乃越中第一保障”。海塘分土塘、柴塘和石塘，乾隆帝主张多建石塘。有官员提出改建石塘费用甚巨，乾隆帝说：“即多费帑金，为民间永久御灾捍患，良所弗惜。”加固海塘，要在两段：

《乾隆南巡图》中巡视黄河的场面

其一是江苏段，就是从宝山到金山，全长约 242 里。这段海塘，修建柴塘，就是用装满石头的竹篓堆累，并用木桩钉入土里加固，筑成石篓堰，防止海潮的冲刷。其二是浙江段，就是从金山到余杭，全长约 248 里。这段海塘，修建石塘，“密签长桩，平铺巨石，以米汁灰浆，扣以铁钉”，就是用大石条累砌，浇灌米汁灰浆，用铁钉加固而成，用银 230 余万两，形状像鱼鳞，又称鱼鳞石塘。此外，在钱塘江南岸，还修建石塘和土塘。海塘工程地跨今江苏、上海、浙江三省市，全长 500 余里，捍御海潮的侵冲，保护这一地区人民土地、房舍、财产和生命的安全，对生产发展和社会稳定，有着重要作用。

赈灾蠲赋 清朝国土辽阔，气候复杂，水旱灾害，时常发生。对严重灾荒的地方，乾隆帝实行赈济。他命按灾情的轻重，划分等级：最严重的，初冬开始赈济，4 个月；次严重的，寒冬开始赈济，3 个月；较严重的，初春开始赈济，2 个月。蒙古地区雪灾，格外实行赈济。其赈灾数额巨大，如乾隆七年（1742 年），赈江苏、安徽银 1 000 万两。在灾荒的地区，粮价必然波动。他沿袭父、祖的传统，设义仓，行平粜。

就是当因灾荒缺粮而粮价高涨时，打开义仓，平抑粮价。受灾严重地方，农民缺乏种子。他命借给灾民口粮、种子等，有的免息归还，有的以工代赈，也有的获得蠲免。蠲免赋税，不是乾隆帝的创造，他的祖父康熙皇帝,在康熙五十一年(1712年),曾蠲免全国地丁钱粮9 562 500两(含旧欠1 185 400两)，因数额太大，分3年轮免。但是，乾隆帝的蠲免，超过其祖父。他蠲免的次数多、数量大、地域广。蠲免钱粮，遭到反对。御史赫泰上疏阻谏："国家经费，有备无患，今当无事之时，不应蠲免一年钱粮。"赫泰本意在维护大清利益,但不了解乾隆帝心意:民为邦本，蠲租为急；百姓富足，君孰与不足？朝廷恩泽不施及百姓，那将施于何处！所以，乾隆帝断然下令蠲免全国钱粮。据统计，乾隆十年（1745年）、三十五年（1770年）、四十三年（1778年）、五十五年（1790年）和嘉庆元年（1796年），先后5次普免全国一年的钱粮，3次免除江南漕粮（其中一次为400万石米），累计蠲免赋银2万万两，约相当于5年全国财赋的总收入。蠲免全国赋银，收到社会效益："诏下之日，万方忭舞。"这话虽有张饰，确实受到欢迎。乾隆帝蠲免全国赋银，其次数之多，地域之广，数量之大，效果之好，在封建社会前无古人，后无来者。

旗人生计 旗人包括八旗满洲、八旗蒙古和八旗汉军官兵及其眷属。八旗的中心在北京，称为京旗。旗人不从事生产，靠当兵，领钱粮。但是，旗人从入关到乾隆100多年来，生齿日繁，生活日艰。乾隆帝想了很多办法：第一，增加兵额，先后增养育兵2万多名。第二，赎回旗地，就是将旗人因贫穷或借债典给民人的田地，官方发放帑银，赎回民典旗地。第三，汉军出旗为民，就是汉军由不置产业、袖手坐食，可归原籍、自谋生路。第四，移垦关外，前往吉林。乾隆帝说："京中满洲，生齿日繁，额缺有定，恃一人钱粮，供赡多口，终恐拮据，是以于拉林，开垦地亩，建造房屋，挑取八旗满洲，前往屯种。"以上措施，虽有成效，但不很大。先是，雍正帝为解决京旗生计，想了个"井田制"的办法，花费不少白银，移去100多户。乾隆帝也为解决京旗生计，移闲散宗室到关外大凌河地方，收效甚微。又亲自指示，广泛动员，八旗满洲，移垦关外，费银数十万两，原定迁3 000户，实迁2 000户。他们不服辛苦，不事生产，几年之内，“逃回者众”。这说明：八旗制度，患下症结，体制之内，不能解决。

乾隆帝不仅在经济方面有所建树，而且在文化方面有所贡献。

主持编纂　四库全书

北京内城南面东门为“崇文门”,标榜皇帝“崇文”。明清28位皇帝，真正称得上“崇文”的，只有两位，就是康熙帝和乾隆帝。康熙帝前面已经叙述，乾隆帝下面简做介绍。

人们评论乾隆皇帝多从武功开始，我们则先谈他的文治。乾隆皇帝在中国历代皇帝中，算是“稽古右文，崇儒兴学”的一位皇帝。他在文治方面做的事情很多，其中最主要的是纂修《四库全书》。编纂大部头的类书或丛书，宋朝的《册府元龟》、《文苑英华》，因受印刷条件的限制，部头都不大；明初的《永乐大典》，卷数稍多一些，但也不能同《四库全书》相提并论。乾隆中期，清朝经济繁荣，社会安定，府库充盈，崇儒兴学，书院林立,刻书成风。乾隆三十七年（1772年）正月,安徽学政朱筠奏请,从《永乐大典》中辑录亡佚书籍，并由各省搜集罕见的刻本、抄本。廷臣集议朱筠的奏疏，都表示支持。乾隆帝于同年二月下诏，命各省搜求罕见典籍。接着成立“四库全书馆”，全面开始工作。经过8年多的时间，到四十七年（1782年）,《四库全书》第一份告成,共收书3 461种、79 309卷。随后继续进行，到五十二年（1787年）六月，又告成6份，已历时15年。后再查核、校误和补遗，直到五十八年（1793年）才告结束，参与者前后4 186人，时间长达20年。

《四库全书》因按经、史、子、集四部分类，汇集书籍比较全面，所以名为《四库全书》。全书仿永乐大典，采背包装形式。书皮的颜色，总目黄色、经部绿色、史部红色、子部蓝色、集部灰色。这7部缮写的《四库全书》，分藏在紫禁城文渊阁、圆明园文源阁、承德避暑山庄文津阁、沈阳文溯阁、扬州文汇阁、镇江文宗阁和杭州文澜阁。文渊、文源、文津、文溯四阁，称为“内廷四阁”，因在北方，又称“北四阁”，大臣、翰林经批准后可以前去查阅；文汇、文宗、文澜三阁，称为“江浙三阁”，因在南方，又称“南三阁”，准许士子，赴馆阅录。还有副本一部，藏翰林院，传布士林（其实物传存，学者多置疑）。各书卷数不完全相同，如文津阁本共收书 3 503 种、79 337 卷、36 304 册，文渊阁本收书 36 381 册。并对重要书籍做出提要，称《四库全书总目提要》，极大地方便读者，成为重要工具书。《四库全书》现存文渊阁本一部，在台北；文津阁本一部，在北京；文澜阁本一部（残缺、后配），在杭州；文溯阁本一部（残缺、后配）在兰州。《四库全书》文源阁本毁于英法联军兵火，文汇阁本、文宗阁本毁于太平天国战火，文澜阁本部分散失而被抄补。

乾隆帝编纂《四库全书》，是对中国文化的一大贡献。其一，传存珍贵遗产。集中全国的力量，对各地图书典籍进行了一次全面的系统的清理，选择其重要的刻本、善本、孤本、抄本，缮录收入《四库全书》，使大量书籍虽经天灾人祸而被保存下来。其二，有利文化流传。1983 年将文渊阁本《四库全书》影印出版，化身千百，流传世界。其三，方便学人利用。北到关外，南到江浙，禁城之内，皇家御苑，士林学子，阅览抄录，嘉惠读者。其四，便于分类检寻。“以类求书，因书治学”。全书分经、史、子、集 4 部、再分 44 类、又分 66 目，条理井然，易于查检。

但是，乾隆帝在编纂《四库全书》的过程中，也禁了不少书、毁了不少书、删了不少书、改了不少书。有人据《办理四库全书档案》、《禁书总目》等资料统计，毁书约 3 000 余种、六七万部。可见，乾隆帝编纂《四库全书》的负面影响不可忽视。

乾隆帝不仅编纂《四库全书》，而且编绘舆图、整理满文书籍。

清朝对大一统疆域实测，编绘全国舆图。先是，康熙时经过全国性大规模实测，用新法编绘《皇舆全览图》。雍正、乾隆时又加以订正和补充，绘成《乾隆内府皇舆全图》，成为重要的地理图籍。对于区域地图，经过实地考察，翻阅历史典籍，编绘出《盛京吉林黑龙江战绩舆图》。都市地图，成绩斐然。乾隆十五年（1750年），第一幅用近代方法测绘的大比例尺的北京城全图——《京城全图》，则是当时世界上最佳的都市地图，也是世界地图史上的一个奇迹。

整理满文书籍。乾隆时，《钦定满洲祭神祭天典礼》满文本（后有汉文本），对满洲祭祀的祭礼、仪注、赞词、祭器等做出总结。《御制五体清文鉴》则是多民族文化的一个硕果。乾隆帝命将汉文、蒙古文《大藏经》译成满文，由章嘉呼图克图总其事，“每得一卷，即行进呈，以候裁定”。后用朱文刻印的《满文大藏经》，是一项巨大的文化工程。另一项满文文化工程是整理重钞《无圈点老档》。《无圈点老档》（又称《满文老档》、《老满文原档》、《旧满洲档》），是以无圈点老满文为主书写的，现存最为原始、系统、详尽、珍贵的清太祖、太宗时期编年体史料长编。该档形成于清入关前，到乾隆中期已经百余年，以老满文书写，文字难以辨识，纸张年久糟旧，字迹漫漶不清。乾隆帝命对《无圈点老档》进行整理，用无圈点老满文和加圈点新满文分别重抄——先抄出草本各一部、再抄出正本存内阁各一部、另抄出副本存沈阳崇谟阁各一部、并抄出存上书房一部。总计共抄录7份:《无圈点老档》（草本）、《加圈点老档》《草本》、《无圈点老档》（内阁本）、《加圈点老档》（内阁本）、《无圈点老档》（崇谟阁本）、《加圈点老档》（崇谟阁本），还有《加圈点老档》（上书房本）。《无圈点老档》原本40册，现藏台北故宫博物院。另外，乾隆帝敕编《八旗通志》、《满洲源流考》等，也都是载述满洲历史文化、典章制度的重要著述。

此外，乾隆帝非常重视京师文化。他做了3件事情:第一是编绘《京城全图》，上文已经述及。第二是敕编《日下旧闻考》，共160卷，为集北京历史文献大成之作。第三是钦定《国朝宫史》，对宫廷的历史、建筑、文化、典制等做了载述。

用兵西陲　巩固新疆

北京内城南面西门为“宣武门”,标榜皇帝“宣武”。明清28位皇帝,真正称得上“宣武”的,明朝有洪武、永乐,清朝则有太祖、太宗、圣祖、高宗。乾隆帝不仅“崇文”,而且“宣武”。他的武功之一是用兵西陲,巩固新疆。

新疆以天山为界,以北称北疆,以南称南疆。在新疆一带地方,有两股重要军政势力:一是漠西蒙古,主要占据北疆;一是维吾尔,主要占据南疆。

北疆　主要指天山以北的广大地域。早在明朝后期,蒙古主要分为三大部:漠南蒙古东部诸部,清入关前已经归附清朝;北部喀尔喀蒙古,康熙朝已经归顺;西部厄鲁特蒙古,反降不定,没有归服。先是,康熙3次亲征噶尔丹,虽取得重大战绩,但问题没有彻底解决。雍正继位后,多次用兵西北,未有大的战绩。解决西域难题,留给了乾隆皇帝。准噶尔政权出现内讧,为乾隆帝解决准噶尔问题提供了机会。达瓦齐和阿睦尔撒纳在准噶尔内乱中兴起,却又自相为战。乾隆十八年(1753年),蒙古“三车凌”降清,乾隆帝命运送牲畜、粮食赈济,其中一次赏赐羊13 000只。次年,乾隆帝在避暑山庄的澹泊敬诚殿,接见“三车凌”,进行封赏,了解内情:准噶尔部,“人心不一,甚属乖戾”。次年,阿睦尔撒纳被达瓦齐击败后,率兵众2万降清。十一月,乾隆帝从北京乘马,疾驰3日,冒着严寒,赶到避暑山庄,接见阿睦尔撒纳一行,封阿睦尔撒纳为亲王。乾隆帝用蒙古语同阿睦尔撒纳交谈,了解其变乱始末,听取其进兵意见。决定采纳他的意见,改变秋季用兵的传统,而在春季“彼马未肥,则不能遁”之机,大举进兵。二十年(1755年)正月,乾隆帝派班第为定边将军,分兵两路,分进合击;并对阿睦尔撒纳等授以兵权,随军征讨。时达瓦齐毫无准备,清军已到伊犁附近。达瓦齐从醉梦中惊醒,退至伊犁西北格登山,依山设营。清军进入伊犁,百姓“额手称庆,所在人众,耕牧如常,毫无惊恐”。接着,清军夜袭达瓦齐大营。达瓦齐率百余骑逃遁,后被设计擒获,送往清军大营。班第将达瓦齐等献俘京师,乾隆帝御午门受贺，皆赦其死。乾隆帝封阿睦尔撒纳为双亲王。盘踞伊犁七八十年的准噶尔政权结束。朝廷在伊犁留兵三百，大军后撤。这是乾隆帝第一次用兵新疆。

正当乾隆帝为平定准噶尔告祭祖庙时，又传来阿睦尔撒纳叛乱的军报。阿睦尔撒纳有取代达瓦齐做四部总汗的野心，见清大军已撤，乘机发动叛乱。班第仓促遭变，兵败身死。乾隆帝派策楞为定西将军，调兵征讨。乾隆帝在政治上对其加以分化：命噶勒藏多尔济为准噶尔汗、车凌为杜尔伯特汗、沙克都尔曼为和硕特汗、巴雅尔为辉特汗，表示对归降蒙古贵族的信任,利用他们联合对付阿睦尔撒纳。二十一年(1756 年),清军在军事上有了大的进展，奏报擒获阿睦尔撒纳。时乾隆帝启銮谒孔林，闻报后高兴地改道诣泰陵（雍正陵）告捷。但是，阿睦尔撒纳并未被擒，清军和乾隆帝误中其诡计。不过，清军借势，再复伊犁。策楞以误报军情，乖张失机，被解京治罪。不久，辉特汗巴雅尔等又生叛乱。乱军四起，形势严重。乾隆帝派大学士傅恒前往整饬军务，部署力量，加强军力。次年三月，清军第三次进入伊犁。阿睦尔撒纳逃往俄国。后俄国告知清政府阿睦尔撒纳患痘症已死，将其尸体交还。

土尔扈特部回归是北疆、也是清代一件大事。先是，蒙古土尔扈特部驻牧于塔尔巴哈台（今新疆塔城）地域。他们不堪忍受准噶尔部贵族欺压，在明末移居俄罗斯额济勒河（伏尔加河）下游一带。后来其首领向清廷“表贡不绝”，康熙帝曾派图理琛等前去看望他们。图理琛历时 3 年，回京后将沿途所见道里、山川、民俗等写成《异域录》一书。乾隆帝平定准噶尔首领叛乱后，时土尔扈特又受到沙俄的蔑视黄教、民族欺辱，决定携部回归清朝。乾隆三十五年（1770 年）十月，土尔扈特首领渥巴锡汗带领部众 33 000 余户、169 000 多人，踏上回归祖国的路程。他们历时 8 个月，行程万余里，冲破俄军追击截堵，受尽艰辛磨难，克服恶劣天气，到达新疆伊犁边外卡伦。清军守将向乾隆帝做了报告。乾隆帝得知消息后，做出对土尔扈特“急加抚绥安插”的决定。土尔扈特

乾隆帝万树园赐宴图

部回归行程万余里，部众仅剩下7万多人。乾隆帝命调库银200万两，调拨牛羊235 000余只，茶2万余封，米4万余石，羊裘5万余件，棉花59 000余斤，以及毡庐、器皿等，对土尔扈特部众进行赈济，做到“口给以食，人授以衣，分地安居，使就米谷，而资耕牧”。三十六年（1771年）九月，渥巴锡汗等到避暑山庄觐见乾隆皇帝。乾隆帝撰《土尔扈特全部归顺记》，并在万树园赐渥巴锡宴，封渥巴锡等为汗、亲王、郡王、贝勒等，划定牧地，妥善安置。《土尔扈特全部归顺记》碑竖立在普陀宗乘之庙内，成为这一重大事件的历史见证。

南疆 主要指天山以南的维吾尔族地域，清代称“回部”。准噶尔部强大时，回部受准噶尔贵族的欺凌与侵逼。但是，清军平定北疆后，回部贵族试图摆脱清朝，自长一方。为此，清军同回部军在库车、叶尔羌（莎车）等几座南疆重镇进行了激战。

乾隆二十三年（1758年），雅尔哈善率清军南进到库车。守城将领为霍集占的心腹，凭城顽守，拒不投降。清军招降不应，便发起进攻，霍集占率兵马越阿克苏戈壁来援。清军截击并击败敌援军，霍集占逃入库车城内。雅尔哈善顿兵坐守，终日下棋，霍集占乘机宵遁，逃往叶尔羌（莎车）。清军攻城不下，便挖掘地道，想穴地而入，里应外合，攻破库车。但清军行动被守军察觉，他们用水灌入地道，穴地士兵，全部牺牲。清军攻城不下，实行长期围困，库车城内仅剩老弱妇孺出城投降。乾隆帝得知霍集占逃遁消息后大怒，命将雅尔哈善等4人处死，改由兆惠任定边将军，指挥平叛。

定边将军兆惠率领清军，经阿克苏、和阗、乌什，各城皆下，一路顺利。兆惠统军抵叶尔羌（莎车）城下，敌军陷于包围之中。霍集占守叶尔羌（莎车），布拉呢敦守喀什噶尔（喀什），形成犄角，相互支援。兆惠率军围叶尔羌（莎车），粮秣供应困难。他得知霍集占牧放的羊群在南山，便派兵前去夺取。清军渡黑水河，刚过400余人，桥梁断塌。清军被分割为二，遭到敌军的突攻。清军将士拼死战斗，将领高天喜等战死，兆惠三易坐骑（两骑中枪死），脸颈负伤，败回营地。霍集占率马步兵万余，将清军围在黑水河边。兆惠挖壕结寨，固守待援。敌军决河灌营，清军挖渠引流；敌军筑垒射击，清军顽强抵御。双方相持3个多月。乾隆帝得报兆惠被围，急遣将调兵增援。次年二月，清援军到，奋勇攻击，敌军头目布拉呢敦受伤，遁回喀什噶尔。兆惠得知援军已到，自内外击，奋力突围。清军冲出包围，回阿克苏。兆惠军与富德援军会师后，兵分两路，一路攻打喀什噶尔，一路攻打叶尔羌（莎车）。霍集占和布拉呢敦闻知清军勇猛，将喀什噶尔、叶尔羌（莎车）两城烧毁，逃往巴达克山。乾隆帝命兆惠等率清军急速追袭。清军经过多次激战，获12 000余人，牛羊万余只。清军各路会师，攻打巴达克山敌军。敌军内部众叛亲离，霍集占和布拉呢敦被擒杀，函首军门，驰送京师。这标志着乾隆帝平定南疆回部的战争取得胜利。

乾隆帝重新统一南疆，因俗而治，设立阿奇木伯克制，由清廷任命。清廷在南疆设参赞大臣（驻叶尔羌）等官，分驻各城，加强统辖。后发生乌什回人杀死办事大臣素诚的“乌什事件”。事件起因是乌什办事大臣素诚，将伯克之妻留宿于署，父子奸淫回女，并纵兵裸逐回女为乐。回民因激愤聚众起义，围焚官署，素诚自杀。清廷平定乌什事变，将素诚以贪淫激变罪，籍没家产、子戍伊犁。后命将和阗办事大臣和诚、叶尔羌参赞大臣高朴，以婪索罪，就地斩首示众。尔后，清廷制订《回部善后事宜》，对南疆管理体制做出改革。

乾隆帝在新疆设伊犁将军，实行军府制，修筑城堡，驻扎军队，设置卡伦，巡查边界，实行屯垦，移民实边，加强了对新疆地区的管辖。

乾隆帝的平准定回诸役，征服准噶尔，统一准、回各部，加强了中央政府对西域的统辖，铲除了准噶尔东犯喀尔喀、威胁京师及大西北的祸根，保持了西北、漠北及青海、西藏的社会安定，也促进了新疆地区经济与文化的发展。

亲自制定　西藏章程

乾隆帝既关注新疆，又注目西藏。早在崇德时，西藏达赖喇嘛派弟子到盛京,敬献“丹书”,称崇德帝皇太极为“曼殊师利大皇帝”。顺治时，五世达赖喇嘛进京，清廷敕封其金册、金印。顺治帝敕建西黄寺，供达赖喇嘛居住。康熙时，又对班禅额尔德尼进行册封。雍正时，设立驻藏大臣。乾隆帝继位后，继承先祖对西藏的传统政策。

乾隆帝对西藏的管辖，主要改革措施是：取消原有藏王，反击外国侵略，制定西藏章程，设立金奔巴瓶制。

取消原有藏王　在西藏内部，前藏与后藏、僧侣与俗众、驻藏大臣与地方官员等关系非常复杂；在西藏外部，西藏同青海、新疆蒙古势力的关系也非常复杂。乾隆帝为调整这些复杂关系，决定取消藏王。藏王颇罗鼐逝世后，其子珠尔墨特那木札勒袭封为郡王。他不善处事，同达赖喇嘛的关系恶化，又对驻藏大臣傅清傲慢不礼。乾隆帝派左都御史拉布敦协同傅清驻藏。傅清、拉布敦觉察到珠尔墨特那木札勒的反迹，欲先发制之，但手中无兵，遂定计智杀：以宣布谕旨为名，诱其入衙，突然杀之。珠尔墨特那木札勒中计到驻藏大臣衙署，当其跪听传诏时，傅清挥刀将他杀死。然而，其属下卓呢罗卜藏札什跳楼逃逸，纠集党类，围攻衙署，放枪纵火。拉布敦被砍死，傅清受伤后自尽，文武官员多人遇难。乾隆帝命在北京建双忠祠，纪念傅清和拉布敦。后派四川总督、提督率兵入藏。珠尔墨特那木札勒的妹夫班第达，将卓呢罗卜藏札什拿获，事态平息。乾隆帝派策楞率兵入拉萨。策楞、班第达会同审讯，将卓呢罗卜藏札什等处死。平定珠尔墨特那木札勒叛乱之后，班第达想做藏王。乾隆帝鉴于历史教训，提出在西藏实行“多立头人，分杀其势”的原则。随后，废除藏王制，设立噶厦 4 人，由清廷任命，公理政务。从而加强了清廷驻藏大臣的权力，削弱了和硕特蒙古贵族对西藏事务的干预。

反击外国侵略 六世班禅为祝贺乾隆帝 70 大寿，到承德避暑山庄，住在乾隆帝为他修建的“须弥福寿之庙”，然后到北京住在西黄寺。没想到六世班禅因病在北京圆寂，后建“清净化城塔”，葬其衣物，以示纪念。六世班禅生前，在京得到大量赏赐和馈赠：“数十万金，而宝冠、璎珞、念珠、晶玉之钵、镂金之袈裟、珍宝等不可胜计。”他圆寂后，清廷派官兵护送其全部珠宝财产到日喀则札什伦布寺。六世班禅的遗产，全被其兄仲巴据为己有，其弟沙玛尔巴分文未得。沙玛尔巴一气之下，投奔廓尔喀（今尼泊尔）。廓尔喀得知札什伦布寺珍藏大量金银珍宝，遂起攻占日喀则、掠夺财宝的野心。乾隆五十三年（1788 年），廓尔喀苏尔巴尔达布，以“食盐掺土”为借口，侵占后藏聂拉木、济咙、宗喀 3 处。乾隆帝得奏后，派四川总督鄂辉、提督成德率 5 000 川兵，入藏增援；又派理藩院侍郎巴忠前往办理。巴忠等私自同廓尔喀议和，令其退出已占聂拉木等 3 处，每年给元宝 1 000 锭作为补偿。鄂辉未遇抵抗，占领聂拉木、济咙、宗喀，奏报收复失地。但是，巴忠擅自议和，达赖喇嘛不知，没有照付廓尔喀银两，引起廓尔喀再次入侵。

乾隆五十六年（1791 年），廓尔喀以“索取地租”为名，再次侵入后藏聂拉木等地。驻藏大臣保泰将班禅移到前藏。廓尔喀军侵入札什伦布寺，大肆抢掠，一洗而空。乾隆帝得报后，命福康安率军入藏。次年三月，福康安率军从西宁出发，急行军 40 天入藏，首战擦木，再战济咙，连战得胜，进入廓尔喀境。又渡过热索桥，所战皆捷，深入 700 里。廓尔喀请降，福康安因大雪将封山而不利撤兵，允其投降，撤兵而归。清军取得反击廓尔喀入侵的胜利。乾隆帝鉴于历史经验，命福康安主持制定西藏章程。

制定西藏章程 《钦定西藏章程》藏文本，藏于西藏前藏拉萨的大昭寺和后藏日喀则的札什伦布寺。其汉文本 29 条，包括有关西藏的内务、职官、外事、宗教、军事、法律、贸易、马政、租赋、差徭等内容。规定：驻藏大臣督办藏内事务，与达赖喇嘛、班禅额尔德尼等，自噶布伦以下官员及管事喇嘛等，事无大小，均需禀明驻藏大臣；达赖喇嘛、班禅额尔德尼等圆寂后，在驻藏大臣亲监下，灵童转世用金奔巴瓶掣签决定；西藏对邻国贸易必须进行登记；西藏货币一律用白银铸造，正面铸“乾隆宝藏”4 个字；建立 3 000 人的驻藏军队，分驻前藏、后藏；达赖喇嘛、班禅额尔德尼收支经驻藏大臣审核；驻藏大臣每年春、秋两次巡视前藏、后藏，检阅军队；处理外务以驻藏大臣为主，同达赖喇嘛协商办理，等等。《钦定西藏章程》是西藏历史上重要的文献，标志着清朝对西藏进行全面有效的管辖。在《钦定西藏章程》中，规定了金奔巴瓶制度。

设立金奔巴瓶制 达赖喇嘛、班禅额尔德尼圆寂后，灵童转世，如何确认，事情非常复杂，时常闹出麻烦，甚至内讧，兵戎相见。乾隆帝为了解决这个历史难题，实行“金奔巴瓶制度”。“奔巴”，藏语意为瓶，就是“金瓶掣签”的金瓶。这是乾隆帝的一个创造。他在《喇嘛说》中道：“兹予制一金瓶，送往西藏。凡转世之呼毕勒罕，众所举数人，各书其名，置瓶中，掣签以定。虽不能尽去其弊，较之从前一人之授意者，或略公也。”其办法是：凡达赖喇嘛、班禅额尔德尼圆寂后，转世之呼毕勒罕即灵童若干人，将其名字各写在象牙签上，装入金瓶中，焚香诵经 7 日，由驻藏大臣会同大喇嘛等，在公众前抽签决定。金奔巴瓶储于拉萨大昭寺内。又设立一尊金奔巴瓶，藏在北京雍和宫内，凡大活佛章嘉呼图克图、哲布尊丹巴呼图克图等灵童转世，由理藩院尚书监督，有关官员、僧侣等亲临，抽签掣定。这项制度使达赖喇嘛、班禅额尔德尼等转世时，避免某些贵族、僧侣操纵擅定，引起政治与宗教事端。在雍和宫的“金奔巴瓶”

已成历史文物；在大昭寺内的“金奔巴瓶”制，沿袭至今。

金奔巴瓶制杜绝了世俗贵族和特权僧侣，控制“灵童”转世的裁定，而使达赖喇嘛、班禅额尔德尼及蒙古各地大活佛转世的合法身份，在驻藏大臣或理藩院尚书的监督下，得到清廷的允准。

六次南巡 劳民伤财

乾隆帝说他平生有两件大事：一件是西师，就是用兵新疆；另一件是南巡，就是巡幸江南。

清帝南巡，始自康熙。康熙帝曾 6 次南巡，其目的是巡视河运，了解民情，加强对江南的统治。乾隆帝把自己 6 次南巡，说成是效法皇祖康熙帝。

第一次南巡 乾隆十六年（1751 年）正月十三日，乾隆帝奉皇太后南巡启行，时弘历 41 岁，皇太后 60 岁。乾隆帝在南巡前谕旨说：“朕巡幸所至，悉奉圣母皇太后游赏，江南名胜甲天下，诚亲掖安舆，眺览山川之佳秀，民物之丰美，良足以娱畅慈怀。”又说：“正我圣母六旬万寿之年也，将见巷舞衢歌，欢腾献祝，称朕以天下养之至爱，上以广承欢之庆，下以慰望幸之忱。”显然，乾隆帝这次南巡，主要是陪奉他的母亲皇太后到江南旅游，并举国百姓庆贺其母寿诞。附带的是省方问俗、考察军政、了解民情、巡视河务。沿途经运河、渡黄河、阅高家堰、游焦山、驻苏州，到杭州幸观潮楼、阅兵，到江宁（南京）祭明太祖陵，到泰安祀东岳。是行，免江浙额赋等银 347 万余两。五月初四日，回到北京，历时 110 天。

第二次南巡 乾隆二十二年（1757 年）正月十一日，乾隆帝奉皇太后南巡启行，时弘历 47 岁，皇太后 66 岁。这次南巡准备充分，所用马万匹、船千只，途经今北京、天津、河北、山东、江苏、浙江等。去时路程，旱路 1 758 里、设 33 站，水路 1 346 里、设 19 站，共 3 104 里；回时路程，旱路 1 442 里、设 28 站，水路 1 294 里、设 17 站，共 2 736 里。

《乾隆南巡图》局部

总计往返 5 840 里，97 站，平均每天行 60 里左右。每到一地，官员带领兵丁迎驾,观光百姓“不下数十万人”。所经道路,要加修整,洒泼清水，消除尘土。乾隆帝的御舟，纤夫 3 600 名，分为三班或六班，兴师动众，耗费巨大。如苏州御路，费银 30 万两。其他行宫、尖营、饭食、马匹等花费，也数字巨大，十分惊人。这次南巡，乾隆帝还陪皇太后临视苏州织造机房。本次南巡的一个特点是，在浙江 3 次阅兵，可能同西北战事有关。四月二十六日，回到北京，历时 84 天。

第三次南巡　二十七年（1762 年）正月十二日，乾隆帝奉皇太后南巡启行，时弘历 52 岁，皇太后 71 岁。此次南巡同河务有关。当时山东、直隶、江苏、浙江水灾严重，乾隆帝南巡沿途，见所经桃源、宿迁、邳州、睢宁一带，百姓“鹑衣鹄面，相望于道”。他亲眼看到水灾给百姓绘成的黑暗图画，更加意治水。他决定加发赈济粮食，命督臣治理水患。又巡查清口，确定清口水志，史称:“河臣恪守此法，数十年来下河免受水患。”这次南巡，乾隆帝还陪皇太后临视杭州、苏州织造机房。五月初四日，回到北京，历时 115 天。

第四次南巡 乾隆三十年（1765 年）正月十六日，乾隆帝奉皇太后南巡启行,时弘历 55 岁,皇太后 74 岁。每次路线,大同小异。以本次为例:启銮后，二月初八日，入江苏境。十二日，由徐家渡过黄河，在清口巡河务。二十日，乘船过长江。闰二月初一日，到苏州，游赏园林、灵岩胜景 8 天。后到嘉兴，巡视海塘，乘船到杭州。在杭州，阅水师，游西湖，住 12 天。三月初三日，驻江宁（南京）。回銮过苏州，到镇江、赏金山。渡长江，过黄河，由运河经济宁、临清、德州。皇太后由德州水路回京，乾隆帝则从德州陆路回京。四月二十一日，回到北京。历时 125 天，为乾隆帝 6 次南巡中时间最长的一次。

第五次南巡 乾隆四十五年（1780 年）正月十二日，乾隆帝南巡启行，时弘历 70 岁。地方官员，极尽奉迎，巧设寿桃，庆祝寿典。御舟将到镇江，遥见长江岸边有个寿桃，硕大无比，红翠夺目。御舟驶近寿桃，史料记载:忽烟火大发，光焰四射，蛇掣霞腾，几眩人目。俄顷之间，寿桃砉然开裂，则桃内之剧场，上有数百人，正载歌载舞，演出“寿山福海”新戏。乾隆帝到浙江,绅商奉献“雷峰塔传奇”,戏台驾在两只船上,戏船驶在御舟前面,船映波影,演唱歌舞,乾隆看戏,欢愉不已。《红楼梦》中赵嬷嬷向凤姐介绍江南甄家迎接皇帝南巡盛况，当是历史真实的艺术写照。但是，皇帝南巡，百姓遭殃。史载：乾隆帝御舟过平望，有一女子做饭，楼头火光熠烁。御前侍卫以为逆谋不轨，遂遥射一箭，民女应弦而死。且不管这个故事的真假，可见圣驾禁卫防范之严。五月初九日，回到北京，历时 111 天。

第六次南巡 四十九年（1784年）正月二十一日,乾隆帝南巡启行,时弘历已74岁高龄。此次他到浙江海塘巡视。先是，乾隆帝第三次南巡初视海塘，亲到现场，观察打桩。对柴塘与石塘的长短，群臣意见不一，他也不能定夺。第四次南巡，又到海宁，查视海塘，决定设3层石坦，加以保护，再加筑石塘。第五次南巡，又到海塘，经过实验，石塘牢固，全建石塘。这次南巡是他最后察看海塘，命对老盐仓石塘，施工增修，更为加固：下层设石坦保护；中层种柳，使根株盘结，塘工益固；上层筑石塘。还命拨银500万两，将范公塘改建成石塘，限期5年，克期完成（3年即成）。这次南巡的一个特点,就是祭祀很多。据《清史稿》记载，乾隆帝共14祭：祭岱庙、少昊陵、曲阜孔庙、孔府、孔林、周公庙、河神、江神、苏州文庙、海神、圣祖神御、明太祖陵、河神和禹庙,说明乾隆帝已经老了。这次南巡还有一段佳话:福建钦赐进士郭钟岳，104岁，来到浙江，恭迎銮驾。四月二十三日，乾隆帝结束最后一次南巡回到北京，历时121天。

对于乾隆帝南巡,《清史稿·吴熊光传》记载乾隆帝晚年的话：“朕临御六十年，并无失德。惟六次南巡，劳民伤财，作无益、害有益。将来皇帝如南巡，而汝不阻止，必无以对朕。”这话分开来说，乾隆帝御极，也有失德；六次南巡，或有微益；劳民伤财，实为有害。

大兴园林 艺术杰作

满洲先世过着牧猎生活，属于牧猎型文化。满洲牧猎文化对北京城外和京畿的重要影响是大规模兴建苑林。其中以康、雍、乾三帝为甚，乾隆时期达到中国皇家园林史上的顶峰。

先是，在北京都城历史上，凡是牧猎民族建立的王朝，都大规模地兴建苑囿行宫,契丹建延芳淀、女真建太宁宫、蒙古辟飞放泊（南苑）等，都是例证。而明朝汉族朱家皇帝，属传统的农耕文化，喜静怠动，不善骑射，囿于宫廷，沉湎声色。但是，满洲先民是关外的牧猎民族，他们喜林莽、长骑射，喜凉爽、恶溽暑。满洲建立的清朝，其前期又呈现一统、富强的局面。这就使得清朝皇家苑囿行宫的兴筑，达到了中国皇朝园林史上的高峰。

顺治时期，清军入关不久，满洲骑射习俗，保留尚多，眷恋自然。多尔衮曾谕建喀喇避暑城：

京城建都年久，地污水咸。春、秋、冬三季，犹可居止。至于夏月，溽暑难堪。但念京城乃历代都会之地，营建匪易，不可迁移。稽之辽、金、元，曾于边外上都等城，为夏日避暑之地。予思若仿前代造建大城，恐糜费钱粮，重累百姓。今拟只建小城一座，以便往来避暑。

多尔衮死，此意遂罢。顺治帝虽修葺南海子，但他笃信佛教，痴情董鄂妃，又过早离世，没有大兴园林。康熙兴建畅春园，游幸静宜园（香山）、静明园（玉泉山），其规模都不算大。康熙经始的避暑山庄和木兰围场，虽是满洲牧猎文化在园林艺术上的两颗明珠，但限于当时财力，囿于康熙节俭本性，没有将造园艺术发挥得淋漓尽致。雍正继位后，忙于骨肉

乾隆帝宫苑行乐图

相残，勤于处理政事，蛰居圆明园，未大兴园林。清代大建皇家园林的课题，落在了乾隆帝的肩上。乾隆时期，江山一统，政治稳定，国力强盛，经济繁荣。乾隆帝凭藉举国财力、物力、人力，大兴园林，融中西、南北建筑优长于一园，兼有满洲、蒙古、藏族的建筑特色。乾隆帝在宫城、在西郊、在京外，都改建或兴建皇家园林。

在宫城，乾隆帝除增修大内宫殿外，特别注重兴建皇宫园林。宫城内原有御花园、慈宁宫花园，乾隆帝又兴修建福宫花园和宁寿宫花园。建福宫花园建于乾隆五年（1740 年），其东为重华宫，南为建福宫，原是乾西五所，是皇太子居住之处。乾隆帝继位后，改西四、五所为建福宫花园，作为游乐、休憩之所。建福宫花园是参照江南私家园林设计的园中之园。园中有延春阁，有亭、轩、楼、斋，馆、室、堂、殿。阁前叠石为山，岩洞磴道，幽邃曲折，古木丛篁。这座园林，亭台楼阁，高低错落，配置树木山石，景色典雅秀丽，是乾隆帝常临幸赏景、游憩消闲之所。

宫城的宁寿宫花园（乾隆花园），是乾隆帝为自己归政后准备的颐养天年休憩之处。花园布置在南北深 160 米、东西宽 37 米的纵长地带，共占地 5 920 平方米，其格局灵活紧凑，空间时畅时闭，曲径通嶷，景致各异。它层次分明，院落四进：衍祺门里，第一进主体建筑为古华轩，院中布置山石亭台，别具风采。西面禊赏亭抱厦中设流杯渠，引水渠中，浮杯水上，杯停赋诗，饮酒为乐。东南角借用曲尺廊，隔出一个小院，打破方正布局俗套，取得步移景随的效果。西北角在假山上建旭辉亭，经爬山廊与山下禊赏亭联通。曲尺廊与爬山廊，曲直相间，斜平各异。第二进以遂初堂为主要建筑，院内湖石点景，环境雅致幽静。第三进以山景为主，庭院中峰峦迭宕，奇石突兀，崖谷峻峭，洞壑邃幽。环山布置建筑，北为萃赏楼，西有延趣楼，耸秀亭建在山上，上下游廊，迂回连通。山麓之阳，有三友轩，取岁寒松、竹、梅三友之意。最后一进的主体建筑符望阁，是全园的主景建筑。阁内间隔纵横，变幻无穷。观赏阁内景色，至少需转 20 个方位。阁前叠石堆山上的碧螺亭，全用梅花图案，形状别致新颖。最后为倦勤斋，室中设有小戏台，斋内嵌竹丝挂檐，一派江南景色，优美秀丽，精致绝伦。宁寿宫花园，布局巧妙，建筑精丽，诗情画意，鬼斧神工，是乾隆帝造园艺术的精品。

在宫城北景山，乾隆帝也多有新建，尤以点睛之作的山上五亭——中为万春、其东为周赏、西为富览，其外东为观妙、西为辑芳，堪称乾隆帝的艺术手笔。此外，乾隆帝还修建三海殿阁，在南海建宝月楼，民初在楼下辟洞为门，即今新华门。

乾隆帝在西郊兴建园林，始于清漪园（后改名颐和园），此为乾隆帝的园林艺术杰作。乾隆十六年（1751 年），为皇太后 60 大寿，乾隆帝将瓮山改名为万寿山，扩浚昆明湖，湖中建龙王庙，又仿杭州西湖筑西堤、建六桥，创建大报恩延寿寺——“殿宇千楹，浮屠九级，堂庑翼如，金碧辉映。”园内建勤政殿，修长廊，筑石舫，仿寄畅园，建惠山园。在湖西建畅观堂，右望玉泉，左俯昆明。昆明湖碧波荡漾，西山倒映，明月泛舟，青影醉人。

乾隆帝兴建园林，高潮在圆明三园。圆明园在畅春园之北、清漪园迤东。圆明园原为明朝贵戚旧园。康熙四十八年（1709 年）开辟，初为雍正藩邸赐园。雍正《御制圆明园记》云：“夫圆而入神，君子之时中也。明而普照，达人之睿智也。”故名之为圆明园。乾隆帝的主要贡献是，在圆明园基础上，对其增建、扩建，新辟长春园。此园在圆明园东垣外水磨村辟地而建，因乾隆帝居住在圆明园中的长春仙馆，故将新园命名为长春园。后又在其南方圈进绮春园（同治时改名万春园）。这 3 个园子，周围 20 里，紧密相连，合称为圆明三园，习称圆明园。

圆明园景区，雍正以四字命名的只有 12 处景点，乾隆帝扩建为 40 景，统一用 4 字定名。这就是：正大光明、勤政亲贤、九州清晏、镂月开云、天然图画、碧桐书院、慈云普护、上下天光、杏花春馆、坦坦荡荡、茹古涵今、长春仙馆、万方安和、武陵春色、山高水长、月地云居、鸿慈永祜、汇芳书院、日天琳宇、澹泊宁静、映水兰香、水木明瑟、濂溪乐处、多稼如云、鱼跃鸢飞、北远山村、西峰秀色、四宜书屋、方壶胜境、澡身浴德、平湖秋月、蓬岛瑶台、接秀山房、别有洞天、夹镜鸣琴、涵虚朗鉴、廓然大公、坐石临流、曲院风荷、洞天深处。

绮春园有 30 景:敷春堂、鉴德书屋、翠合轩、凌虚阁、协性斋、澄光榭、问月楼、我见室、蔚藻堂、蔼方圃、镜绿亭、淙玉轩、舒卉轩、竹林院、夕霏榭、清夏斋、镜虹馆、春雨山房、含光楼、涵清馆、华滋庭、苔香室、虚明镜、含淳堂、春泽斋、水心榭、四宜书屋、茗柯精舍、来薰室、般若观。长春园也有 30 景。

园中共有数百座亭台宫殿，每所建筑都布置着精美的陈设、珍贵的文物和艺术品。真是天宝地灵之区，帝王豫游之地，中华园林无以逾此。但是，乾隆帝在长春园兴建西洋楼。他对西方科学技术既不感兴趣，又一窍不通，只能为玩西方的机械钟表和西洋楼大水法了。总之，万寿山清漪园（颐和园）、香山静宜园、玉泉山静明园，以及畅春园、圆明园，合称为“三山五园”。

乾隆帝的祖父康熙在塞外选址，兴筑避暑山庄，开辟木兰围场，融避暑与游憩、狩猎与习武、御政与抚蒙等功能于一体，并在规划、建筑、民族、文化上予以体现。避暑山庄的宫殿、湖园、山林三区，即是上述诸功能在规划与建筑上的例证，其万树园则是关外林莽景观的袖珍再现。乾隆帝在避暑山庄又增加了 36 处景点，即“后三十六景”。他特别修建承德外八庙中的 6 座庙宇：普宁寺、普乐寺、殊像寺、安远庙、须弥福寿之庙和普陀宗乘之庙。（见本书康熙一节）乾隆帝几乎岁岁到木兰围场，哨鹿呦鸣，八旗分列，万骑驰驱，打围射猎，则完全映现了满洲牧猎民族的文化特色。

乾隆帝在北京及京畿保护、维修、兴建的皇家园林，圆明园、清漪园（颐和园）、静宜园（香山）、静明园（玉泉山）、避暑山庄和木兰围场等，无不体现着清代园林文化的辉煌，是园林艺术史上的一串串明珠。

英使来访　承德谒见

乾隆帝处理同近邻的关系，很有经验；但处理同西方的关系，却很陌生。英使马戛尔尼来华，乾隆帝在避暑山庄接见，是他处理中外、东西关系的一次重大政治事件。

西方国家中的西班牙、葡萄牙、荷兰、意大利、日尔曼、俄罗斯、英国等，早在明朝就同中国发生交往。入清以后的顺治、康熙和雍正，也同西方国家打过交道，如顺治同耶稣会士汤若望交往、康熙同俄国签订《尼布楚条约》、雍正同俄国签订《恰克图条约》等。但是，同西欧外交使团正式接触，乾隆帝却是中国历史上第一位皇帝。

英国在17世纪40年代爆发了资产阶级革命，到18世纪30年代又进入工业革命时期，很快发展成为当时世界上经济、军事最强大的国家。它先后击败了葡萄牙、西班牙、荷兰，军舰游弋，称霸海上，成为头等的殖民国家。英国是个岛国，要拓展海外贸易，进行殖民扩张。早在崇德二年（1637年），英国的武装商船就曾抵达澳门附近的横琴岛。后来他们将船驶向广州，闯入虎门，“声言求市”，同守军交火。事后英国派人到广州谈判。谈判失败后,英军占虎门炮台,清军进行反击。英舰失利，退回澳门。清廷规定：“英商永远不许来广州。”英国想用武力打开清朝大门的举动失败后，便改用外交手段，以达到在中国通商与殖民的目的。但是，清廷的闭关政策，是英国实现上述目的的障碍。

清政府因东南沿海的抗清势力,规定“寸板不准下海”。台湾统一后，清廷放宽海禁，许在广州、漳州、宁波、云台山4个口岸对外通商。后英国在广州建立商馆，又想在广州以北开港，打开中国市场。乾隆二十年（1755年），英国武装商船驶至宁波，引起乾隆帝的关注，下令只准英商在广州贸易。英国想通过同乾隆帝谈判，取消清廷在对英贸易中的禁令与限制，获得商业与外交的利益。于是，决定派遣以马戛尔尼为首的外交使团访清。

马戛尔尼（George Macartney，1737—1806），曾任英殖民地马德拉斯省总督、驻俄国彼得堡公使，又任孟加拉总督（因赴清未到任），是一位经验丰富的高级外交官。这个使团以向清廷“进贡”和补祝乾隆帝80大寿为名，乘坐装有64门大炮的第一流军舰“狮子号”，载着包括秘书、翻译、医生、军事、化学、天文、历算、制图、航海等方面的专家，以及水手、官兵等共800多人，还有600箱礼物，自英国朴茨茅斯港起航。经大西洋、印度洋和南海，于乾隆五十八年（1793年）六月二十一日过澳门。广东巡抚郭世勋向乾隆帝奏报英使马戛尔尼的到来。尔后船队经福建、浙江、江苏、山东沿海北上，于八月初五日在天津大沽登陆。

乾隆帝指示直隶总督梁肯堂和长芦盐政征瑞接待英国使团。他们给使团送去牛羊猪260头、鸡鸭200只、面粉160袋、大米160包、茶40箱，以及蔬菜、瓜果、酒类等。马戛尔尼一行到北京后，住在圆明园旁的宏雅园。英王送给乾隆帝的礼物在圆明园中安装陈列。

马戛尔尼一行到承德后，住在佟王府。大学士和珅同马戛尔尼就其谒见乾隆帝的礼节仪式，进行了商谈。和珅起初坚持英使见乾隆帝要行三跪九叩大礼，马戛尔尼认为这是“表示屈服和顺从”，拒不接受。后经过反复商谈，提出两个方案：如果马戛尔尼行磕头礼，那么同级清朝官员必须穿朝服在特使带来的英王御像前也行磕头礼；或者用觐见英王的单腿下跪礼（免去吻手）谒见乾隆帝。最后商定用第二个方案。

八月初十日，乾隆帝在万树园接见了英王正使马戛尔尼、副使斯当东。清晨，盛装的英使、王公大臣、蒙古诸王等齐集万树园。至时，乾隆皇帝在礼乐中升座，其他各就各位。由礼部尚书引导马戛尔尼到御座左首，马戛尔尼向乾隆皇帝行一腿单跪之礼后致词，并呈递英王书信给乾隆帝。乾隆帝以玉如意回赠英王，又分赠马戛尔尼和斯当东绿色如意。他们二人又以金表和汽枪回赠乾隆帝。然后是王公大臣等依次行礼。觐见仪式完毕后，乾隆帝赐宴。第二天，乾隆帝命和珅、福康安陪英使游览避暑山庄。十三日，乾隆帝83岁生日庆典，马戛尔尼又随同王公大臣等到澹泊敬诚殿，向乾隆皇帝“行庆贺礼”。马戛尔尼觐见乾隆帝是行单腿跪礼，还是行双腿跪礼，各家记载，很不一致，这里不做考证。当天举行约有“八旗军队，一万二千名官兵”参加的阅兵盛典，还有歌舞杂技与燃放焰火等祝寿活动。马戛尔尼在参加上述“万寿节”活动后离开热河，到京师等待乾隆帝回京。

乾隆帝回北京后，和珅同马戛尔尼在圆明园举行会谈。马戛尔尼提

乾隆皇帝接见马戛尔尼使团情形

出他奉命准备作为英国大使"久驻北京"、英王政府也欢迎清朝派遣使臣到英国的建议。和珅没有当面答复英使提出的要求，但清廷开会讨论英王致乾隆帝的信件及应对原则。会谈后的第三天，和珅在皇宫会见马戛尔尼，面交乾隆帝致英王的复信。其来信与复信的主要内容如下：英方要求派使臣常驻北京，中方答复"此与天朝体制不合，断不可行"；英方要来宁波、珠山（舟山群岛）、天津开口贸易，清廷答复"皆不可行"；英方要求在北京设立洋行，清廷答复"京城为万户拱极之区，体制森严，法令整肃，从无外人等在京城开设货行之事"；英方要求在珠山附近一小岛存放货物，清廷答复"天朝尺土俱归版籍，疆址森然，即岛屿沙洲"，亦"不便准行"；英方要求在广州附近拨给一小块地方居住英商，清廷答复"自应仍照定例，在澳门居住"等。乾隆帝对英王及英使提出的各项要求，逐一驳回。

九月初三日，马戛尔尼带着乾隆帝回赠英王的信件与礼物，离开北京，取道广州，返回英国。

这件事情充分说明：

第一,乾隆帝以“天朝上国”自居,自诩清朝为“天朝统驭万国”、“天朝抚有四海”、“天朝物产丰盈,无所不有,原不藉外夷货物,以通有无”等,傲视西方,固步自封,陶醉于“天朝上国”、“千古第一全人”的迷梦之中。

第二，乾隆帝看不到西方工业科技的进步和世界发展的潮流，断然拒绝英使的要求，就是拒绝中国对外开放的历史机遇。

第三，乾隆帝主观上表现了爱国自尊的大国情结，但结果事与愿违。

第四，乾隆帝的天朝傲慢，其子孙受到惩罚——47年后，英国不是通过外交，而是运用炮舰，打开清朝闭关锁国的大门，逼着清廷不仅应允了马戛尔尼提出的所有要求，而且订立了不平等条约。尔后，清朝一步步地沦为西方列强的半殖民地。

诗文书画　一代文才

乾隆帝天资聪颖，勤奋好学，书法绘画，兼长诗文，不仅是一位伟大的政治家，而且是一位非凡的文学家、语言学家、诗人和学者。

乾隆帝有着语言的天才，又好学不辍。他身为满人，满语是其母语，他不仅精通新满文，而且熟知老满文。他对汉语、汉文，十分精通。后文要叙述其诗其文，就是明显的例证。乾隆还通蒙古语，因蒙古语与满语都属于阿尔泰语系，学起来自然比汉人学蒙古语来得要容易些，不过不学也是不能会的。他又学习藏、维、回语言文字，50余年，研习不停。《钦定八旗通志》记载：“朕即位初，以为诸外藩岁来朝，不可不通其语，遂习之。不数年而毕能之，至今则曲尽其道矣。侵寻而唐古特语，又侵寻而至于回语，亦既习之、亦既能之。”他学会了蒙古语、藏语、维吾尔语，有利于同这些民族与宗教上层人物进行交流。他在接见蒙古王公时，就用蒙古语同他们对话，显得格外亲切。他在平准期间，先后接见萨喇勒、“三车凌”和阿睦尔撒纳等人，都用蒙古语同他们交谈。他曾说：“凡有谕旨兼蒙古文者，必经朕亲加改正，方可颁发。以理藩院所拟原稿，示蒙古王公等多不能解。缘翻译人员，未能谙习蒙古语，就虚文实字敷衍成篇，遂致不相吻合。”可见他的蒙古语水平，比理藩院专司翻译的人还高明。乾隆帝会藏语，能用藏语同班禅额尔德尼对话。魏源《圣武记》载述：“兹因班禅来觐，复习唐古特语，故重译朝见，告语如一家。”这是因为五世班禅要到避暑山庄朝觐，乾隆帝特地学习唐古特语，且很快能对话。这时他已是 70 岁的老人。乾隆帝对藏文很有研究。当时藏语称唐古特语、藏文称西番字，他说：“朕自乾隆八年以后，即诵习蒙古及西番字经典，于今五十余年，几余究心讨论，深识真诠。”他精通藏语文和佛教经典，所以章嘉呼图克图大师受命翻译《大藏经》时，“每得一卷，候朕裁定”。又如“喇嘛”一词，他诠释说：“喇嘛之字，汉书不载，元、明史中，讹书为剌马。予细思其义，盖西番语谓‘上’曰‘喇’，谓‘无’曰‘嘛’，‘喇嘛’者谓‘无上’，即汉语称为上人之意耳。”这是迄今为止对“喇嘛”一词的来源权威性的汉文解释。他会维吾尔语，如他在《瀛台赐巴达山来使即席得句》诗中注释：“近始晤习回语，可以不寄。”这说明乾隆帝可以不用翻译，能阅读维吾尔文字并直接同维吾尔人交谈。他会维吾尔语，对用兵新疆，起了很大作用。所以说，乾隆皇帝是通晓满、汉、蒙、藏、维 5 种语言文字的语言学家。这在中国 2000 年皇朝史上，作为皇帝来说，是空前绝后的。

乾隆帝喜爱书法，造诣精深。他长期痴于书法，至老不倦。自内廷到御苑，从塞外到江南，园林胜景，名山古迹，所到之处，挥毫题字，墨迹之多，罕与伦比。他收藏并饱览历代名家名帖，今北海公园阅古楼《三希堂法帖》石碑，就是他命镌刻珉石的。乾隆帝是一位书法鉴赏家。他将多年搜求得到的晋王羲之《快雪时晴帖》、王献之《中秋帖》和王洵《伯远帖》3 种书法珍品，称为胜于“丰城之剑，名浦之珠”，专门辟室“三希堂”收藏，并为此写了《三希堂记》。

乾隆帝喜欢绘画。他在当皇子时，经常动手绘画。即位以后，经常看画，亦偶尔作画。在宫中设如意馆，汇集一批画家。他去如意馆时，

乾隆帝绘《岁寒三友图》

常对“有用笔草率者，辄手教之，时以为荣”。宫中画家、耶稣会士郎世宁等，是乾隆帝很喜欢的西洋画家。乾隆帝花几十年心血，觅得马和之所作《国风图》，藏之于学诗堂；又得韩滉所绘《五牛图》，藏之于春藕斋——经常观览，赏心娱目。

乾隆帝撰写了大量文章，仅编成文集的就有《御制文初集》、《御制文二集》、《御制文三集》、《御制文余集》，共 1 350 余篇，还有《清高宗圣训》300 卷。乾隆帝著文，非常认真。赵翼《檐曝杂记》记载：寻常碑记之类，有命军机大臣汪由敦起草。由敦嘱赵翼初拟后，亲自斟酌尽善。进呈之后，御笔删改，往往有数十句只用一二语者。赵翼感慨地说：“非亲见斧削之迹，不知圣驾之真不可及也。”乾隆帝既喜文，又喜诗：“山居静所会，几余常憩诸。或时咏新什，或时读古书。”

乾隆帝尤喜爱作诗。他的御制诗集，登极前有《乐善堂全集》，禅位后有《御制诗余集》，凡 750 首。在位期间的《御制诗集》共有 5 集，434 卷，有人统计，其初集 4 166 首，二集 8 484 首，三集 11 519 首，四集 9 902 首，五集 7 792 首，共计 41 863 首，加上《乐善堂全集》和《御制诗余集》，总计 42 613 首。而《全唐诗》所收有唐一代 2 200 多位诗人的作品，才 48 000 多首。乾隆皇帝是个业余诗人，以一人之力，其作诗数量竟与留传下来的全唐诗相比拟，其数量之多，创作之勤，令人惊愕，令人敬佩。可以说，乾隆帝诗作之多，有史以来，首屈一指。他说：“几务之暇，无他可娱，往往作诗。”又说：“每天余时，或作书，或作画，而作诗最为常事，每天必作数首。”他的诗不咏粉脂，不咏茶酒，不咏歌舞，不咏风月，而有“杜陵诗史”之概。他写诗的一个特点是“速”，就是诗才敏捷，作诗迅速。有时一天写诗十几首，如乾隆三十六年（1771 年），一天他乘船去昆明湖，“舟行十里诗八首，却未曾消四刻时”，很快就写了 8 首诗；四十九年（1784 年），他驻跸香山，五日之间，写 67 首。真是“放舟揽景，俄顷之间，得诗数首”。当然，乾隆帝有诗侍从，有些诗，他只写了一二句，叫做“诗片”，命别人誊写补齐。有的诗文口授其意令人代作，像沈德潜、钱陈群、汪由敦、刘统勋、刘纶、于敏中等人，都是乾隆帝的文学侍臣。钱陈群退休“家居以后，每岁录寄御制诗百余篇，命之和陈群既和韵，并写册页已进”。还有一个叫张鹏，“每日宣召至再至三”。他的诗有些由别人代作；有时兴之所至吟一二句，由词臣续成；有时臣下代笔，经他改定；也有的诗，写完后由臣下修改。他很想得开：“虽有所著作，或出词臣之手，真赝各半。”乾隆帝作诗，常用典故。“每一诗出，令儒臣注释。不得其原委者，许归家涉猎，然多有翻撷万卷莫能解者，然后上举其出处，以博一笑，诸臣莫不佩服”。

乾隆帝擅长文物鉴赏。昭梿在《啸亭杂录》中说:“纯庙赏鉴书画最精，尝获宋刻《后汉书》及《九家杜注》,心甚爱惜,令画苑写御容于其上。《岳氏五经》特建五经萃室以贮之。又觅马和之《国风图》,历数十年始全获，藏于学诗楼。”

乾隆帝是一位极有才华的人，他的一生对中华文化传承与发展，对满汉文化交流、对中国多民族文化交流，做出了重大的贡献。

后妃子女　家庭生活

乾隆帝的家庭，包括父母、兄弟、妻子、儿女。这在清朝皇帝中，是一个不算最大、却不能算小的家庭。先从他的父母谈起，他的父亲在上节中已述，本节只说他的生身母亲。乾隆帝的生母有异说，可参阅《正说清朝十二帝》的相关记述。

乾隆帝的母亲，是中国历史上最幸运、最享福的一位女人。她姓钮祜禄氏，出生于官宦人家，小时候没有受过苦。长到 13 岁，进了胤禛（雍正）府邸。康熙五十年（1711 年）八月十三日，生下独子弘历（乾隆帝），时年 20 岁。母以子贵，先被封熹妃，又晋熹贵妃。儿子作了皇帝，被尊为皇太后。她虽说是 44 岁守寡，居住在慈宁宫里，但能做皇太后，自然算是幸运。母亲做了太后，难得的是皇儿的孝顺。她的衣食住行，自然是天下一流。就以游幸来说，乾隆帝出巡，奉太后而行。“南巡者三，东巡者三，幸五台山者三，幸中州者一。谒孝陵，狝木兰，岁必至焉。”皇太后的游幸，长城内外，大江南北，饱览山川秀色，享尽人间荣华。特别是她60、70、80大寿，举国庆典，累次加隆。皇太后60大寿，乾隆帝为尽孝心，修了清漪园（颐和园），作为寿礼献给圣母，还改瓮山名为“万寿山”。这年，乾隆帝首次南巡，以豪华旅游为皇太后庆寿。皇太后的生日是十一月二十五日。60岁大寿这一天，从紫禁城西华门，到西直门外高梁桥，十余里道路，场面极为壮观。据赵翼《檐曝杂记·庆典》记载：

> 自西华门至西直门外之高梁桥，十余里中，各有分地，张设灯彩，结撰楼阁。天街本广阔，两旁遂不见市廛。锦绣山河，金银宫阙，剪彩为花，铺锦为屋，九华之灯，七宝之座，丹碧相映，不可名状。每数十步间一戏台，南腔北调，备四方之乐，倀童妙伎，歌扇舞衫，后部未歇，前部已迎，左顾方惊，右盼复眩，游者如入蓬莱仙岛，在琼楼玉宇中，听霓裳曲，观羽衣舞也。其景物之工，亦有巧于点缀而不甚费者。或以色绢为山岳形，锡箔为波涛纹，甚至一蟠桃，大数间屋，此皆粗略不足道。至如广东所构翡翠亭，广二三丈，全以孔雀尾作屋瓦，一亭不啻万眼。楚省之黄鹤楼，重檐三层，墙壁皆用玻璃高七八尺者。浙省出湖镜，则为广榭，中以大圆镜，嵌藻井之上，四旁则小镜数万，鳞砌成墙。人一入其中，即一身化千百亿身，如左慈之无处不在，真天下之奇观也。时街衢惟听妇女乘舆，士民则骑而过，否则步行。绣毂雕鞍，填溢终日。余凡两游焉。此等胜会，千百年不可一遇，而余得亲身见之，岂非厚幸哉！……二十四日，皇太后銮舆自郊园进城，上亲骑而导，金根所过，纤尘不兴。文武千官以至大臣命妇、京师士女，簪缨冠帔，跪伏满途。皇太后见景色钜丽，殊觉繁费，甫入宫即命撤去。

乾隆帝的兄弟，有9人，除早死6人、削宗籍1人外，就剩下和亲王弘昼、果亲王弘瞻2人，弘瞻又出继给果亲王允礼为后。不过，乾隆

乾隆孝贤皇后像

帝对和亲王弘昼、果亲王弘瞻很好，史称他“友爱昆仲”。这两个弟弟——五弟弘昼和六弟弘瞻，常陪他喝酒、作诗：“上即位后，优待和、果二王，每陪膳侍宴，赋诗饮酒，殆无虚日。”

乾隆帝的妻子，《清史稿·后妃传》记载为 17 人，《星源吉庆》记载为 29 人，有学者统计为 41 人:三后、五皇贵妃、五贵妃、六妃、六嫔、十二贵人等共 41 人。

第一任皇后为孝贤皇后富察氏，于雍正五年（1727 年）被册为弘历嫡福晋，年 15 岁。乾隆帝即位，册为皇后。皇后富察氏出身名门，曾祖父哈什屯顺治时任议政大臣，祖父米思翰康熙时任内务府总管、户部尚书、议政大臣，父亲李荣保任察哈尔总管，兄马齐任兵部尚书、议政大臣、大学士，弟马武任内务府总管、领侍卫内大臣。皇后富察氏性贤淑，尚节俭，不奢华，孝顺皇太后，敬爱乾隆帝。乾隆帝年轻时患疖，刚愈，太医说："须养百日，元气可复。"皇后就每晚在乾隆帝寝宫外居住奉侍，百日后，回寝宫。乾隆十三年（1748 年）随驾东巡，回程途中死于德州船上，年 37 岁。野史记载：三月十一日夜，乾隆帝东巡回銮驻德州，在舟中宴饮淫乐。皇后富察氏激切进谏，乾隆帝加以诟谇，后羞忿，投水死。乾隆帝作《述悲赋》，寄哀思，致悼念。

第二任皇后为乌拉那拉氏，乾隆帝做皇子时为侧福晋。在皇后富察氏死后，由贵妃晋为皇贵妃，摄六宫事，再册为皇后。但她与乾隆帝不甚融洽，乾隆三十年（1765 年）皇后随驾南巡，至杭州"忤上旨，后剪发"。这犯下旗人的大忌，让她先回京师，不久死亡，丧事以皇贵妃丧礼办理。

第三位皇后为魏佳氏，初为贵人，后晋嫔、妃、贵妃、皇贵妃，生下皇十五子颙琰（嘉庆），乾隆四十年死，年 49 岁。乾隆六十年（1795 年），乾隆帝以颙琰为皇太子，令追赠其母为孝仪皇后。

乾隆帝有皇贵妃 5 位、贵妃 5 位、妃 6 位。皇贵妃中乾隆帝最喜欢的是慧贤皇贵妃高佳氏。高佳氏原姓高，其父高斌是内务府旗人，后任苏州织造、河道总督等。父以女贵，高家因抬入满洲镶黄旗，改姓为高佳氏。可惜她被册封为皇贵妃 3 天后便死去。乾隆帝妃子中的惇妃、婉妃和容妃值得一提。惇妃，汪氏，本来很讨乾隆帝喜欢，脾气暴躁，一天发火，将宫婢笞死。乾隆帝写了长谕训斥，降为嫔。婉妃，陈氏，服侍乾隆帝于潜邸，后晋为妃。婉妃高寿，在寿康宫位居首，薨年 92 岁。容妃，《清史稿·后妃传》中有简略记载，其经历传说既生动又离奇。

容妃，霍卓氏，又作和卓氏，就是民间传说的香妃。容妃艳丽多姿，天生丽质，身有异香，美貌绝伦。她世居南疆叶尔羌（莎车），兄长因不满霍集占虐政，举家搬到北疆伊犁。其兄在反对霍集占叛乱中，立下功劳。他们受召入京师，后长住在北京。容妃进宫时间，说法不一。相传乾隆帝为容妃修建宝月楼（今中南海新华门楼）。其原因是：香妃同众妃存在着言语不同、风俗不同、服饰不同、宗教不同、饮食不同，于是特于南海最南之地兴建望月楼。这里又在皇城南垣，隔街与回回营相望，并有礼拜寺。乾隆帝作《宝月楼记》云：

> 宝月楼者，介于瀛台南岸适中，北对迎熏亭，亭台皆胜国遗址，岁时修葺增减，无大营造。顾液池南岸，逼近皇城，长以二百丈计，阔以四丈，地既狭，前朝未置宫室。每临台南望，嫌其直长鲜屏蔽，则命奉宸，既景既相，约之椓椓，鸠工戊寅（乾隆二十三年）之春，落成是岁之秋。

楼南隔街建“回子营”，修礼拜寺。乾隆帝御制诗中，有关宝月楼的诗很多。乾隆二十五年（1760年）夏月，诗云：“轻舟遮莫岸边维，衣染荷香坐片时；叶屿花台云锦错，广寒乍拟是瑶池。”此以嫦娥，比拟容妃。二十八年（1763年）新年又作诗云：

> 冬冰俯北沼，春阁出南城。
> 宝月昔时记，韶年今日迎。
> 屏文新弗禄，镜影大光明。
> 鳞次居回部，安西系远情。

乾隆自注：“楼近倚皇城南墙。墙外西长安街，内层回人衡宇相望，人称‘回子营’。新建礼拜寺，正与楼对。”容妃在宫中先册封为容嫔，册文有“尔霍卓氏，秉心克慎，奉职惟勤，壶范端庄，礼容愉惋”云云，后册为容妃。乾隆三十年（1765年）南巡，容妃随驾，到过苏州、杭州、

弘历雪景行乐图

江宁（南京）、扬州。乾隆帝特意按回部习俗，赏她羊肚片、炖羊肉等食物。容妃在乾隆五十三年（1788年），因病去世，年55岁，葬清东陵。今新疆喀什有香妃遗棺，当地传说是从北京运回去的。香妃与容妃是一人，还是两人？学界看法，尚不一致。

乾隆帝有17个儿子，其中早殇7子、出继2子，乾隆帝生前去世6子，他当太上皇时只有4个儿子。皇长子永璜，因皇后富察氏死“不知礼”，遭到切责，两年后死。皇八子永璇，乾隆封为郡王，嘉庆封为亲王，道光时病死，年八十有七。皇十一子永瑆，封成亲王。永瑆得皇父书法家传，受乾隆帝喜欢。《清史稿·永瑆传》说:“永瑆工书,高宗爱之。”嘉庆即位后,永瑆为军机大臣。清朝亲王领军机者,自永瑆为始。皇十七子永璘,乾隆帝封贝勒,嘉庆晋为郡王,后晋庆亲王。

乾隆帝在儿子中立储,几次失败。先立皇次子永琏:“永琏乃皇后所生,朕之嫡子,聪明贵重,气宇不凡。”乾隆帝即位后,亲书密旨,藏在乾清宫“正大光明”匾后,但永琏9岁时死去。乾隆帝又立皇九子永琮,两岁时又因痘症早殇。

乾隆帝的女儿,共有10人,其中早殇5人,成年5人。皇三女固伦和敬公主,皇后富察氏所生,16岁下嫁蒙古科尔沁部色布腾巴尔珠尔额驸,留住京师,住和敬公主府,年62岁死。今北京平安大街和敬公主府址,是保存最为完整的公主府第。皇四女和硕和嘉公主,16岁下嫁福隆安,23岁死。皇七女固伦和静公主,15岁下嫁蒙古喀尔喀策凌亲王之孙拉旺多尔济额驸,他任领侍卫内大臣,19岁死。皇九女和硕和恪公主,10岁指婚、16岁下嫁大学士兆惠之子札兰泰额驸,23岁死。皇十女固伦和孝公主,生母为受宠的惇妃,出生时乾隆帝已经65岁。按照清朝制度,妃嫔所生之女应封和硕公主,但由于十公主深得宠爱,所以在12岁时被破例封为固伦公主。她长得很像乾隆帝,乾隆帝曾对她说:“汝若为皇子,朕必立汝储也!”她被皇父视为掌上明珠,5岁时就被指配给宠臣大学士和珅之子丰绅殷德(名字是乾隆帝起的),15岁下嫁完婚。皇十公主下嫁时,乾隆帝赐给大量财物。据朝鲜使臣记载:“宠爱之隆,妆奁之侈,十倍于前驸马福隆安时。自过婚翌日,辇送器玩于主第者,概论其值,殆过数百万金。二十七日,皇女于归,特赐帑银三十万。大官之手奉如意、珠贝,拜辞于皇女轿前者,无虑千百。虽以首阁阿桂之年老位尊,亦复不免云。”后和珅被抄家,十公主哭求,丰绅殷德免于一死,独留公主赡养之产,公主49岁死。乾隆帝长大成人出嫁的5个女儿,平均年龄才34.4岁。这可能同她们在家娇生惯养、出嫁后生活落差太大不无关系。乾隆时联姻范围扩大到朝廷的肱股大臣之子。乾隆帝5位成年公主中,2位嫁与蒙古王公,3位分别嫁给了大学士傅恒之子、大学士兆惠之子和军机大臣和珅之子。其后，嘉庆帝、道光帝、咸丰帝的 8 位成年公主中，有 3 位下嫁蒙古科尔沁部、土默特部和奈曼部，其余 5 位均指配给近臣之子。由上可见，清代公主的婚嫁，初期重女真重要部族，皇太极及其后重蒙古王公，中期以后则多指配给朝廷重臣。

乾隆帝一生，曾自我总结为“十全老人”，执政 60 年，主动禅位。

十全武功　主动禅位

乾隆帝在总结他一生的功绩时，认为自己有“十全武功”。这说明乾隆帝的人生事业达到顶峰，将要退出君王的历史舞台。

乾隆五十七年（1792 年），乾隆帝作《御制十全记》，令写满、汉、蒙、藏 4 种文体，建碑勒文。其记略谓：“十功者，平准噶尔为二，定回部为一，扫金川为二，靖台湾为一，降缅甸、安南各一，即今二次受廓尔喀降，合为十。”这 10 件事，两次征准部之役，一次征回部之役，二次廓尔喀之役，前文已述；其他五役，下文简述。

两次金川之役　四川西北大渡河上游万山之中有大金川、小金川，居民主要是藏族。这个地域，高山环绕，道路崎岖，气候寒冷，终年积雪，人口不过 3 万，周围不过二三百里。大金川土司莎罗奔，诱夺小金川土司泽旺印信，兼并小金川。四川巡抚纪山奏报，乾隆帝认为“彼穴中之斗，可置之不问”。不久，纪山又报，莎罗奔扬言进占打箭炉。乾隆十二年（1747 年），乾隆帝决定以川陕总督张广泗为总指挥，对莎罗奔，统兵进讨。张广泗降小金川后，进兵大金川。四周以雪山为屏，地形险峻，山道崎岖，悬崖峭壁，路口皆碉。清军奋力，难夺碉堡，军粮反被抢夺，驻军遭到袭击。乾隆帝派大学士讷亲接替张广泗。讷亲部署十路进军：以五路攻勒乌围，另五路攻刮耳崖。但兵力分散，受到顽抗，总兵战死，无功可言。乾隆帝大怒，命将讷亲、张广泗处分，谕大学士傅恒为川陕总督，调 5 万大军，扫荡大金川。傅恒集中兵力，攻打勒乌围。莎罗奔势穷力绌，请降。十四年（1749 年）二月，莎罗奔赴傅恒兵营，乞降。是

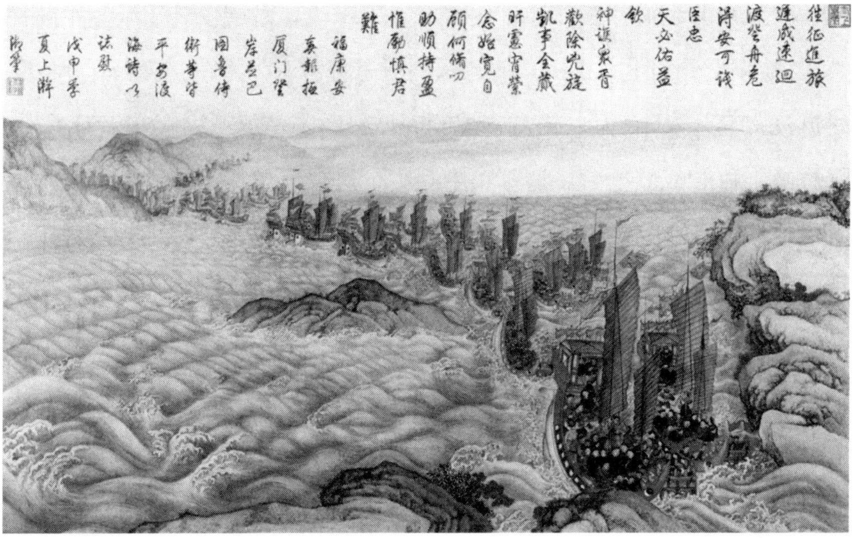

《平定台湾战图》之“厦门登陆”

役劳师二载，杀讷亲、张广泗，耗银 2 000 万两。但是，乾隆二十五年（1760 年），莎罗奔之侄郎卡继为土司，不断滋事。时乾隆帝以取得平准定回的胜利，决定对金川“兴师问罪，以儆凶顽”。三十八年（1773 年），定边将军、大学士温福初定小金川后，败于木果木，中枪而死。乾隆帝又派定西将军阿桂，率海兰察、明亮、丰升额等统军，对大小金川展开分路进攻，每座山峰、每座官寨、每座石卡、每座碉房，反复厮杀，步前寸进。为此，在北京香山建碉堡、修演武厅，训练官兵。到四十一年（1776 年）二月，大小金川全境平。是役“费五年之功，十万之师，七千余万之帑”，才将两金川平定，清廷对其进行有效的统辖。

台湾之役 台湾自康熙二十二年（1683 年）统一之后，设一府三县，隶福建巡抚，台湾经济与文化得到发展，“糖谷之利，甲于天下”。沿海贫民，漂洋过海，迁往台湾，谋求新生。但是，台湾总兵柴大纪等贪官污吏，欺压百姓，官逼民反，促成林爽文起义。林爽文原籍福建漳州，因家庭生活困难，于乾隆三十八年（1773 年），随父迁居台湾彰化县大里杙，后参加天地会。乾隆五十一年（1786 年）十一月，总兵柴大纪派官兵去逮捕林爽文，焚烧村庄，勒民擒献。清军暴行，乡民义愤，林爽文发动天地会起义，袭营地，攻官府，下彰化，占诸罗。清派援军前往镇压,林爽文受到重大挫折。清廷派闽浙总督常青为将军,统兵前往增援。时林爽文有众号 10 万，将常青围困府城。乾隆帝再派福康安率海兰察、鄂辉等乘百艘战船抵台。清军集中兵力，进攻大里杙。林爽文不抵，退入山区。清军乘胜大肆屠杀，“阵杀者数千，溺海者数千，擒而戮者数千”。林爽文被俘，押往北京，后被处死。乾隆帝以柴大纪“废弛贪黩，积渐酿成”民变，下令将其处死，儿子发往伊犁为奴。

征缅之役 先是缅甸内讧，军兵骚扰边界。其头目宫里雁兵败，进入云南。云贵总督吴达善知宫里雁有“七宝鞍”（原明国宝），派人索取，遭到拒绝。由此引发焚杀孟连城事件，宫里雁被无辜处死。不久，缅人入侵内地。云贵总督刘藻轻敌兵败，自杀。乾隆帝派杨应琚为云贵总督。杨应琚自称“吾官至一品，年逾七十，复有何求”！他督军收复失地，境地廓清。但他贪功冒进，孤军深入，受挫失利。后乾隆帝以杨应琚轻开边衅罪，令其自尽。乾隆三十二年（1767 年），以明瑞为云贵总督。乾隆帝以缅军“蕞尔小丑，有何足惧”，命明瑞率军攻缅。将军明瑞分三路进军，破象阵，眼受伤。明瑞寻督师攻寨，攻破蛮结。将军明瑞攻克蛮结后，孤军深入，兵疲粮困，西路之师又无消息，遂自猛笼往木邦，遭敌悉众尾追。明瑞军夜营山巅，缅人营于山半。明瑞设计陷敌：清晨吹号后，出营设伏。天明，敌军蚁附而至，伏兵四起，敌不及战，仓皇败退，趾顶相藉，尸填坑谷。明瑞自是每夜驻营，敌皆不敢近逼。明瑞率军盘山绕林，行至猛育，敌已猬集。时清军留驻木邦之师已溃，木邦之敌亦至。明瑞军陷于重围，虽悉力击战，依次突围，但寡不敌众，矢尽力竭，将军明瑞、都统扎拉丰阿、护军统领观音保、总兵李全等俱先后阵亡。报闻，乾隆帝命大学士傅恒为经略，阿里衮、阿桂为副将军，舒赫德为参赞大臣，赴云南。先是明瑞出师缅甸，以额尔景额和谭五格为西路军。额尔景额寻卒,由额勒登额代之。额勒登额和谭五格出师之后，畏敌不前，株守旱塔，巡抚鄂宁飞檄促其驰援木邦，但偾事失机。乾隆帝命将参赞大臣额勒登额、提督谭五格处死。经略傅恒至云南腾越后，议兵分两路，北路由戛鸣，南路由蛮暮，顺江而下，合师新街，攻老官屯，进破阿瓦。傅恒祭纛启行，渡戛鸠江，抚孟拱，克猛养。阿桂亦率兵由蛮暮进军。经略傅恒于十月初一日抵新街。两军会合后，沿江而下，直指老官屯。分兵两翼，由江（伊洛瓦底江）岸左右攻击，损其船只，毁其木栅，进次老官屯。敌守拒坚固，傅恒率众悉力围攻。时阿里衮死于军，傅恒染疾。十二月初七日，缅甸国王猛驳遣使诣军前请降，报闻。命撤兵许和，定10年一贡。遂焚舟熔炮班师。是役耗饷1 300余万两。

安南之役 先是，安南黎氏为国王，阮、郑二氏为左右辅政。二氏争权，世仇搆兵。后郑氏诱阮氏土酋阮惠（光平），将其攻灭。阮惠自为泰德王，势力坐大。阮惠借除郑氏为名，发兵北进，攻破东京，执掌大权。时值老国王去世，其嗣孙黎维祁继位。阮惠乘王位更迭之机，尽取王宫珍宝而归富春。阮惠派将阮任攻克黎城，阮任有“自王之志”。阮惠又诛阮任，尽毁王宫，其权势独大，黎维祁潜逃。乾隆五十三年（1788年）六月，广西奏报黎维祁之母率老幼62人入隘避难，并请援助。十月，乾隆帝命两广总督孙士毅督师出援，并铸印备封黎维祁。孙士毅受命出师，同广西提督许士亨率两广兵1万出关，以8 000人为主兵直插升龙(今越南河内)，以2 000人驻谅山；又马大经率5 000云南兵出白马关（今马关），与谅山兵成犄角形。清朝大军，斩关夺隘，“王师所过，秋毫无扰”。阮惠凭三江之险，设兵抗拒。清军乘大雾，强渡寿昌江。寻许世亨与敌大战于市球江，一面列枪炮隔江攻打，一面潜兵至上游乘农家小船暗渡，师获全胜。又抵富良江，敌军遁退。清师入升龙，黎氏宗族百姓出迎。黎维祁隐匿民村，夜里始出，叩谢士毅。孙士毅等入城，传旨：册黎维祁袭安南国王。寻孙士毅令驻师红河两岸。诏封孙士毅为一等谋勇公，命其班师入关。孙士毅虽占黎京，却中阮惠让其“借宿一夜”之计。士毅既不班师入关，又未严密设防，陶醉于已得胜利，贪功于俘获阮惠。阮惠探知其虚实后，声言率军来降，实则分兵围袭。元旦之夜，孙士毅军中置酒作乐，酣饮疏防，忽报敌兵骤至，仓皇出军迎战。阮惠军以战象冲锋，清军骑兵受挫。黎维祁举家先遁，黎氏惊惶四散。清军大营被破，孙士毅夺渡富良江，并毁桥断后。江南岸之清军，自提督许世亨以下，官兵万余，皆战溺死。滇师闻炮声，先行撤退，因有向导，以全师还。阮惠重占升龙。后孙士毅行 7 日夜，回至镇南关（今广西友谊关）。命将孙士毅革职回京待罪，以福康安为两广总督。

阮惠据升龙之后，南与暹罗（今泰国）构兵，又虑清师再讨，而致腹背受击。先于正月遣使赍表请降，俱被福康安、孙士毅严行驳还。后阮惠改名阮光平，遣其亲侄阮光显到镇南关，恳请进京入觐，并恳赐封号，请于明年亲自到京，为乾隆帝 80 岁生日祝寿，且为许世亨等筑坛建庙。乾隆帝以黎维祁优柔弃国，而阮光平方造邦伊始，册封阮光平为安南（今越南）国王。旋命黎维祁率所属来京，赏其三品衔，归入汉军旗，即以黎维祁为佐领。乾隆五十五年（1790 年），安南国王阮光平入觐（实派其弟冒名来）避暑山庄，为乾隆帝祝寿。乾隆帝得报安南朝觐使在京买"蟒袍"，便派员详查。经查：系买的"戏装"。乾隆帝斥责办事官员的唐突。乾隆帝封阮光平之长子阮光缵为世子，安南事平。

乾隆上述"十全武功"，情况不同，性质各异：有镇压民变，有平息叛乱，有扬兵耀武，有小题大做，有得不偿失，有多管闲事，有维护正义，有反击侵略。乾隆自以为一生"十全武功"，功成名就，主动禅位。

主动禅位　乾隆四十三年（1778 年）九月二十一日，乾隆帝宣谕至六十年内禅。他说：

> 昔皇祖御政六十一年，予不敢相比。若邀穹苍眷佑，至乾隆六十年，予寿八十有五，即当传位太子，归政退闲。

乾隆内禅，实属不易。宋仁宗储位既定，郁闷不乐；宋英宗立太子后，潸然泪下。到乾隆六十年（1795 年）九月初三日，85 岁的乾隆皇帝，御圆明园勤政殿，召见皇子皇孙、王公大臣，宣示立皇十五子嘉亲王颙琰为皇太子，以明年为嗣皇帝嘉庆元年，届期归政。嘉庆元年（1796 年）正月初一日，乾隆帝御太和殿，举行内禅大礼，授玺。颙琰即皇帝位，尊弘历为太上皇帝，乾隆训政。由礼部鸿胪寺官诣天安门城楼上，恭宣嘉庆帝钦奉太上皇帝传位诏书，金凤颁诏，宣示天下。

乾隆内禅后，又训政 3 年零 3 天。后人多讥评乾隆帝名为退位，实禅而不退。其实不然，纵观中国自秦始皇以下 2000 年的皇朝历史，由内禅归政者，前君罕见，后君亦无。

乾隆帝享年 89 岁，算是高寿者。在中国有文字记载的史册上，享年 80 岁以上的皇帝只有 4 人。梁武帝萧衍（464—549 年），享年 86 岁，在位 46 年。但他局处一隅，3 次舍身入寺，长于文学，精通音律；东魏侯景引兵渡江，攻破都城，饥病而死。宋高宗赵构（1107—1187 年），享年 81 岁，在位 36 年，建都临安，半壁山河。元世祖忽必烈（1215—1294 年），享年 80 岁，在位 24 年。以上 3 帝，或国偏一隅，或在位不长，或国破而死，或政绩不彰。乾隆帝在位 60 年，享年 89 岁，自称“得国之正，扩土之广，臣服之普，民庶之安”，前无古人，无与伦比。就以上 4 点而言，梁武帝、宋高宗、元世祖都不能与乾隆皇帝相比拟。

乾隆帝逝世之日，颁下《遗诏》，对己一生，自做评价：

> 即位以来，日慎一日，当重熙累洽之期，不敢存豫大丰亨之见。敬思人主之德，惟在敬天、法祖、勤政、爱民。而此数事者，非知之艰，行之维艰。数十年来，严恭寅畏，弗懈益虔。每遇郊坛大祀，躬亲展恪，备极精禋，不以年齿日高，稍自暇豫。中间四诣盛京，恭谒祖陵，永维创业之艰，益切守成之惧。万几躬揽，宵旰忘疲，引对臣僚，批答奏章，从无虚日。各省雨旸丰歉，刻萦怀抱。凡六巡江浙，相度河工、海塘，轸念民依，如保赤子。普免天下钱粮者五、漕粮者三、积欠者再，间遇水旱偏灾，蠲赈并施，不下亿万万。惟期藏富小民，治臻上理。仰赖天祖眷贻，海宇升平，版图式扩，平定伊犁、回部、大小金川，缅甸来宾，安南臣服，及底定廓尔喀，梯航所至，稽首输忱。其自作不靖者，悉就殄灭。凡此朕功之叠奏，皆不得已而用兵。而在位日久，经事日多，祇

乾隆帝《是一是二图》

惧之心，因以日切，初不敢谓已治已安，稍涉满假也。

然而，历史的结论，不由乾隆皇帝做，而是由历史来做。因为从纵向看，乾隆朝的确是处于中国古代历史的高峰；但是从横向看，乾隆朝的确是同西方发达国家拉开了距离。所以，在乾隆盛世之下，潜伏着严重的危机。

盛世之下　潜伏危机

乾隆朝是继康熙朝、雍正朝之后，达到了“康雍乾盛世”的顶峰，也达到了清朝历史的顶峰。

乾隆盛世　乾隆皇帝弘历在位 60 年，做的事情太多，光记载他言行的《清高宗实录》，就达 1 500 卷，据笔者统计：共有 13 580 136 字，还未计标点符号。那么，乾隆皇帝所做出的功绩，超越前代帝王的有哪些？乾隆帝自己概括为“十全武功”，自诩为“十全老人”。乾隆帝的所谓“十全武功”，略谓：

十功者,平准噶尔为二,定回部为一,扫金川为二,靖台湾为一,降缅甸、安南各一,即今二次受廓尔喀降,合为十。

以上就是说:两次平定准噶尔、两次平定大小金川、两次反击廓尔喀(今尼泊尔),一次平定新疆回部、一次平靖台湾、一次降服安南(今越南)、一次降服缅甸。

用历史眼光,乾隆朝政绩,归纳起来,有10件事:一是纂修《四库全书》,二是征抚漠西蒙古,三是统一新疆回部,四是巩固南部疆域,五是完善治理西藏,六是兴建皇家园林,七是蠲免天下钱粮,八是主动禅让皇位,九是贡献诗文才华,十是中华各族一统。

概括地说,乾隆帝在位60年,最主要贡献是在其祖父康熙帝、父亲雍正帝既有成就的基础上,进一步巩固并开拓了中国的疆域版图、维护并加强了中华的多民族统一、继承并弘扬中华传统文化。清代的"康乾盛世",被称为中国皇朝历史上的一个"黄金时代",乾隆朝则达到了这个时代的顶峰。

然而,在乾隆盛世后面,隐藏着深刻的社会危机。

盛世危机 在乾隆帝执政的60年间,西方世界发生历史性的、划时代性的巨大变化:

第一,先是,顺治六年(1649年),英格兰发生资产阶级革命,将国王查理一世送上断头台,宣布成立共和国,组成新的"国务会议"。第二年国会通过"航海法案"。英国资产阶级革命取得初步胜利。

第二,英国发生工业革命:乾隆三十年(1765年),英国纺织工哈格利夫斯发明新式纺车珍妮纺纱机;乾隆五十年(1785年),卡特莱特发明水力织布机;同年,瓦特改良并发明蒸汽机。这就是说,西方开始了工业革命。

第三,美利坚合众国建立:乾隆三十九年(1774年),美国独立战争开始;乾隆四十八年(1783年),北美独立战争取得胜利;乾隆五十三年(1788年),第一届美国国会在纽约召开;乾隆五十四年(1789

年），华盛顿就任美国第一任总统。两年后，美国通过《人权法案》。

第四，法国资产阶级革命：乾隆五十四年（1789 年），法国举行三级会议，法国爆发资产阶级大革命，法国发表《人权宣言》。乾隆五十八年（1793 年），法国路易十六被处死。

总之，在乾隆时代，世界上主要发生 3 件大事：一是英国发生工业革命，二是美利坚合众国成立，三是法国大革命。这 3 件大事加上西方工业革命，再加上后来的俄国农奴制改革和日本的明治维新，影响了世界历史的进程，改变了整个世界的面貌，也直接影响着大清帝国的命运。乾隆盛世下的危机，在国内、在国外，都日益显著地表现出来。

乾隆帝小议

乾隆帝弘历，《清史稿·高宗本纪》论曰："运际郅隆，励精图治，开拓疆宇，四征不庭，揆文奋武，于斯为盛。"乾隆帝运气好，继康雍之后，文治武功，达到顶峰。但"持泰保盈"，盲目自大，沉浸在太平盛世之中。西方列强，雀然兴起；国内民变，烽火九省。他留给其子孙的基业——帝国大厦，百洞千孔。

七

嘉庆皇帝：由盛转衰

清嘉庆帝爱新觉罗·颙琰，乾隆二十五年十月初六日（1760年11月13日）生，属龙，嘉庆二十五年七月二十五日（1820年9月2日）卒，庙号仁宗，谥睿皇帝，葬昌陵（今河北省易县清西陵）。36岁登极，在位25年，享年61岁。年号嘉庆，其来源是，颙琰诞生之年的元旦，乾隆在绘《岁朝图》的志语中有"迓新韶嘉庆"之句。颙琰嗣位以后，改年号为嘉庆，乾隆御书之句，与年号恰符合。嘉，意为嘉祥；庆，意为吉庆，嘉庆意思是嘉祥吉庆。

嘉庆朝是清朝由盛转衰的朝代：上为“励精图治、开拓疆宇、四征不庭、揆文奋武”的“康乾盛世”，下为教民蜂起、南京签约、联军入京、帝后出逃的“道咸衰世”。嘉庆帝则扮演了清朝由盛极而转衰皇帝的角色。《清史稿·仁宗本纪》论道：“初逢训政，恭谨无违。”嘉庆帝是一位既没有政治胆略又缺乏革旧维新精神、既没有理政才能又缺乏除弊起衰风格的平庸天子。“平庸”两个字,是嘉庆皇帝的主要特点。嘉庆由平庸皇子,继承帝统，就大清皇朝来说，是不幸的；就颙琰个人来说，则是有幸的。

平庸皇子　幸运皇帝

嘉庆是一位平庸的皇子，又是一位幸运的皇帝。

乾隆有 17 个儿子，颙琰（嘉庆）排行第十五。他既不是嫡子，又不是长子;虽身为平庸皇太子,却幸运地做了皇帝。他之所以能继承皇位,有两方面的重要原因：一方面是他为包衣女子所生，刻苦自励，性格平和，赢得皇父的信任；另一方面是有条件继承皇位的兄长或死亡或遭斥。主观的因素同客观的因素相结合，使颙琰登上皇帝的宝座。

颙琰于乾隆二十五年（1760 年）十月初六日，生于圆明园“天地一家春”。生母魏佳氏，系内务府包衣女子所生，没有特殊的背景，也没有特殊的本领。她的父亲清泰，本为汉军，抬入满洲旗，改魏佳氏，是个未入清国史传的内管领。魏佳氏在宫里是一个普通的贵人，后来才晋为嫔。她生下头胎女儿时已 30 岁，生颙琰时也已 34 岁，可证她没有很早地受到乾隆帝的宠爱。这可以看出颙琰生母魏佳氏在宫中是个平庸的女人。颙琰的平庸性格，既同其长期皇子生活有关，也同他生母天资平庸遗传有关。颙琰的皇子经历，主要是书斋生活。

勤奋好学，敬慎中庸，是颙琰性格的重要特点，也是他获得皇位的重要因素。嘉庆自己说 :“予六岁入学，习经书，十三学诗，十七属文，书窗朝夕，行帐寒暑，幸无间断。”在乾隆帝诸皇子中，颙琰是比较勤学的一个。6 岁，入上书房读书，从觉罗奉宽（硕亭）先生读书，粗学《五经》。13 岁，从工部侍郎谢墉（东墅）先生学今体诗。乾隆三十八年（1773 年），14 岁，皇父乾隆亲书其名，缄藏于正大光明匾之后。颙琰从此密定为皇储。15 岁，奉皇父之命，与副都统、内务府总管和尔经额之女喜塔腊氏成婚。16 岁，生母魏佳氏去世。他失去母亲的呵护，言行更加谨慎。17 岁，从翰林院侍讲学士朱珪（石君）先生学古文、古体诗。珪“八岁即操觚为文，文体倔聱苍古”，年十九，成进士，受到乾隆帝赏识，称“朱珪不惟文好，品亦端方”。到乾隆四十年（1775 年），授珪“侍讲学士，直上书房，侍仁宗学”。21 岁，朱珪受命为福建学政，临行前赠颙琰“五箴”:曰养心、敬身、勤业、虚己、致诚。这对颙琰的影响，既大且深。他亲政之后，以此“五箴”为座右铭，力行不懈。24 岁，随皇父东巡，到盛京，谒祖陵，以“守成”赋诗言志。在盛京驻跸时，《恭和御制启跸盛京之作元韵》写道:“尝祭思开创,时巡念守成,待瞻豳洛地,大业缅经营。”他刊刻自己的《味余书室全集》，在《味余书室记》中说道:予居禁中，有室五楹，不雕不绘，公余绎昼，所习书史，游艺于诗文，或临法帖一幅，怡然自得其趣也。欲题其楣端，请于石君先生。先生曰:“勤学者有余，怠者不足。有余可味也，名之曰‘味余书室’。”惟勤惟慎，克俭克谦，是颙琰做皇子时的修身道德准则。

由上可见，颙琰在读书、生活、父训中，逐渐以“勤慎守成”，作为道德与行为的准则。

关于“勤”——他在《民生在勤论》中说 :“民生在勤，勤则不匮。自天子以至庶民，咸知勤之为安，则庶政修，而万民理矣。”就是不怠弛，而要勤慎。

关于“慎”——他说 :“图书率性参精密，默养心田慎满盈。”就是不要自满，而要谦慎。在《恭和御制抚顺城元韵》中写道："守成继圣王，功德赡巍峨；永怀肇造艰，克勤戒弛惰。"总之，"勤慎守成"，既是颙琰登上皇位的重要因素，也是他为政治国的基本理念。

此外，颙琰继承皇位的另一个条件是他在兄弟之中的位置。他前面有14位兄长，按说继承皇位是轮不到他的。继承皇位的，首先有希望的是嫡子。乾隆帝有两个嫡子：一个是皇次子、嫡长子永琏，生母为皇后富察氏。早在乾隆元年（1736年）七月初二日，乾隆亲书密旨，定皇次子、年6岁的永琏为皇太子。这一天，乾隆在乾清宫西暖阁，召集总理事务王、大臣、九卿等，宣布密书建储谕旨，收藏在乾清宫"正大光明"匾额之后。但是过了两年，8岁的永琏早殇。另一个嫡子是皇七子永琮。乾隆帝"属意焉"，正准备书其名，但尚未来得及"书名缄贮"，他只活了1岁零8个月，便患痘症早殇。乾隆帝皇后富察氏去世后，又册立乌拉那拉氏为后。乌拉那拉氏生有两子，就是皇十二子永璂和皇十三子永璟。乌拉那拉氏和她的两个嫡子都先后死去。乾隆帝没有再册立皇后，所以嗣位只有在非嫡子中选择。立嫡不成，考虑立长。皇长子永璜，8岁丧母。永璜在皇后富察氏去世后，"以其不知礼，切责之"。后永璜患病死。乾隆立嫡失败，立长又未成，在很长时间里，不再秘密立储。在颙琰出世前，他的三阿哥、九阿哥、十阿哥都病死。

永琰（颙琰）的兄长中，大阿哥永璜，已病死。二阿哥永琏，前述已病死。三阿哥永璋，因皇后富察氏死后无"哀慕之情"而遭申斥，后死去。四阿哥永珹，虽善诗文，但皇父不喜欢，也先死。五阿哥永琪，受到皇父钟爱，欲立为储君，但也病逝。六阿哥永瑢，曾领修《四库全书》，任总管内务府大臣，但于乾隆五十五年（1790年）死。七阿哥永琮嫡出，已死。八阿哥永璇，因"贪酒色，受申斥"。九阿哥和十阿哥未命名，早殇。十一阿哥永瑆、十二阿哥永璂，因其母后忤旨死，而不受宠爱。十三阿哥永璟，3岁殇。十四阿哥永璐与颙琰同母，也4岁殇。而比嘉庆年少的十六弟，未命名，即早殇。十七弟永璘"喜音乐、好游嬉"，也不得为储。所以，在乾隆17个儿子中，有条件为储君者，实际上只有两个人：一位是皇十一子永瑆，另一位是皇十五子颙琰。皇十一阿哥永瑆不得为皇太子的理由，前面已述，所以只有一位平庸守成的皇子可供选择，这就是皇十五子永琰（颙琰）。

嘉庆帝的名字，本来叫永琰，为什么改作“颙琰”呢？在这里再强调一下清朝皇帝的名讳。中国皇帝的名讳古已有之，本文只说清朝。清太祖努尔哈赤、清太宗皇太极、清世祖福临的名字，没有避讳的规定，只是在《实录》《玉牒》等官书出现御名时,在御名上贴黄,就是贴上黄签，将名字用黄色签盖上，表示敬避。清帝名字的避讳，从康熙帝开始。康熙帝名字玄烨的“玄”字，避讳时讳缺末笔。凡是带“玄”字偏旁的字，如铉、炫、眩、泫、痃、弦、舷等，都要在其偏旁“玄”字讳缺末笔。“烨”字，也要讳缺末笔。同样，雍正名字胤禛的“胤”字，则一方面将“胤”字与“禛”字讳缺末笔;另一方面,命他的兄弟将“胤”字改作“允”字。乾隆帝名字弘历的“弘”字，避讳时缺末笔;“歷”字，则改作“曆”字。到嘉庆帝永琰时，乾隆帝考虑君主名讳，“永”字为常用字，避讳不便，命将永琰的“永”字，改为不常见的“颙”字。永琰继位之后，就改称为“颙琰”。在书写时，“顒琰”2 字讳缺敬避。从乾隆帝给嘉庆帝改名字可以看出，乾隆帝既考虑御名的规范化，又尽量减少多人的麻烦。所以命将“永琰”改为“颙琰”。虽然乾隆时将“歷”字则改作“曆”字，但还没有制度化，也不是改辈份的字。从嘉庆朝开始，排辈份的排字，清朝皇帝的名字改字与排定辈份，遂成为定例。

颙琰的书斋生活、宫廷教养以及母系遗传因素，使他成为一位平庸的皇子；他在兄弟中的特殊位置，又使他成为一位平庸的皇帝。然而，平庸的人有时也能做出惊人的事情，嘉庆帝惩治和珅就是例证。

大丧之期　惩治和珅

乾隆帝退位后，本应住在宁寿宫，让新皇帝住在养心殿。但他不愿迁出，而让嘉庆帝居毓庆宫，赐名“继德堂”。乾隆帝归政后，以太上皇名义训政，宫内时宪书，仍用“乾隆”年号，各省改用“嘉庆”年号。

乾隆帝经常御殿，接受百官朝贺，嘉庆帝处于陪侍地位。朝鲜使臣记载目击说：嘉庆“侍坐太上皇，上喜则亦喜，笑则亦笑”。又记载：赐宴之时，嘉庆“侍坐上皇之侧，只视上皇之动静，而一不转瞩”。

嘉庆四年（1799年）正月初三日，乾隆帝崩于紫禁城养心殿。颙琰在乾隆帝死之日亲政。这自然要办理乾隆帝的大丧。但是，在初八日，大丧之期，嘉庆帝采取断然措施，惩治权相和珅，举朝上下，大为震惊。

和珅，字致斋，钮祜禄氏，满洲正红旗人，生于乾隆十五年（1750年），比乾隆帝小39岁。和珅少年，家境寒微，《清史稿·和珅传》记载：“少贫无藉，为文生员。”乾隆三十五年（1770年）和珅参加顺天乡试，时年21岁，没有考中。他发迹的起点是乾隆三十七年（1772年）任三等侍卫，旋补黏杆处侍卫。乾隆四十年（1775年）是和珅一生中的转折点。这年乾隆帝临幸山东，和珅扈从。乾隆喜欢乘一种骡子驾驭的小车，“行十里，一更换，其快如飞”。有一天，碰巧和珅跟这种小车随侍，于是乾隆与和珅君臣2人，有了下面这段交谈，据《归云室见闻杂记》载：

> 上顾问是何出身？对曰：文员。问：汝下场乎？对曰：庚寅（乾隆三十五年）曾赴举。问：何题？对孟公绰一节。上曰：能背汝文乎？随行随背，趫捷异常。上曰：汝文亦可中得也。其知遇实由于此。

从这次谈话之后，和珅蒙乾隆帝赏识，官运亨通，青云直上。乾隆四十年（1775年），他26岁，由一个銮仪卫的侍卫，很快变成御前侍卫、正蓝旗满洲副都统。四十一年（1776年），正月为户部侍郎；三月为军机大臣，和珅才27岁，这在论资排辈的官场中算是一个奇迹；四月授内务府总管大臣；同年还任镶黄旗满洲副都统、国史馆副总裁。四十二年（1777年），又任吏部侍郎、兼步军统领，年28岁。四十三年（1778年），任崇文门税务监督，年29岁。四十四年（1779年），御前大臣上学习行走，年30岁。四十五年（1780年），任户部尚书、议政大臣、御前大

和珅像

臣、补镶蓝旗满洲都统、任正白旗领侍卫内大臣、充《四库全书》馆正总裁、兼理藩院尚书，年 31 岁。其子丰绅殷德尚乾隆帝最宠爱的十公主。四十七年（1782 年），为太子太保、经筵讲官，年 33 岁。四十八年（1783 年），为国史馆正总裁，年 34 岁。四十九年（1784 年），为正白旗满洲都统、清字经馆总裁、赐轻车都尉世职、封一等男爵、吏部尚书、协办大学士（管理户部），年 35 岁。五十一年（1786 年），为文华殿大学士、军机大臣，兼吏部、户部事，又兼步军统领，年 37 岁。五十三年（1788 年），封三等忠襄伯，年 39 岁。五十四年（1789 年），为殿试读卷官、教习庶吉士，年 40 岁。五十五年（1790 年），殿试读卷官，年 41 岁。五十六年（1791 年），为石经馆正总裁，年 42 岁。五十七年（1792 年），为翰林院掌院学士、日讲起居注官，年 43 岁。五十八年（1793 年），为教习庶吉士、兼管太医院、御药房事务，年 44 岁。六十年（1795 年），为殿试读卷官、教习庶吉士，年 46 岁。嘉庆元年（1796 年），任正黄旗领侍卫内大臣、镶黄旗满洲都统，年 47 岁。嘉庆二年（1797 年），任领班军机大臣，年 48 岁。嘉庆三年（1798 年），封公爵，年 49 岁。其子丰绅殷德，授御前大臣、内务府总管。其弟和琳由笔帖式，借兄之势，不断升迁，官尚书、总督、都统，后晋一等公。

和珅这样一个出身寒微、应试不中的文生员，跃身为领班军机大臣、首辅大学士、一等公，富贵荣华，登峰造极。和珅既无文治、也无武功，既无学历、又非勋贵，而位居同僚阿桂、嵇璜、王杰之上，其所以如此，根本原因是：和珅善于揣摩帝意，迎合君旨，玩弄权术，博帝欢心；而于乾隆帝来说，则集权专制，志满意得，好大喜功，喜听谀言。

嘉庆亲政，必诛和珅。嘉庆帝早在做皇子时，已对和珅专权十分不满。而和珅自作聪明，自坏其事。颙琰当皇子时，被定为储君。和珅密知此事，于乾隆帝发布颙琰为皇太子的前一天，送给颙琰一柄如意，暗示其为皇太子自己有拥戴之功，以便揽取皇太子嗣位后的大权。嘉庆帝虽笑在脸上，却恨在心里。颙琰记取康熙亲政、智擒鳌拜的祖训。所以，乾隆帝死后第二天，嘉庆帝命和珅与福长安昼夜守灵，不得擅离。这实际上削夺了和珅军机大臣、步军统领、九门提督的大权。接着，初八日，给事中王念孙上书弹劾和珅罪状。于是，嘉庆帝下令将和珅革职，逮捕入狱。十五日,宣布其二十大罪状(见《清仁宗睿皇帝实录》嘉庆四年正月甲戌):

朕于乾隆六十年九月初三日，蒙皇考册封皇太子，尚未宣布谕旨，而和珅于初二日，即在朕前先递如意，漏泄机密，居然以拥戴为功。其大罪一。

上年正月，皇考在圆明园召见和珅，伊竟骑马直进左门，过正大光明殿，至寿山口，无父、无君，莫此为甚。其大罪二。

又因腿疾，乘坐椅轿，抬入大内，肩舆直入神武门，众目共睹，毫无忌惮。其大罪三。

并将出宫女子，娶为次妻，罔顾廉耻。其大罪四。

自剿办教匪以来，皇考盼望军书，刻萦宵旰。乃和珅于各路军营递到奏报，任意延搁，有心欺蔽，以致军务，日久未竣。其大罪五。

皇考圣躬不豫时，和珅毫无忧戚。每进见后，出向外廷人员叙说，谈笑如常，丧心病狂。其大罪六。

昨冬皇考力疾披章，批谕字画，间有未真之处。和珅胆敢口称“不如撕去”，竟另行拟旨。其大罪七。

前奉皇考谕旨，令伊管理吏部、刑部事务，嗣因军需销算，伊系熟手，是以又谕令兼理户部题奏报销事件。伊竟将户部事务一人把持，变更成例，不许部臣参议一字。其大罪八。

上年十二月内，奎舒奏报循化、贵德二厅，贼番聚众千余，抢夺达赖喇嘛、商人牛只，杀伤二命；在青海肆劫一案，和珅竟将原奏驳回，隐匿不办，全不以边务为事。其大罪九。

皇考升遐后，朕谕令蒙古王公未出痘者，不必来京。和珅不遵谕旨，令已、未出痘者，俱不必来京。全不顾国家抚绥外藩之意，其居心实不可问。其大罪十。

大学士苏凌阿，两耳重听，衰迈难堪，因系伊弟和琳姻亲，竟隐匿不奏；侍郎吴省兰、李潢，太仆寺卿李光云，皆曾在伊家教读，并保列卿阶，兼任学政。其大罪十一。

军机处记名人员，和珅任意彻去，种种专擅，不可枚举。其大罪十二。

昨将和珅家产查抄，所盖楠木房屋，僭侈逾制，其多宝阁及隔断式样，皆仿照宁寿宫制度。其园寓点缀，竟与圆明园蓬岛、瑶台无异，不知是何肺肠！其大罪十三。

蓟州坟茔，居然设立享殿，开置隧道，附近居民有“和陵”之称。其大罪十四。

家内所藏珍宝，内珍珠手串竟有二百余串，较之大内多至数倍，并有大珠，较御用冠顶尤大。其大罪十五。

又宝石顶并非伊应戴之物，所藏真宝石顶有数十余个，而整块大宝石不计其数，且有内府所无者。其大罪十六。

家内银两及衣服等件，数逾千万。其大罪十七。

且有夹墙藏金二万六千余两，私库藏金六千余两，地窖内并有埋藏银两百余万。其大罪十八。

附近通州、蓟州地方，均有当铺、钱店，资本又不下十余万。以首辅大臣，与小民争利。其大罪十九。

伊家人刘全，不过下贱家奴，而查抄赀产，竟至二十余万，并有大珠及珍珠手串。若非纵令需索，何得如此丰饶！其大罪二十。

附录：和珅抄产清单（和珅抄没清单数种选其一）：

正房一所十三层共七十八间、东房一所七层共三十八间、西房一所七层共三十三间、东西侧房共五十二间、徽式房一所共六十二间、花园一座楼台四十二所、钦赐花园一座亭台六十四所、四角更楼十二座（更夫一百二十名）、堆子房七十二间（档子兵一百八十名）、杂房六十余间。汉铜鼎一座、古铜鼎十三座、玉鼎十三座，宋砚十方、端砚七百十余方，玉磬二十架、古剑二把、大自鸣钟十架、小自鸣钟三百余架、洋表二百八十余个、玉马一匹（高一尺二寸、长四尺）、珊瑚树八株（高三尺六寸）、大东珠六十余颗（每颗重二两）、珍珠手串二百三十六串（每串十八颗）、珍珠素珠十一盘、宝石素珠一千一十盘、珊瑚系珠五十六盘、蜜蜡素珠十三盘、小红宝石三百八十三块、大红宝石二百八十块、蓝宝石大小四十三块、白玉观音一尊（高一尺二寸）、汉玉寿星一尊（高一尺三寸）、玛瑙罗汉十八尊（高一尺二寸）、金罗汉十八尊（高一尺三寸）、白玉九如意三百七十八支、宝石珊瑚帽顶一百三十二个、嵌玉九如意一千九百八支、嵌玉如意一千六百十支、整玉如意二百三十支、白玉大冰盘十六个、碧玉茶碗九十九个、玉汤碗一百五十三个。金碗碟三十二桌，共四千二百八十八件；银碗碟三十二卓，共四千二百八十八件。白玉酒杯一百二十个、水晶杯一百二十个。金镶玉箸二百副、金镶象箸二百副、赤金吐盂二百二十个、白银吐盂二百余个，赤金面盆四十三个、白银面盆五十六个，白玉鼻烟壶三百七十四个、汉玉鼻烟壶二百七十六个，镂金八宝大屏十六架，镂金八宝床四架，单夹纱帐俱全、镂金八宝炕屏三十六架，赤金镂丝床二顶、镂金八宝炕床二十四张、嵌玉炕桌二十四张、嵌玉炕桌十六张。金玉朱翠首饰，大小二万八千余件。赤金元宝一百个（每个重一千两），估银一百五十万两；白银元宝一百个（每个重一千两）、生金沙二万余两，估银十六万两；赤金五百八十万两、估银八千七百万两；元宝银九百四十万两、白银五百八十三万两、苏元银三百十五万四百六千余两、洋钱五万八千元，估银四万六百两；制钱一千五百串，折银一千五百两；人参六百八十余斤，估银二十六万两；当铺七十五座，估银三千万两；银号四十二座，估银四十万两；古玩铺十五座，估银

> 三十万两；玉器库二间，估银七千万两；绸缎库四间，估银八十万两；磁器库二间，估银一万两；洋货库二间，五色大呢八百版，鸳鸯呢一百十五版，五色羽纱六百版，五色哔叽二百版；皮张库二间，元狐十二张，色狐一千五百二十张，杂狐三万六千张，貂皮八百余张；铜锡库六间，共二万六千九百三十七件；珍馐库六间、铁梨紫檀库六间、玻璃器库一间，共八百余件；貂皮男衣七百十三件、貂皮女衣六百五十余件、杂皮男衣八百六件、杂色女衣四百三十六件、绵夹单纱男衣三千八百八件、绵夹单纱女衣三千一百十八件、貂帽五十四顶、貂蟒（袍）三十七件、貂褂短罩四十八件、貂靴一百二十四双。药材库二间，估银五千两；地亩八千余顷，估银八百万两。

最后，嘉庆帝以雍正诛年羹尧为例，赐和珅在狱中自尽。福长安以阿附和珅，令其到和珅死所跪视，并革去军机大臣、户部尚书职，逮下狱，籍其家。和珅诛后，其党羽皆惶恐不安，有的朝臣上疏，力主穷追其余党。嘉庆帝宣谕："凡为和珅荐举及奔走其门者，悉不深究。勉其悛改，咸与自新。"此谕一下，人心始安。

嘉庆帝对和珅的惩治，动作迅速，干净利落，宽严适当，十分成功。这说明嘉庆帝不惑之年，亲理朝政，已经成熟。这是嘉庆帝一生处理重大政治事件中最为精彩的一笔，也是他作为政治家的唯一杰作。但是，嘉庆帝定和珅的第一大罪是，在宣布皇太子前一天，和珅向他送如意以示拥戴为功，这表示和珅要投靠新主，其心有善，而无过恶，既不叛君主，也不反社稷，此条构不成杀头之罪。嘉庆帝之所以将此定为和珅第一大罪状，表明嘉庆帝胸中无大格局，掌中无大手笔。这是嘉庆帝亲政之后，平庸皇帝的一次表露。

乾隆去世与扳倒和珅，标志着嘉庆帝掌握实权，独揽朝纲。他面临最严重、最紧迫的难题是对付白莲教的烽火。

教民烽火　燃遍五省

嘉庆帝一生中遇到最重大、最头疼的难题是白莲教烽火。这是大清皇朝由盛而衰的历史转折点。

宜都首义，四方响应　先是，民间秘密宗教白莲教，于川、楚、陕三省交界地带的深山老林棚民中之佃户、佣工间广为传布。乾隆三十七年（1772 年），白莲教一支首领王伦在山东起事，时仅一月，惨遭镇压。乾隆帝曾命将教首刘松押至甘肃充军，后又下令缉捕在川、楚、陕等地传教的刘松弟子刘之协。刘之协称“牛八掌教,弥勒转世”,“牛八”为“朱”字，假托朱明后裔，宣传反清复明。官吏将刘之协抓获，在解往河南扶沟途中，刘乘间逃脱。官方通令，大肆搜索。湖北宜都官吏，逐户查缉，胥役乘虐，株连网罗，人亡家破。无辜百姓被捕，纳钱者释放，无钱者受刑。甚至以铁钉将人钉在墙上，或用铁锤排击逼供；押解省城者“饥寒就毙，浮尸江上”。宜都教首聂杰人等，于嘉庆元年（1796 年）正月初十日起事。嘉庆帝命湖广总督毕沅、湖北巡抚惠龄率兵前往击之。毕沅向朝廷求援，嘉庆帝不予派兵，而调原乌鲁木齐都统永保、热河总管鄂尔辉、原黑龙江将军明亮等，赴湖北军前。接着，湖北襄阳王聪儿（齐林妻）、四川达州徐天德、东乡王三槐等也相继响应，“旬日之间，有众万人”。当时的态势，官军不力，“贼起益炽”。

六换统帅，焦头烂额　嘉庆帝面临白莲教军的四处烈火，认识到“兵力宜合，而不宜分”。他采取如下措施:一是，命永保总统军务，统一协调，实行“分片围剿，各自为战”。湖北战局，略有起色。不久，教军四起，愈扑愈旺。嘉庆帝命革去永保总统职务，逮京下狱，籍没家产。二是，任惠龄替代永保。惠龄代永保后，极力阻止湖北教军与四川教军会合。教军则采取游击战:不整队、不迎战、不走平原，惟数百为群，忽分忽合、忽南忽北，以牵制官军兵势。清军堵截，教军突围。王聪儿、姚之富等率领襄阳白莲教军，渡滚河、入豫南、转陕西，冲破惠龄四面截堵，在陕南兴安（今安康）与紫阳之间白马石抢渡汉江，三股教军，合而归一。

清军镇压白莲教起义布防图

寻即穿越大巴山入川，转战四省，来至东乡。后襄阳王聪儿与达州徐天德、东乡王三槐诸部会师，屯营 30 里，旌旗遍山谷。三是，任陕甘总督宜绵，替代惠龄。宜绵以“官兵利合不利分，教军利分不利合”，计划分道，实行堵截。嘉庆帝急于求成,要求“聚擒首逆”。这种作战方法,难以行通,于是将宜绵撤掉,作为替罪羊。四是,任勒保为经略取代宜绵。勒保就任6个月,嘉庆帝以其“贼愈剿而愈炽,饷徒糜而罔益”,命夺职,斩监候。五是,任明亮代勒保,战局亦无起色。六是,任额勒登保取代经略明亮,而形势未能扭转。七是,革额勒登保伯爵、领侍卫内大臣、都统,以副都统立功赎罪。以上说明,嘉庆帝用人不专,任而不信,屡换统帅,焦头烂额。

制定方略,分片合击 嘉庆帝在连遭失败后,对白莲教军,改为“剿抚并用”之策:

> 自川楚邪教滋事以来,良民不得已从贼者,数逾十万,室庐焚荡,田亩抛荒,欲返则无所归,即归亦无所食。此非徒作招抚之空谈,所能收解散之实效者也。国家哀怜赤子,累岁流离,敷胁从罔治之仁,播咸与维新之治。前经降旨,剿抚兼施,谅必一见恩旨,翕然来归。

就是采用“剿”与“抚”两手策略,以求收到实效。在“剿抚兼施”总策略下,采取五项重大措施。第一,任命经略。任命勒保为经略大臣,协调各方,专一事权。勒保鉴于过去“东剿西窜,南击北驰”的教训,提出“清一路,再进一路”的策略,得到嘉庆帝赞许。第二,整饬部伍。查办庸劣官员,严肃官兵纪律。福宁将投降的2 000余名男子,于夜间全部骈杀冒功,而被逮问罪。第三,坚壁清野。命各地统兵将领和地方官员,坚守营垒,集中村寨,收藏粮食,居民保甲,使白莲教军无乡民支持,无粮食供用。第四,调兵遣将。先派领侍卫内大臣额勒登保速赴军前,后以明亮为经略,又调德楞泰、杨遇春等赴军前效力。第五“团练守堡”。针对白莲教军往来奔驰、忽分忽合、进山出谷、边战边走的特点,在地方组织团练,结寨守堡,不费粮饷,配合官军。嘉庆帝的上述方略与措施,收到一定效果。官军逼王聪儿跳崖,获得小的胜利。

王聪儿（齐王氏），自幼流落江湖，娴习骑射，貌美侠勇，其夫齐林为白莲教襄阳地区总教师。齐林率众起事，不慎机密泄漏，被捕身死，悬首城门，同时被骈杀100余人。齐林死后，其妻王聪儿聚集数千教徒，愤恨起义，衣著尽白，时年19岁。她率白莲教军疾渡汉江、进入四川，教军会师，声势大震。官军集中兵力，围攻王聪儿率领的教军。清军四面环攻，团团围困。王聪儿等率白莲教军将士，拼死抵拒，但粮绝水断，矢尽力竭，投崖身死，年仅22岁。其余部继续转战。尔后，白莲教军首领王三槐、罗其清被俘，冷天禄、张汉潮、徐天德、龙绍周、樊人杰等先后战死。

下诏罪己，总结教训 白莲教军虽受重挫，但取得高院场和马蹄冈两捷。在高院场之战，教军首领冉天元冲破官军重围，阵斩清军总兵朱射斗。嘉庆帝赐令署四川总督魁伦自尽、成都将军阿迪斯遣戍伊犁。在马蹄冈之战，冉天元获高院场捷后，受到官军四路包围。参赞大臣德楞泰亲自持刀砍杀，被诱入伏，亲兵数十，思以必死。但冉天元坐骑中矢蹦蹶，坠马而死，德楞泰逃过一劫。白莲教自嘉庆元年（1796年）起事，纵横川、楚、陕、豫、甘5省，至嘉庆七年（1802年）十二月，额勒登保等以平定白莲教起义奏闻。时川、楚、陕、豫、甘5省白莲教各股主力军虽相继失败，但在深山老林中，出山入箐，余勇犹斗。额勒登保、德楞泰再次出都，穷搜崇山密林，白莲教军首领苟文华、罗思兰、苟文润等被俘。嘉庆九年（1804年）九月初五日，德楞泰奏《余氛扫荡三省全功告蒇》折。至此，历时9年、遍及5省的白莲教大起义基本失败。其余部仍坚持斗争多年。颙琰为教事的平定写有《平定三省纪略》一文，其大意说：

予受玺临轩，适逢此患，实予不德所致。然揆厥所由，总因大法而小不廉，上行而下不效；视官阶为利薮，不恤国计民生，惟思保位谋利，苟且因循，迁延疲玩。守牧既如此，又何能体察小民之疾苦，自然视同秦越矣。任吏胥作奸犯科，锱铢较量，以致众怨沸腾，激而生变，“官逼民反”之语，信非谬也。嗣后若有剥削小民，重利忘义，或自顾爵位，狥庇劣员；或自肥身家，凌虎黔首，朕必执法重惩。咨尔内外臣工，赞襄图治，公尔忘私，国尔忘家，上下交儆。

嘉庆帝总算从白莲教事件中得出“官逼民反”的结论。清朝的腐败吏治与军风，导致了白莲教大烽火。平定白莲教之后，嘉庆帝作《知过堂自责》诗道：

圣人无过额知过，予过诚多愧寸心。
敷政不能化民俗，立纲犹未肃官箴。
言多迎合身家重，事总因循习染深。
克己省愆惟自责，形端表正勉君临。

这首诗，最后两联——“言多迎合身家重，事总因循习染深。克己省愆惟自责，形端表正勉君临”，表现了嘉庆帝儒家“自省”的理念。仁者爱人，仁君自省，嘉庆帝作为一位“仁君”来说是够格的，作为一位皇帝来说是可贵的。嘉庆帝有很好的儒学修养，他的文学、诗歌、书法、文章都是可以的。这一点比明朝的正德、嘉靖、万历、天启等皇帝都好。清朝皇帝不同于明朝皇帝，没有昏君，没有顽君，也没有暴君。嘉庆皇帝更不是贪暴之君、顽嬉之君、昏庸之君。但是，嘉庆帝胸中没有大格局，掌上没有大手笔。他不可能认识、也不可能改革社会存在的根本性的弊病，特别是制度性的弊病。嘉庆帝无力挽救大清帝国滑向衰落的局势，只能由历史给以惩罚。

大内遇刺　有惊无险

嘉庆帝在镇压白莲教起义尾声之时，遇上了陈德禁城行刺事件。这在明清 500 年紫禁城宫廷史上，先例没有，后例也无。

嘉庆八年（1803年），二月二十三日，嘉庆帝谒东陵。闰二月十三日，还驻圆明园。二十日，嘉庆帝回皇宫，在进神武门、入顺贞门时，民人陈德突出犯驾行刺。这就是当年震惊朝野的陈德行刺嘉庆帝事件。

事情经过是这样的：陈德带着年仅15岁的长子陈禄儿，进入东华门，绕到神武门，潜伏在顺贞门外西厢房山墙后，等待嘉庆帝銮舆到来。不久，嘉庆帝一行乘轿进神武门。嘉庆帝将要进顺贞门时，陈德突然跃出，手持小刀，冲了过来。这突如其来的袭击，吓得嘉庆帝匆忙逃入顺贞门内。嘉庆帝本人没有直接受到陈德的行刺，只是有惊无伤。当时，守卫神武门、顺贞门之间的侍卫、护军多达百余人。他们被陈德的突然行刺惊惧，神情惊愕，呆若木鸡。这些护军、侍卫们，竟然没有人上前拦阻。只有御前大臣定亲王绵恩、固伦额驸喀尔喀亲王拉旺多尔济、乾清门侍卫蒙古喀喇沁公丹巴多尔济、御前侍卫扎克塔尔等6人，尚属镇定，机智勇敢，扑前捉拿。经过一番搏斗，绵恩的袍袖被刺破，丹巴多尔济身被刺伤。陈德在寡不敌众的劣势下，奋勇挣扎，力竭被拿。陈德的长子陈禄儿，乘乱溜走回家，后来被捕。

嘉庆帝汉装行乐图

陈德究景是何许人也？其“犯驾”动机何在？陈德，父陈良、母曹氏，曾典与镶黄旗人、山东青州府海防同知松年家为奴。松年故去后，陈德从 14 岁开始，跟随父母离开其家，在青州、济南等地，给人服役，或做佣工，辛劳度日，勉强糊口。陈德娶妻后，父母双亡。他携妻子到北京，投靠到外甥、内务府正白旗护军姜六格家。陈德先后在侍卫、宗室僧额布家和内务府造办处于姓家服役。他后来随镶黄旗包衣常索，在内务府服役。陈德在内务府服役时，帮办配送诚妃刘佳氏碗盏等什物。这位刘佳氏，早在颙琰做皇子时，就在潜邸服侍。颙琰做了皇帝，她被册为诚妃。刘佳氏是一位资深的妃子，在后宫很有地位，后来被晋封为诚贵妃、诚禧皇贵妃、和裕皇贵妃。在嘉庆朝，除两位皇后外，册封为贵妃的，只有刘佳氏一位（另一位贵妃钮祜禄氏是嘉庆帝死后尊封的）。陈德因给诚贵妃跑腿，而得以进出紫禁城、圆明园。后陈德与妻张氏典与孟明家做厨役。但张氏病故，他又被孟家解雇。陈德贫穷苦闷，“时常喝酒，在院里歌唱哭笑”。他生活在社会底层，做为奴仆，跟官服役，饱尝人间辛酸，受尽权贵欺凌。陈德看到贵族的腐朽生活，也亲历皇室的穷奢极欲，体察到人间不平，激发起反抗情绪，精神也不太正常。陈德在“实在穷苦难过，要寻死路”之时，求签说有“朝廷福份”。于是，闰二月十六日，他在街上看到黄土垫道，闻知嘉庆帝将于二十日进宫。陈德“起意惊驾”，谋刺嘉庆帝。陈德心想：“犯了惊驾之罪，必将我乱刀剁死，图个痛快，也死个明白。”由是，便发生上述行刺事件。

嘉庆帝对陈德行刺事件，事后回想，异常震惊。他命军机大臣会同刑部尚书，日夜严审陈德。但是，陈德“所供情节，出乎意料”，就是拒不招供其背后的指使者。于是，嘉庆帝令加派满、汉大学士和六部尚书等会审。在审讯过程中，对陈德施尽酷刑，诸如“彻夜熬审”、“拧耳跪炼”，以至“掌嘴板责”、“刑夹押棍”等。但陈德是条汉子，虽“备受诸刑”，却是“仍如前供”，而且始终如一，“矢口不移”。经过几个昼夜的严刑审讯，陈德没有吐露其指使者及同谋者。二十四日，命将陈德处死。是日，陈德被处以磔刑，立即执行；其长子陈禄儿年十五，次子陈对儿年十三，被同时处绞。

嘉庆帝对陈德事件做了善后处理。第一，奖励有功官员。赏定亲王绵恩、额驸拉旺多尔济御用补褂，封绵恩子奕绍为贝子，封拉旺多尔济为贝勒、在御前行走，御前侍卫扎克塔尔世袭三等男，珠尔杭阿、桑吉斯塔尔均世袭骑都尉。这种奖励，实属太薄。第二，惩罚失职官员。革去阿哈保、苏冲阿护军统领、副都统职务，其余护军章京等罚降有差。第三，扩大防御范围。除紫禁城外，驻跸圆明园、临幸西苑、巡幸热河避暑山庄、行围木兰围场等各处行在，其防卫同宫城无异。第四，修改宫禁制度。由御前大臣、军机大臣、领侍卫内大臣等奏定章程 29 条。以上几项措施，宫禁略有改进。但是“冰冻三尺，非一日之寒”，嘉庆帝这种头痛医头、脚痛医脚的办法，只能治标，不能治本。

陈德行刺嘉庆帝事件虽属个案，但蕴涵嘉庆朝的严重社会危机。这种社会危机的另一个爆发点，就是天理教众攻入紫禁城。如果说陈德行刺嘉庆帝属个人反抗行为的话，那么天理教众攻入宫城，则属有组织、有计划的社会性反抗行为。

北京紫禁城内发生陈德事件 10 年之后，又发生天理教众攻入紫禁城的事件。

天理教众　攻入禁城

天理教属于白莲教支派，是京畿大兴县人林清和河南滑县人李文成等，将分散在京畿的红阳教、坎卦教、白阳教，同直、鲁、豫三省交界地区，以震、离二卦为核心的八卦教，联合组成的一个民间秘密宗教。天理教基本教众是贫苦农民和小生产者，也有少量的小土地者和下层官吏。天理教的教众很多，仅北京黄村一带，就有上万家。在天理教举事之前，教首林清、李文成等进行了周密的准备。他们广泛宣传打天下的思想，制造了“单等北水归汉帝，大地乾坤只一传”和“若要红花开，须要严霜来”等谶语。谶语中前一句的含义是：林清又称刘林，而汉朝皇帝姓刘,暗示“北水归汉”、“乾坤传刘”;谶语中后一句的含义是:“严霜”为李文成的别号,暗示李文成来,红花便开。他们扬言星象示变,有星射紫微垣,主兵象,将要大动干戈等教说,为举事制造“天意”的依据。嘉庆十七年(1812年)正月,各地教首聚会于河南滑县道口镇,决定“应在酉之年,戊之月,寅之日,午之时起事”,就是嘉庆十八年(1813年)九月十五日午时起事。会后,李文成到顺天府大兴县黄村会见林清。林清为顺天府大兴县宋家庄人。他们约定李文成先在滑县起事,河南、山东、直隶同时揭竿后,共同进逼京畿;林清则在京师城内响应,与李文成教众里应外合,夺取京城。

嘉庆十八年(1813年)八月底、九月初,滑县天理教众人多势众,在滑县大伾山中打造器械,准备起事,但被知县强克捷侦知,李文成等被强克捷逮捕入狱。为营救李文成,提前于九月初七日进行起事。这一天,天理教首领宋元成、冯克善等人聚集教众5 000多人,头缠白布,身着白衣,攻占滑县城,杀死知县强克捷,救李文成出狱。李文成在滑县衙署内,设立羽帐,竖起大旗,上书“大明天顺李真主”,以牛亮臣为军师,宋元成为大元帅。天理教众又攻下附近的军事据点桃源、南湖,以及屯粮要地道口镇。天理教众力量迅速扩大,直隶长垣、山东定陶的天理教众也纷纷响应。李文成提前发动起事,由于清军的堵截拦阻,队伍未能迅速北上。林清身在北京大兴,对滑县提前起事及北上被阻之事,却一无所知,仍按原计划,进攻紫禁城。

林清在准备举事。十五日,起事之期将至,林清遂集众议,并做出部署。时已投靠林清的正黄旗汉军曹福昌,透露了嘉庆帝木兰秋狝返程,将于十七日抵达白涧行宫,到时留京大臣会出城迎驾;建议是日乘虚而发,成功把握较大。但林清认为九月十五日的起事日期为“天定”,不宜更改。于是决定:如期举事,攻打皇宫。最初打算派出数百人,但内应太监认为“禁中不广,难容多人”。他们认为天理教众有“神术”,可以取胜。林清则倚恃内应太监熟悉宫廷,决定派200人,分作东西两队——陈爽居首,刘呈祥押后,进东华门,太监刘得才、刘金为向导;陈文魁居首，刘永泰押后，进西华门，太监张太、高广福为向导；太监王得禄、阎进喜则居中应援。并约定以“白帕”为标志，在十四日化装成小商贩等，各备兵器混杂于酒肆、行商中，分别在菜市口、珠市口、鲜鱼口等处会合，待十五日午时一到，即向皇宫发动进攻。林清则在黄村坐镇，以指挥、接应援军和等待佳音。

十五日，早晨，林清派出天理教众，按照约定，分头行进。他们由宣武门潜入，然后 200 多名天理教众，分成东、西两队，乔装改扮，迅速行进，潜伏在东华门、西华门外。午时一到，由宫内太监接应，开始分别攻闯东华门和西华门。东华门一路，被守门官兵察觉，只有 5 名起事者闯入东华门内。门内双方展开激烈搏斗，天理教军寡不敌众，全被擒、杀。西华门一路，陈文魁等率领约 50 人，冲入门内后，反闭城门，向里冲进。天理教众沿咸安门、武英门、右翼门到隆宗门。但时间耽搁，隆宗门已关闭，激战在隆宗门外、苍震门西进行。这时，有几名起事者由廊房越墙，冲向养心殿。正在上书房读书的诸皇子闻变，皇次子旻宁（即后来的道光帝）表现镇定。旻宁“急命进撒袋、鸟铳、腰刀，饬太监登垣以望”。这时，有的教众手举白旗，攀墙登殿，在内右门西，越墙入内，靠近养心门。旻宁“发鸟铳殪之，再发再殪。”皇三子绵恺，紧随皇兄之后，冲到苍震门，也发枪射击。留京的礼亲王昭梿、仪亲王永璇、成亲王永瑆等闻警，“急率禁兵，自神武门入卫”。正当天理教教众准备放火焚烧隆宗门时，原准备派往滑县镇压李文成起事的 1 000 多名火器营等官兵，调入皇宫内，阻击天理教众。最后教众退至武英殿前，寡难敌众，全被擒杀。后经过一番搜索，内应太监也全被擒获。十七日晨，林清也在黄村宋家庄被捕。至此，天理教所组织的进攻皇宫的举事失败。嘉庆十八年（1813 年）是癸酉年，这一事件又称为“癸酉之变”。

先是，嘉庆帝秋狝木兰，原定进哨以后，行十三围，但因持续阴雨，“溪水骤溢，沙渍泥淖，人马皆不得前”，仅行了五围，便于九月初一日，下令减围出哨。并令皇二子旻宁等先行回京，随后他也从避暑山庄回銮。

嘉庆帝在归途中，接到直隶总督温承惠的奏报：天理教在滑县滋事，“滑县已失,县官被戕”。为此,嘉庆帝在当天连发数谕,调兵遣将,进行堵剿。各方大员在接旨之后，对天理教军兵，益加防范堵截。嘉庆帝在结束木兰围猎后，惊闻宫内之变，马上启程回京。嘉庆帝原定回銮去遵化谒其父乾隆帝裕陵，惊闻事变，改变行程，迅速启驾，径直回京。

九月十六日，他得知起事者已被镇压，即于白涧行宫派吏部尚书英和，先行回京处理善后事宜。英和回京后，派人逮捕了林清和太监刘得财、刘金等。十八日，嘉庆帝命大臣起草《罪己诏》。十九日，当他路经燕郊时，传闻“有贼三千，直犯御营”，扈从大臣、兵丁吓得面如土色。嘉庆帝此时强作镇静，说：“不必惊惧，俟贼果至，汝等效力御之，朕立马观之可也。”事后证明，这是谣传，一场虚惊。他当天回到北京城，诸王大臣迎驾于朝阳门内。嘉庆帝感慨地说：“此实非常未有之变！寇贼叛逆，何代无之？今事起仓猝，扰及宫禁，传之道路，骇人听闻！”这次事变使清朝皇帝第一次认识到自入关 170 年来，大清的江山社稷发生了危机。嘉庆帝回宫前颁布《罪己诏》,称此为“汉、唐、宋、明未有之事”！然“变起一时，祸积有时”。在朱笔书写《罪己诏》时，嘉庆帝“返躬修省”，“笔随泪洒”！

二十三日，嘉庆帝在中南海丰泽园，亲自审讯林清和太监刘得财、刘金。廷讯开始,先命将刘得财、刘金 2 人带来,斥问为何“萌此逆谋”,命将 2 人夹打后处决。接着，廷审林清。林清在重刑之下，承认此次进攻紫禁城的目的,就是要把皇帝赶回关东。嘉庆帝命将林清凌迟处死,并将其首级送到直、鲁、豫地区示众。此后，嘉庆帝派兵火烧起事据点大兴县宋家庄，处决林清的姐姐、妻子。嘉庆帝再三严令对其他被捕者，严加审讯。在审讯中，施用了各种酷刑。最后，嘉庆帝命将被捕者及其家属共 300 多人，或处死、或流放、或为奴。对已死者，“剉首枭示”。他们的房屋、土地、财产被抄没，分赏给八旗官兵。嘉庆帝还命各地官员对 6 名漏网者，严行搜捕。对京城地面，军民铺户人等，“逐户挨查”、“按名点验”。并以重金悬赏:初为捉获一人赏银 3 000 两,

嘉庆帝古装像

后升为 6 000 两。但清廷长期抓不到他们，颙琰指责未能抓到“六逆”正身的官员为“无耻、无能、废物”。可见嘉庆帝对天理教攻入紫禁城一事，咬牙切齿，五内俱恨。

嘉庆帝深知，京畿天理教事变只是天理教的一个部分，必须顺藤摸瓜，将其一网打尽。他派陕甘总督那彦成为钦差大臣，率兵前往滑县等地追剿；又采取了分化瓦解政策——下令对起义地区蠲免钱粮，赈济灾民，区别首从，教众不究。在“剿抚兼施”的政策下，直、鲁两地天理教军主力，仅两个月，基本失败。天理教军只剩下河南道口、司寨和滑县 3 个据点。清军与天理教军在道口、司寨、滑县展开激战。

道口之战 十月初八日，那彦成抵达河南卫辉，因见天理教军声势浩大，不敢贸然进兵，奏请派兵增援。嘉庆帝览奏大怒，严斥那彦成“畏葸迁延”、“非朕之臣”，并派托津为监军前往督战。先是徐安帼率河南天理教军，在浚县失利后，退至道口镇。那彦成得嘉庆帝严谕，督军万余，分为 7 路，进攻道口镇，遭到抗击。杨遇春率固原兵突入，两军配合，继用火攻，占领道口。徐安帼败走滑县。

司寨之战 天理教军失陷道口镇后，李文成、牛亮臣等会议，将主力转移至太行山。李文成因受刑胫折不能骑马，坐大车率众急行，至辉县西北的司寨，清军追至。司寨的形势，东临山，西濒河，地形险要，城墙坚固。官军杨芳率兵先设伏白土冈，佯败；天理教军往追，遇伏败。杨芳又败天理教军于南首山后，督兵径攻司寨。天理教军在城上，放枪掷石，顽强固守。清军破寨墙一隅而入，李文成等退至碉楼指挥作战。李文成见城破兵败，举火自焚。清军攻陷司寨。

滑县之战 天理教军在道口、司寨失利后，据守滑县城。那彦成督杨遇春、杨芳等所率军 2 万余人，集中围攻滑县。城东、南、西三门均被围，北门、西北门因隔苇塘，围而未合。清军 3 次攻城失败，便穴地攻城，天理教军堵御之。嘉庆帝得知军报后，谕告那彦成：滑县不克，惟尔是问。那彦成督军用大炮毁其城垣，天理教军顽强死守。清军经过 40 余日围攻，终于破城。杨芳等率军攻入，随之各城门亦攻破。天理教军滑县城陷，军师牛亮臣、元帅徐安帼等被俘死。

至此，林清、李文成领导之天理教民变失败。

嘉庆帝在镇压紫禁城之变和天理教之变后，为吸取教训，防患于未然，决定加强京师、特别是紫禁城的防卫措施：严密保甲法；搜缴了千本“奸盗邪淫”书籍，披阅后于殿廷烧毁；对太监严加管束，禁止随便出入紫禁城；不准八旗宗室、旗人居住城外；在京师城内及紫禁城、圆明园增设哨卡，添置、整修防御工事和设备，增加驻防军队；严格紫禁城内值班王大臣的交接班制度，等等。

九月十七日，嘉庆帝自白涧行宫回跸燕郊，特颁《遇变罪己诏》。其大意说：

> 匆于九月初六日，河南滑县又起天理教匪，然此事究在千里之外。猝于九月十五日，变生肘腋，祸起萧墙，天理教逆匪七十余众，犯禁门、入大内，戕害兵役。大内平定，实皇次子之力也。我大清国一百七十年以来，定鼎燕京，列祖列宗，深仁厚泽。朕虽未能仰绍爱民之实政，亦无害民之虐事。突遭此变，实不可解。总缘德凉愆积，唯自责耳！然变起一时，祸积有日。当今大弊，在“因、循、怠、玩”四字，实中外之所同。朕虽再三告诫，舌敝唇焦，奈诸臣未能领会，悠忽为政，以致酿成汉、唐、宋、明未有之事，较之明季梃击一案，何啻倍蓰！思及此，实不忍再言矣。予唯返躬修省，改过正心，上答天慈，下释民怨。诸臣若愿为大清国之忠良，则当赤心为国，竭力尽心，匡朕之咎，移民之俗；若自甘卑鄙，则当挂冠致仕，了此一身，切勿尸禄保位，益增朕罪。笔随泪洒，通谕知之。

嘉庆帝的《罪己诏》，可做几点分析：

第一，态度尚好。嘉庆帝这个人，遇到大的事变，总是反省自己。不像有的人，文过而饰非，功劳归己，过错责人。甚至不惜伪造文件，表明圣上一贯正确。他说，遭此突变，总缘“德凉愆积，唯自责耳”！又说：“予唯返躬修省，改过正心，上答天慈，下释民怨。”这话不管是做样子也好，真心实意也好，总算表了个态，做了自我批评。

第二，表彰功者。事变后次日，封皇二子旻宁为智亲王。他说：“旻宁系内廷皇子，在上书房读书，一闻有警，自用枪击毙二贼，余贼始纷纷潜匿，不敢上墙，实属有胆有识。朕垂泪览之，可嘉之至，笔不能宣。宫廷内地，奉有祖考神御，皇后亦在宫中。旻宁身先捍御，护保安全，实属忠孝兼备，著加恩封为智亲王。”

第三，批评臣工。他说：“当今大弊，在因、循、怠、玩四字”。这4个字——因上、循旧、怠惰、玩职，道出其时官场的普遍现象。解决的办法，要么“赤心报国”，要么“挂冠致仕”，而不要尸位素餐，误国误民。

第四，笔随泪下。天理教众，手无寸铁，二百余人，攻紫禁城。他说：这是大清国170年以来，也是汉、唐、宋、明以来所未有之事。并为此而“笔随泪下”，真是动了心！但是，作为一个政治家，在重大事变面前，哭天抹泪，不算英雄。要在有气魄、有格局、有毅力、有办法，勇于克服积弊，敢于进行改革。可惜，“平庸守成”4个字，决定嘉庆帝做不出惊天动地的事业。

第五，心有余悸。天理教“癸酉之变”之年，嘉庆帝54岁。这年，他连生日也没有心思过了。他说：十月初六日，为朕寿辰，国家典礼，自初三日，至初九日，俱穿蟒袍补褂，正日御正大光明殿受贺，此定例也。今岁突遇此祸，若仍照常年典礼而行，朕实无颜受贺，况军书交驰，邪气未靖，尚有何心宴乐乎！向年俱进如意，即日回赏罚分明，原上下联情之意耳！今遇大不如意之事，岂可复行呈进。朕不见此物，转觉心安；见物思名，益增烦闷矣！直至他临终的前一年（嘉庆二十四年），还在大臣的奏折中朱批：“有天良之大臣，永不忘十八年之变。丧尽天良之辈，早已付之云烟之外！”

天理教攻入皇宫是“内忧”，西方殖民侵略则是“外患”。

禁止开矿　查禁鸦片

嘉庆帝当政时期，恰是19世纪初叶，西欧资本国家，发展工业，海外贸易，彼此竞争，日益繁兴。可在清朝，此时嘉庆帝对内、对外，做了些什么？

清帝的保守　嘉庆帝在国内禁止开矿。以农为本，禁止开矿，这是清入关后的国策。清入关前，太祖、太宗，鼓励开矿，奖励工匠。顺治以后，形势有变。朝廷害怕开矿，聚集人众，容易滋事，危害治安。但是，康、雍、乾3代，对于开矿，时松时紧，还允许适当开采铜矿、煤矿、铁矿等。然而，嘉庆帝禁矿，较其父祖尤甚。下举8例，以见一斑。

第一例，嘉庆四年（1799年），两广总督吉庆奏：广东采挖黎地石碌铜矿，“恐致滋生事端，似应亟行停止。其省局鼓铸，仍请运用滇铜”。嘉庆帝朱批：“所办甚妥，所见极是。仍用滇铜，不必开采。”广东产铜，不去开采；运输滇铜，舍近求远。

第二例，民人潘世恩等呈请在直隶邢台开采银矿，给事中明绳据以奏报。嘉庆帝朱批：“朕恭阅世宗宪皇帝《朱批谕旨》于开矿一事，深以言利扰民为戒。圣训煌煌，可为万世法守。”嘉庆帝不仅批驳开矿奏请，还命将呈请人潘世恩、苏廷禄押递回本籍，严行管束。并将宗室明绳之奏折，掷还本人，交部议处。嘉庆帝信守“言利为戒”的祖训，这是典型的儒家“耻言利”的思想。且不说不开采矿藏怎能发展工业，而侈谈“不言利”小民如何生活？皇家衣来伸手——穿最好的，饭来张口——吃最好的，君不言利，其利何来？没有小民之利，岂有天子之利！

第三例，嘉庆帝以“山西煤窑，最易藏奸”，命顺天府尹会同步军统领，查拿矿主，严加治罪。北京至晚从元大都起，已经在西山开采煤矿，宫廷用以烧煤取暖。民间不开煤窑，皇家如何取暖？

第四例，新疆伊犁将军保宁、伊犁领队大臣松筠等，联名奏请在新疆塔尔巴哈台各处开采金矿。军机大臣深明皇帝的旨意，而对其所奏请拟“即行驳议”。嘉庆帝认为“所驳甚是”。新疆塔尔巴哈台有金矿，加以开采，利民利军。不开采金矿，嘉庆帝祖母、孝圣宪太皇太后的金发塔，用什么制作？

第五例，步军统领明安代奏：顺天府大兴县民张士恒等呈称，平泉州属四道沟等处有铜矿，请自备资本开采。嘉庆帝朱批："其事断不可行。"又说："朕自亲政以来，屡谕臣工，不准言利。"下令："永远封禁，不准开采！"不准开采铜矿也罢，还将代奏的步军统领明安革职留任，其目的是堵塞大臣陈奏"开矿言利"之口——"以为大臣轻率取巧者戒"！

第六例，科布多参赞大臣恒伯奏：蒙古洪果尔托洛海山产煤，请旨限 30 人，前往开采。嘉庆帝朱批："所奏非是。口外蒙古地方，向无开挖煤窑之例。洪果尔托洛海在扎哈沁牧界以北，伊等虽不在彼住牧，如准民人挖煤，相沿日久，民人积众，难免不滋生事端。所奏不准行，并著申饬。"蒙古荒凉地方，开采煤矿，物尽其用，但不许开采。

第七例，嘉庆帝还令新疆伊犁将军长龄，将已经开采的都兰哈拉铅厂，"永远关封，此后不准开采"。

第八例，顺天府宛平县民人杜茂封呈请开采顺德府属地方银铅各矿，嘉庆帝严词拒绝。他说："山场开采，例禁甚明。商民违例营求，不但事不准行，俱有应得之罪。开采矿山不独有妨地脉，且雇夫刨挖，均不过游手好闲之徒，将来日聚日多，互相争竞，所获之利有限，而流弊无且穷。"杜茂封以"大干例禁"罪，受到惩罚。

嘉庆帝在制定禁矿政策之时，忘记"百姓足，君孰与不足；百姓不足，君孰与足"的儒家圣训。其所有禁止开矿的理由只有一条，就是害怕百姓"滋生事端"，维护皇帝江山。可见封建专制体制，是阻碍社会生产发展的主要障碍。但是，大清皇帝管辖地理范围只在中华之内，西方资本国家却在日新月异地发展工业。

西方的侵逼 前述英使马戛尔尼来华失败后，嘉庆二十一年（1816年），英国国王第二次派遣访华使团，以罗尔·阿美士德（W.P.Amherst）为正使，当年的副使斯当东的儿子小斯当东为副使，目的是到中国再次提出英国通商的要求。英使臣罗尔·阿美士德等来华，自大沽登岸，来

清代广州外国商馆区

到北京城。嘉庆帝和他的父亲乾隆帝一样，将英国使团来华看成是“蕞尔小国”前来“输诚”，向“天朝进贡”，而“勉从其请”。于是，又发生觐见嘉庆帝的礼仪问题。嘉庆帝派理藩院尚书和世泰、礼部尚书穆克登额，前往通州迎接英国使臣。嘉庆帝指示：“务将该贡使等礼节，调习娴熟，方可令其入觐。”和世泰、穆克登额劝说英使行三跪九叩大礼，但罗尔·阿美士德表示不能同意行磕头大礼，只同意行单腿跪礼。清廷负责接待的大臣，不敢将英国使节的态度如实禀报嘉庆帝，企图含糊了事。于是谎称英国使臣已同意行跪拜礼，并进行了练习，“起跪虽小不自如，勉强尚可成礼”。嘉庆帝闻知，十分高兴，准备于七月初七日，在圆明园接见英国使臣。不料，届时罗尔·阿美士德到达圆明园门口，拒绝入内行三跪九叩大礼。这时清廷王公大臣都已会集等候，嘉庆帝也准备御殿受礼。门外为三跪九叩首礼而引起的争执还没有解决。和世泰等极为狼狈，坚持要立即引领罗尔·阿美士德入园朝见。罗尔·阿美士德以身体疲惫、礼服尚未准备和没有携带国书为由，不辞而去。和世泰等谎称罗尔·阿美士德突然患病，不能觐见。嘉庆帝令副使觐见，副使也不肯入园。嘉庆帝十分懊恼，命将和世泰等“交部严加议处”，并令将英国使团入京一切费用由相关官员们摊赔。这次因为英使拒绝向嘉庆皇帝行三跪九叩礼，而被降旨："该贡使等即日返回，该国王表文亦不必呈览，其贡物一一发还。"英国使臣罗尔·阿美士德被驱逐出境。

英国两次派遣使团失败后，继续派遣商船到中国沿海进行走私贸易，其中除运来棉纱等商品外，也将鸦片运来中国。早在雍正时每年输入鸦片约 200 箱，乾隆时增至 4 000 箱。嘉庆五年（1800 年）下令禁止鸦片进口，规定外国商船到广东，须由行商具结，保证进入黄埔的货船不夹带鸦片。但外国鸦片贩子贿赂官员走私鸦片，不仅使嘉庆帝禁止鸦片进口的上谕未生实效，而且鸦片输入有增无减。为此，嘉庆帝 3 次严令禁烟，但都是禁而不止。

第一次禁烟令。嘉庆十五年（1810 年）三月，嘉庆帝颁布禁烟令。事情缘起是北京广宁门（广安门）巡役等人，盘获杨姓身藏鸦片烟 6 盒，请交刑部审办。为此，嘉庆帝严谕：

> 鸦片烟性最酷烈，食此者能骤长精神，恣其所欲久之，遂致戕贼躯命，大为风俗人心之害，本干例禁。该犯杨姓胆敢携带进城，实属藐法。著即交刑部严审办理。惟此项烟片，近闻购食者颇多，奸商牟利贩卖，接踵而来。崇文门专理税务，仅于所属口岸地方稽察，恐尚未能周到。仍著步军统领、五城御史，于各门禁严密查访，一有缉获，即当按律惩治，并将其烟物毁弃。至闽、粤出产之地，并著该督、抚关差查禁，断其来源，勿得视为具文，任其偷漏。

第二次禁烟令。上次禁烟令下达 3 年之后，鸦片贩食，更加严重，甚至八旗官兵、宫廷侍卫、内府太监等，也吸食鸦片，沉湎荒淫，败俗害身。嘉庆帝命：侍卫官员购买、吸食鸦片者，革职、杖一百、枷号两个月；军人、民人等杖一百、枷号一个月；内廷太监枷号两个月，并发往黑龙江给官员为奴。

第三次禁烟令。鸦片流毒，屡禁不止，各地官民，愈吸愈烈。嘉庆二十年（1815 年）三月，先是两广总督蒋攸铦奏呈《查禁鸦片烟章程》，内中规定西洋货船到澳门时，先行查验，并明立赏罚，使地方官员知所惩罚。为此，嘉庆帝再谕：

> 鸦片烟一项，流毒甚炽，多由夷船夹带而来。嗣后西洋货船至澳门时，自应按船查验，杜绝来源。至粤省行销鸦片烟，积弊已久，地方官皆有失察处分。恐伊等瞻顾因循，查拿不力，嗣后有拿获鸦片烟之案，除查明地方委员等，有得规故纵情事应严参办理外，其仅止失察者，竟当概行宽免处分。至所请拿获兴贩烟斤，自二百斤至五千斤以上，分别纪录加级及送部引见，并军民人等拿获奖赏，以及诬良治罪之处，俱著照该督等所请行。

以上两件事：禁止开矿是不该禁而禁，禁止鸦片是该禁而不力，都没有办好。前一件事没办好，阻碍中国经济发展；后一件事没办好，给道光朝留下祸害。

平淡生活　守成天子

嘉庆帝的一生，其生活为平淡，其帝业为守成。

嘉庆帝的妻子，《清史稿·后妃传》记载：有二皇后、二皇贵妃、二妃、五嫔，共 11 人。《星源吉庆》记载：有二皇后、二皇贵妃、四妃、六嫔、一贵人，共 15 人。有学者统计葬在清西陵的有 19 人。

第一任孝淑睿皇后，喜塔腊氏，为副都统、内务府总管和尔经额之女。乾隆三十九年（1774 年），乾隆帝为颙琰册为嫡福晋，这年颙琰 15 岁。乾隆四十七年（1782 年）八月初十日，喜塔腊氏生下皇二子，名绵宁（旻宁），就是后来的道光皇帝，这年颙琰 22 岁。嘉庆帝即位，喜塔腊氏册为皇后。但是，皇后喜塔腊氏没有福气，仅当了 1 年零 37 天皇后，便得病死去。

第二任孝和睿皇后，钮祜禄氏，礼部尚书恭阿拉之女。颙琰为皇子时，钮祜禄氏为侧福晋。嘉庆帝即位，册为贵妃。贵妃钮祜禄氏算是有福，当了一年贵妃，因皇后喜塔腊氏病死，晋封为皇贵妃，并摄六宫事。

嘉庆帝孝和睿皇后像

中宫不能久空，嘉庆六年（1801年），册为皇后。皇后钮祜禄氏很聪明，识大体，有机智，做了一件大事，使她后半生更加荣华富贵。她自己生下两个儿子：一个是绵恺，另一个是绵忻。嘉庆二十五年（1820年）七月，嘉庆帝在巡幸热河时死，事出仓卒，准备未及。皇后钮祜禄氏没有做手脚、耍阴谋，让自己的亲生儿子做皇帝，而是传旨让嫡长子旻宁继承皇位。旻宁登极后，很感激这位继母，尊其为皇太后。皇太后钮祜禄氏居住在寿康宫，颐养天年，尽享荣华。她活到道光二十九年十二月十一日，就是1850年1月23日，实际上享年74岁。

恭顺皇贵妃，钮祜禄氏，嘉庆帝做皇帝后，选入内庭，初为如贵人，后晋为如嫔、如妃。嘉庆帝死后，住在寿安宫，道光帝尊她为如贵妃、如皇贵妃，享年74岁，也算是高寿。她的特点是恭和谦顺，所以死后被追谥为恭顺皇贵妃。和裕皇贵妃，刘佳氏，颙琰为皇子时，服侍潜邸，生有长子早殇。嘉庆初，封诚妃，晋诚贵妃。她也在嘉庆帝死后，被道光皇帝尊为诚禧皇贵妃。死后被谥为和裕皇贵妃。嘉庆帝的妃嫔有：庄妃王佳氏，华妃侯佳氏，恕妃完颜氏是死后追封的，信嫔刘佳氏被道光帝尊的；淳嫔董氏，恩嫔乌雅氏，简嫔关佳氏，荣嫔梁氏，安嫔苏完瓜尔佳氏，逊嫔沈佳氏，都是死后追封的；还有芸贵人。

嘉庆帝共有5子，其中长子早殇（未赐名），长成人的共有4子，就是皇二子绵宁（旻宁）、皇三子绵恺、皇四子绵忻和皇五子绵愉。在这里要交代一下清宗室命名的规制。清朝在太祖、太宗、世祖时，诸皇子的名字，没有统一规定。康熙的儿子大多有"允"字，雍正的儿子有"弘"字，但都没有成为定制。清代宗室子孙命名行辈制度，始于乾隆。乾隆皇六子永瑢绘《岁朝图》进献皇太后，乾隆帝题有"永绵奕载奉慈娱"之句。后乾隆命取"永、绵、奕、载"4字为宗室命名行辈。道光帝续定"溥、毓、恒、启"4字，咸丰帝又续定"焘、闿、增、其"4字。从嘉庆帝开始，正式以"永"字排行。嘉庆帝名"永琰"，为避讳"永"字，只他一人改"永"为"颙"，其他兄弟都不改。皇三子绵恺，生母为孝和睿皇后，生于乾隆六十年（1795年）。6岁上学，不大用功，常受训诫。

他身体不好，骑射又差，“身体懦弱，马上平常”。皇父有时出巡，不让他随驾。他在嘉庆十八年(1813年)林清之变时,同皇兄旻宁,手执火枪,奋勇前冲，得到褒扬。但嘉庆帝不喜欢他，只封他为郡王。道光帝登极后，晋为亲王。绵恺因犯过错，4次受罚:一次罚俸5年，一次降为郡王，另一次罚俸10年，再一次复降郡王、罢一切职任；又4次恢复，最后一次是他44岁死后恢复了亲王。皇四子绵忻与绵恺同母，比胞兄小10岁，学习也不用功，12岁还不能作诗文，但15岁被封为亲王。绵忻命运多乖，24岁病死。皇五子绵愉，嘉庆十九年（1814年）生，其母是贵妃钮祜禄氏。在这段时间，他最受宠爱。绵愉少运不好，7岁时皇父去世。他经历嘉、道、咸、同四朝。道光时晋亲王，时年26岁。咸丰时，太平天国洪秀全军北进，绵愉同僧格林沁督兵防守；英法联军兵至天津，绵愉受命到通州与僧格林沁办理防务。同治时，绵愉以“行辈最尊、品行端正”，在宏德殿督责同治读书。同治三年（1864年）死，年51岁。

嘉庆帝有9个女儿，其中7位早殇，长大成人的只有两位：一位是皇三女庄敬和硕公主，母为和裕皇贵妃刘佳氏，乾隆四十六年（1781年）十二月生，于嘉庆六年（1801年）下嫁蒙古科尔沁索特纳木多布济，嘉庆十六年（1811年）三月死，年32岁；另一位是皇四女庄静固伦公主，母为孝淑睿皇后喜塔腊氏，乾隆四十九年（1784年）九月生，于嘉庆七年（1802年）下嫁蒙古土默特部玛尼巴达喇，嘉庆十六年（1811年）五月死，年28岁。她们姐妹俩都在同年去世，也都葬在今北京复兴门外的公主坟，东边坟埋葬的是三公主，西边坟埋葬的是四公主。(一说她们都葬于昌陵附近王佐村园寝）这就是今复外公主坟名称的由来。嘉庆帝死时，没有一位女儿给他送终。

嘉庆帝性格中和,体魄强健。他的身体,素来强壮,不常生病,《遗诏》说“朕体素壮，未尝疾病”。年轻时身体自然很好，50岁以后仍然健壮。他甚至到了60岁,还能“登涉川原,不觉疲劳”。他几乎每年都去木兰围场,围猎秋狝。旻宁后来回忆其皇父说：“圣寿虽逾六旬，天体丰腴，精神强固。朕宫廷侍奉，正幸爱日方长，期颐可卜。本年巡幸滦阳，朕沿途随扈，圣躬行健如常，跸道偶感暍暑，仍登涉不倦。”可见嘉庆帝的身体，到花甲之年，仍然很康健。

嘉庆素日，重视养生。但是，他不同于乃祖雍正，吃丹药，日修炼。他的养生之道，重在养心。嘉庆帝在《养心室记》中说道：“夫饮食有时，起居有节，此养生之小道也；本仁祖义，志道据德，此养生之大道也。明镜不疲屡照，常使清明在躬，气志如神，临民莅政，庶免从脞之患。退朝燕居，远屏声色之娱。一念敬勤，四表光被，养心为平治之原。此予所昕夕自勉，不敢稍忽者也。”这说明嘉庆帝重视养生，首在养心。

嘉庆帝由于体质好，营养好，常运动，重养心，所以到 60 岁时，仍精神强固，不觉疲劳。但是，他“身体丰腴”，可能血压、心脏都不大好，到嘉庆二十五年（1820 年）七月二十四日，抵承德避暑山庄。一路暑热，风寒攻内，自觉不适，诣庙拈香，二十五日，病情加重，皇次子智亲王旻宁、皇四子瑞亲王绵忻朝夕侍侧。当晚，病情恶化，戌刻，在烟波致爽殿病逝（一说遭雷击而死）。遗命皇次子旻宁继承皇位，就是道光皇帝。

嘉庆帝小议

嘉庆帝颙琰，逢世纪之交，遇东西之会，大清帝国由盛转衰。嘉庆帝法祖守成，率循旧章，“动遂成宪，事鲜创新”，是一位平庸的守成型皇帝。他对宗室反叛、禁城造反、京师民变，对中原起义、海上义民、列强初侵，个案处置，就事论事，既没有观微知著，也没有察今见明。“吁咈之风，未遽睹焉”——对国外列强侵略的危险，没有预见、也没有防御；对国内社会矛盾的激化，没有调整、也没有缓解。结果给后世子孙、给大清帝国，带来巨大麻烦。

八

道光皇帝：丧权辱国

清道光帝爱新觉罗·旻宁，乾隆四十七年八月初十日（1782年9月16日）生，属虎，道光三十年正月十四日（1850年2月25日）卒，庙号宣宗，谥成皇帝，葬慕陵（今河北省易县清西陵），未建墓碑。39岁登极，在位30年，享年69岁。年号道光，意为道统光大。

道光帝执政 30 年，算是勤政，也算是节俭。他做了不少事情，如惩治贪污、整顿吏治、治河通漕、清厘盐政、开通海运等等，都或多或少，有所成绩。

他一生中最大的政绩，是平息回部张格尔骚乱，巩固了新疆；最大的悲苦，是禁烟运动失败，鸦片战争失败，并签订丧权辱国的中英《南京条约》。

道光皇帝在位，遇到历史难题。虽有“恭俭之德，宽仁之量”，却是“国步之濒，肇端于此”。其间大事，列举 6 端。

中年登极　镝匣风波

旻宁原名绵宁，为“绵”字辈。乾隆帝曾说过：“绵字为民生衣被常称，尤难讳避，将来继体承统者，当以绵作旻，则系不经用之字，缺笔亦易。”所以绵宁继统后，“将御名上一字敬改，至臣下循例敬避，上一字著缺一点；下一字将心字改写一画一撇”。就是将御名上一字“绵”改为“旻”，避讳时“文”缺一点；将御名下一字“寧”，改写作“寕”。其奉旨以前所刻书籍，俱无庸改。为此，北京的广宁门，改名为广安门。

旻宁的生母、孝淑睿皇后喜塔腊氏，为副都统、内务府总管和尔经额之女。乾隆三十九年（1774 年），乾隆为颙琰册喜塔腊氏为嫡福晋，这年颙琰 15 岁。乾隆四十七年（1782 年）八月初十日，喜塔腊氏在撷芳殿中所，生下一位皇子，名绵宁，就是后来的道光皇帝。这年颙琰 22 岁。嘉庆即位，册喜塔腊氏为皇后。但是，皇后喜塔腊氏太没有福气，当了 1 年零 37 天皇后，便得病死去，这年旻宁 16 岁。在清代所有的皇帝中，嫡出的只有旻宁一人。他曾经有过一个长兄，但出生仅 3 个月就病死。

旻宁 6 岁开始读书，授读的是翰林院编修秦承业和检讨万承风。承业为乾隆进士、嘉庆侍讲学士，著有《养正书屋诗》和《瑞苏轩文集》；承风也为乾隆进士、嘉庆翰林院检讨，曾任江苏等省学政，著有《思不辱斋诗文集》。成年以后，旻宁又与礼部右侍郎汪廷珍、翰林院侍讲学士徐颋“朝夕讲论”。汪氏为嘉、道年间名臣，官至礼部尚书，史传称其“多闻渊博”、“风裁严峻”。旻宁对他十分敬重，继位后临幸辟雍时说道:“礼部尚书汪廷珍，蒙皇考简用上书房师傅，与朕朝夕讲论，非法不道，使朕通经义、辨邪正，受益良多。”旻宁受到儒家教育，“经史融通，奎藻日新”，以此自诩，学而有成。

旻宁 10 岁那年，有一件吉祥的事。这年，他初次随祖父乾隆帝木兰秋狝，到威逊格尔行围。他引张小弓，射获一鹿。乾隆大喜，赋诗一首：

> 尧年避暑奉慈宁，桦室安居聪敬听。
> 老我策骢尚武服，幼孙中鹿赐花翎。
> 是宜志事成七律，所喜争先早二龄。
> 家法永遵绵奕叶，承天恩贶慎仪行。

这诗说的是乾隆帝 12 岁时，随同祖父康熙帝前往木兰行围，初围得熊，此次旻宁则初围就获鹿。旻宁比当年乾隆还小两岁，所以诗中有“所喜争先早二龄”的赞语。旻宁的骑射本领是“谙达”教的。他的皇父嘉庆帝强调“我八旗满洲，首以清语、骑射为本，其次则诵读经书，以为明理治事之用”。在祖训“以弧矢威天下”的教诲下，他初习弓马，便首猎获鹿。

旻宁 14 岁，全家大喜。这年祖父乾隆帝宣谕颙琰（嘉庆帝）为皇太子，这当然是全家最高兴的事情。

旻宁 15 岁，双喜临门。正月初一日，皇父在太和殿登极，成为大清朝的第六代皇帝，这是一喜。另一喜是皇父为他娶亲成婚。新娘钮祜禄氏，是户部尚书布彦达赉之女。因为父亲做了皇帝，自己的妻子被册为嫡福晋。

旻宁 16 岁，家里发生了大不幸，生母皇后喜塔腊氏病故。母亲太没有福气，仅做了 1 年零 37 天的皇后，便离开荣华富贵的宫廷生活，撇下 15 周岁的独子而去。

旻宁虽失去母亲的呵护，但有皇父的栽培和福晋的陪侍。他成长很快，“颀身隆准，玉理珠衡”，仪态富贵，举止得体。

旻宁 18 岁，皇父嘉庆帝遵照秘密建储家法，“亲书上名，缄藏鐍匣”，旻宁成为密立的皇太子。从此，“寿皇展拜，则命随行；裕陵敷土，则命恭代”，皇父对他格外教育和关怀。旻宁被密建皇储之后，皇父经常嘱咐他“屏窥测，杜猜疑”，要他静心读书，修心养性。旻宁更加严格要求自己，“日与诗书相砥砺”，写成了《养正书屋诗文》40 卷。他亲笔书写了“至敬、存诚、勤学、改过”4 个条幅，挂在屋中，以提示自己要修身养性，也是向皇父表露心迹。旻宁即位之后，又将条幅移到自己的寝殿。这种长期韬晦生活，对旻宁性格有一定的影响。如他后来登上皇帝宝座，发生了一件事情，说明在做皇子时对性格的陶冶。道光二年（1822 年）五月，仓场侍郎莫晋因盘查仓场事，与户部意见不合，回奏又“负气辩论”，顶撞冒犯。道光帝在其奏折上写道：“尔大臣等阅此，必谓朕勃然矣。不然，朕自幼承受鞠育之恩，择师诲导，涵养有年。虽不敢自信恢宏，亦不知粗厉偏狭。事愈大，心愈小；情愈急，气愈和。此朕自励之常规也。”可见旻宁在潜邸中的常年皇子生活，磨炼了自己的性格。

旻宁 32 岁，发生了天理教民攻入皇宫的突发性事件。这年，旻宁随皇父巡狩木兰，天雨绵绵，无法围猎，奉命先期回到京师。天理教徒攻入紫禁城，有几名起事者，由廊房越墙，冲向养心殿。其时，旻宁正在上书房读书，闻变后表现镇定。旻宁“急命进撒袋、鸟铳、腰刀，饬太监登垣以望”。这时，有的教民手举白旗，急攀墙登殿，靠近养心门。旻宁“发鸟铳殪之，再发再殪”。皇三子绵恺，紧随皇兄之后，冲到苍震门，也发枪射击，“再发再殪”。旻宁在事件中，还飞章向皇父奏报；又“严命禁城四门”，并到储秀宫安抚皇母;再亲自率领侍卫到西长街一带访查。旻宁在这一事变中的表现，受到赞誉:或赞其智勇沉着，或誉其举措有方。使他在内廷上下，朝野内外，威望大增。嘉庆帝在回京途中得到奏报后，即封旻宁为智亲王，他所使用的枪也命名为“威烈”。事后，旻宁上奏，声称自己当时“事在仓猝，势不由己”。表现出既敢勇担大任、又谦谦君子之风。

尽管旻宁有出色的表现，又密定为储君；但在皇位继承时，仍出现了风波。

嘉庆二十五年（1820 年）七月，旻宁随驾皇父嘉庆帝到热河秋狝。二十四日，嘉庆帝不适。二十五日，病危。《清宣宗实录》记载：

> 是日，仁宗疾大渐。召御前大臣赛冲阿、索特纳木多布斋，军机大臣托津、戴均元、卢荫溥、文孚，总管内务府大臣禧恩、和世泰，公启鐍匣，宣示御书嘉庆四年四月初十日卯初，立皇太子□□谕一纸。戌刻，仁宗崩。

《清仁宗实录》也做了相同的记载：

> 响夕，上疾大渐。召御前大臣赛冲阿、索特纳木多布斋，军机大臣托津、戴均元、卢荫溥、文孚，总管内务府大臣禧恩、和世泰，公启鐍匣，宣示御书嘉庆四年四月初十日卯初，立皇太子旻宁。戌刻，上崩于避暑山庄行殿寝宫。

按说旻宁合法继承皇位，名正言顺，应无异义。但是，旻宁继位，略有风波。

显然，嘉庆和道光两部《实录》，都是经过精心编纂的。如果真同上面的记载，就不存在麻烦。事实上确有一场风波。经过爬梳史料，做出以下归纳：

第一，宗室的建议。嘉庆帝在避暑山庄刚断气，总管内务府大臣、宗室禧恩就建议由旻宁继位。《清史稿·禧恩传》载述：

> 仁宗崩于热河避暑山庄，事出仓猝，禧恩以内廷扈从，建议宣宗有定乱勋，当继位。枢臣托津、戴均元等犹豫。禧恩抗论，众不能夺。会得秘匮朱谕，乃偕诸臣奉宣宗即位。

禧恩是睿亲王淳颖之子，由头等侍卫、御前侍卫晋为内务府大臣。禧恩出身宗室，地位重要，其建议未得军机大臣认同，他虽抗论，但不能定。禧恩上面的建议表明，嘉庆帝生前并未就嗣位之事，在大臣中公布。

第二，太后的懿旨。孝和睿皇后传下懿旨要旻宁嗣位。孝和皇后并不知密诏镭匣收藏在什么地方，所以当她在京惊悉嘉庆帝崩于热河行宫噩耗后，发出懿旨：

> 皇次子智亲王，仁孝聪睿，英武端醇，现随行在，自当上膺付托，抚驭黎元。但恐仓卒之中，大行皇帝未及明谕，而皇次子秉性谦冲，素所深知。为此，特降懿旨：传谕留京王大臣，驰寄皇次子，即正尊位。

旻宁在热河接奉皇太后懿旨时，确实"愉感靡极"，"伏地叩头，感悚不能言喻"。旻宁感恩于皇太后。《清史稿·孝和睿皇后传》记载："仁宗幸热河，崩。后传旨令宣宗嗣位。宣宗尊为皇太后，居寿康宫。"时皇后钮祜禄氏有绵恺、绵忻两个皇子，但她在不知镭匣御书的情况下，懿旨由旻宁继位，既难能可贵，又证明镭匣御书不在乾清宫。后来所有正史均只记载了避暑山庄公启镭匣的事实。

第三，金盒的御书。嘉庆帝秘密立储的御书，没有放在乾清宫"正大光明"匾额后。按照雍正帝的谕定，皇帝立储的缄封御书，悬置于乾清宫"正大光明"匾额之后。嘉庆帝的秘密立储御书，自然不应例外。

但是，嘉庆帝在避暑山庄崩逝后，本应立即派大臣急驰北京，到皇宫内取下乾清宫“正大光明”匾后的秘密立储御书。但是,当时并没有这样做。那么，秘密立储御书收藏在何处?

镧匣御书由嘉庆帝随身携带。包世臣所撰《戴均元墓碑》文，记载当时寻找并开启镧匣的情状。《碑文》说：嘉庆二十五年（1820 年）春，戴均元拜文渊阁大学士、晋太子太保、管理刑部。七月，戴均元：

> 偕满相托文恪公(托津)扈滦阳围。甫驻跸,圣躬骤有疾,不豫。变出仓猝，从官多皇遽失措。公与文恪（托津）督内臣检御箧十数，最后近侍于身间小金合，锁固无钥。文恪拧金锁，发合得宝书。公与文恪（托津）奉今上即大位,率文武随瑞邸（绵忻）成礼。乃发丧，中外晏然。

装御书的镧匣，就在嘉庆帝身边，经过周折，总算找到。

第四，朝臣的拥戴。嘉庆帝临终时的大学士有，武英殿大学士明亮、文渊阁大学士戴均元、东阁大学士托津、协办大学士吴璥。军机大臣有，

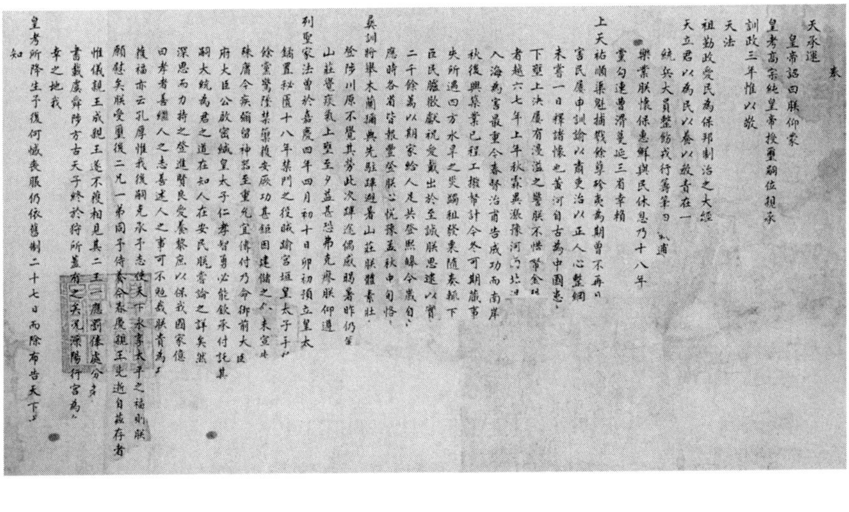

嘉庆皇帝在避暑山庄留下的“遗诏”

托津、戴均元、卢荫溥、文孚。其中，大学士兼军机大臣的只有戴均元和托津二人。所以，《清史稿・戴均元传》和《清史稿・托津传》都记载旻宁继位之事。《清史稿・戴均元传》记载：

从扈热河，甫驻跸，帝不豫。晌夕，大渐。均元与大学士托津内侍御箧，得小金合。启镝，宣（应作“仁”）宗御书立宣宗为皇太子，奉嗣尊位，然后发丧。

同戴均元共启镝匣的托津，《清史稿・托津传》也记载：

仁宗崩于避暑山庄，事出仓猝，托津偕大学士戴均元，手启宝盒，奉宣宗即位。

由上可以看出，旻宁继位，得到以禧恩为代表的宗室之认同，又得到皇太后的懿旨，还得到朝廷重臣的拥戴，最主要是有镝匣御书的圣旨。这场旻宁继位的政治风波才告平息。

八月十二日，嘉庆帝的灵柩从避暑山庄启运回京；二十二日，灵柩在紫禁城的乾清宫停放。旻宁跟随梓宫而行，并已开始处理政务。八月二十七日，旻宁正式即位于太和殿，颁诏天下，改明年为道光元年（1821年），成为清朝入关后的第六代皇帝，时 39 岁，正值人生中年。

道光帝登上皇位后，先调整军机大臣，继用兵西北回疆。

巩固皇权　用兵回疆

道光帝太和殿登极大典后的第 10 天，发生了两件大事情：一件是收拾勋旧权臣，巩固皇权；另一件是用兵西北回部，巩固边陲。

时大行皇帝丧期未过，道光帝就动手收拾前朝勋旧权臣，调整军机大臣班子。

强化皇权 新皇帝兴高采烈登极亲政之日，往往是前朝权臣遭斥废黜之时。其实，道光帝的先祖都是这么做的。清太宗皇太极汗嗣位后，惩治三大贝勒中的两位，就是二大贝勒阿敏、三大贝勒莽古尔泰。清世祖顺治帝嗣位后，摄政睿亲王多尔衮收拾四大亲王中的两大亲王：先削降郑亲王济尔哈朗，又杀害政敌肃亲王豪格。顺治帝亲政后，追惩多尔衮及其党羽。清圣祖康熙帝亲政后，智擒辅政大臣鳌拜。清世宗雍正帝登位后，对内残杀骨肉，对外修理舅舅隆科多和权臣年羹尧。清仁宗嘉庆帝亲政后，惩治权相和珅，令其自尽，籍没家产。同样，道光帝刚当上皇帝，就找碴收拾军机大臣托津和戴均元。

托津，字知亭，富察氏，满洲镶黄旗人，尚书博清额之子。乾隆朝为军机章京。嘉庆初，为头等侍卫，任喀什喀尔参赞大臣。嘉庆十年（1805年）开始任军机大臣。曾勘察黄河，参劾总督勒保、那彦成，署两江总督、直隶总督。十五年（1810年），任工部尚书，调户部尚书，兼都统。十八年（1813年），授正白旗领侍卫内大臣，为协办大学士。十九年（1814年），拜东阁大学士。托津久参机要，位高权重。

戴均元，字修原，乾隆四十年（1775年）进士。后督四川、安徽学政。嘉庆帝继位后，曾任工部侍郎、户部侍郎、东河总督、左都御史、礼部尚书、吏部尚书。二十二年（1817年），晋协办大学士。二十三年（1818年），授军机大臣，充上书房总师傅。二十五年（1820年）二月，拜文渊阁大学士。同年七月，从扈嘉庆帝热河秋狝。

他们二人是嘉庆帝《遗诏》的撰拟者，又是公启鐍匣者。道光帝抓住机会收拾托津和戴均元。事情是由拟定嘉庆帝《遗诏》引起的。在热河由随同行在的军机大臣托津和戴均元所拟的《遗诏》中，有乾隆帝生于避暑山庄之语。此说与《清高宗实录》所载乾隆帝生于雍和宫说不同，却与民间雍正帝轶闻契合。事发之后，道光帝龙颜大怒，令军机大臣明白回奏。起草遗诏的军机大臣声言是根据嘉庆帝《御制诗文初集》的诗注撰写的。诗注称乾隆帝于辛卯岁诞生于“山庄都福之庭”。道光帝断然否定这种解释。他说，其语意“系泛言山庄为都福之庭，并无诞降山庄之句”，当日拟注者系误会诗意。至此，廷臣自然不会再进行分辩。于是，原来的军机大臣一律交部严议，托津、戴均元两人均受到处分。《清史稿·戴均元传》载：“因撰拟遗诏有‘高宗降生于避暑山庄’之语，误引御制诗注，枢臣皆被谴、镌级，均元与托津并罢直。”《清史稿·托津传》也记载：“因遗诏引事舛误，诏切责，托津、均元并以年老，罢军机大臣、降四级留任。”另两位军机大臣卢荫溥和文孚虽然留任，亦受到“降五级，六年无过，方可开缺”的处分。正由于《遗诏》中出现了如此严重的政治性错误，道光帝颁旨说：“遗诏布告天下，为万世征信，岂容稍有舛误。故不得不将原委，明白宣示中外。”

这件事情，思考有三：

第一，道光欲盖弥彰。本来乾隆帝的出生，有诸多说法。其中的一说是，乾隆生在避暑山庄。军机大臣撰拟的《遗诏》，史出有据；朝臣为乾隆帝诗撰注也言必有征。道光帝将托津、戴均元公开处理，事与愿违，流传天下，欲盖弥彰。

第二，事出必然有因。托津身为军机大臣、宗室贵胄，在乾隆朝已是军机章京，熟悉朝廷掌故，也熟知皇室内情。戴均元为乾隆进士，其兄子衢亨嘉庆四年（1799年）已为军机大臣，一家两军机，史例实在不多。托津与均元，两位老军机，如此重要文稿，不会轻易落笔。这对研究乾隆帝，是个很好的课题。

第三，处分实在太轻。道光帝抓住上述事件，无论怎样处分托津和戴均元都不算过分。为什么如此处理呢？可能的解释是：旻宁刚登上皇位10天，不敢对老臣打击太重；为了树立皇威、更新军机大臣，又必须对老臣进行修理。旻宁的矛盾心态，做出如上的矛盾事情。

用兵回疆 道光帝在整顿内部、树立皇威的同时，西北回疆狼烟蜂起。于是，道光帝的军政目光，用兵西北，巩固回疆。

事件由来：张格尔为故新疆回部大和卓木布拉尼敦之孙，乾隆年间平定天山南北路，大和卓木被杀，其子萨木萨克逃匿到浩罕（今乌兹别克斯坦）。萨木萨克有3个儿子，其次子即张格尔。他们时刻要返回故土，重新建立统治。张格尔的叛乱，得到了浩罕汗的支持。浩罕汗想利用张格尔扩大其贸易特权。张格尔叛乱背后还有英国殖民者插手，其武器装备与英国有关。而清朝地方官员的腐败荒淫，为民族分裂叛乱提供条件。

初报边警：道光帝登极刚10天，张格尔叛乱军报，奏到御前。时张格尔率300余人骚扰边卡，杀伤官兵，抢劫马匹。领队大臣色普征额带领官军将其击溃。道光帝览奏后，要边臣“勿妄杀戮，以安众心，而靖边圉”。他听到参赞大臣斌静已将擒获俘虏处死的消息后，令伊犁将军庆祥前往调查。不久，斌静等人腐败不法行为陆续暴露。道光帝对张格尔叛乱，未予足够重视。他认为既已严办失职官员，事端可以平息。但是，张格尔“诵经祈福，传食部落”，积蓄力量，以图再起。道光四、五年间，张格尔脱离浩罕汗的控制，不断组织布鲁特（柯尔克孜）骚扰边境，而清军无能，也逐渐暴露。五年（1825年）十月，清朝喀什噶尔（今喀什）帮办大臣巴彦巴图，率领200骑兵出塞，追捕张格尔不遇，却纵杀布鲁特牧民男妇百余人。布鲁特首领率部追袭，巴彦巴图败伤后自杀，全师尽没。回疆西部得知消息后极为震动，张格尔借此惑众酿乱，势力迅速扩大。道光帝认为：“以我堂堂大清，屡挫锐于小丑，成何事体！”于是，下令将张格尔等闹事头目，抓获严惩。但事与愿违，张格尔的势力仍在膨胀。

失陷四城：道光六年（1826年）六月，张格尔率叛军500人入犯。张格尔进至喀什噶尔（今喀什）附近的祖墓祭扫时，被喀什噶尔参赞大臣庆祥的军队包围。张格尔拼死力战，突围而出。但是，事态发展，极为迅速，“各回响应，旬日万计”。清军虽然奋力抵抗，但因寡不敌众，退守喀什噶尔。时张格尔已应允浩罕汗，攻破喀什噶尔城后，城中“子女、玉帛共之”，并愿割喀什噶尔城以作酬劳。于是，浩罕汗穆罕默德阿里，率领万骑，到喀什噶尔。浩罕军队全力攻城，但因城守坚固、防御顽强，敌军伤亡惨重，主力撤围而去。张格尔之弟率兵破英吉沙尔（今英吉沙），领队大臣苏伦保等战死；张格尔则连陷叶尔羌与和阗，并进围喀什噶尔城。庆祥率军婴城固守，顽强抵御，坚持两月。八月，清军弹尽粮绝，

清宫廷画家绘《平定回疆战图》之“收复和阗”

张格尔派兵挖地道进城。庆祥督兵巷战，力竭自尽。张格尔攻陷喀什噶尔城后，将衙署民房，尽行拆毁，并杀害居民。于是，西部四城——英吉沙尔（今英吉沙）、叶尔羌（今莎车）、和阗（今和田）、喀什噶尔（今喀什）相继失陷。

派兵平叛：道光帝览奏新疆败报后，命伊犁将军长龄为扬威将军、提督杨遇春为钦差大臣并参赞军务，调陕、甘、宁、乌鲁木齐、伊犁等兵 2 万人，急速进军，前往进剿，以平定张格尔之乱。道光帝命长龄采用“恩威并用——首先效顺者，许以自新；负嵎不悛者，尽行剿灭”的策略。道光帝要擒获张格尔，下令“广张告示”，献缚张格尔者，封王爵，赏十万金。他还令扬威将军长龄等仔细商量，制定出奇制胜之策：“或诱之使来，或就地擒戮，或设法绕在近卡地方，分出奇兵，要截去路。”扬威将军长龄派提督杨遇春，统军在柯尔坪（今乌什西），分兵为两路，截抄张格尔。清军大败张格尔军，杀伤敌军过半，追击溃敌十余里，直至卡伦外。道光帝得捷报后，命收复西四城。他还命治河工程“可停则停，可缓则缓”，以便节省银两，用于西北军需。

收复四城：张格尔在攻陷西四城——喀什噶尔、英吉沙尔、叶尔羌、和阗后，即宣布自己为“赛亦德·张格尔苏丹”，拥兵十万，裂土称王。他横征暴敛，抢掠杀戮，回部民众，极其不满。张格尔的军队虽多，却为乌合之众，缺乏训练，缺少粮秣。道光帝命惩治喀什噶尔前腐败官员、参赞大臣斌静等。斌静，为宗室，奸宿回妇，强占回女；受辱女子之父砍掉其女头颅，撂入斌静署内。道光帝命将斌静等治罪。道光帝惩治贪淫暴虐的官员，得到回众支持。清军在扬威将军长龄、参赞大臣杨遇春的统帅下，先取得洋阿尔巴特之捷，继进攻沙布都尔。在沙布都尔地方，张格尔决水挖坎，据险死守；长龄命用炮轰击，骑兵抄袭。叛军大溃，退至浑河。清军继续进攻，叛军死伤数万人。清军连得两捷后，又在阿瓦巴特交战。叛军依冈布兵，列阵抗拒；清军施放喷筒，一鼓齐进。经过激战，叛军阵乱；清军追杀，毙敌万余。清军连获三捷后，同叛军在距喀什噶尔十余里的浑河决战。张格尔令回庄 15 岁以上男人都当兵，不愿者即杀。他纠集数万人，阻河而摆阵，列营二十里。清军纵骑齐驱，冲入敌阵。敌军大溃，状若土崩。清军收复喀什噶尔。张格尔先一日率数十骑遁去。寻杨遇春等统兵收复英吉沙尔、叶尔羌、和阗。西四城，全光复。

红旗报捷:五月初，道光帝览奏收复和阗的军报后，谕曰:“现在四城，虽已收复，而逆酋逃逸无踪，眼看莫大之功，赏罚分明，汝等不能承受，曷胜愤满。”道光帝停止河工，动用帑银，花费千万两白银，却没有擒获张格尔，大失所望，非常气愤，“实深痛恨，殊失朕望”。他认为不擒献张格尔向宗庙献俘，如何了此一局：“试思兴师动众，若不速得首逆，作何了局？”闰五月，张格尔的下落有了信息，道光帝宣布班师。八月，他命德英阿派人调查伊犁及喀什噶尔的草地情况，拟抄近捷路，捉获张格尔；九月，又命鄂山、卢坤等密饬长龄等为何不兵分两路等事，“总要还朕一实字”。他对南疆的地形、地貌、山川、道路做了解，为日后进军做准备。

午门献俘:道光八年（1828 年）正月二十二日，长龄等“红旗报捷，生擒首逆张格尔”。五月，张格尔被槛送到京师。十二日，道光帝登上午门，主持“受俘”仪式：“大乐鼓吹，金鼓全作。上升座。解俘囚将校行礼毕，令俘囚张格尔北向跪伏。兵部尚书跪奏：平定回疆，生获俘囚张格尔，谨献阙下，请旨。命王大臣会同刑部严讯，刑部尚书跪领旨。兵部司官以俘囚张格尔交刑部司官，自天安门出。王公百官行庆贺礼。”两天之后，道光帝在圆明园“廓然大公殿”廷讯，命将张格尔“寸磔枭示”。道光帝为纪念西北用兵胜利，下令勒碑太学及喀尔铁盖山（俘张格尔处），又命为有功将士图形紫光阁。御序称：“朕志先定，默叩天祖，勉竭寸忱，非敢邀功拓土，只以失守旧疆是惧。”

道光帝用兵西北，动用4万军队，花费千万白银，前后历时7年，取得平叛胜利，巩固西部边疆，做出重要贡献。但是，西疆烽火刚熄，南国硝烟又起。

禁烟销烟　摇摆不定

鸦片传入中国后，逐渐流毒社会。英国殖民机构东印度公司，垄断印度的鸦片生产和专卖后，鸦片销往中国，获得极大利润，而成为中国的一大社会祸害。《清史稿·南怀仁传》说：“奉宣宗谕，停西洋人入监。”就是说，虽然道光帝拒绝接纳西方文化，但是他们用大炮推行西方文化。道光帝在禁烟运动中，先是初禁不力，次为态度不定，继而支持严禁，最后禁烟失败，局势更加恶化。

初禁不力　先是，道光帝曾祖父雍正帝开始禁烟，皇祖乾隆帝下令禁烟，皇父嘉庆帝也屡令禁烟。不但未见成效，反而愈禁愈烈。雍正时每年进口约200箱（每箱重约100斤）。乾隆时增至每年1 000箱，嘉庆间又增至每年4 000箱。道光即位，重视禁烟。道光二年（1822年），御史黄中模提出鸦片“耗财伤生，莫此为甚”。道光三年（1823年），道光帝严谕：“鸦片烟一项，流毒甚炽，总由地方官员，查拿不力所致。”他下令吏、兵二部，制订《失察鸦片例》。当时，道光帝理政重点在于：治河通漕与用兵西北，禁烟之事，无暇专注。鸦片走私入口的数量，很

道光帝吸鼻烟像

快就突破了 10 000 箱。白银大量外流，引起道光关注。道光帝在治河通漕取得成效与西北用兵告捷之后，将鸦片的问题，摆上议事日程。九年（1829 年）正月，御史章沅奏：“鸦片一烟，流毒尤甚。该处伪标它物名色，夹带入粤。每岁易银至数百万两之多，非寻常偷漏可比，若不极力严禁，弊将何所终极？”鸦片流毒，相当严重，年漏银已愈数百万之多，吸食者已染十数省之广。道光帝即令两广总督李鸿宾、湖广总督卢坤等，了解事态，进行妥议，制订《查禁官银出洋及私货入口章程》。

道光帝认为："鸦片流毒内地，较纹银出口为尤甚"，警告制订章程的官员"无得视为文告故事，日久又致有名无实"。他并命直隶、福建、浙江等地的总督、巡抚，"严饬海口，随时查禁"。十一年（1831年），道光帝命不仅要查禁进口鸦片，而且要禁止种植鸦片："汉民地区，著地方官稽查;土民境内，由土司查办。"从内地到边疆，从汉族地区到民族地区，种植鸦片，一律禁止。十六年（1836年），御史邵正笏奏称：内地仍有种、卖鸦片之事。道光帝览奏之后，再命各省督、抚确查严惩，妥议章程，禁种鸦片。他要求地方官员，抽查保甲，随时稽查;道府官员，出具印结;督抚大员，年终具奏。尔后，各地官员，多有复奏。但是，禁烟命令屡下，效果确实不大。

道光帝特别痛心和难堪的是，这些看起来防范周密的条例，在实行过程中，全部或大部成为具文。他没有料到，各级官员，阳奉阴违，疲沓敷衍，欺蒙推诿，官商勾结，明禁暗纵。特别是沿海地区，大小官员，贪污腐败，已将走私鸦片，当作谋利之途。以道光十一年（1831年）全国性鸦片普查为例，在十五省的复奏中，除浙江、广东、云南、四川等省承认部分地区有种卖鸦片之事外，其余各省有的矢口否认，有的含糊其辞，有的说吏役无吸食者，有的说吸食者已惩办等。各地官员，敷衍搪塞，应付差事，隐瞒实情。其实，当时全国年走私销售鸦片已达16 000多箱。如果各地没有鸦片贩卖者、吸食者，那么这些鸦片都到那里去了！

道光帝即位后，初禁鸦片，已然失败。鸦片泛滥，愈演愈烈。鸦片之所以禁而不绝，根本原因在于：吏治废弛，官场腐败。道光帝查禁鸦片，陷入泥潭，不禁不行，禁也不成。于是，道光帝在禁烟的态度上，产生犹豫，不甚明朗。

态度不明 鸦片利益同官员利益，彼此粘合，难解难分。道光十五年（1835年），道光帝对各地官员"平安无事"的奏折，表示既然各地没有吸食、种植鸦片者，可以免除年终奏报。一些官员认为朝廷对禁烟的态度有变化，便公然提出弛禁鸦片。广东地方士绅的《粤士私议》为先例，由地方官员作为奏折的“附片”上报朝廷。道光帝对此未置可否。十六年（1836 年）三月，御史王玥奏“请弛鸦片烟禁”。四月，太常寺卿许乃济奏称：“鸦片烟例禁愈严，流弊愈大。近年以来，洋商不敢公然贸易，皆用银私售。每年计耗内地银一千万余两之多。”他主张恢复嘉庆前鸦片进口征税制，以货易货，控制白银外流；各地只要不妨碍农业，罂粟亦可栽种，以便使鸦片输入渐绝。道光帝没有申斥许乃济“弛禁鸦片”的主张，而要广东官员“会同妥议具奏”。广东官员奏复道光皇帝，表示同意许乃济奏折的主张，并制订出实施章程。八月，内阁学士朱嶟、给事中许球的奏疏，驳斥许乃济弛禁鸦片的主张，请严禁鸦片。道光帝则表示：“近日言者不一，或请量为变通，或请仍严例禁。必须体察情形，通盘筹画；行之久远无弊，方为妥善。”他对弛禁鸦片的主张仍然没有加以申斥，实际上在“弛禁”与“严禁”之间，犹豫摇摆，态度不明。广东地方官员对朱、许的反对意见不以为然，甚至论道：“建言者倡论于局外，故抵掌较易敷陈；当事者肩任于局中，则措手宜有分寸。”道光帝则谕称：“该督所奏，能见及此，著即同心协办，认真巡察，惩汉奸之勾串，杜夷商之贪饕，总期银不出洋，行之有效，毋得徒托空言，务使名实相副。”道光帝还是态度不明，模棱两可。皇帝稍不坚决，群臣更加懈怠。其结果是——鸦片走私数量突破了 30 000 箱，白银外流渐至 3 000 万两。

道光帝对禁止鸦片，有个认识过程。起初，他把烟毒之害与民风人心相联系，认为鸦片烟“大为风俗人心之害”；尔后，他把禁止鸦片同整肃吏治相联系，禁烟是为了整饬官风，察弊除奸；又后，他把禁止鸦片与财政金融相联系，鸦片走私造成白银外流，国库拮据；再后，他把禁止鸦片与社稷江山相联系，国贫民弱，危及皇权（详见后文）。他随着对禁止鸦片认识的不断全面深入，所采取的措施也更加具体。道光帝把查禁鸦片的区域，由东南沿海到全国各地，从中原腹地各省，到民族边疆地区。他为此动员从督、抚到府、县的官员禁止鸦片，不准进口，不准贩卖，不准种植，不准吸食。道光帝希望一切能够遵循既定章程办事，在各个方面再制定新章程，各级官员，切实执行。他花费了许多时间和精力，督促臣属制订了一系列禁烟章程：既有外禁进口，又有内禁种植；既有全国性的，又有地方性的；既有中原的，又有边疆的；既有汉民的，也有土民的；既有宗室贵族的，也有普通平民的；既有惩办贩运的，也有惩治吸食的；既有惩办失察官员的，又有查办吸食官员的……道光帝认为：章程不谓不多，条规不谓不细，奏报不谓不勤，法令不谓不严，鸦片烟之浊流，自然可以遏制。即使官员有因循之处，总还不至于一无成效。然而，"道高一尺，魔高一丈"。禁烟愈犹豫，流毒愈厉害；禁烟愈松弛，问题愈严重。严重的鸦片问题，严重的社会局面，激起正直有为官员的使命感与责任感，他们主张严厉禁烟。

支持严禁 正直官员对许乃济的弛禁主张持批评的态度。道光十八年（1838年）闰四月，鸿胪寺卿黄爵滋上《请严塞漏卮以培国本折》。爵滋，字德成，号树斋，江西宜黄人，道光三年（1823年）进士，任翰林院编修、鸿胪寺卿，后调刑部侍郎。他在奏折中痛陈鸦片祸害，揭发官吏包庇，建议"重治吸食"者，遏制鸦片输入。他指出：

> 盖自鸦片烟土流入中国，粤省奸商，勾通巡洋兵弁，运银出洋，运烟入口。查道光三年以前，每岁漏银数百万两；三年至十一年，岁漏银一千七八百万两；自十一年至十四年，岁漏银二千余万两；自十四年至今，渐漏至三千万两之多。

黄爵滋建议：应请限期一年戒绝；过期犯禁者，俱罪以死论。这是自雍正以来百余年间，最为严厉的禁烟主张。道光帝命各省督、抚大员议商后具奏。各地大员议商的结果是：赞成者有林则徐等8人，反对者有琦善等20人。林则徐在奏报时，痛陈烟不禁绝，则国日贫，而民日弱。他说："此祸不除，十年之后，不惟无可筹之饷，且无可用之兵。"道光帝命林则徐入觐，召对达19次。尽管在禁烟问题上，主张严禁者仍是少数；但是道光帝经过18年的磨炼与思考，支持禁烟的态度开始明朗，决定支持林则徐主张，采取严厉措施禁烟。同年九月，道光帝对主张严厉禁烟的湖广总督林则徐，其“奏查获烟贩收缴烟具情形折，谕嘉之”。这是道光帝决心严禁鸦片的政治信号。九月，他接连做了3件事情：一是将坐食鸦片的庄亲王革爵，表示严禁鸦片从天潢贵胄开始的决心；二是将主张弛禁鸦片的许乃济免职、回籍，表明不支持“弛禁派”；三是任林则徐为钦差大臣，前往广东查禁鸦片，表明坚决禁烟的态度。同月，他览阅署直隶总督琦善的奏报后，称查获广东运抵天津的烟土13.1万余两。3天后上谕：“鸦片烟流毒最甚，现在天津地方，于一船之内，搜获如许之多，此外浸灌海口者，更不可以数计。”

道光帝支持“严禁派”，持续18年的禁烟活动开始进入高潮。其突出表现是林则徐的“虎门销烟”。

虎门销烟 道光十八年（1838年）十一月，道光帝任命林则徐为钦差大臣，前往广州查办海口禁烟事务；并命该省水师，兼归节制。

林则徐（1785—1850年），字少穆，福建侯官（今福州）人。少年聪颖，警敏有才，年二十，中举人。嘉庆十六年（1811年）辛未科第二甲第四名进士。曾任东河河道总督、江苏巡抚、两江总督、湖广总督。为官清廉，勇于任事，果敢干练，治狱严明，号“林青天”。在湖广总督任上，厉行禁烟政令，工作卓有成效。道光帝重视林则徐在湖广总督任上查拿烟贩、收缴烟具的政绩，称他“地方公事，果能振刷精神，实心查办，自可渐有成效”。

道光帝召林则徐到达北京后，连续召见，凡19次。道光帝谕林则徐赴广州禁烟，要竭力查办，以清弊源，将种种弊窦，净绝根株。林则徐离京时，由良乡传牌至广州，要沿途各地，不准铺张，不许馈送。他在途中密札广东官吏，要按照清单，严拿包买之窑口、说合之经纪、兴贩之奸商和护送快艇之头目。林则徐到达广州后表示：

> 若鸦片一日未绝，本大臣一日不回，誓与此事相始终，断无中止之理！

林则徐像

英国商务监督查理·义律被迫以英商鸦片 20 283 箱，送往虎门呈缴。林则徐到广州 70 天，共收缴鸦片 19 187 箱又 2 119 袋。林则徐请旨：

如何处理这些收缴的鸦片？奉旨：不必解送来京，会同督、抚就地销毁。道光十九年四月二十二日（1839 年 6 月 3 日），林则徐在虎门开始销毁鸦片，历时 22 天，共销毁鸦片 2 376 254 斤。其时，远近民众，澳门外商，前来观看，群情亢奋。道光帝则称赞林则徐："此次查办粤洋烟土，甚属认真！"并批准《严禁鸦片章程》，令将其"纂入则例，永远遵行"。虎门销烟是道光帝严禁鸦片的一个成果，是中国禁烟运动的一个胜利。

此前，道光十八年（1838 年）五月二十二日，正当清廷在力禁鸦片之时，英国驻印度海军司令马他仑（F.Maitland），率领一支舰队到达广东海面游弋。这是一个信号，表明英国当局为了维护其贸易利益（其中主要部分为鸦片）而不惜动用武力。然而，道光帝可能不知道这条重要军事信息，即或知道也对之不屑一顾。

正当中国朝野欢呼禁烟胜利之日，却是英国准备发动侵华战争之时。

鸦片战争　战和两端

战火紧逼　钦差大臣林则徐抵广州后，二月初四日，召集广州十三行伍绍荣等发交谕帖，令传外商 3 天内报告所存鸦片数量，全部交官，具结声明："嗣后来船，永不许夹带鸦片。如有带来，一经查出，货尽没收入官，人即正法，情甘服罪。"第二天，林则徐禁止外国人离开广州。初七日，林则徐以英人至期不奉命，派兵包围洋馆，断绝交通，英商被迫缴出鸦片 1 000 余箱。初八日，林则徐令广州知府查拿英国鸦片贩子颠地。初十日，查理・义律从澳门潜入广州洋馆，教唆英商拒交鸦片，并庇护颠地潜逃，被截回洋馆。颠地等 16 人出境，并令具结不再来华。林则徐又下令停止中英贸易，派兵封锁洋馆。查理・义律缴鸦片 20 283 箱后，令英人全部撤离广州。随之，查理・义律向英国政府建议用武力占领舟山，封锁广州、宁波两港及运河口以下长江江面，然后北上向清政府要求惩办林则徐、邓廷桢，赔偿烟价，割占舟山等。五月，英国水手在九龙尖沙咀行凶，打死村民，殴伤妇孺。林则徐多次要求英方交出凶犯，但英方抗不交出；同时，鸦片走私更加猖獗。六月，英国兵船进迫九龙，放炮攻击，发生冲突。道光帝告谕林则徐："朕不虑卿等孟浪，但诫卿等不可畏葸。先威后德，乃控制之良法也。"他并未感到战争日益迫近。九月，道光帝得到在穿鼻、官涌反击英军挑衅获胜的奏报，下令断绝对英贸易，驱逐所有英船。但是，英国内阁却在道光十九年八月二十四日(1839年10月1日),做出发动侵华战争的决定。英军侵略战火，逼近中国大门。

自大轻敌 道光帝正沉浸在虎门销烟胜利的喜悦中，英国政府决定向中国出兵。先是,道光帝11岁时,英使马戛尔尼(George Macartney)在避暑山庄谒见乾隆皇帝。皇祖乾隆帝对洋人的傲慢，曾给少年旻宁留下深刻印象。他32岁时，英使罗尔·阿美士德（W.P.Amherst）在圆明园觐见嘉庆皇帝。皇父嘉庆帝对洋人的傲视，也曾给中年旻宁留下深刻的印象。英国政府两次外交使团失败后，改用武力来对付大清帝国。道光帝曾表示："外夷部落，荒远难稽，疆圉之外，原可置之不问。"事情不是一厢情愿，尔不问"英夷"，"英夷"却以炮舰叩打国门。这时道光帝还在坚持："天朝体制，断不可失；外夷衅端，断不可启。"但是，英国政府派遣的侵华舰队,在穿鼻海战、官涌海战,受到守将关天培重挫后,封锁广州。这标志着鸦片战争的开始，时间为道光二十年五月二十九日(1840年6月28日)。林则徐不仅会销烟，而且会督守要塞。英军统帅见难以攻陷广州，便在封锁珠江口以后，主力北犯厦门。时邓廷桢已由广州调任闽浙总督。闽浙总督邓廷桢率官兵将其击退，英舰遂北攻浙江定海（舟山)。英军攻陷定海，败报传到皇宫。道光帝曰："此等丑类，不过小试其技，阻挠禁令，仍欲借势售私，尔何能为？"道光帝曾问:"英吉利至回疆各部，有无旱路可通？"对于西方地理，竟然一无所知。他对英国的船坚炮利，依然不屑一顾。道光帝派两江总督伊里布为钦差大臣，赶赴浙江，视师查办。伊里布为皇清宗室，是穆彰阿的党羽。这是道光帝在鸦片战争中用人的第一着错棋。

大沽谈判 英舰攻破定海后，北犯天津海口。浙东沿海的反攻，清军又是一触即溃。道光帝对英军的侵略，攻剿不能得手，便想试以安抚。这时，懿律投递英国外相巴麦顿致清政府的照会。直隶总督琦善接受英国照会后，琦善与义律在大沽口海滩帐篷进行谈判。道光帝认为英人照会不过是“雪冤”与“乞恩”两端而已。所谓“雪冤”就是要对林则徐“重治其罪”；所谓“乞恩”，就是要对英人被销毁鸦片进行赔偿。直隶总督琦善借机诬奏林则徐“措置失当”、“以至激变”,并宣扬英人“船坚炮利”，战争一起，难以完结。道光帝认为英人只是因为鸦片被缴与通商不成而起衅，正可“乘其贪恋之心，藉用羁縻之法”。时英舰兵少、供给困难，且军中流行疾疫，不宜在北方港口久留，遂同意回到广州谈判。八月，道光帝任命琦善为钦差大臣，前往广东查办事件，又令各海岸不许对英舰发炮。他相信“抚局”之成，指日可待，要沿海各省裁撤防务，以节靡费。命琦善为钦差大臣赴广州同英人谈判，是道光帝在鸦片战争中用人的第二着错棋。其时，道光帝听信了琦善对林则徐的诬责，认为“夷兵之来,系由禁烟而起”。所以,道光帝诏革林则徐、邓廷桢职,交部严处。将林则徐革职查办，是道光帝在鸦片战争中用人的第三着错棋。

琦善卖国 道光二十年（1840年）十一月，琦善赶抵广州。懿律因病回国，查理·义律为英国全权代表。琦善到广州后，一反林则徐所为——撤防备、裁水师、散壮勇，讨好英人、力求妥协。但是，琦善的“恭顺”行为，并不能改变英军侵略的意图。英国全权代表查理·义律提出14项议和条件，琦善几乎全部接受，仅割让香港一事不敢做主，允代向道光帝奏报。他在奏报时，含糊其辞地说英人语气傲慢、态度恶劣。道光帝知英夷不“恭顺”，不交还定海，还开炮轰击广东船只，调兵遣将，准备再战。十二月，道光帝接到英国人索要香港的奏折后，决心对英军“痛加征剿，以张国势”。但这时英军乘琦善疏防无备之际，进攻穿鼻洋的沙角、大角两炮台。守军抵抗，琦善拒援，两座炮台，接连陷落。琦善一面下令各炮台撤兵,一面派人向查理·义律乞和。道光二十一年(1841年）正月，道光帝决意对英作战。他授宗室、正白旗领侍卫内大臣奕山为靖逆将军，户部尚书隆文、湖南提督杨芳为参赞大臣，赴粤督办征剿。

道光帝希望对英军务使其“片帆不返，尽数殄灭”。他所任用的杨芳曾直接捕获张格尔，皇帝指望他们能发扬勇敢精神与发挥作战经验，来制服侵略海疆的英军。他唯恐英人远遁外洋，想“断其后路，四面兜擒”，最后“缚献义律，明正典刑”。这就像当年擒获张格尔一样，午门献俘，告祭宗庙。于是，道光帝日夜“伫候捷音，焦切之至”。四月，他得到广东的捷报，却是假的。然而，怡良揭发琦善私割香港的奏报到京，道光帝才知道自己受蒙蔽。于是，下令将琦善革职，锁拿解回北京。

南京条约　丧权辱国

道光二十一年（1841 年）六月，英国新任全权大臣璞鼎查（H.Pottinger）来华后，开始了新的侵华战争。先是，英军进攻虎门炮台，守将关天培率军抵抗，奋力无援，炮台陷落，英勇牺牲。七月，英军攻陷厦门。道光帝谕加强各海口设防，但为时已晚。英军犯舟山、占定海、陷镇海、又陷宁波。在镇海之役中，替代伊里布为两江总督的裕谦，亲临战阵，奋勇抵抗。裕谦是一个勇敢的英雄，他曾以割下英俘身上皮筋制成座骑缰绳，表示与“逆夷”不共戴天之深仇大恨。裕谦力战，不幸殉职。尔后，在舟山、乍浦，在吴淞、镇海、靖江，一幕一幕地演出着中国军民抗战失败的悲剧。道光帝从一份一份的败报中感到：“有将不可恃，有兵不可用。”道光帝此时不是筹画在沿海、长江抗敌，而是筹措天津、盛京防务。英舰驶入长江，进攻镇江，遭到军民顽强抵抗。英军破门入城，军民列巷激战，殊死搏斗。副都统海龄自缢，举家殉难。英军则奸淫杀掠，致使繁华的镇江，“无市不空，无家不破”！英军再陷浙江余姚、慈溪、奉化。道光帝得到各地的败报后，已无心再战，而谋求谈判。谕耆英曰：“两载以来，沿海生民，突遭蹂躏，朕心实有所不忍，与其兵连祸结，何如息事安民！”分明是在酝酿“丧权辱国”的丧曲，却还在唱着“息事安民”的高调。道光帝命耆英同英人谈判。

道光二十二年（1842 年）七月初七日，钦差大臣耆英到达江宁（今

《南京条约》签字图

南京)。英舰已驶至南京下关江面，陈兵南京城下。十五日，耆英同璞鼎查在英舰康华丽号上会见。十九日，耆英同璞鼎查又在静海寺会谈。二十四日（8 月 29 日），钦差大臣耆英、伊里布受道光皇帝之命，与英国全权代表璞鼎查,签订结束鸦片战争的中英《江宁条约》即《南京条约》。先是,乍浦失陷后,道光帝心气低落,“止顾目前苟安无事,不思大者远者”。但苟安目前无事，已经根本不能。接着镇江失陷，英舰直逼江宁，到达下关。耆英、伊里布投书联络，乞求讲和。道光帝谕示耆英，英国如果“于通商而外,别无所求”,可以割让香港等地,但不得羁留。七月初五日,道光帝谕示耆英，同英人议和，可以“妥为筹办，不必他有顾虑也”。

《南京条约》共 13 款，主要内容有：

一、中国开放广州、福州、厦门、宁波、上海 5 处为通商口岸，允许英商寄居贸易，英国可以派驻领事等官；

二、割让香港；

三、向英国赔款 2 100 万元，其中烟价 600 万元，商欠 300 万元，兵费 1 200 万元；

四、协定海关税则，英商“应纳进口、出口货税、饷费，均宜秉公议定则例”。此外，还规定取消行商制度、保护汉奸等条。

八月初二日（9 月 6 日），道光帝批准《南京条约》。南京条约是中国近代史上第一个丧权辱国的不平等条约。

从此，西方侵略者用武力打开了中国的大门，使中国社会逐步地沦为半殖民地。道光帝是中国两千年帝制史上，第一个同西方殖民者签订丧权辱国条约的皇帝。

家庭生活 悲剧性格

道光帝的家庭生活，做个简单介绍；个人生活，悲剧结局。

道光帝共有4位皇后，是清帝中皇后较多的一位。清太祖有2位皇后，其中一位因生清太宗崇德帝，死后被尊为武皇后、高皇后。清太宗有两位皇后，其中一位因生清世祖顺治，死后被尊为孝庄文皇后。清世祖有3位皇后，其中一位因生清圣祖康熙，死后尊为孝康章皇后。清圣祖有4位皇后，其中一位因生清世宗雍正，死后被尊为孝恭仁皇后。清世宗有2位皇后，其中一位因生清高宗乾隆，死后被尊为孝圣宪皇后。清高宗有3位皇后，其中一位因生清仁宗嘉庆，死后被尊为孝仪纯皇后。清仁宗有2位皇后，都是生前被册立的。

清宣宗道光帝的妻子，《清史稿·后妃传》记载为16人。《星源吉庆》记载有：4位皇后、1位皇贵妃、3位贵妃、4位妃、4位嫔、4位贵人，共20人，具体如下：

第一任皇后为孝穆成皇后，钮祜禄氏，为户部尚书、一等子布颜达赉之女。道光帝为皇子时（15岁），嘉庆帝册为嫡福晋。她死于嘉庆十三年（1808年），生时未做皇后，道光帝即位后追谥为皇后。这位皇后生前福分不够，死后也出麻烦。她初葬于王佐村，后移清东陵宝华峪，但地宫出水，再移清西陵龙泉峪，在此起兴慕陵，所以道光帝葬在清西陵。

第二任皇后为孝慎成皇后，佟佳氏，三等承恩公舒明阿之女。这位皇后家势不显，却有福气。道光帝嫡福晋死后，她被册为嫡福晋；宣宗即位，立为皇后。做了13年皇后，病死。后父舒明阿以女显，被封为三等承恩公。

第三任皇后为孝全成皇后，钮祜禄氏，为二等侍卫、一等男颐龄之女。

她由贵人，升为全嫔，又晋全妃，再为全贵妃，复晋为全皇贵妃、摄六宫事。她生下奕詝，就是后来的咸丰皇帝。全皇贵妃，死时 33 岁，特旨赐谥孝全皇后。这位钮祜禄氏皇后，家境不宽裕，也无后台，父亲只不过是个二等侍卫。但她很聪明，讨道光帝喜欢，生个皇子，终成皇后。《清史稿·禧恩传》记载：禧恩为宗室，睿亲王淳颖之子，嘉庆时任侍卫。他的飞黄腾达，同这位全皇贵妃有关。“禧恩自道光初，被恩眷。及孝全皇后被选入宫，家故寒素，赖其资助，遂益用事。遍膺禁近要职，兼摄诸部，凌轹同列，人皆侧目。后晚宠衰，禧恩亦数获谴、罢斥。文宗即位，乃复起，不两年，登协揆焉！”禧恩因走了全皇贵妃钮祜禄氏的关系，爱妃受宠，禧恩升官；爱后色衰，禧恩获谴；其子继位，禧恩则为协办大学士。

第四任皇后为孝静成皇后，博尔济吉特氏，为刑部员外郎花良阿之女。初为贵人，晋为皇贵妃。孝全皇后死，奕詝（咸丰）10 岁，由其抚养。咸丰五年（1855 年），44 岁，病死，追尊为孝静成皇后。孝静成皇后有两件影响中国历史的事情：其一是抚养奕詝（咸丰）；其二是生育 3 个皇子，即皇第二子奕纲、皇第三子奕继和皇第六子奕䜣。

道光帝的妃嫔中，最著名且影响近代历史的一位女人，是庄顺皇贵妃乌雅氏，为笔帖士龄寿之女。她初入宫，充常在。道光十九年（1839 年），赐号琳贵人。翌年，晋琳嫔。二十二年（1842 年），晋琳妃。二十六年（1846 年），晋琳贵妃。咸丰十一年（1861 年），尊封为琳皇贵妃。同治五年（1866 年）死，追尊为庄顺皇贵妃。她生下 3 子：皇第七子奕譞、皇第八子奕詥和皇第九子奕譓。其孙载湉为光绪皇帝、其重孙溥仪为宣统皇帝。

道光帝的其他妃嫔有：彤贵妃，舒穆噜氏；佳贵妃，郭佳氏；成贵妃，钮祜禄氏；和妃，纳喇氏；珍妃，赫舍里氏；常妃，赫舍里氏；祥妃，钮祜禄氏；恬嫔，富察氏；顺嫔，失其姓氏；恒嫔，蔡佳氏；豫嫔，尚佳氏；平贵人，失其姓氏；定贵人，失其姓氏；贵人，李氏；贵人，那氏等。有学者统计，仅葬在清西陵的就有 21 位。

道光帝共有 9 子。皇长子奕纬，母为和妃，道光十一年（1831 年）死，

道光帝《喜溢秋庭图》，此图表现的是着便装的道光皇帝与后妃，在圆明园慎德堂观看皇子、公主嬉戏的场景

卒年 24 岁。皇次子奕纲，母为孝静成皇后，2 岁殇。皇三子奕继，母为静成皇后，3 岁殇。皇四子奕𬣞，即咸丰皇帝。皇五子奕誴，母为祥妃，出继给皇叔惇亲王绵恺为嗣，先为惇郡王，后晋惇亲王，光绪十五年（1889 年）死，年 59 岁。皇六子为奕䜣，母为静成皇后（后文另述）。皇七子为奕譞，母为庄顺皇贵妃，咸丰即位，封为醇郡王，后晋醇亲王，其子载湉，即后来的光绪皇帝。皇八子为奕詥，母为庄顺皇贵妃，同治七年（1868 年）死，年 25 岁，谥端郡王，无子。先以恭亲王奕䜣子载滢为后，袭贝勒，坐事，夺爵，归宗；后以醇亲王奕譞子载涛为后，袭贝勒，加郡王爵。皇九子为奕譓，母为庄顺皇贵妃，封孚郡王，同治时，加亲王衔，光绪三年（1877 年）死，年 33 岁，无子。后以贝勒载瀛子溥伒为后，封贝子。

道光帝有 10 女，其中长成人并下嫁者 5 人。孝慎成皇后生 1 女，早殇；

孝全成皇后生 2 女：一殇，一下嫁德穆楚克扎布。孝静成皇后生 1 女，下嫁景寿。庄顺皇贵妃生 1 女，下嫁德徽。彤贵妃生 2 女：一下嫁扎拉丰阿，另一殇。祥妃生女二,一殇，另一下嫁恩醇。以上下嫁的 5 女中，活到 43 岁的只有 1 人，其余 1 人在三十几岁、2 人在二十几岁便死去。

道光皇帝于他在位的第三十年（1850 年）的正月十三日，在圆明园慎德堂患病。其实，早在上年入夏以来，道光帝就“偶感违和”;十二月，孝和睿皇太后死，74 岁，算是高龄。但道光帝与这位继母太后的关系非同一般：一则是道光帝 16 岁丧母，起居生活多蒙继母的照顾，母子之间，母慈子孝；二则是道光帝皇父死后，出现镭匣风波，皇后钮祜禄氏派官专送懿旨到避暑山庄，要旻宁继承皇位。鞠养之恩与懿旨之德，使道光帝对这位不是生母胜似生母的皇太后，感恩戴德，没齿不忘。太后大丧期间，“上居倚庐，席地寝苫”。大行皇太后梓宫安放在绮春园迎晖殿，道光帝居在慎德堂。皇太后之死，道光帝“哀慕毁瘠”，气血大亏。他十三日患病,十四日病危。急召宗人府宗令戴铨、御前大臣载垣、端华、僧格林沁，军机大臣穆彰阿、赛冲阿、何如霖、陈孚恩、季芝昌，总管内务府大臣文庆，公启镭匣，道光帝御书立皇四子奕詝为皇太子。午时，道光皇帝崩于圆明园慎德堂苫次，享年 69 岁，葬于清西陵龙泉峪慕陵。按照乾隆“嗣后吉地，各依昭、穆次序，在东、西陵界内分建”的谕旨，道光帝的慕陵应建在遵化清东陵。为此曾费时 7 年，在清东陵的宝华峪修建陵寝,并将孝穆成皇后的梓宫安葬于此。但是,营建不善,地宫积水。道光帝以为不祥，命将陵寝建筑全部拆除，在清西陵龙泉峪重建，至道光十六年（1836 年）建成。

在这里，附带提出一个有意思的现象。清入关后在紫禁城（含离宫）死亡的共有 9 位皇帝，其中 3 位在正月过年期间死亡：顺治帝福临，死于顺治十八年正月初七日；乾隆帝弘历，死于嘉庆四年正月初三日；道光帝旻宁，死于道光三十年正月十四日。他们虽有当时最好的太医、最好的药物，却都没有挨过正月十五，这是很值得研究的。道光皇帝死了，对他的一生如何评价?

道光30年的皇帝生涯，算是勤政，也算是节俭。他自诩道："自御极至今，凡批览亲奏，引对臣工，旰食宵衣，三十年如一日，不敢自暇自逸。"道光除勤政外，另被人称道的还有节俭。野史说他穿带补丁的裤子，于是大臣们仿效，也"缀一圆绸膝间"。勤政与节俭，对于一位皇帝来说，是难能可贵的。勤政总比怠惰好，节俭总比奢侈好。万历皇帝二十几年不上朝，怠政是出了名的；隋炀帝宫廷生活奢糜腐烂，奢侈也是出了名的。道光同上述昏君、暴君相比，总还是好一些。他像其皇父一样，要法祖守成："朕办理庶务，咸遵旧制。"《宣宗实录》的纂修者说他："累朝实录，夙与绎诵，动遵前矩，事鲜更张。"但是，评价一位君主、一位政治家，主要看他在历史潮流中，是站在前面开拓，还是站在后面扯退；看他在国家与民族利益上，是维护国家主权与民族尊严，还是丧失国家主权与羞辱民族尊严。对道光的评价应是理性的，而不是感情的；应是客观的，而不是钦定的。

道光执政30年，做了不少事情。他在惩治贪污、整顿吏治、治河通漕、清厘盐政、开通海运等方面，也有或多或少的成绩。道光一生中最大的政绩是，平息回部张格尔的骚乱，巩固了新疆。道光一生中最大的悲苦是：禁烟运动失败，鸦片战争失败，并签订丧权辱国的中英《南京条约》。道光背弃了其先祖"以弧矢威天下"的祖训，在英军侵略面前吃了败仗。道光的名字，不管他是否愿意，也不管有人是否喜欢，已经被钉在中华文明史的耻辱柱上。这将成为后世丧权、辱国、失地、羞族者戒！

道光帝小议

道光帝旻宁，其政治悲剧，有客观外在的原因，也有自己性格的原因。他的性格特点是：疑虑犹豫、反复无常——禁烟时，严禁与弛禁犹豫摇摆；战争时，主战与主和反复无常；用人时，任贤与任奸功罪倒衡。道光帝就在这场历史悲剧中，扮演了悲剧的主角，成为鸦片战争失败的责任者。

九

咸丰皇帝：内忧外患

清咸丰帝爱新觉罗·奕詝，道光十一年六月初九日（1831 年 7 月 17 日）生，属兔，咸丰十一年七月十七日（1861 年 8 月 22 日）卒，庙号文宗，谥显皇帝，葬定陵（今河北省遵化县清东陵）。20 岁登极，在位 11 年，享年 31 岁。年号咸丰：咸，意为普遍，丰，意为富足，咸丰意为普天丰足。

咸丰帝是清朝最后一位由秘密建储继位的皇帝。清朝太祖努尔哈赤、太宗皇太极，能登上大位，可谓天下之选。尔后，都是在宗室内部，选择皇位继位者。其英才选拔，已大受局限。道光皇帝遗诏奕䜣继承大位，显然不是在诸子中选优。像咸丰帝奕䜣这样无远略、无胆识、无才能、无作为的青年天子，去应付国内“阳九之运”，去应对国际“明夷之变”，他不是对手，结果只有失败。

下面列出 5 目，可见奕䜣无能。

瘸腿皇子　智巧登极

奕䜣是道光帝旻宁的第四子，生母为孝全成皇后钮祜禄氏，二等侍卫颐龄之女。奕䜣少运不好，10 岁丧母。奕䜣有一位亲妹，早殇，他就成为钮祜禄氏皇后的独苗。奕䜣上有 3 位阿哥：大阿哥奕纬，长得落落大气，深受皇父喜爱，但他长到 23 岁时，在奕䜣出生前两个月病死。二阿哥奕纲、三阿哥奕继，均幼年而殇。奕䜣的 3 位阿哥都死了，他虽排行老四，却成为实际上的皇长子。

孝全成皇后钮祜禄氏生于嘉庆十三年（1808 年），父亲颐龄仅是个二等侍卫，家境寒素。入宫之初，仅为全嫔。但她聪慧靓丽，妩媚动人，很讨道光皇帝的喜欢。道光三年（1823 年），晋为全妃。两年后，晋封为全贵妃。道光十一年六月初九日（1831 年 7 月 17 日），她在紫禁城承乾宫生下奕䜣，这年她 24 岁，正是花样的年华。全贵妃钮祜禄氏为皇帝生子两年后，皇后佟佳氏病死。她时来运转，晋为皇贵妃，统摄六宫事。十四年（1834 年）册为皇后。然而，月盈则亏，宠极则衰。钮祜禄氏虽身为皇后,但因为色衰,不常受幸,抑郁寡欢,得了大病,道光二十年(1840年)正月病死,年33岁。奕詝10岁丧母,是人生中的一大不幸。他母亲皇后钮祜禄氏,对他影响最大的可能有两点:一是性格遗传,聪明伶俐,轻佻动情;二是生母早亡,失去母爱,其性格有所异化,更多地依偎"母爱"。这两种因素,对后来的奕詝迷恋声色有一定的影响。

奕詝生母过世后,受静贵妃抚育。静贵妃,博尔济吉特氏,刑部员外郎花郎阿之女。她事道光,初为静贵人,后晋静妃,再晋静贵妃。静贵妃博尔济吉特氏生有3子:皇二子奕纲、皇三子奕继和皇六子奕訢。奕纲生两岁殇,奕继生两个月后殇,静贵妃博尔济吉特氏膝下只有皇六子奕訢和一女。奕訢生于道光十二年十一月二十一日(1833年1月11日),比奕詝小1岁半。于是静贵妃博尔济吉特氏便将失去生母的奕詝也收在膝下抚育。奕詝视静贵妃为生母,视奕訢为胞弟。奕詝生母33岁死时,时静贵妃19岁。她正是受道光帝宠爱的年华,接连生下三子一女就是明证。静贵妃的"情敌"孝全皇后先已败退,现又亡故,她就不计前嫌,而担负着其遗子奕詝的鞠养之责。

奕詝的诸弟,皇五弟奕誴,道光将他过继给自己的弟弟惇亲王绵恺为嗣。皇七弟奕譞(小他10岁)、皇八弟奕詥、皇九弟奕譓都是贵妃乌雅氏所生。看来静贵妃色衰之后,道光帝又移情于乌雅氏。乌雅氏进宫后,先为常在,继为贵人,再晋贵妃。但这3位皇弟对奕詝来说,因他们一则庶出,二则年龄很小,都没有资格同自己争夺皇储。而同咸丰争夺皇储最为有力者,就是皇六弟奕訢。

奕訢比奕詝小1岁半,都受静贵妃抚养。道光帝在连丧3位皇后——穆皇后、慎皇后、成皇后的悲伤之余,没有再册立皇后。静贵妃虽册为皇贵妃,却统摄六宫事。奕詝与奕訢小兄弟俩,都在上书房读书学习,年龄相近,并无嫌猜。不过,奕詝读书比奕訢早一年。奕詝6岁开始读书,师傅为杜受田。受田,山东滨州人。父堮,嘉庆进士,官至礼部侍郎。受田,道光三年(1823年)进士,会试第一,选庶吉士,授为编修。十五年(1835年),直上书房,教奕詝读书,后升为上书房总师傅。杜受田师傅教导奕

《道光帝行乐图》。图中右侧亭内，道光帝端坐于书案前，两嫔妃侍立亭下；左侧亭内，奕詝（右）、奕訢兄弟在案前读书、习文；两亭之间，又有3个幼年皇子嬉戏玩耍。

詝，尽心尽力，倾注心血。史载："受田朝夕教诲，必以正道，历十余年。"奕訢也在上书房读书，但较奕詝聪明机敏，史书说：奕訢"与文宗同在书房，肄武事"，"集花枪法二十八势，曰棣华协力；刀法十八式，曰宝锷宣威"。道光帝并以"白虹刀"宝刀，赐给奕訢。奕詝为皇子时，从猎南苑，驰逐群兽，坠马伤股。经上驷院正骨治之，故行动不便。奕訢则身体很好，头脑聪明，武功也好，还有所发明和创造。随着他们年龄渐大，皇储争夺，暗藏机关。

道光帝晚年，立储之大事，徘徊思索，犹豫不定：皇四子奕詝，为嫡子，年龄最长，又很贤德；皇六子奕訢，虽为庶出，家法传嗣，不分嫡庶，且聪明灵慧。据野史记载：道光帝晚年，身体衰病。一日，召皇四子与皇六子入对，将藉以决定储位。两位皇子各请教于自己的师傅。奕訢师傅卓秉恬教导说，皇父如有垂询，当知无不言，言无不尽。杜受田对奕詝则说：阿哥如条陈时政，知识不敌六爷。惟有一策，皇上若自言老病，将不久于此位，阿哥惟伏地流涕，以表孺慕之诚而已。他们两兄弟都照着自己师傅说的做了。结果，道光对皇四子奕詝的话很高兴，谓皇四子仁孝，储位遂定。《清史稿·杜受田传》也记载了同上面类似的故事：

至宣宗晚年，以文宗长且贤，欲付大业，犹未决。会校猎南苑，诸皇子皆从，恭亲王奕䜣获禽最多，文宗未发一矢。问之，对曰：“时方春，鸟兽孳育，不忍伤生，以干天和。”宣宗大悦，曰：“此真帝者之言！”立储遂密定，受田辅导之力也。

上文中的宣宗是道光帝，文宗是奕詝即后来的咸丰帝。道光帝下决心立奕詝为皇太子。道光二十六年（1846 年）六月，道光帝密立储位，缄皇四子奕詝名于镭匣，这年奕詝 16 岁。第二年，奕詝 17 岁，道光帝谕旨：册太常寺少卿富泰之女萨克达氏，为奕詝的嫡福晋。

道光二十九年（1849 年）冬，道光帝病倒。三十年（1850 年）正月十四日，道光帝病危，他急召宗人府宗令戴铨，御前大臣载垣、端华、僧格林沁，军机大臣穆彰阿、赛冲阿、何如霖、陈孚恩、季芝昌，总管内务府大臣文庆，公启镭匣，宣示建储朱谕：

皇四子奕詝，著立为皇太子。尔王大臣等，何待朕言，其同心赞辅，总以国计民生为重，无恤其它。特谕。

宣谕：立皇四子奕詝为皇太子。午时，道光皇帝崩于圆明园慎德堂苫次。奕詝即位，改明年为咸丰元年，时年为 20 岁。奕詝做了皇帝，其御名要避讳。道光二十六年（1846 年）三月，谕旨:“以二名不偏讳，将来继体承绪者，上一字仍旧，无庸改避，亦无庸缺笔；其下一字应如何缺笔之处，临时酌定，以是著为令典。”于是，命“将御名上一字仍旧书写，毋庸改避，下一字著缺写末一笔”，其奉旨以前所刻书籍，俱无庸议。

太平军兴　下诏罪己

咸丰帝登位之后，面临内忧与外患两大难题，被困扰 11 年，无一日之安。咸丰帝对内碰到的最大难题，是太平天国的烽火。

太平军兴 咸丰即位，开元不利。先是，太平天国的首领洪秀全，广东花县人，读过私塾，教过乡馆，多次科考，屡试不中。道光十六年（1836 年），洪秀全赴广州乡试，未中落第，得到小册子《劝世良言》。这年奕詝 6 岁，刚开始在上书房读书。后洪秀全几次应试落第，同冯云山到广西活动。道光二十三年（1843 年），洪秀全和冯云山创立“拜上帝会”，广泛宣传，发展会众，扩大组织，已达万人，并吸收杨秀清、萧朝贵、韦昌辉、石达开等组成领导集团，秘密准备暴动起事。道光三十年（1850 年）正月，奕詝告祭天地，即皇帝位。十二月，便点燃太平天国烽火。洪秀全在 38 岁生日这一天，即十二月十日（1851 年 11 月 11 日），于广西桂平金田村发动起事，建号“太平天国”。咸丰帝闻报，诏广西巡抚郑祖琛前往平息。咸丰帝启用林则徐为钦差大臣，命他驰赴广西，督理军务，署广西巡抚。林则徐在途中病故，郑祖琛以“养痈贻患”罪，最后遣戍伊犁。道光帝又改派两江总督李星沅为钦差大臣，办理广西军务。时义军蜂起，势力扩大。李星沅病死于军中。咸丰帝再派协办大学士、军机大臣赛尚阿为钦差大臣，并调万余军队，拨银千万两，速往广西，平定义军。咸丰皇帝为钦差大臣赛尚阿送行，亲授清初名将遏必隆的“神锋握胜刀”，为其壮行，寓意握胜刀、显神锋，务期克敌制胜，速传红旗捷报。洪秀全自起事后，“蓄发易服”，入武宣，战象州。同年，洪秀全据永安（今蒙山），分封杨秀清为东王、萧朝贵为西王、冯云山为南王、韦昌辉为北王、石达开为翼王，并初建太平天国政权体制。清军以精锐之师，集中之力，将太平军围困于永安。

咸丰二年（1852 年），太平军从永安突破官军的严密包围，清军长瑞、长寿、董光甲、邵鹤龄四总兵战死，太平军死 200 余人。太平军突围后，攻桂林不克，转破全州。咸丰帝急调两广总督徐广缙带兵赴桂，协助赛尚阿，围堵太平军，分兵合力，阻其北上。太平军破全州后，乘胜入湖南。五月，清知州江忠源率团练设伏，败太平军于蓑衣渡，南王冯云山败死。太平军经道州、郴州，进军长沙。咸丰帝急调赛尚阿尾追太平军，并调川、赣兵入湘增援，调陕、豫兵入鄂防堵。又严命参将以下官员，贻误军机者，“一面奏闻，一面军前正法”。太平军围攻长沙不下，转取岳州（今岳阳）、汉阳、汉口。赛尚阿以“视师无功，贻误封疆”罪，褫职逮问，籍没家产，后论斩。先是，杜受田疏奏“整军威、募精勇、劝乡团、察地形四事”，咸丰帝鉴于岳州之陷与蓑衣渡之胜，命各省绅士办理团练。十二月，曾国藩以侍郎身份到湖南办团练。太平军克武昌，然后沿长江东下。咸丰三年（1853 年）正月，清军连失九江、安庆。二月，太平军攻克江宁（南京），定为都城，命名为“天京”，后颁布《天朝田亩制度》。咸丰帝命建江南大营、江北大营，形成对江宁（天京）的包围。

下诏罪己 咸丰三年（1853 年）正月初八日，咸丰帝下诏罪己，略谓：

> 朕为天下生民主，不能察吏安民，致令盗贼肆行，闾阎惊扰。兴言及此，寝馈难安。每念生民涂炭，抚育无方，即再三引咎自责，亦属空文。惟有恐惧修省，吁昊苍，宥予之辜，拯我穷黎。

咸丰帝承认自己“不能察吏安民”、也“抚育无方”，表示要“引咎自责”、“恐惧修省”，请求苍天“宥予之辜”！对于太平天国这样重大的事件，咸丰帝总算做了一点自我批评。接着，咸丰帝提出几条对策：

第一，坚壁清野。咸丰帝吸取嘉庆年间扫平白莲教的经验，广泛实行坚壁清野。“因思嘉庆年间，川、楚教匪，蔓延数载，嗣行坚壁清野之法，……旋就荡平”。

第二，办理团练。咸丰帝还借鉴嘉庆年间“令民团练保卫”的经验，就是当时广西、湖南“多有团勇保护乡里，贼不敢逼”。这种地方武装，由绅耆筹措经费，也由绅耆董理其事。

第三，调兵遣将。咸丰帝统筹全国官兵，“复钦派大臣，三路会剿”。加以调遣，分进合击，集中会攻。

第四，分化瓦解。咸丰帝宣布政策：被裹挟来归者，赦其罪；立功者，予重赏。他还命各直、省大吏，将其谕旨，“刊刻誊黄，宣示中外”。

咸丰帝想以上述谕旨，振奋官兵士气，瓦解义军斗志，并动员举朝上下，共同攻围太平军。但是，皇帝的一纸诏书，岂能挡住太平军？四月，太平军开始北伐和西征。

北伐一路太平军，过安徽、河南，咸丰帝派内阁学士胜保等往援，死力防堵。太平军入山西、进直隶，军报传来，京师震惊。咸丰帝命惠亲王绵愉为奉命大将军，保卫京畿。官兵集中各路军队，将孤军深入的太平军击败。

西征一路太平军，势力凶猛，连下安庆、九江、武昌等重镇。各地天地会和捻党先后响应，并配合太平军作战。

但是，咸丰六年（1856年），太平天国发生"天京变乱"——北王韦昌辉杀死东王杨秀清及所属2万多人；石达开责难韦昌辉，韦又要杀之，石达开缒城逃走，其家属全被杀害；洪秀全再杀韦昌辉；后石达开分军出走。太平天国五王中的西王萧朝贵、南王冯云山先已战死，东王杨秀清、北王韦昌辉被内讧而杀，翼王石达开被逼出走，天王洪秀全又腐败堕落，这表明太平天国气数已尽。太平天国的内乱自残，为咸丰帝提供了很好机会。后来，虽然洪秀全任用陈玉成、李秀成，不过是强弩之末或回光返照。太平军力量再度振兴，但清军收复武昌、镇江、九江，进围天京。后在上海作战，太平军失利。清军于同治元年（1862年），在上海之役中获胜，并下苏州，翌年下杭州。同治三年（1864年），清军攻陷天京。太平军余部奋争两年多失败。

此次战火，燃及14省之广，历时14年之久，清朝统治受到根本动摇，咸丰皇帝为此精疲力尽。回顾清朝统一华夏后，在中原地区有3次重大的战争：第一次是康熙朝的吴三桂之动乱，第二次是嘉庆朝的白莲教之民变，第三次则是咸、同朝的太平天国之烽火。清军平息太平天国的烽火，其时间之长、地区之广、规模之大、耗银之多、死人之众、影响之深，可谓清代历次战争之最。

咸丰帝在应付太平天国的同时，又遇到西方列强的侵略。

联军入京　热河避难

咸丰帝对外碰到的最大难题，是英法联军攻入北京。

联军入侵　先是，咸丰四年（1854 年），英、美、法 3 国在上海扩大租界和把持海关后，向清政府提出修改《南京条约》等要求。他们企图扩大权益，遭到清廷严辞拒绝。咸丰六年（1856 年），英国借口"亚罗号"事件，进犯广州，被击退。咸丰七年（1857 年）十一月，英国又联合法国，组成联军，攻陷广州，是为第二次鸦片战争开始。两广总督叶名琛兵败，后被俘，解送印度加尔各答，死于囚禁。咸丰八年（1858 年）三月，英法联军及英、法、俄、美 4 国公使，抵达天津大沽口外，要求"修约"。咸丰帝令直隶总督谭廷襄"以夷制夷"：对俄表示和好，对美设法羁縻，对法进行诱劝，对英严辞责问。廷襄奉旨行事，结果没有成功。四月，英法舰队在俄、美支持下，攻陷大沽炮台，逼近天津，清军 8 000 余人溃败。咸丰帝不得已派大学士桂良、吏部尚书花沙纳为钦差大臣，赴天津谈判。五月，时咸丰帝想起当年同英国签订《南京条约》的耆英，派耆英前往同英、法代表谈判，但英、法拒绝同耆英见面。钦差大臣桂良、花沙纳分别与俄、美、英、法等国代表，签订中英、中法、中俄、中美《天津条约》。条约样本送到京奏上，咸丰帝虽然愤怒，却不得不批准。他在盛怒之下，令耆英自尽，算是找了一只替罪羊。随后又在上海签订中英、中法通商章程。以天津失守，命直隶总督谭廷襄解任、提督张殿元遣戍。此期，沙俄西伯利亚总督穆拉维约夫趁火打劫，兵逼瑷珲（今爱辉），约黑龙江将军奕山谈判界务问题。俄国用武力迫使奕山签订中俄《瑷珲条约》，割去黑龙江以北、外兴安岭以南中国领土 60 万平方公里，并将乌苏里江以东至海的 40 万平方公里中国领土划为中俄"共管"。

避难热河　咸丰九年（1859 年）五月，英、法借口换约，又派军舰到大沽口。英法舰队，犯大沽炮台，毁海口防具。清提督史荣椿下令开炮还击，重创英、法舰队，击沉 4 艘、击伤 6 艘，死伤 400 余人，重伤英舰队司令贺布，史荣椿则中炮死。英法联军失利，敌舰引退而去。咸丰帝见大沽获胜，尽毁《天津条约》。尔后，英、法两国都在调兵遣将，准备新的侵略。咸丰十年（1860 年）五月，先是，英军 18 000 余人，法军 7 000 余人，陆续开赴中国。尔后北犯，占舟山、攻烟台。六月，英法联军再向大沽进攻。御前大臣、正黄旗领侍卫内大臣、镶蓝旗蒙古都统僧格林沁兵守大沽，而疏防于北塘。僧格林沁上奏，要在大沽同英法联军决战。咸丰帝手谕："天下根本在京师，不在海口。当迅守津郡，万不可寄身命于炮台。若不念大局，只了一身之计，有负朕心。"最后称"握管凄怆，汝其勉遵"！七月，僧格林沁遵旨，与英法联军迎战失利。英法联军由北塘登陆后，攻新河、军粮城，僧格林沁率 4 000 骑兵抗击，几乎全部阵亡。英法联军攻陷塘沽后，又陷大沽，提督乐善战死。英法联军进占天津。咸丰帝派大学士桂良、直隶总督恒福为钦差大臣，赴天津谈判。英、法提出天津开埠，赔款各 800 万两等。桂良拟接受条款奏报，咸丰帝谕先退兵、后定约。英法联军以谈判不成，向通州（今北京市通州区）进军。八月，咸丰帝派怡亲王载垣、兵部尚书穆荫为钦差大臣，往通州议和。载垣接受英、法要求，但英、法又提出向皇帝亲递国书，被载垣等拒绝。载垣、穆荫拘囚英使巴夏礼等，解到北京。英法联军继续进攻，大战于通州张家湾。僧格林沁战败，退到通州八里桥。英法联军 6 000 余人犯八里桥，僧格林沁、胜保兵再败绩。当时尚有"京师八旗营兵十五万之多"！咸丰帝让皇六弟奕䜣为钦差大臣，便宜行事，办理和局。咸丰帝心里惧敌，却又装着强势："朕今亲统六军，直抵通州，以申天讨，而大张挞伐。"当然大臣不会同意。他又生一计：暗示大臣奏请"秋狝木兰"。主上示意，臣奴附和。初八日，咸丰帝以"秋狝木兰"为名，从圆明园启程奔往热河。英法联军进至北京安定门外，尚书瑞麟又败于安定门。英法联军进犯北京，沿德胜门外西逼。二十二日（10 月 6 日），攻占圆明园，常嫔、内务府大臣文丰等死之。奕䜣奏请放还巴夏礼等。九月初五日（10 月 18 日），英法联军焚毁圆明园，大火冲天，数日不熄。十一日，钦差大臣奕䜣先后与英、法签订《北京条约》。同时，俄国趁火打劫，也签订中俄《北京条约》，该条约承认《瑷珲条约》，又将乌苏里江以东40万平方公里土地划归俄国。

英、法代表同奕䜣签订条约后，于十一、十二两日陆续退兵。三十日，恭亲王奕䜣奏:"洋兵全数退至天津"，吁请回銮。十月初一日，咸丰帝就《恭亲王奕䜣等合词吁请回銮折》事谕：

> 谕军机大臣等，本日据恭亲王奕䜣等合词吁请回銮一折，此次洋人称兵犯顺，恭亲王等与之议抚。虽已换约，此系万不得已，允其所请。然退兵后，而各国洋员，尚有驻京者。且亲递国书一节，既未与该使言明，难保不因朕回銮再来饶舌。诸事既未妥协，设使朕率尔回銮，洋人又来挟制，朕必将去而复返。频数往来，于事体殊多不协。且恐京师人心震动，更有甚于八月初八日之举。该王大臣等奏请回銮，因系为镇定人心起见，然反复筹思，只顾目前之虚名，而贻无穷之后患。且木兰巡幸，系循祖宗旧典。其地距京师尚不甚远，与在京无异，足资控制。朕意本年暂缓回銮，俟洋务大定后，再将回銮一切事宜办理。

这真是一篇奇文。不仅抬出祖宗、拉出民心为自己逃避责任辩解，还托词"天气渐届严寒，朕拟暂缓回銮"。咸丰帝仍在避暑山庄，拒不回京履行天职，过着花天酒地，日夜歌舞的生活。咸丰帝在避暑山庄期间，圆明三园，惨遭焚劫。

圆明三园　惨遭焚劫

圆明园这座中华园林史上的瑰宝，及其珍藏5 000年艺术的珍品，惨遭劫掠，化为灰烬。下面就圆明园的兴修、价值与焚劫，做个简述。

圆明园的兴修　圆明园位于北京西北郊，在今颐和园与清华大学之间。圆明园始于康熙四十八年（1709年），康熙帝以明皇戚故园赐给雍亲王，赐名"圆明"。雍正帝继位以后，开始全面兴建圆明园。圆明园包括圆明、长春、万春（绮春）三园，周长20里。经过康、雍、乾、嘉、道、咸六朝，151年的建设，特别是康、雍、乾三朝，国家一统，民族融合，财力雄厚，府库充盈，举国上下，“升平景象”。乾隆六下江南，命将江南名园胜景摹绘图样，在圆明园内仿造。圆明园48个景区、长春园和万春园各30个景区，共有108处景区。在圆明三园中，圆明园规模最大，宫殿瑰丽，亭阁锦错，佳胜万千。如“山高水长”，每年正月十五前后，皇帝在这里赏王公大臣、蒙古王公、回部及哈萨克来使，朝鲜、安南（今越南）、暹罗（今泰国）、廓尔喀（今尼泊尔）等国使臣看烟火。还有较射、摔跤、杂技、耍龙、舞狮、马戏等表演。楼前架设灯棚，高六丈余。楼前广场有3 000人组成的舞灯队，舞罢则焰火大发，“其声如雷霆，火光烛半空”。又如“上下天光”，位于一座三面环水、一面环湖的小岛上。建楼阁，设亭台，登楼望去，湖面开阔，长桥修栏，蜿蜒百尺，登高俯瞰，一碧万顷，这是模仿洞庭湖的景色。再如“万方安和”是中国建筑中仅见的一例。建筑物的条石基础在湖底，整个建筑孤立水中，四面环水。皇帝常在这里接见臣工，休憩观鱼。再如福海，海岸以10岛环围，海中有3个相连的小岛，名“蓬岛瑶台”。岛上面积虽然不大，但房屋却有百余间之多，华丽精美，妙不可言。每年中元节，皇帝乘船游行福海，看放河灯。水面上龙舟画舫，往来竞嬉，一片辉煌。燃放烟火的夜晚，万绿丛中，灯火齐明，宫灯摇曳，殿影晃荡，彩船映金波，诗情并画意。长春园，有30景区，建筑壮丽，风姿秀丽，独具一格。北部在乾隆朝由郎世宁等设计，仿意大利文艺复兴式样，圆明园内还有一群特殊的建筑，即西洋楼。建造了“谐奇趣”、“蓄水楼”、“养雀笼”、“万花阵”、“方外观”、“海晏堂”、“远瀛观”、“线法山”、“方河”等9处西洋式建筑，表现西方建筑艺术的特色，又融合了中国的传统手法，如积石堆山、重檐屋顶、彩色琉璃等。其中，谐奇趣，楼高三层，南面从左右两侧曲廊伸出六角楼厅。南面弧形石阶前有喷泉及水池，北面双抱石阶前也有喷泉与水池。蓄水楼在谐奇趣的西北，高两层，专供谐奇趣南北两面喷泉用水。远瀛观，建于石砌高台上，坐北朝南，汉白玉石柱上雕刻着精美

圆明园“万方安和”图

花纹。石龛式的大水法，紧靠在远瀛观台基之下，有半圆形水池。池中有铜鹿 1 只，作向南奔跑之势，东西各有铜狗 5 只，水由口中喷出，射向铜鹿，称为“十狗逐鹿”。大水法（人造喷泉）对面，有石制宝座屏风，称“观水法”，是皇帝观赏水法的地方。万春园（绮春园），有“天地一家春”等 30 景区，自然生动，纤巧玲珑。它们出入水面，变化丰富，比起圆明园来，建筑精巧，更为自然。总的说来，三园布局，水景为主，借山环水，水陆交错，规模宏大，设计精巧，景色绮丽，宛如仙境，是个幽美的园林杰作。处处是园林，处处是建筑。这就是“建筑中有园林，园林中有建筑”的意境。圆明园被誉为“万园之园”，闪烁着中华 5 000 年文明的灿烂光辉。

圆明园是北京紫禁城外第二个皇宫。从康熙到咸丰 6 代皇帝，死在皇宫内的只有乾隆一人。圆明园具有宫廷、民族、园林、文化、艺术等多元价值。

圆明园的价值 中华文化有自己不同于西方文化的特点：方块汉字、土木建筑、书画艺术、陶瓷制艺、戏曲艺术、园林艺术等。圆明园则是将中华这六大文化精华汇聚于一园，展现了中华 5 000 年文明的精粹，具有极高的历史价值、文化价值与艺术价值。中国的园林艺术，特别是皇家园林艺术，经过自商朝以来近 3 000 年的发展，到清朝达到皇家园林艺术的顶峰，圆明园就是其典型。圆明园集中南北园林艺术的优长，其中仿照江南名景的有:仿杭州西湖景致“平湖秋月”、“三潭印月”，“断桥残雪”、“苏堤春晓”、“雷峰夕照”、“曲院风荷”、“柳浪闻莺”、“南屏晚钟”，连名称也是从杭州搬过来的；仿海宁陈氏“安澜园”；仿宁波“天一阁”而建筑的“文源阁”，内藏《四库全书》和《古今图书集成》各 1 部。按照前人诗画意境“牧童遥指杏花村”的“杏花春馆”；按照《桃花源记》境界而建造的“武陵春色”；按照李白“雨水夹明镜”诗境而建造的“夹镜鸣琴”；以及按照李思训画意而建造的“蓬岛瑶台”等。造型奇特，变化万千。乾隆帝在《圆明园后记》中写道：

> 规模之宏敞，丘壑之幽深，风土草木之清佳，高楼邃室之具备，亦可称观止。实天宝地灵之区，帝王豫游之地，无以逾此。

法国大作家雨果在《致巴特勒上尉书信》中赞美圆明园说：“在世界的一隅，存在着人类的一大奇迹，这个奇迹就是圆明园。艺术有两种渊源：一为理念艺术——从中产生欧洲艺术；一为幻想艺术——从中产生东方艺术。圆明园属于幻想艺术。一个近乎超人的民族所能幻想到的一切都荟集于圆明园。”他又说：圆明园“如同月宫似的仙境”，“是一个令人震惊，无可比拟的杰作”。

圆明园不仅是一所辉煌的宫殿、园林，而且也是收藏丰富、琳瑯满目的艺术博物馆。圆明园的建筑装饰极其奢侈华贵。嘉庆朝所修的“省耕别墅”、“竹园”、“接秀山房”的门窗屏罩等装修，全用紫檀制成，还镶嵌珍宝。装饰方法是以金、银、宝石、珍珠、珊瑚、翡翠、水晶、玛瑙、玳瑁、青金石、绿松石、螺钿、象牙等刻作山石、楼阁、花木、虫鸟、人物等花饰，镶嵌在紫檀、漆器上。此外，康乾之际画院中西洋画师意大利人郎世宁、法兰西人王致诚等，又设计出西洋式的建筑装饰图案和壁画，以及西式门窗隔扇栏杆桥梁之类。室内之陈设均为贵重木材制成的桌椅床几，墙壁饰以精美之壁纸，悬挂着历代名人的书法绘画。珠玉、瓷器、铜炉、漆雕、珐琅、水晶、珊瑚、玛瑙、翡翠，镇国之宝，精品纷呈。所用幔帐垫褥，俱是上等的绣缎云锦，华丽光彩，体现了物产之丰富与人工之灵巧。园中的文源阁是专为珍藏《四库全书》而建的藏书楼。园中还贮存着1793年英国马戛尔尼使团访华时赠送的许多礼品，包括天文仪器、地球仪、乐器、车辆、枪炮、船只模型、钟表、毡毯等。其中有"布腊尼大利翁"一座，是一假天馆，亦即天象厅。周长约一丈，高一丈五尺。"所载日月星辰同地球之象，俱自能行动，效法天地之转运，十分相似……此件系通晓天文生多年用心、推想而成，从古迄今所未有，巧妙独绝"(《梁肯堂奏呈英使原禀贡单》)。海晏堂是圆明园中最大的西洋楼。地面水池两侧，各排6只兽首人身的铜像，它们是：十二生肖中的鼠、牛、虎、兔、龙、蛇、马、羊、猴、鸡、狗、猪，分别代表十二时辰，组成一个大的时钟。由代表这一时辰的铜兽口中喷水，正午则十二铜兽同时喷水。其中仅一个铜制猴头就价值千万，那么，圆明园的文物价值是无法用金钱统计的。整个文物，其珍贵，其价值，不可胜计。

圆明园的焚劫 咸丰十年八月二十二日（1860年10月6日），英法联军侵入北京城外，从朝阳门外，沿着城墙，自北而西，午间占领德胜门外小关。清守将率残部抵抗，僧格林沁败逃，胜保受伤坠马。英法联军直扑圆明园。法国侵略军先行，午后掠过海淀，傍晚至圆明园大宫门。圆明园技勇太监20余人英勇抵抗，首领太监任亮（字明亭）等以身殉职。1983年，清华大学建筑工地上出土一块石碑。碑文记载："勇哉明亭，遇难不恐。念食厚禄，必要作忠。奋力直前，寡弗敌众。殉难身故，忠勇可风。”晚 7 时许，法军占领圆明园。法国公使葛罗、法军司令孟托邦，入踞“正大光明”殿。总管园务大臣文丰投福海自尽，常嫔受惊吓死。圆明园建于和平盛世，没有紫禁城那样的高墙深池，也没有强固防御体系，所以不堪打击，一攻即破。八月二十三日（10 月 7 日）上午，英法联军四头目会于正大光明殿，“合议分派园内之珍物”。英法官兵入园后，开始抢劫，疯狂肆虐，文物珍宝，惨遭洗劫。九月初四日（10 月 17 日），一个参与劫掠的英国书记写道：“联军司令部正式下令，可以自由劫掠。于是，英、法军官与士兵疯狂抢夺，每个人都是腰囊累累，满载而归。这时全园秩序大乱。法国兵驻扎园前，法人手持木棒，遇珍贵可携者则攫而争夺，遇珍贵不可携者如铜器、瓷器、楠木等物则以棒击毁，必至粉碎而后快。”为掩盖其劫掠罪行，侵略者竟想出放火灭迹的毒谋。英国公使额尔金说：“只有焚毁圆明园一法，最为可行。”

九月初五日（10 月 18 日），英国公使额尔金、英军司令格兰特派马队三四千人闯入圆明园。他们以“正大光明”殿为指挥部，派兵四处纵火，全园一片火海。第二天下午，将“正大光明”殿及大宫门区放火焚毁。大火燃烧，浓烟冲天，3 昼夜不熄，圆明三园珍宝，化为一片灰烬。据目睹者记述，当时是黑烟弥漫，掩蔽天日，万千火舌，往外喷发，火声若吼，草木萧瑟，悲戚之状，惨不可言。纵火兽兵，在火光中，东奔西窜，形同鬼魅。据格赫：《我们是怎样占领北京的》记载：

> 所有庙宇、宫殿、古远建筑，被视为举国神圣庄严之物，其中收藏着历代富有皇家风味和精华的物品，都付之一炬了。

园内十六七万平方米宫殿园林建筑，仅存蓬岛瑶台、海岳开襟和双鹤斋 3 个景群，以及二三十座殿阁亭廊等。同日，清漪园（颐和园）、静明园（玉泉山）、静宜园（香山）也遭大劫。后来虽在同治年间有部分修复与重建，终因国势日益衰微，只得半途而废。当时园子还有个大致眉目，等到庚子年（1900 年）八国联军侵占时，园内的建筑与文物又

圆明园海晏堂铜版画

被焚掠一空。同治、光绪二朝修葺保留的少数劫余建筑，又遭焚毁，荡然无存。法军翻译官德里松在《翻译官手记》中描绘英、法侵略军抢劫圆明园情景时说：

> 他们全都闹哄哄地蜂拥而上，扑向这一堆无价之宝。他们用各种语言呼喊着，争先恐后，相互扭打，跌跌撞撞，摔倒又爬起，赌咒着，辱骂着，叫喊着，各自都带走了自己的战利品，向四面八方跑去。……在走到安定门时，法国军队只有一辆车辆，也就是将军的车辆，载着帐篷和军用箱。而当军队开拔时，不知道为什么竟然出现了大批满载着的车辆，单是这支车队也得十足地走上一小时。至于英国人的行李车队，那更长得出奇。这一支神佑式的车队足足有两法里之长。

英法侵略者焚劫圆明园的暴行，遭到世界文明舆论的谴责。1861 年 11 月 25 日，法国大文学家雨果在谈到圆明园时说："我们教堂的所有财富加起来也无法和这一东方巨大的、且又漂亮的博物馆相比较。"他又说：

“有一天，两个强盗闯进了圆明园。一个强盗大肆掠劫，另一个强盗纵火焚烧。”他痛斥道：“一个胜利者装满了他的口袋，另一个看见了就塞满了他的箱子。然后，他们手挽着手，哈哈大笑着回到了欧洲。这就是这两个强盗的历史。”

圆明园惨遭焚劫，是自北宋千年以来，中华文化遭受的最为严重的空前的浩劫。它不仅是中华文明的一场劫难，而且是世界文明的一场劫难。

第一，圆明园惨遭焚毁，使清朝精心经营151年，耗费举国人力、财力、物力、智慧的盖世无双的皇家园林，化为一片灰烬。

第二，圆明园惨遭劫掠，使中华5 000年积累的文物——书法、绘画、典籍、珍宝、古玩、金银、瓷器、珍珠、绸缎、钟鼎被抢掠一空。

第三，清廷受到沉重打击，震撼朝野，大伤元气，加剧社会矛盾，更快走向衰落。

第四，圆明园惨遭焚劫，在中华各族人民的记忆中，留下巨大的创伤。这将激发中国人民的爱国热情，更加热爱自己的祖国、更加牢记自己的历史。

圆明园这座宏伟雅丽的皇家园林及其陈设的国宝惨遭浩劫，剩下一片废墟，供人凭吊，令人叹息。今国家图书馆文津街分馆楼前的华表一对、中山公园的兰亭八柱，以及圆明园残址，记录下的帝国主义强盗的侵略罪行，是永远洗刷不掉的。

圆明园被焚劫，既加速了清王朝的衰落，也加速了咸丰帝死亡。

宠幸慈禧　青年病死

后宫生活　咸丰帝的妻子，《清史稿·后妃传》与《星源吉庆》记载相同：有3位皇后、2位皇贵妃、2位贵妃、4位妃、5位嫔等，共16人。

第一位皇后为孝德显皇后，萨克达氏（克达萨氏），是太常寺少卿（一说太仆寺少卿）富泰之女。道光二十八年（1848年）二月，奕詝为皇子时，皇父道光帝为其册为嫡福晋，这年她 17 岁，奕詝 18 岁。萨克达氏只做了 1 年零 10 个月的嫡福晋，于道光二十九年（1849 年）十二月十二日死，未尝到当皇后的滋味，也无儿无女，福分太薄，后追谥为孝德显皇后。

第二位皇后为孝贞显皇后，钮祜禄氏，广西右江道穆扬阿之女，道光十七年（1837 年）七月十二日生。奕詝做皇子时纳娶，咸丰二年（1852 年）二月，封为贞嫔；五月，晋为贞贵妃；十月，立为皇后。后随咸丰帝逃难热河。咸丰帝死，同治帝立，被尊为皇太后，尊上徽号为慈安皇太后。

第三位皇后为孝钦显皇后，叶赫那拉氏，安徽徽宁池广太道道员惠征之女，道光十五年（1835 年）十月初十日生。中国第一历史档案馆《宫中杂件》记载，叶赫那拉氏家住在北京西四牌楼劈柴胡同，这里应是慈禧的出生地。咸丰元年（1851 年）被选入宫，赐号兰贵人。咸丰四年（1854 年）十一月，册封为懿嫔。咸丰六年（1856 年）三月，生皇子载淳（后来的同治帝），晋为懿妃，次年晋为懿贵妃。咸丰十年（1860 年），也随咸丰帝逃难热河。咸丰帝死，同治帝立，被尊为皇太后，尊上徽号为慈禧皇太后。时贞显、钦显两宫太后并尊，贞显皇太后称“母后皇太后”，或慈安皇太后，习称为“东太后”；钦显皇太后称“圣母皇太后”，或慈禧皇太后，习称为“西太后”。咸丰帝生前实际上只册立 1 位皇后，就是孝贞皇后钮祜禄氏。

咸丰帝的 2 位皇贵妃：一位是庄静皇贵妃，他他拉氏，主事庆海之女，初赐号为丽贵人，后晋为丽嫔，再晋为丽妃。咸丰帝死后，咸丰十一年（1861 年）十一月，尊封为丽皇贵妃。死后尊谥为庄静皇贵妃。另一位是端恪皇贵妃，佟佳氏，咸丰八年（1858 年）册封为祺嫔，咸丰帝死后尊封为祺妃，后尊为祺贵妃。光绪尊为祺皇贵妃，死后谥为端恪显皇贵妃。

咸丰帝的 2 位贵妃：婉妃，索绰络氏，左都御史奎照之女，初赐号为婉贵人，后晋婉嫔。咸丰帝死后尊为婉妃。后尊为婉贵妃。另一位是：玟妃，徐佳氏，领催诚意之女，初赐号为玟贵人，后晋玟嫔。咸丰帝死后尊为玟妃。后尊为玟贵妃。

咸丰帝的 4 位妃：璷妃，姓氏未详，初号璷贵人，咸丰死后尊为璷嫔，后尊为瓒妃；吉妃，姓氏未详，初号吉贵人，咸丰死后尊为吉嫔，后尊为吉妃;禧妃，姓氏未详，初号禧贵人，咸丰死后尊为禧嫔，后尊为禧妃;庆妃，姓氏未详，初号庆贵人，咸丰死后尊庆嫔，后尊为庆妃。

咸丰帝的 5 位嫔：云嫔，武佳氏，初号云贵人，咸丰帝死后尊为云嫔；英嫔，伊尔根觉罗氏，初为英贵人，咸丰二年（1852 年）册封为英嫔；容嫔，姓氏未详，初号容贵人，咸丰帝死后尊为容嫔；璹嫔，姓氏未详，初号璹贵人，咸丰帝死后尊为璹嫔;玉嫔，姓氏未详，初号玉贵人，咸丰帝死后尊为玉嫔。

咸丰帝的子女，比他的先祖为少，只有两个儿子：一个是玟贵妃徐佳氏所生，当日死，未命名；再一个就是慈禧所生的载淳（同治皇帝）。咸丰帝有一女，为庄静皇贵妃他他拉氏所生，19 岁下嫁符珍，20 岁死。

宠幸慈禧　慈禧生于道光十五年十月初十日（1835 年 11 月 29 日），乳名兰儿，为满洲镶蓝旗人，后抬为满洲镶黄旗。慈禧的曾祖父吉朗阿，曾在户部任员外郎，遗下银两亏空，离开人世。慈禧的祖父景瑞，在刑部山东司任郎中。道光二十七年（1847 年），因没能按时退赔其父亲吉朗阿在户部任职时的亏空银两而被革职。慈禧的外祖父惠显，在山西归化城当副都统。慈禧的父亲惠征，在吏部任笔帖式，是一个做秘书、翻译的八品文官。后因做事勤恳谨慎，屡有升迁。根据清宫档案《内阁京察册》记载：慈禧的父亲惠征，在道光十一年（1831 年）时是笔帖式，十四年（1834 年）考察被定为吏部二等笔帖式，十九年（1839 年）时是八品笔帖式，二十三年（1843 年）年再次考察定为吏部一等笔帖式。二十六年（1846 年）调任吏部文选司主事。二十八年（1848 年）、二十九年（1849 年）因为考察成绩又是一等，受到皇帝接见，被授予道府一级的官职。二十九年四月，惠征到山西任归绥道的道员。咸丰二年（1852 年），调任安徽徽（徽州府）宁（宁国府）池（池州府）太（太平府）广（广德州）道的道员。三年（1853 年），惠征因“携带饷银印信逼至镇江”（一说没有贪污），而被开缺，同年病死于镇江，年 49 岁。慈禧的母亲娘家为官宦，其外祖父曾任驻藏大臣、工部侍郎。同治帝继位后，

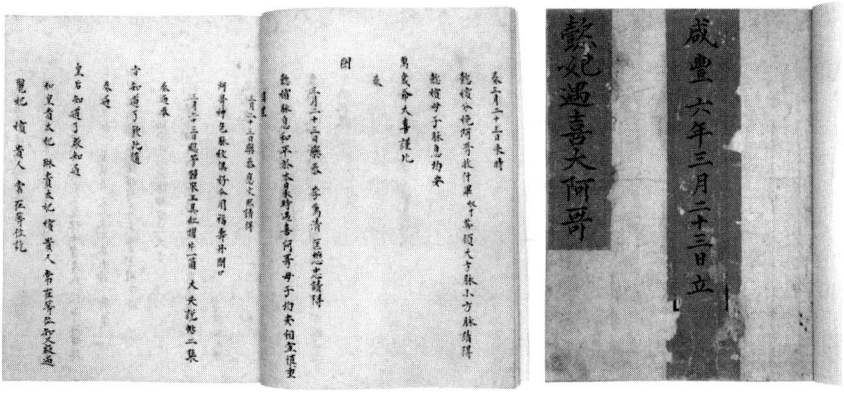

《懿妃遇喜大阿哥》档案

追赠其外祖父惠征为三等承恩公。惠征为官，有起有落。惠征最后因携银逃走，而被免职，可见他是一位不守本分的官员。

慈禧的出生地，可谓众说纷纭，有7种说法：(1) 甘肃兰州，(2) 浙江乍浦，(3) 内蒙古呼和浩特，(4) 安徽芜湖，(5) 山西长治，(6) 云南曲靖，(7) 北京。关于慈禧的出生，历史几乎没留下任何文献记载，因为谁也没有料到几十年后，这个普通官宦之家的女子，会成为执掌大清国朝政近半个世纪的圣母皇太后。近几年北京的学者，从清宫档案中找到了新的史料，就是清朝皇帝选秀女的名单，这在档案中叫做“排单”。其中有咸丰五年（1855年）慈禧亲妹妹被选为秀女的记录。慈禧的这位妹妹，后来成了醇郡王奕譞的嫡福晋，光绪皇帝的生母。在“排单”上明确记载：慈禧妹妹家属于满洲镶蓝旗，姓叶赫那拉氏，父亲名叫惠征，最高官职做到五品的道员。近年学者主要根据慈禧妹妹被选为秀女时的“排单”认定，咸丰五年之前，慈禧的娘家住北京西单牌楼北劈柴（辟才）胡同。所以，这里应该是慈禧太后的出生地。按照京师八旗分城居住的规定，乾隆三十五年（1770年），镶蓝旗满洲都统衙门在阜成门内华嘉寺胡同。到民国初年，镶蓝旗满洲都统衙门在阜成门内华嘉寺14号。劈柴胡同距华嘉胡同很近。慈禧父亲属于满洲镶蓝旗，应当住在劈柴胡同一带。此外，还有人认为慈禧出生在北京东城方家园。《清朝的皇帝》记述 :“慈禧母家在东城方家园，父官至安徽徽宁池太广道，时当道光末年，洪杨起事，惠征守土无方，革职留任，旋即病殁，遗妻一、子女各二，慈禧居长。”总之，不管慈禧生在哪里，她都是出身于官宦家庭。

咸丰元年（1851 年），17 岁的慈禧参加秀女挑选。清朝宫制 : 宫中的后妃，主要分为 8 个等级 : 就是皇后、皇贵妃、贵妃、妃、嫔、贵人、常在、答应。慈禧初入宫，为第六级的贵人。历史记载:慈禧“初入宫时，封为兰贵人”。据《玉牒》记载:兰贵人那拉氏,道员惠征之女。四年二月，晋为懿嫔。咸丰六年（1856 年），慈禧生下皇子载淳，被晋为懿妃，时年 22 岁。次年正月，晋为懿贵妃。这是慈禧在咸丰帝生前最高的地位。慈禧博得咸丰帝宠爱,貌美是其一。“姿容超群,天生丽质,妩艳无匹侪”。聪明是其二。慈禧聪明伶俐，善解人意。“少而黠慧”，“有机智，遇事辄先意承旨”,“以己之聪明才智,遂蒙帝宠”。才华是其三。慈禧善长书法，代批奏章，还能绘画，“因习书画以自娱，故后能草书，又能画兰竹”。咸丰帝在军务繁忙之时，有既能批阅奏章、润喉歌唱，又能善书长画、和颜悦主，还能善解人意、娇态媚人的懿贵妃在身边，定会宠爱有加。但是，咸丰皇帝病死，儿子载淳继位，宠妃慈禧做了皇太后，这对于咸丰帝来说，是喜剧、还是悲剧?

青年病死 咸丰帝在而立之年病死。咸丰帝性格懦弱，贪恋酒色，纨绔皇帝，放纵不羁。这可能是他青年死亡的一个重要原因。

一贪女色。太平天国事起，中原地区大乱。警报日有所闻，败报夜呈御前。但是，有书记载:“洪、杨之乱日炽，清兵屡屡败北，兵革遍天下，奕詝置不顾，而寄情声色以自娱，暇辄携妃嫔游行园中。”他在圆明园中，暗藏春色，谓之“四春”。这“四春”就是牡丹春、海棠春、杏花春、陀罗春。另有记载:“园中侍有五春之宠，所谓天地一家春者，孝钦后所居，其杏花春、武陵春、海棠春、牡丹春，皆汉女分居之。”文中的孝钦后就是慈禧，汉女就是汉人美女。还有野史说咸丰帝养着一位民间寡妇，《野史叟闻》记载 : 咸丰帝钟情于一位寡妇曹氏，山西人，长得秀美妖艳，妩媚动人，入宫以后，帝最眷之。野史类似记载:“山西籍孀妇曹氏，风流姝丽，脚甚纤小，喜欢在鞋履上，缀以明珠。咸丰帝召入宫中，最为眷爱。”

二贪戏曲。皇帝看戏，甚为平常。但大凡风流天子，多迷恋琴瑟唱曲。奕詝爱看戏,爱唱戏,有时粉墨登场。无论是在紫禁城,在圆明园，还是在热河行宫，他都经常点戏、看戏。他有时指导太监演戏，教过《教子》、《八扯》等戏，还演唱过《朱仙镇》、《青石山》、《三岔口》、《平安如意》等戏。他在热河逃难，更醉心于戏剧。他把升平署（宫廷班）召到行宫承差，亲点戏目，钦定角色。他在避暑山庄的烟波致爽殿听戏，几乎每天都要戏班承应，有时上午刚听过彩唱，中午还要传旨清唱。天暖之后，有时在“如意洲”看戏。“如意洲”有水上戏台，凭水看戏，别有情趣。

三贪美酒。咸丰帝贪杯，一饮即醉，一醉便闹，大耍酒风。野史记载：“文宗嗜饮，每醉必盛怒。每怒必有一二内侍或宫女遭殃，其甚则虽所宠爱者，亦遭戮辱。幸免于死者，及醒而悔，必宠爱有加，多所赏赐，以偿其苦痛。然未几而醉，则故态复萌矣。”

四贪鸦片。咸丰帝的皇祖嘉庆，很讨厌宗室吸食鸦片。他如发现宗室有吸食鸦片者，严惩不贷。咸丰帝的皇父道光皇帝，也严禁皇室贵胄、八旗官兵吸食鸦片。但是，咸丰帝继位不久，就违背祖训，吸上了鸦片。称这种鸦片烟为“益寿如意膏”,不仅“舒服如意”,而且“健康益寿”。分明是鸦片、是大烟，却给它起了如此之美名。咸丰帝北狩热河后,江山有失掉的危险,他“更沉溺于是”,以吸食鸦片来刺激自己，来麻醉自己。

咸丰帝本来体质素弱，倦怠政务，娱情声色，纵欲自戕，败坏身体。他得病咯血，日饮鹿血以治之。咸丰帝的医案说明，他可能患的是肺痨。咸丰十一年（1861年）春，他在热河行宫病倒。此后，他的身体，时病时愈，忽好忽坏。七月十五日，咸丰帝病情转重。十六日，咸丰帝在避暑山庄烟波致爽殿寝宫，召见怡亲王载垣、郑亲王端华、御前大臣景寿、协办大学士肃顺、军机大臣穆荫、吏部侍郎匡源、署礼部右侍郎杜翰（杜受田之子）、太仆寺卿焦祐瀛等，承受顾命。咸丰帝谕："立皇长子载淳为皇太子。"又谕：

> 皇长子载淳现为皇太子，著派载垣、端华、景寿、肃顺、穆荫、匡源、杜翰、焦祐瀛，尽心辅弼，赞襄一切政务。

载垣等请咸丰帝朱笔亲写，以昭郑重。而咸丰帝此时已经病重，不能握管，遂命廷臣承写朱谕。咸丰帝在病逝前，授予皇后钮祜禄氏"御赏"印章，授予皇子载淳"同道堂"印章。十七日，清晨，咸丰帝病逝。

咸丰帝小议

咸丰帝奕詝，"遭阳九之运，逢明夷之会"，内忧外患，无日安宁。他是一位胸无大局、懦弱无为、花天酒地、放荡享乐的风流皇帝，又是一位败家法、败满洲、败国家、败民族的渎职皇帝。安排顾命大臣，权衡谋略失当，遗留之祸患，达半个世纪。

十

同治皇帝：政出懿旨

清同治帝爱新觉罗·载淳，咸丰六年三月二十三日（1856 年 4 月 27 日）生，属龙，同治十三年十二月初五日（1875 年 1 月 12 日）卒，庙号穆宗，谥毅皇帝，葬惠陵（今河北省遵化县清东陵）。6 岁登极，在位 13 年，享年 19 岁。年号同治，时为两宫皇太后垂帘听政，意为共同治国。

同治帝6岁登极，18岁才亲政。虽“亲裁大政”，却“恪遵慈训”。只“亲政”两年，就患病死去。他遇到的皇太后，不是“孝庄”，而是“慈禧”。所以，同治朝的历史责任，不在载淳，而在慈禧。

同治年龄小，亲政时间短，简列4目，概述如下。

六岁即位　年号祺祥

同治帝载淳，咸丰六年（1856年）三月二十三日，生于紫禁城储秀宫。生母为懿嫔叶赫那拉氏（即慈禧太后），时懿嫔22岁。母以子贵，懿嫔晋为懿妃，第二年又晋为懿贵妃。咸丰十年（1860年），英法联军攻陷天津，直逼京师。5岁的载淳随皇父咸丰帝、皇母懿贵妃，以“木兰秋狝”为名，逃难到承德避暑山庄。

载淳在避暑山庄，见皇父咸丰帝心情不好，身体欠佳，也算懂事。皇父咸丰帝住居在避暑山庄烟波致爽殿，天真活泼的皇儿载淳，“绕膝堂前助笑颜”，博得皇父欢然一笑。皇父咸丰帝“三旬万寿”节时，5岁的载淳，“奉觞祝嘏，鞠跽承欢”。咸丰帝赐宴臣工时，命皇子载淳出见大臣，既让他增长见识，也为博皇父一乐。咸丰十一年（1861年），贺正旦，闹元宵，避暑山庄也有几分欢乐气氛。载淳已经6岁，按照祖传家法，要开始读书。载淳读书不在皇宫，也不在圆明园的上书房，而在避暑山庄“开弘德之殿，披启心之书”。皇父咸丰帝为他指派的师傅是翰林院编修李鸿藻。后来慈安皇太后、慈禧皇太后，先后命大学士祁寯藻、翁心存（翁同龢之父）、倭仁为他的师傅。还命翰林院编修李鸿藻、翰林院检讨徐桐暨右中允翁同龢、侍读林天龄，同心协赞，辅翼兼资。这

同治帝写字像

些师傅都是博学鸿儒，名重一时。载淳年齿虽幼，贪玩心重，还能听从师傅教导，认真读书，逊志学经。

咸丰十一年（1861 年）七月十五日，咸丰帝病重。载淳和母亲懿贵妃在烟波致爽殿陪伴侍候。十六日，咸丰帝病危，召御前大臣载垣、端华、景寿、肃顺，军机大臣穆荫、匡源、杜翰、焦祐瀛，承写朱谕："立皇长子载淳为皇太子。"立储大事，没有争议。十七日，咸丰帝过世。这年咸丰 31 岁，皇后钮祜禄氏 25 岁，懿贵妃 27 岁，载淳 6 岁。大行皇帝咸丰的遗体，安放在烟波致爽殿的东间。载淳按照满人的习俗，"剪发成服"，悲恸举哀。载淳 6 岁丧父，十分不幸，"自朝至昃，哭不停声"。咸丰遗体入殓后，梓宫（灵柩）停放在澹泊敬诚殿的正殿。载淳缵承大统之后，尊中宫皇后钮祜禄氏为母后皇太后，又称慈安太后，俗称东太后；尊懿贵妃叶赫那拉氏为圣母皇太后，又称慈禧皇太后，俗称西太后。母后皇太后即慈安皇太后，住居在烟波致爽殿的东所；圣母皇太后即慈禧皇太后，住居在烟波致爽殿的西所。载淳按礼每日到大行皇帝灵前，"奠献三次，哭必尽哀"。载淳继承大统成为皇帝，按照皇祖道光二十六年（1846 年）三月谕旨："以二名不偏讳，将来继体承绪者，上一字仍旧，毋庸改避，亦毋庸缺笔；其下一字，应如何缺笔之处，临时酌定，以是著为令典。"于是，载淳的名字，遵照祖宗成宪，"将御名上一字，仍旧书写，毋庸改避；下一字毋庸缺笔，凡臣工章奏内，遇有此字，著用湻字改避。其奉旨以前，所刻书籍，俱毋庸议"。就是说，同治皇帝的名字"载淳"二字，上一字"载"，不必避讳；下一字"淳"，改避写为"湻"。在此之前，所有书籍，出现"淳"字，不必改动。这样就给版本、校勘学、目录学带来一个信息：凡是书中出现"湻"字，此书必是同治朝或其后的版本，但是伪造之书例外。

咸丰帝在临终之前，利用"御赏"、"同道堂"两颗印章，作为日后下达诏谕的符信。就是说，奏折"经赞襄大臣拟旨缮进，俟皇太后、皇上阅后，上用'御赏'、下用'同道堂'二印，以为凭信，仿照朱批恭缴"。这两颗印章，"御赏"之章，为诏谕的印起；"同道堂"之章，为诏谕的印讫。

咸丰帝将“御赏”章，交皇后钮祜禄氏收掌；而将“同道堂”章，交皇太子载淳收掌。载淳年幼,“同道堂”印章实际上是由其圣母皇太后掌管。咸丰帝的旨意是在他死后，由皇后钮祜禄氏、懿贵妃叶赫那拉氏与顾命八大臣联合执政，避免出现八大臣专权的局面，也避免出现皇后钮祜禄氏与懿贵妃叶赫那拉氏一人专权的局面。皇后钮祜禄氏与懿贵妃叶赫那拉氏的实权在顾命八大臣之上，因为她们均有对于顾命八大臣所决军政大事不予盖章的否定权。显然，如果皇后钮祜禄氏与懿贵妃叶赫那拉氏，不加盖“御赏”和“同道堂”这两颗起讫印章，那么赞襄政务八大臣之议决均不能生效。

载淳继位,怡亲王载垣等定年号为“祺祥”。祺,意福祉;祥,意吉祥。祺祥意思是福祉吉祥，就是 6 岁小皇帝载淳继位之后，皇帝福祉，宗社吉祥。

祺祥年号刚定,就发生了宫廷政变。因这一年是辛酉年,所以史称“辛酉政变”，又称“祺祥政变”，也称“北京政变”。

辛酉政变　改变祖制

先是，朝廷中主要分为 3 股政治势力：以肃顺为首的朝臣集团、以帝后为首的皇权势力，以奕䜣为首的帝胤势力。朝臣集团主要人物为赞襄政务八大臣：御前大臣载垣、端华、景寿、肃顺和军机大臣穆荫、匡源、杜翰、焦祐瀛等。帝后集团主要人物为同治皇帝、慈安皇太后和慈禧皇太后。帝胤集团主要人物有：恭亲王奕䜣、惇亲王奕誴、醇郡王奕譞、孚郡王奕譓等。

政变准备　“冰冻三尺，非一日之寒”。在咸丰帝死后未满百日，发生了“祺祥政变”；虽事出突然，却酝酿有日。政变对立的三方，为朝廷的三大集团：一个是“朝臣集团”，主要为随驾承德的王公大臣，其重要人物有载垣、端华、肃顺、景寿、穆荫、匡源、杜翰、焦祐瀛等，即承奉遗命，赞理政务的八大臣；第二个是“帝胤集团”，主要为留守北京的王公大臣，其重要人物有奕䜣、奕譞、奕誴、奕譓等；第三个是“帝后集团”，主要为同治皇帝、慈安皇太后、慈禧皇太后。这三个集团不是平面几何的等边三角形，而是帝后集团与帝胤集团相结合，共同对付“朝臣集团”。这次“辛酉政变”，是朝廷中三大政治集团的生死之战。

在“朝臣集团”中，载垣，为康熙帝第十三子怡亲王允祥第五世孙，道光时任御前大臣、并受顾命。端华，为郑亲王乌尔恭阿之子，而第一代郑亲王济尔哈朗是努尔哈赤弟舒尔哈齐之子、顺治朝曾任摄政王和辅政王。舒尔哈齐死后，济尔哈朗被努尔哈赤鞠养在汗宫，后成为清初的四大和硕贝勒之一。皇太极死后，济尔哈朗主张立福临（顺治）继位，因而成为摄政郑亲王。端华，在道光时任御前大臣、并受顾命。肃顺，为端华之弟，道光时为三等辅国将军，咸丰即位后，官升得很快：内阁学士、护军统领、御前侍卫、工部侍郎、左都御史、理藩院尚书、都统、协办大学士。肃顺依恃咸丰帝的恩宠,同兄郑亲王端华、怡亲王载垣结党,排斥异己,廷臣侧目。肃顺先后拉御前大臣、额驸景寿（道光帝的女婿），又拉军机大臣穆荫、匡源、杜翰（杜受田之子）和焦祐瀛等结党。其同党的大学士穆荫，满洲正白旗人，任军机大臣、管兵部。匡源，山东胶州人，道光进士，咸丰时任军机大臣。陈孚恩，道光拔贡，为七品小官，后充军机章京，再晋礼部尚书、兵部尚书。焦祐瀛，天津人，道光举人，后为内阁中书、军机章京、军机大臣,“祐瀛尤谄事肃顺,朱诏旨多出其手”，是肃顺党的笔杆子。时军机大臣共 5 人，除文祥留京外，其余 4 人随驾承德，均为赞襄政务大臣。肃顺为官，治事严刻，果断毅决，赞画军事，功不可没。他主用湘军，曾国藩、胡林翼、左宗棠每有所奏，多获报允。他结交名士,联络湘军,朝廷内外,很有势力。但他力主杀钦差大臣耆英、大学士柏葰；行宝钞、铸大钱，物价飞涨，官民不满；又籍没贪官、商人数十家，引起一些人仇恨；特别是他支持穆荫诱擒英使巴夏礼等入狱，造成事态扩大；又赞画咸丰帝狩幸热河，并排挤一些朝廷重臣如杜受田、祁寯藻、彭蕴章等。“朝臣集团”得到咸丰皇帝的支持，但咸丰皇帝已经宾天。这一切都成为肃顺及其“朝臣集团”危机的根源。当时清廷分为两半：一半在承德，另一半在北京。

“帝胤集团”在北京，以恭亲王奕䜣为首。其支持者为五兄惇亲王奕誴、七弟醇郡王奕譞、八弟钟郡王奕詥、九弟孚郡王奕譓以及定郡王溥煦、贝子载治等。还有军机大臣文祥、桂良、宝鋆等人。文祥，满洲正红旗人，世居盛京，道光进士，军机大臣。英法联军逼京师，咸丰帝巡幸热河，他上言“以动摇人心，有关大局，且塞外无险可扼，力持不可”,而被留守京师。他是独被排除在赞襄政务大臣之外的一位军机大臣。桂良，满洲正红旗人，为奕䜣岳父，官湖广总督、直隶总督、东阁大学士。咸丰帝赴热河，同奕䜣留守京师。宝鋆，满洲镶白旗人，世居吉林，道光进士,署理户部三库事务。咸丰帝至热河,调帑银 20 万两修葺行宫,宝鋆“以国用方亟，持不可”，而受责降级。翁心存，道光进士，入直上书房，授惠郡王读书，又授六阿哥（奕䜣）、八阿哥（奕詥）读书。咸丰时任上书房总师傅，拜体仁阁大学士。翁心存对肃顺兴大狱不满，载垣等请褫其顶戴，归案讯质，被降 5 级，革职留任。翁心存、祁寯藻、彭蕴章 3 人都是上书房的师傅，翁、祁、彭“三人者，并与肃顺不协，先后去位”。贾桢,山东黄县人,道光一甲二名进士,后擢侍讲,入直上书房,授皇六子奕䜣读书,后任武英殿大学士。咸丰帝赴热河,命桢留守,桢“日危坐天安门，阻外军不令入”。所以，奕䜣周围人的特点：一是汉儒老臣多，二是正直不阿之臣多，三是对西方了解之臣多，四是力议咸丰帝在京主政者多，五是议和后请皇帝回銮者多，六是官员年富力强者多。以奕䜣为首的“帝胤集团”，得到两宫皇太后与同治皇帝的支持。

“帝后集团”先在承德，后在北京。在帝制时代，皇帝是政权的核心。虽然载淳只有 6 岁，但他是皇权的象征。两宫皇太后，虽是女人家，但她们是皇太后，完全可以掌控小皇帝载淳。特别是咸丰帝在临终之前，将“御赏”、“同道堂”两印作为下达诏谕的符信。顾命大臣拟定的“谕旨”，没有“御赏”和“同道堂”两印是不能生效的；相反，她们让大臣草拟的“谕旨”,加盖上“御赏”和“同道堂”两印,即可以立即生效。就是说，两宫皇太后和同治皇帝，既然手中掌握“御赏”和“同道堂”两印，就

慈安太后像

慈禧太后像

在实际上掌握了皇权。所以，顾命八大臣看重了朝臣集团的力量，而看轻了“孤儿寡母”——帝后的政治力量。

以上 3 个朝廷集团，咸丰皇帝断气之日，便是开始较量之时。

七月：

十七日，载淳即正皇帝尊位，是为同治皇帝。

十八日，大行皇帝大殓，梓宫（灵柩）安放在澹泊敬诚殿。同治帝尊皇后钮祜禄氏为母后皇太后，尊懿贵妃叶赫那拉氏为圣母皇太后。谕军机处各奏折后署赞襄政务大臣。

二十三日，恭亲王奕䜣赴热河叩谒梓宫，允之。

二十九日，由赞襄政务王大臣载垣等拟定年号用“祺祥”2字，奉懿旨从明年更年号为“祺祥”。

八月：

初一日，恭亲王奕䜣获准赶到承德避暑山庄叩谒咸丰的梓宫。溥仪《我的前半生》说：相传奕䜣化妆成萨满，在行宫见了两宫皇太后，密定计，旋返京，做部署。奕䜣获准同两宫太后会面约两个小时。奕䜣在热河滞留6天，尽量在肃顺等面前表现出平和的姿态，麻痹了顾命大臣。两宫太后与恭亲王奕䜣，破釜沉舟，死中求生，睿智果断，抢夺先机，外柔内刚，配合默契。恭亲王奕䜣同两宫太后密商决策与步骤后，返回北京，准备政变。此时，咸丰皇帝刚驾崩13天。

初五日，醇郡王奕譞为正黄旗汉军都统，掌握实际军事权力。

初六日，御史董元醇上请太后权理朝政、简亲王一二人辅弼的奏折。

初七日，准兵部侍郎胜保到避暑山庄。胜保在下达谕旨不许各地统兵大臣赴承德祭奠后，奏请到承德哭奠，并率兵经河间、雄县一带兼程北上。

十一日，就御史董元醇奏折所请，两宫皇太后召见八大臣。肃顺等以咸丰遗诏和祖制无皇太后垂帘听政故事，拟旨驳斥。两宫皇太后与八位赞襄政务大臣激烈辩论。八大臣“哓哓置辩，已无人臣礼”。《越缦堂日记》记载：肃顺等人恣意咆哮，“声震殿陛，天子惊怖，至于涕泣，遗溺后衣”，小皇帝吓得尿了裤子。两宫太后不让，载垣、端华等负气不视事，相持愈日，卒如所拟。八大臣想先答应两宫太后，把难题拖一下，回到北京再说。

十八日，宣布咸丰灵柩于九月二十三起灵驾，二十九日到京。两宫太后与同治皇帝二十四行奠礼后由间道回京。

九月：

初一日，同治上母后皇太后为慈安皇太后、圣母皇太后为慈禧皇太后徽号。初四日，郑亲王端华署理行在步军统领，瑞常任步军统领。

二十三日，大行皇帝梓宫由避暑山庄启驾。同治与两宫皇太后，奉大行皇帝梓宫，从承德启程返京师。两宫太后和同治只陪了灵驾一天，就以皇帝年龄小、两太后系年轻妇道人家为借口，从小道赶回北京。

二十九日，同治奉两宫太后回到北京皇宫。因为下雨，道路泥泞，灵驾行进迟缓；同治奉两宫皇太后间道疾行，比灵驾提前 4 天到京。两宫皇太后到京，即在大内召见恭亲王奕䜣等。

三十日，发动政变。同治与两宫皇太后，宣读在承德预先由醇郡王奕譞缮就之谕旨，宣布载垣等罪状：

其一，"上年海疆不靖，京师戒严，总由在事之王大臣等筹划乖张所致。载垣等不能尽心和议，徒以诱惑英国使臣以塞己则，以致失信于各国，淀园被扰。我皇考巡幸热河，实圣心万不得已之苦衷也！"就是将英法联军入侵北京、圆明园被焚掠、皇都百姓受惊、咸丰皇帝出巡的政治责任，全扣到载垣等八大臣头上。

其二，以擅改谕旨、力阻垂帘罪，解载垣、端华、肃顺、景寿任，穆荫、匡源、杜翰、焦祐瀛退出军机。此前，《清史稿·肃顺传》记载："肃顺方护文宗梓宫在途，命睿亲王仁寿、醇郡王奕譞往逮，遇诸密云，夜就行馆捕之。咆哮不服，械系。下宗人府狱，见载垣、端华已先在。"《清穆宗毅皇帝实录》记载："以醇郡王奕譞管善捕营事。"这可能同奕譞逮捕肃顺事有关。

十月：

初一日，命恭亲王奕䜣为议政王、军机大臣。随之，军机大臣文祥奏请两宫皇太后垂帘听政。《清史稿·文祥传》记载："十月，回銮，（文祥）偕王大臣疏请两宫皇太后垂帘听政。"命大学士桂良、户部尚书沈兆霖、侍郎宝鋆、文祥为军机大臣。

初三日，大行皇帝梓宫至京。

初五日，从大学士周祖培疏言"怡亲王载垣等拟定'祺祥'年号，意义重复，请更正"；诏改祺祥为"同治"。"同治"含义可做 4 种诠释：一是两宫同治，二是两宫与亲贵同治，三是两宫与载淳同治，四是两宫、载淳与亲贵同治。

初六日,诏赐载垣、端华在宗人府空室自尽,肃顺处斩,褫景寿、穆荫、匡源、杜翰、焦祐瀛职，穆荫发往军台效力。据记载：“将行刑，肃顺肆口大骂，其悖逆之声，皆为人臣子所不忍闻。又不肯跪，刽子手以大铁柄敲之，乃跪下，盖两胫已折矣。遂斩之。”

初九日，载淳在太和殿即皇帝位。

二十六日,礼亲王世铎奏遵旨会议并重议上《垂帘章程》,懿旨:依议。

十一月：

初一日，同治奉慈安皇太后、慈禧皇太后御养心殿垂帘听政。皇太后垂帘听政，这在中国历史上，既是空前的，也是绝后的。在这里附说一点。慈禧本来没有多少文化，但她注重学习。两宫太后命南书房、上书房师傅编纂《治平宝鉴》，作为给两宫太后的教科书，仿照经筵之例，派翁同龢等定期进讲。后来慈禧也能批阅奏章，但常有语句不通和错别字之处。

这次政变，因载淳登极后拟定年号为祺祥，故史称“祺祥政变”；这年为辛酉年,又史称“辛酉政变”,政变发生在北京,还称“北京政变”。其时，“辛酉政变”的 3 个主要人物——慈安皇太后 25 岁，慈禧皇太后 27 岁，恭亲王奕䜣 30 岁。

改变祖制 辛酉政变，改变祖制。清幼帝顺治，6 岁登极，以郑亲王济尔哈朗和睿亲王多尔衮辅政。康熙 8 岁登极，以索尼、苏克萨哈、遏必隆、鳌拜四大臣辅政。此后，雍正、乾隆、嘉庆、道光、咸丰 5 帝，都是成年登极，亲理政事，所以没有摄政王或辅政大臣。同治 6 岁登极，原定载垣、端华、肃顺、景寿、穆荫、匡源、杜翰和焦祐瀛八大臣，赞襄政务。这八大臣只是“赞襄政务”，尚不是“辅政大臣”。但慈安太后和慈禧太后将他们处治之后，以同治名义发布的谕旨说：“皇考升遐，即以赞襄政务王大臣自居，实则我皇考弥留之际，但面谕载垣等，立朕为皇太子,并无令其赞襄政务之谕,载垣等乃造作赞襄名目”云云。“赞襄”之义,是为佐助,而非主持。咸丰帝临危之时,是否有“赞襄政务”4 个字，这里不做考证。反过来说,咸丰帝临危之时,也没有“垂帘听政”4 个字。

按照清朝爱新觉罗宗室家法，冲龄皇帝即位，设立辅政大臣，两有先例，不足为怪。经过“辛酉政变”，否定“赞襄政务”大臣，而由慈安皇太后与慈禧皇太后垂帘听政，这是体制上的重大改制。

顺治初年，设辅政王，其特征是最高军政权力，掌握在宗室勋贵手中。后来发现这样做是皇权旁落，且威胁到皇位。到康熙初政，设辅政大臣。康熙初年的4位辅政大臣，都不是爱新觉罗氏的宗室。这样既能辅理政务，又避免威胁皇位。辛酉政变后，恭亲王奕䜣为议政王，这是当年郑亲王济尔哈朗、睿亲王多尔衮两亲王辅政的再现。所不相同者有二：其一是设立由帝胤贵族担任的议政王，其二是两宫太后垂帘听政。这样皇权出现二元：议政王奕䜣总揽朝政，皇太后最后总裁懿定。这个体制最大的特征是皇太后垂帘听政。

当时在朝廷的满洲贵族中，主要有异姓贵族、宗室贵族和帝胤贵族3种势力集团。顺治初年摄政王多尔衮、济尔哈朗，都是宗室贵族。康熙初年四大臣辅政，索尼、苏克萨哈、遏必隆和鳌拜，都是满洲非爱新觉罗氏贵族，即都是异姓贵族。同治帝初始八大臣的主体肃顺、端华，都是宗室贵族，而非皇帝直系血胤。帝胤贵族，主要有咸丰皇帝的第五子惇亲王奕誴、第六子恭亲王奕䜣、第七子醇郡王奕譞、第八子钟郡王奕诒、第九子孚郡王奕譓。“辛酉政变”就满洲贵族而言，主要是宗室贵族同帝胤贵族的矛盾与拚杀。宗室贵族原依靠咸丰皇帝，帝胤贵族则依靠皇太后。咸丰皇帝已死，两宫皇太后掌握同治皇帝和“御赏”、“同道堂”两颗印章。两宫皇太后、特别是慈禧皇太后，主要利用和依靠帝胤贵族，打击宗室贵族，取得了完全的胜利。

慈禧皇太后垂帘听政，名为听政，实则主政。朝政的主持权，不仅将异姓贵族排斥在外，而且将宗室贵族排斥在外，这就逐渐形成慈禧专权的局面。这种慈禧皇太后专政的局面，持续近50年，是近代史中之福耶，祸耶？《论语·为政》曰：“视其所以，观其所由，察其所安，人焉廋哉，人焉廋哉！”所以，不管是福、是祸，有一点是肯定的：在世界政治日趋民主化的大潮中，大清帝国的皇权却日益高度集中。这是同、光、宣三朝中国历史悲剧的一个重要原因。

皇帝傀儡　太后垂帘

咸丰十一年（1861 年）十一月初一日，同治奉慈安皇太后与慈禧皇太后，御养心殿垂帘听政。时慈安皇太后 25 岁，慈禧皇太后 27 岁。皇太后垂帘听政，这在中国历史上，既是空前的，也是绝后的。

太后干预朝政，历史多有先例。清朝皇太后御政，大学士贾桢在上疏中列举史据。《清史稿·贾桢传》记载：

> 为今日计，正宜皇太后亲操出治威权，庶臣工有所禀承，命令有所咨决，不居垂帘之虚名，而收听政之实效。准法前朝，宪章近代，不难折衷至当。伏查汉和熹邓皇后、顺烈梁皇后，晋康献褚皇后，辽睿智萧皇后，皆以太后临朝，史册称美。至如宋之章献刘皇后，有今世任、姒之称;宣仁高太后，有女中尧、舜之誉。明穆宗皇后,神宗嫡母,上尊号曰仁圣皇太后;穆宗贵妃,神宗生母,上尊号曰慈圣皇太后。惟时神宗十岁，政事皆由两宫抉择，命大臣施行，亦未尝居垂帘之名也。

两宫皇太后干政，最早由御史董元醇提出。八月上旬，董元醇奏折 3 条：其一，请皇太后暂时权理朝政，俟数年后皇上能亲裁庶务，再行归政；其二，于亲王中简派一二人，令其辅弼；其三，请在大臣中简派一二人，充皇上师傅之任。两宫太后召对载垣等王大臣，对御史董元醇的奏议表示意见。载垣等在奏对时，措辞激烈，进行置辩。尔后，朝廷宣布载垣罪状之日,胜保疏请皇太后亲理大政、并简亲王大臣辅政。同日,“皇太后应如何垂帘之仪,著一并会议具奏”。十月二十六日,廷臣奏上《垂帘章程》,两宫太后懿旨依议。于是,皇太后垂帘听政之举,舆论已经造势,章程已经制定。

垂帘听政地点设在大内养心殿东间，同治帝御座后设一黄缦（初为黄屏），慈安皇太后与慈禧皇太后并坐在垂帘的后面，垂帘之前设御榻座。恭亲王奕䜣立于左，醇亲王奕譞立于右。引见大臣时，吏部堂官递绿头笺，恭亲王奕䜣接后呈放在御案上。这是翁同龢随其父翁心存入觐时之见闻。从此，两宫皇太后在这里召见军机大臣及王公大臣，议商军政，懿旨国事。

慈安皇太后与慈禧皇太后同时垂帘听政，而慈安皇太后身体不佳、为人平和，又不是皇帝的生身母亲，所以后来实际上由慈禧皇太后独揽朝纲。至于同治皇帝，虽然年幼，不懂军政，却要在帘前正襟危坐，摆出真龙天子的威仪。其时，同治帝尚在读书时期，他的师傅由圣母皇太后慈禧懿定。师傅为祁寯藻、翁心存、倭仁、李鸿藻共同授读。课堂设在弘德殿。他们向同治帝讲授四书、五经等。同治帝读《大学》，由祁寯藻讲授，全能背诵，并能疏解。他又讲《帝鉴图说》，天子要亲贤、远佞、好仁、纳谏等儒家思想。还讲《耕织图》、《豳风图》，使同治帝知道农桑之源与稼穑之艰。翁心存，江苏常熟人，道光进士，曾为奕䜣师傅，以“品端学粹，守正不阿”，而为学人所重，其子为翁同龢。寯藻与心存，博大精深，学林雅重，但同肃顺政见相左，“并与肃顺不协，先后去位”。慈禧懿旨，起用他们，教授幼帝，“辅导冲主”。倭仁，蒙古正红旗人，道光进士，主要讲解古代帝王事迹，及古今名臣奏议，著《启心金鉴》，为同治帝讲授。同治的满文谙达（师傅）为太常寺卿奕庆。

同治贪玩，不好学习。他的师傅说他“读甚倦，仍如去年也”，就是说比上年没有长进。同治帝学习看奏折，是一门实用的功课。但他在看奏折时，“精神极散”，听讲奏折，也极不用心。他听师傅讲课，时常“神情不属”，精神不集中。在课堂上，“无精神则倦，有精神则嬉笑”，实在是一个顽皮的学生。同治帝“认字不清”，甚至“见书即怕”，对读书学习不感兴趣，产生厌倦情绪。

同治帝从 6 岁到 14 岁期间，每天应景做皇帝，到养心殿摆样子，两宫皇太后垂帘听政。他还要抽出半天时间，到弘德殿读书。他的两位先祖——顺治帝和康熙帝，都是 14 岁亲政。同治帝到 14 岁该亲政时，

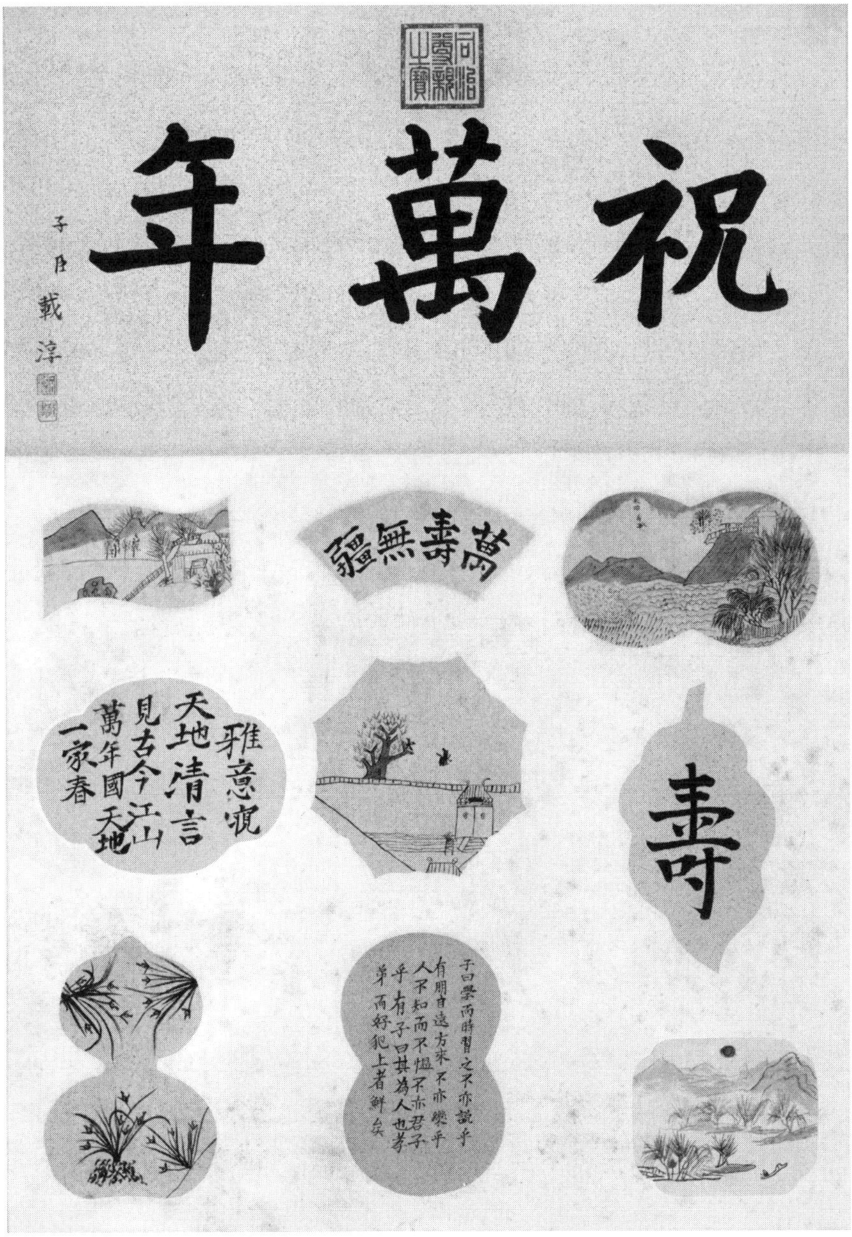

同治帝绘《祝万年图》

圣母皇太后还要垂帘，不允许他亲政，要他等大婚后再亲政。同治十一年（1872 年），17 岁的同治要结婚。皇后的人选：慈安皇太后喜欢侍讲崇绮的女儿阿鲁特氏，慈禧皇太后则喜欢员外郎凤秀的女儿富察氏。两宫太后，意见不一，她们要皇儿同治自己选择决定。同治帝选定崇绮的女儿阿鲁特氏为皇后。于是同治帝奉两宫皇太后的懿旨，册阿鲁特氏为皇后，又册富察氏为慧妃。这年九月十四日，同治帝举行大婚典礼。因为慈禧皇太后不喜欢皇后阿鲁特氏，常找碴难为这位小皇后。同治初婚时还好，不久就厌倦后宫的生活。他常独居乾清宫，生活寂寞，郁郁寡欢。

同治十二年（1873 年）正月，同治帝亲政，时年 18 岁。他亲政时，诏曰："恪遵慈训，敬天法祖，勤政爱民。"就是说：先要遵守圣母皇太后的懿旨，还要敬天法祖，最后才是"勤政爱民"。他亲政后，也办了些实事。

第一，处理日常国事。如同治帝在西苑（今中南海）紫光阁，会见日本国大使副岛种臣、俄国大使倭良嘎里、美国大使镂斐迪、英国大使威妥玛、法国大使热福理、荷兰国大使费果荪，并接受他们呈递国书。

第二，推行同治新政。同治朝在国内处于"太平天国"与"义和团"两次重大社会动荡之间，在国际处于英法联军与八国联军两次入侵之间，这就给同治朝实行新政提供了一个难得的历史机遇。日本明治维新也正在此期。两宫皇太后垂帘听政、议政王奕䜣主持政务，互相配合，推行新政。在奕䜣主持下，新政的主要措施是:成立总理各国事务衙门、设立同文馆、办新式学校、派人出洋、办厂开矿、修筑铁路等，实行学习西方近代化举措，开始走向开放、进步。这些军事工业的出现，引进了先进的科学技术和大机器生产，对西方先进科学的传播和科技人才的培养，起到了积极作用。但是，恭亲王奕䜣在同治三年（1864 年）"江宁克复"后第二年，便被"罢议政王及一切职任"，后仍命"在军机大臣上行走"；同治十三年（1874 年）同治帝亲政，恭亲王奕䜣被降为郡王。同年同治帝死，同治新政结束。

第三，重修圆明三园。同治帝亲政后的一件大事，就是重修圆明园。同治亲政，他想到宫外游冶愉悦，回忆起童年时的圆明园生活。而圣母皇太后慈禧也想退帘之后，到圆明园居住，"以备两宫皇太后燕憩，用资颐养"。同治帝重修圆明园不是一般工程，至少要有几千万两白银。

九月二十八日，同治帝发布上谕：兴修圆明园作为两宫太后居住和朕听政之所,著王公以下京内外大小官员量力捐修。恭亲王奕䜣不好完全拒绝，自己报效银 2 万两，指令户部先拨银 2 万两。十月初一日，奉旨“绮春园”改名为“万春园”,“敷春堂”改名为“天地一家春”。寻正大光明殿、天地一家春等殿堂动土开工。此事张扬朝野，引起朝臣不满；拨款之后，朝廷震动。接着百官疏奏，反对重修圆明园。御史沈淮疏请缓修圆明园工程。同治帝览奏大怒，立即召见沈淮，严词加以申责。接着御史游百川再上疏谏阻,同治帝又下谕将游百川革职。经过一段准备,十三年(1874 年)正月，圆明园重修工程正大光明殿、天地一家春（原慈禧住处）等处先后开工。四月，同治视察圆明园，慈禧亲自旨取图样审阅，应修殿宇不下 3 000 余间。七月初六日，发生了广东商人李光昭借修园子购木料诈骗白银 30 万两的大案子，引起朝臣反对。同治帝仍不理睬，继续其修园工程。七月十八日，恭亲王奕䜣、大学士文祥等，联衔御前大臣和军机大臣 10 人（3 位亲王郡王、3 位御前大臣、3 位军机大臣、1 位师傅）疏奏，请停止圆明园工程:“宜培养元气，以固根本;不应虚糜帑糈，为此不急之务。”同治帝与十重臣几番面对面地辩论，他明知错误，仍不悔改。当大家一再反对时，同治帝准备明发上谕，以十大臣“朋比为奸，谋为不轨”的罪名，宣布将其革职。两宫太后见事情闹大，只好亲自出面调和。其结果是：革职十大臣的上谕没有发布，重修圆明园改为修葺三海。在奕䜣等谏阻下，同治说“我停了何如”！二十九日，谕：“所有圆明园一切工程,均著即行停止。”圆明园修建工程,宣布停止。此次补盖、添建、粘修、揭瓦后基本成型的殿阁亭榭等 100 座 500 间。重修圆明园工程是慈禧的懿旨,奕䜣等的谏阻,触怒了慈禧。三十日,同治帝上谕:“著革去恭亲王世袭罔替，降为郡王。”并革奕䜣子载澄贝勒郡王衔。八月初一日，同治帝发出上谕：“朕奉慈安瑞裕康庆皇太后、慈禧端右康颐皇太后懿旨：皇帝昨经降旨，将恭亲王革去亲王世爵罔替，降为郡王……著加恩赏还亲王世爵罔替”云云。谕修葺西苑三海工程。

同治做了 13 年傀儡皇帝,身患重病,不治而死。他的死因,是个疑案。

生活放荡　十九岁崩

同治是一个放荡的皇帝，生活不检，过早离世。

同治家庭　同治帝大婚的年龄比他的先祖顺治和康熙为晚，顺治帝 14 岁大婚，康熙帝 12 岁大婚，同治帝则 18 岁才大婚。同治帝大婚之后，算是有了自己的小家庭。

同治帝有 1 位皇后、4 位皇贵妃。

皇后，阿鲁特氏，咸丰四年（1854 年）七月初一日生，为户部尚书崇绮之女，祖父赛尚阿为道、咸两朝名臣。赛尚阿，道光朝理藩院尚书、军机大臣。咸丰朝任户部尚书、步军统领、文华殿大学士。父崇绮，蒙古正蓝旗人，初为工部主事，坐其父赛尚阿在同太平天国军的长沙战场失利，被褫职。太平军北伐，畿辅震惊，督练旗兵，又叙为七品笔帖式。英舰犯天津，守城有功，晋为主事，后迁员外郎。同治三年（1864 年），崇绮参加科举考试，因父亲获罪不能参加“官卷考试”，而参加“民卷考试”，荣登一甲一名进士，成为状元。这是有清 200 年以来，旗人第一位由民考中的状元，也是满洲、蒙古以汉文获翰林院编修的第一人。满蒙士林，引以为荣。同治九年（1870 年），选侍讲，后充日讲起居注官，再调盛京将军。义和团事起，崇绮同朝廷勋贵多人参与。事败之后，崇绮随荣禄走保定，住居莲池书院，自缢而死。崇绮妻，瓜尔佳氏，在京师陷落时，阖门死难。《清史稿·崇绮传附崇绮妻传》记载：

> 崇绮妻，瓜尔佳氏，先于京师陷时，预掘深坑，率子散秩大臣葆初及孙员外郎廉定，笔帖式廉容、廉密，监生廉宏，分别男女，入坑坐瘗，阖门死难。

同治十一年（1872 年）九月，册立阿鲁特氏为皇后。皇后阿鲁特氏出身于官宦名门、诗书大家，自幼习书达礼，性格耿爽，不善阿谀。史载：

同治帝孝哲毅皇后像

后幼读书，知大义，端静婉肃，内外称贤。及正位六宫，每闻谏阻，自奉俭约，时手一编。

阿鲁特氏被册为皇后，不久就怀有身孕。婆母慈禧皇太后不喜欢这个皇后儿媳妇，常不许她到乾清宫与同治皇帝同房。慈禧太后处处同她为难，日子过得很不舒心。同治帝病重，皇后护侍，也遭到慈禧太后的诃责。《我的前半生》中说：同治帝病重，皇后前去养心殿探视，二人说了些私房话，被慈禧皇太后知道。慈禧怒不可遏，闯入暖阁，“牵后发以出，且痛抶之”，并叫来太监棍棒伺候。同治帝被吓晕，病情加重。

慈禧太后见状,才未对皇后动刑。同治帝之死,慈禧将责任栽到皇后头上。皇后阿鲁特氏见同治皇帝死，大恸大悲，不思饮食，吞金自杀，获救得生。皇后之父崇绮，奏告慈禧皇太后。慈禧皇太后回答："可随大行皇帝去罢！"皇帝死了，尚未入葬，称大行皇帝，就是说可以随夫殉死。崇绮将此话告诉女儿。光绪元年（1875 年）二月二十日,在同治帝死后 75 天,皇后阿鲁特氏崩,年 22 岁。关于皇后阿鲁特氏之死,《启功口述历史》说:

> 她觉得实在没有活路了，就想自杀，又找不到自杀的办法，就把父亲崇绮叫去，商量怎么办。崇绮跪在帘子外——这是宫里的规矩，女儿做了皇后，父亲见她也要行君臣大礼——问她："不吃行不行？"她说："行"。于是最后决定采取绝食而死的办法。

皇后阿鲁特氏死后，时大行皇后的灵柩，暂安于清东陵隆福寺。御史潘敦俨不平，请更名谥号，奏曰:"后崩在穆宗升遐百日内，道路传闻，或称伤悲致疾，或云绝粒霣生，奇节不彰，何以慰在天之灵？何以副兆民之望？"疏上，慈禧太后"斥为谬妄"，命夺官。野史或谓：皇后阿鲁特氏怀孕，慈禧太后恐其生皇子，将来缵承大统，自己不能垂帘听政，故将其逼死。

同治帝皇贵妃有 4 位：

第一位淑慎皇贵妃，富察氏，为员外郎凤秀之女。慈禧太后原拟给同治帝做皇后，但同治帝表示不喜欢。慈禧太后不得已，将富察氏定为慧妃，后晋皇贵妃，光绪三十年（1904 年）死，尊谥为淑慎皇贵妃。小小年纪，做了贵妃，夫君不喜欢，结婚 1 年多，皇帝故去，守寡 30 年。

第二位敬懿皇贵妃,赫舍里氏,为知府崇龄之女,咸丰六年（1856 年）六月生，初入宫，为瑜嫔，后晋为瑜妃。光绪二十年（1894 年），晋为瑜贵妃，三十四年（1908 年）尊封为瑜皇贵妃。民国二十年（1931 年）死，享年 76 岁，尊谥为敬懿皇贵妃。

第三位庄和皇贵妃，阿鲁特氏，大学士赛尚阿之女，是皇后阿鲁特氏之姑，咸丰七年（1857 年）八月生。初入宫，为珣嫔，晋珣妃。光绪二十年（1894 年）尊晋为珣贵妃。三十四年（1908 年），尊晋为珣皇贵妃。民国二年（1913 年）死，享年 65 岁，尊谥为庄和皇贵妃。

第四位荣惠皇贵妃，西林觉罗氏，礼部郎中罗霖之女，咸丰六年（1856 年）八月生，初入宫，为瑨贵人，同治十三年（1874 年）十一月，晋封为瑨嫔，光绪二十年（1894 年），尊晋为瑨妃，三十四年（1908 年）十月尊晋为瑨贵妃。民国二十一年（1932 年）死，享年 78 岁，尊谥为荣惠皇贵妃。

同治帝虽有 5 位后妃，但由于他对做傀儡皇帝的不满，家庭生活的拘束，对功课的厌倦，以及伴读载澄的影响，据说常微服游荡，贪色不已。有人给他进“小说淫词，秘戏图册，帝益沉迷”。他常到崇文前门一带的酒肆、戏馆、花巷。野史记载：“伶人小六如、春眉，娼小凤辈，皆邀幸。”又记载同治帝宠幸太监杜之锡及其姐：“有奄杜之锡者，状若少女，帝幸之。之锡有姊，固金鱼池娼也。更引帝与之狎。由是溺于色，渐致忘返。”野史叟文说：同治帝既近女色，或做同性之恋。这些都是野史传闻，没有得到史料证明。

同治之死　同治十三年（1874 年）十二月初五日，同治帝崩于皇宫养心殿，享年 19 岁。同治之死，传说颇多。主要有死于天花、死于梅毒、死于天花梅毒等说。

主同治帝死于天花说，主要根据是历史档案和翁同龢的日记。《翁同龢日记》十月三十日云：“二十一日，西苑着凉，今日发疹。”十一月初二日，“闻传蟒袍补褂，圣躬有天花之喜”。又云：“昨日治疹，申刻，始定天花也。”初九日，召见御前大臣时，“气色皆盛，头面皆灌浆泡饱满”。上谕云：“朕于本月，遇有天花之喜，经惇亲王等合词吁请静心调摄”云云。历史医案《万岁爷进药用药底簿》的档案，医史专家的研究认为，同治帝系患天花而死。

主同治帝死于梅毒说，也主要根据历史档案和翁同龢的日记。《翁同龢日记》云：十一月二十三日，“晤太医李竹轩、庄某于内务府坐处，据云：‘脉息皆弱而无力，腰间肿处，两孔皆流脓，亦流腥水，而根盘甚大，渐流向背，外溃则口甚大，内溃则不可言，意甚为难’”。二十八日，又记太医云：“腰间溃如椀，其口在边上，揭膏药则汁如箭激，丑刻如此，卯刻复揭，又流半盅。”二十九日，再记：见“御医为他揭膏药挤脓，脓已半盅，色白而气腥，漫肿一片，腰以下皆平，色微紫，看上去病已深。”李慈铭《越缦堂日记》也记载：“上旋患痈，项腹皆一，皆脓溃。”但他又说：“宫廷隔绝，其事莫能详也。”

主同治帝死于天花梅毒说，也主要根据历史档案与文献资料。这种看法是：或同治帝先患天花未愈而又发作梅毒，或同治帝先患梅毒而又染上天花，两病并发，医治无效，崩于皇宫养心殿东暖阁。

同治帝病危时，慈安皇太后、慈禧皇太后在养心殿西暖阁，召惇亲王奕誴、恭亲王奕䜣、醇亲王奕譞，孚郡王奕譓、惠郡王奕详，贝勒载治、载澄，公奕谟，御前大臣伯彦讷谟祜、奕劻、景寿，军机大臣宝鋆、沈桂芬、李鸿藻，内务府大臣英桂、崇纶、魁龄、荣禄、明善、贵宝、文锡，直弘德殿行走徐桐、翁同龢、王庆祺，南书房行走黄钰、潘祖荫、孙诒经、徐郙、张家骧入奉懿旨：“醇亲王奕譞之子载湉，著承继文宗显皇帝为子，入承大统，为嗣皇帝。”就是说，载湉继承文宗（咸丰帝）为儿子，入继皇位，为嗣皇帝。

同治帝小议

同治帝载淳，机遇难得：内处“太平军”与“义和团”两大社会动荡之间，外逢英法联军与八国联军两次入侵之际。《清史稿·穆宗本纪》论曰：“冲龄即祚，母后垂帘。国运中兴，十年之间，盗贼划平，中外乂安。非夫宫府一体，将相协和，何以臻兹？”然同治寿短，载湉入继，太后专权，国事亦非。从此，清帝三代无子，大清气数已尽。

十一 光绪皇帝：痛失机遇

清光绪帝爱新觉罗·载湉，同治十年六月二十八日(1871年8月14日）生，属羊，光绪三十四年十月二十一日（1908年11月14日）卒，庙号德宗，谥景皇帝，葬崇陵（今河北省易县清西陵）。4岁登极，在位34年，享年38岁。年号光绪，意为入继光大，清帝统绪。载湉是清朝第一位并非皇子而入继皇位的皇帝。

光绪朝的历史，复杂错综，纷繁光彩。其时，英、美、法、德等西方列强，已经工业化、民主化；俄国的“废除农奴制”，日本的“明治维新”，也都走上了富国强兵之路。这时的大清帝国，却“因循废堕，可谓极矣”！光绪“百日维新”，出现变革生机。然而，“戊戌政变”，痛失良机。清朝皇室，自相残杀，错过维新变革机会，丧失选择发展道路。其受害者，自然是百姓、是民族、是国家；而受害最烈者，则是皇室、是贵胄、是满洲。辛亥革命纲领是——“驱除鞑虏，恢复中华，建立民国，平均地权”。皇清宗室，满洲贵族，成为“革命对象”。清廷拒绝维新，终遭灭顶之灾。

下列简目，可以看出：光绪皇帝，痛失机遇，大清皇朝，终遭覆亡。

醇亲王子　入继皇位

光绪帝一生 38 年的历程，可以分作 4 个时期：从出生到 4 岁为醇郡王子时期，从 4 岁到 17 岁为傀儡皇帝时期，从 17 岁到 28 岁为亲理朝政时期，从 28 岁到 38 岁为瀛台被囚时期。下面先从载湉 4 岁入继和他的王子家世说起。

四岁入继　同治十三年（1874 年）十二月初五日，同治帝病死。慈安皇太后和慈禧皇太后在养心殿西暖阁，召见惇亲王奕誴、恭亲王奕䜣、醇郡王奕譞、孚郡王奕譓、惠郡王奕详，贝勒载治、载澄，公奕谟，御前大臣伯彦讷谟祜、奕劻、景寿，军机大臣宝鋆、沈桂芬、李鸿藻，总管内务府大臣英桂、崇纶、魁龄、荣禄、明善、贵宝、文锡，弘德殿行走徐桐、翁同龢、王庆祺，南书房行走黄钰、潘祖荫、孙诒经、徐郙、张家骧等入，宣布懿旨："醇亲王奕譞之子载湉，著承继文宗显皇帝为子，入承大统，为嗣皇帝。"就是说，醇亲王奕譞之子4岁的载湉，入继文宗显皇帝咸丰（奕詝）的皇位，成为大清国的第十一位皇帝。又宣布懿旨："皇帝龙驭上宾，未有储贰，不得已以醇亲王奕譞之子载湉，承继文宗显皇帝为子，入承大统，为嗣皇帝。俟嗣皇帝生有皇子，即承继大行皇帝为嗣。"就是说，将来载湉有了儿子，为同治之嗣。以上载述，可以看出：第一，懿旨召见王公大臣列名者有29人之多，可谓空前。这说明非皇子入承大统，为大清首次，既示郑重，又免物议。第二，载湉继承咸丰为子，即为咸丰帝的嗣皇帝，这就为皇太后垂帘听政提供合乎仪规的辈分。如载湉继承同治帝为嗣皇帝，则应由同治皇后垂帘听政。这实在是清朝皇位嗣立的又一大改制，也是咸丰帝故去13年以来，慈禧太后在皇位继承与亲理朝政上，继垂帘听政后的第二次改变祖制。这两次改变祖制，其目的只是一个：皇太后垂帘听政，总揽朝纲，专权独断。

家父身世 载湉于同治十年六月二十八日（1871年8月14日），出生于北京宣武门内太平湖畔醇郡王府的槐荫斋。载湉的父亲为咸丰帝的同父异母兄弟，母亲是慈禧皇太后胞妹，所以他被慈禧太后懿旨入继大统。4岁的载湉之所以能入继皇位，这要从他的祖父道光皇帝说起。道光皇帝有9个儿子，皇长子、皇次子、皇三子皆先死，皇四子奕詝继承皇位，就是咸丰皇帝。道光帝的皇五子奕誴，过继给惇亲王绵恺（嘉庆第三子）为嗣。皇六子为恭亲王奕訢，皇七子奕譞、皇八子奕詥、皇九子奕譓都是庄顺皇贵妃乌雅氏所生。到光绪帝继位之前，道光帝的9个儿子中只剩下皇五子奕誴、皇六子奕訢、皇七子奕譞和皇九子奕譓5人。这几位皇子的福晋也是一个重要的因素。

咸丰皇帝纳秀女叶赫那拉氏为兰贵人后，生下皇子载淳。兰贵人叶赫那拉氏，后晋为懿嫔、懿妃、懿贵妃。懿贵妃叶赫那拉氏当时受宠，她曾说："入宫后，宫人以我美，咸妒我，但皆为我所制。"懿嫔受咸丰帝宠爱，生了皇子载淳，她的地位更为巩固。懿贵妃在深宫之内，接触

奕譞与嫡福晋叶赫那拉氏

外人机会少，能见到的男性除太监外，就是几个小叔子，即皇六弟奕䜣、皇七弟奕譞、皇八弟奕詥和皇九弟奕譓。懿贵妃有个胞妹叶赫那拉氏，在娘家，尚待字，她时常想在宗室中找个妹夫。在 4 位小叔子中，就年龄而言，皇六弟奕䜣已经结婚分府，皇八弟奕詥、皇九弟奕譓又年龄偏小；就性格而言，奕䜣过于机变，奕詥身体较弱，奕譓又羞怯腼腆。懿贵妃看中了皇七弟奕譞，想配做自己的妹夫，宗室联姻，巩固势力。咸丰十年（1861 年），醇郡王奕譞 19 岁，奉旨与懿贵妃叶赫那拉氏胞妹成婚。依例奕譞应分府出宫，受赐在宣武门内太平湖东岸建府邸（今中央音乐学院和三十四中学址）。这就是第一座醇王府，后称醇亲王府南府，载湉就出生在这里。光绪做皇帝后，依雍亲王府后升为雍和宫例，醇亲王府改为醇亲王祠。慈禧太后懿旨将什刹海北岸的一座贝子府，赐给醇亲王奕譞，这里又称醇亲王府北府（今宋庆龄故居纪念馆）。

醇亲王奕譞出生于英国发动鸦片战争的道光二十年（1840 年）。在道光朝，他没有受到特别的封赐。在咸丰朝的 11 年间，除 10 岁那年因咸丰帝登极，而按例封为醇郡王之外，几乎没有受到大的晋封。咸丰帝病逝时，奕譞 20 岁。这一年，妻子的亲姐姐做了皇太后。他以姻娅至亲，而受到重用。在"辛酉政变"中，奕譞受懿旨，带侍卫、官兵到密云半壁店，将随梓宫回京的协办大学士、赞襄政务大臣肃顺在熟睡中擒拿，押回北京后处斩。奕譞在这次政变中，为妻姐慈禧太后立下奇功。辛酉政变之后，醇郡王奕譞官阶迭升：封为都统、御前大臣、领侍卫内大臣、管神机营等。同治三年（1864 年），加亲王衔。四年（1865 年），命在弘德殿行走。十一年（1872 年），晋封醇亲王。同治帝死后，慈禧皇太后懿旨，由其外甥、醇亲王奕譞之子载湉入继大统。据《清史稿·奕譞传》记载："忽蒙懿旨下降，择定嗣皇帝，仓猝昏迷，罔知所措。"尔后，"舁回家内，身战心摇，如痴如梦"。翁同龢日记也载：宣示立载湉的懿旨一出口，奕譞立即"碰头痛哭，昏迷伏地"。因为儿子载湉入继大统当了皇帝，这是福，还是祸？事情叵测，吉凶难料。

奕譞日日敬敬慎慎，夜夜乾乾翼翼。他住的正房名为"谦思堂"，书斋名为"退省斋"，几案上摆放"欹器"，刻着"满招损，谦受益"的名句。欹器的特点是"虚则欹，中则正，满则覆"。孔子曾命弟子将水注入欹器里，结果是"中而正，满而覆，虚而欹"。孔子叹曰："吁！恶有满而不覆者哉！""恭谨敬慎"4 个字，是醇亲王奕譞待人处世的准则，更是他侍奉慈禧的圭臬。奕譞子女的房中，挂着他的治家格言：

> 财也大，产也大，后来子孙祸也大。若问此理是若何？子孙钱多胆也大，天样大事都不怕，不丧身家不肯罢！

这说明奕譞警惕自己"满招损"、告诫子孙"骄招祸"，要使得自身和家庭，就像府邸旁边的太平湖的湖名一样，求得一个"太平"。

载湉入继大统后，奕譞奏请罢去一切职务，“惟有哀恳矜全，许乞骸骨，为天地容一虚縻爵位之人，为宣宗成皇帝留一庸钝无才之子”。两宫太后让诸王大臣讨论并同意醇亲王奕譞的奏请，懿旨免去其一切职任，王爵世袭不变，后赐食亲王双俸，照料光绪帝在毓庆宫读书。

读书用功 初六日，就是宣布载湉嗣承皇位的第二天，光绪皇帝由醇郡王府邸，乘轿前往皇宫，进天安门，经过午门，到养心殿。他向两宫皇太后请安，并在大行皇帝同治灵前祭奠后，便“剪发成服”，入继大统，做了皇帝。他的名字，按照其祖父道光皇帝在二十六年（1846 年）三月的谕旨:“以二名不偏讳，将来继体承绪者，上一字仍旧，毋庸改避，亦毋庸缺笔;其下一字应如何缺笔之处,临时酌定。以是著为令典。”于是，遵照成宪，懿旨决定：“将御名上一字，仍旧书写，毋庸改避；下一字，著缺写末一笔”，以示改避之意。在此以前所刻书籍，都不需要挖改避讳。

初七日，光绪帝奉慈安皇太后住居在东六宫的钟粹宫，因钟粹宫位于东六宫，俗称慈安皇太后为“东太后”；奉慈禧皇太后住居在西六宫的长春宫，因长春宫位于西六宫，俗称慈禧皇太后为“西太后”。光绪帝住在养心殿，他“理政”时，慈安皇太后与慈禧皇太后对其实行垂帘听政。皇帝训谕称“谕旨”，皇太后训谕称“懿旨”。两宫太后懿旨：定在光绪元年（1875 年）正月二十日，光绪皇帝在太和殿举行即位大礼，并告祭天地、太庙、社稷。光绪皇帝继位后，到乾清宫向同治帝御容（画像）行礼，又到钟粹宫向慈安皇太后行礼、到长春宫向慈禧皇太后行礼，再到储秀宫向嘉顺皇后（同治皇后）行礼。这时光绪皇帝才 5 岁，实际年龄为 3 周岁半。

从光绪元年（1875 年）开始，光绪帝在紫禁城毓庆宫读书。师傅为署侍郎、内阁学士翁同龢与侍郎夏同善。幼年皇帝读书先有顺治帝、继有康熙帝、再有同治帝,他们登极时的虚岁年龄,顺治帝 6 岁、康熙帝 8 岁、同治帝 6 岁，而光绪帝只有 4 岁。所以，实际上光绪 5 岁（4 周岁）开始读书。光绪帝在毓庆宫开始就读，对环境、师傅、学习、伴读都很陌生，也很不习惯。他年龄小，不懂事，学习枯燥，常闹脾气。有时又哭又闹，还捽书本。师傅没有办法，奏告慈禧皇太后。慈禧懿旨皇帝生父奕譞到毓庆宫，照看小光绪读书。随着岁月推移，载湉年岁渐长，逐渐习惯于读书生活。光绪帝读书很用功，慈禧夸赞他："实在好学，坐立卧皆诵书及诗。"他把读书同做君主相联系，如在《乙酉年御制文》中写道："为人上者，必先有爱民之心，而后有忧民之意。爱之深，故忧之切。忧之切，故一民饥，曰我饥之；一民寒，曰我寒之。凡民所能致者，故悉力以致之；凡民所不能致者，即竭诚尽敬以致之。"他很想做一位有所作为的皇帝。他写了一首《围炉》诗：

西北明积雪，万户凛寒风；
惟有深宫里，金炉兽炭红。

从诗中可以看出，少年光绪皇帝胸中念边塞、心中有庶民的心态。

光绪帝有父亲奕譞在毓庆宫照料自己读书，但君臣之礼，取代父子之情。奕譞"谦卑谨慎，翼翼小心"的性格，对光绪帝影响并不大。影响光绪帝性格的重要因素，主要有三：

一是遗传因素。光绪帝的性格，继承更多的不是其父亲"敬谨"的因素，而是其母亲"桀骜"的基因。奕譞福晋叶赫那拉氏的性格，没有留下多少文字资料。她的性格特征，可以从其胞姐慈禧皇太后身上找到一点影子。前在咸丰帝一章中，曾对慈禧性格同其父惠征性格的关系做过分析。惠征的性格基因，可能遗传给了奕譞福晋叶赫那拉氏，又传给了其子光绪皇帝。后来光绪帝在甲午之战中的阳刚态度与在戊戌维新中的勇敢创革，其内在性格因素，同他的生母性格不无关系。

二是教育因素。光绪帝在毓庆宫十多年的读书学习，儒家经典，师傅熏陶，日积月累，长期修炼，是其性格形成的教育因素。

三是社会因素。光绪帝从幼年就生活在皇宫里，广泛接触朝廷大臣，耳闻目睹天下大事。特别是面临战败赔款，民族灾难，则是其性格形成的社会因素。

光绪帝经过12年的傀儡皇帝生活，早已到了亲政的年龄。光绪十二年（1886年）六月初十日，慈禧皇太后懿旨："前因皇帝冲龄践祚，一切用人行政，王大臣不能无所禀承，因准廷臣之请，垂帘听政。——本日召见醇亲王及军机大臣、礼亲王世铎等，谕以自本年冬至大祀圜丘为始，皇帝亲诣行礼，并著钦天监选择吉期，于明年举行亲政典礼。"明年，就是光绪十三年（1887年），光绪帝17岁，要开始亲政。

慈禧训政　光绪傀儡

光绪帝从17岁亲政，到28岁戊戌变法失败后被囚，是其亲理朝政的时期，也是其人生的第二个重要时期。

慈禧训政　光绪十三年（1887年）正月十五日，光绪帝在太和殿举行亲政大典。从此，光绪亲政，慈禧训政。

先是，光绪七年（1881年）三月初十日戌时（19—21时），慈安皇太后突然崩于大内钟粹宫，年45岁。慈安之死，史有传说。三月初十日上午，慈禧皇太后因病未视朝；慈安皇太后同光绪皇帝，召见军机大臣，处理朝廷政务。慈安皇太后身体健康，当日目击者记载："御容和怡无疾色。"可是吃过午饭，到了晚间，慈安皇太后暴崩。令人生疑的是：其一，按照常例，皇太后患病，先传御医，药方由军机大臣检视。此次慈安皇太后死前，并未传召御医入视。其二，依照常理，皇太后病故，传军机大臣入宫。但是，丧闻，军机大臣等入宫，慈安皇太后已小殓。其三，历朝惯例，后妃薨，即传其亲属入宫，瞻视之后，再行入殓。此次慈安皇太后死后，"椒房无预其事者"。这件奇特之事，时"众叹为创闻"。

慈安皇太后暴死之后，慈禧皇太后独自垂帘听政。按照顺治朝、康熙朝的先例，皇帝都是14岁亲政，但慈禧太后不愿放弃权力，迟迟不让光绪帝亲政。直到光绪帝17岁时，皇帝亲政之事，已然不能再拖。醇亲王奕譞想出了请皇太后"训政"的主意。醇亲王奕譞、礼亲王世铎合奏，"恳请皇太后训政数年"。《清史稿·奕譞传》记载：

慈禧太后像

> 皇帝甫逾志学，诸王大臣，吁恳训政。乞体念时艰，俯允所请。俟及二旬，亲理庶务。至列圣宫廷规制，远迈前代。将来大婚后，一切典礼，咸赖训教。臣愚以为，诸事当先请懿旨，再于皇帝前奏闻。俾皇帝专心大政，承圣母之欢颜，免宫闱之剧务。此则非如臣生深宫者不敢知，亦不敢言也。

慈禧皇太后勉允醇亲王奕譞所请，“于皇帝亲政后，再行训政数年”。其实，皇太后听政也好，训政也罢，光绪皇帝都是傀儡。不过，训政与听政还是有区别的。奕譞奏请皇太后训政，其要点是：训政原因——内外形势与皇帝年轻的需要；训政期限——到皇帝 20 岁，以前为训政、以后为训教；训政规制——“诸事当先请懿旨，再于皇帝前奏闻”，就是先由皇太后懿旨坤定，再向皇帝奏报知闻而已。所谓慈禧太后训政，就是光绪皇帝傀儡。不久，礼亲王世铎拟定《训政细则》，经皇太后懿准，使其训政典制化。皇帝亲政，太后训政，这是慈禧的第三次改制：第一次改制为皇帝冲龄继位由皇太后垂帘听政，第二次改制为由非皇子继承大行皇帝之父的皇位，第三次改制为皇帝亲政、而皇太后训政。慈禧以上 3 次改制，产生了广泛而深远的影响。其一，皇位继承在非皇子系统中选择；其二，皇帝冲龄入继，皇太后垂帘听政，将皇权抓在皇太后手里；其三，任用亲王辅政，先是恭亲王奕䜣、继是醇亲王奕譞、再是醇亲王载沣。朝政大权不仅完全排除异姓贵族，而且排除普通宗室贵族，牢牢地掌握在帝胤贵族手中。这就使皇权的集中达到了顶峰。清代同、光、宣三朝，整整 50 年，朝廷的中枢大权，不相信汉人贵族，不相信满洲异姓贵族，不相信满洲宗室贵族，仅局限于满洲帝胤贵族。关于宗室贵族的权力——明朝：“有明诸藩，分封而不锡土，列爵而不临民，食禄而不治事，史称其善。”清朝：“内襄政本，外领师干，与明所谓不临民、不制事者乃绝相反。”清朝之亡，原因之一，在于亲贵柄政。《清史稿·诸王传·序》载道：

嘉庆初，以亲王为军机大臣，以非祖制罢。穆宗践祚，辍赞襄之命，而设议政王，寻仍改直枢廷。自是相沿，爰及季年，亲贵用事，以摄政始，以摄政终。论者谓有天焉，诚一代得失之林也！

清朝灭亡，原因固多。太后听政、训政、亲政，亲王干政、摄政、柄政，君主集权，推到极端。月盈则亏，物极必反。大清皇朝末季，太后训政、亲王摄政、幼帝御政，寡妇、孤王、幼帝，去对付西方列强凶顽，去应付国民革命浪潮，其结果必定是：失败，覆亡！

光绪亲政 光绪十五年（1889 年），正月，光绪帝 19 岁，举行结婚大典。慈禧太后为筹备光绪帝的大婚，先懿旨户部拨银 200 万两，后增拨银 100 万辆。大婚典礼，举行 5 天，朝野上下，一片喧腾。同年二月，光绪皇帝举行亲政典礼。这比他的先祖顺治帝、康熙帝亲政大典的年龄，整整晚了 5 年。慈禧皇太后为光绪帝亲政、自己训政，懿旨光绪帝做了两件事情：头一件是颁谕扩建清漪园，为慈禧太后“颐养天年”之用，历时 3 年，扩建完工，改名为颐和园。第二件事是为醇亲王奕譞在什刹海北岸兴建府邸，即醇亲王府北府。光绪十六年（1890 年），光绪帝生父醇亲王奕譞亲眼看到儿子亲政与结婚、新建府邸 3 件大事后，病逝，年 51。谥号为“贤”，即醇贤亲王，配享太庙，葬于北京西山妙高峰。不过，光绪帝亲政后，内外大事，接连发生。其中，光绪十四年（1888 年），北洋海军成军，李鸿章前往校阅，这成为后来甲午战争时清朝主要的海军力量。

光绪帝亲政以后，在朝廷内部逐渐形成两股政治势力、两个政治集团，这就是“帝党”与“后党”。先是，光绪十年（1884 年），中法战争期间，慈禧同奕譞合作，将恭亲王奕䜣为首的 5 位军机大臣——奕䜣、宝鋆、李鸿藻、景廉、翁同龢，或休或免，全部罢黜。而代之以才能平庸的礼亲王世铎、额勒和布、孙毓汶等人。这一年为甲申年，史称“甲申易枢”。此后“帝党”与“后党”在朝中逐渐形成。他们在重大朝政

光绪帝便装像

上——甲午战争的“主战”还是“主和”，维新变法的“法祖”还是“维新”等，都进行激烈的政争。“帝党”以光绪皇帝为首，主要成员为大学士、军机大臣翁同龢和李鸿藻等；“后党”以慈禧皇太后为首，主要成员有大学士、兵部尚书兼步军统领荣禄，军机大臣孙毓汶、徐用仪等。“帝党”与“后党”在重大治策上，意见相左，针锋相对。如修圆明园，“帝党”大臣竟然提出停办慈禧太后六十大寿庆典，以其费用移充军费的建议，认为“羽书旁午时，为此娱目骋怀，似与哀惧之意相背，将何以申警将士，振发庸愚”？他们要求将所有庆祝寿典的景物，“一切繁仪，概行停止”。珍妃之堂兄志锐则要求将徐用仪、孙毓汶 2 人立予罢斥，退出军机。“后党”大臣孙毓汶敢于妄言“皇上为少年喜事者”，不仅是蔑视光绪皇帝，简直是对皇权的挑战。“帝党”与“后党”的各自力量及其相互搏斗，在甲午之战中，表现尤为突出。

甲午主战 光绪二十年（1894 年）四月，朝鲜发生东学党事件，日本政府决定出兵。五月，光绪帝采纳主战派意见，李鸿章派直隶提督叶志超、总兵聂士成等率 2 000 余人赴朝。同月，日军在朝鲜仁川登陆。在朝鲜战和取向上，“帝党”主战，力图在战争中削弱“后党”。“后党”主和，竭力保存实力。《清史稿 · 翁同龢传》记载：“时日韩起衅，同龢与李鸿藻主战，孙毓汶、徐用仪主和。”但“帝党”无实权，只能以“上谕”和朝野舆论督促李鸿章出战。时有人主张国际调停、同日本谈判。光绪帝谕旨，同日本谈判，“口舌之争，无济于事”。光绪帝主张加强准备，“布置进兵”。六月，在朝廷“帝党”与“后党”争论之时，日军攻进汉城，闯入王宫，劫持国王。光绪帝谕李鸿章：“现在倭、韩情事，已将决裂，如势不可挽。朝廷一意主战，李鸿章身膺重寄，熟谙兵事，断不可意存畏葸。”并告诫李鸿章道：“若顾虑不前，徒事延宕，致贻误事机，定惟该大臣是问。”日军攻击牙山清军，聂士成败走，叶志超逃往平壤。但叶志超谎报获捷，受到嘉奖。光绪帝颁谕，对日宣战。七月，李鸿章奏请俄人“调停”，光绪帝予以谕责。八月，日军进占平壤，清军溃退，左宝贵战死。继之，日军与清军在黄海大东沟进行海战。是役，清舰沉没 5 艘，死伤官兵千余人，管带邓世昌等阵亡；日舰重创数艘，死伤官兵600余人。李鸿章令舰队退进港内,日军掌控了制海权。光绪帝谕责李鸿章“师久无功”，进行处罚。九月，日军攻陷朝鲜义州，渡鸭绿江，侵入中国，占九连城、安东（今丹东）。十月，日军攻陷金州、大连，旋又攻占旅顺。十月，慈禧皇太后六十大寿庆典，京师上下，一片欢庆。日军攻陷金州、岫岩、大连、旅顺后，提出了停战议和条件。有的外国驻华使者表示愿意从中调停。慈禧太后等希望尽快停战，即使条件苛刻亦可俯允。光绪帝则不愿意接受这种城下之盟。谕曰：“冬三月，倭人畏寒，正我兵可进之时，而云停战，得毋计误我耶？”他告诫李鸿章：“旅顺既为倭据，现又图犯威海，意在毁我战舰，占我船坞。彼之水师，可往来无忌。其谋甚狡,敌兵扑犯,必乘我空隙之处,威海左右附近数十里内,尤为吃紧。”他命李鸿章飞饬各防军，实力严防，不得疏懈。十一月，慈禧太后懿旨恭亲王奕䜣为军机大臣，督办军务。十二月，日军犯辽阳，但遭到守军顽强抵抗；又占山东荣成。御史安维峻奏李鸿章卖国、请慈禧太后归政，遭到慈禧太后愤恨而被革职、戍军台。本年为甲午年，这场中日战争，史称“甲午战争”。次年正月，日军占威海，攻刘公岛，北洋海军覆灭，提督丁汝昌殉职。慈禧皇太后懿旨，派代表同日本谈判。

光绪帝在中日之战期间，开始主战、中间坚持、最后拒降，表现了中华民族抵御外来侵略的骨气与精神。但是，他对敌我军事势力估计不足,对顽固派的力量估计不足。光绪皇帝在甲午战争上有错误,主要是“多事”与“轻敌”——自家贫弱,何恤他事！不知彼己,何谈兵事！结果兵败，含泪签约。

含泪条约 光绪二十一年（1895年），正月，慈禧皇太后懿旨，派李鸿章为同日本谈判全权代表，并命其来京听训。先是，上年十二月，清廷派侍郎张荫桓等赴日求和。本年正月，日本拒绝张荫桓等在广岛登陆，要求派李鸿章为谈判代表。至是，慈禧太后懿旨改派李鸿章为谈判代表。李鸿章到京，光绪帝对甲午战败的怒气未消，避而不见，由恭亲王奕䜣传达慈禧懿旨。二月，光绪帝奉慈禧太后懿旨召见李鸿章，面谕：

“斟酌轻重，与倭磋磨定议”，但不授割地大权。后李鸿章等赴日本国马关。李鸿章同日本内阁大臣伊藤博文进行谈判。三月，中日签订《马关条约》。李鸿章派专员将《马关条约》文本送达北京。光绪皇帝阅览《马关条约》后，拒绝签字。时京师部分举人联名上书，反对签订《马关条约》；朝廷百余名官员上奏，吁请毁约：“地不可弃，费不可偿，当仍废约决战！”光绪帝面谕：“割台，则天下人心皆去，朕何以为天下主！”似此英主语，惜哉手无权。以慈禧太后为首的“后党”，逼光绪皇帝签订《马关条约》。四月，光绪皇帝含泪谕准中日《马关条约》。条约的主要内容：中国承认朝鲜完全“自主”；中国割让辽东半岛、台湾、澎湖；赔偿日本军费银 2 万万两；开放沙市、重庆、苏州、杭州为商埠等。于割台湾一事，丘逢甲《苦台湾》诗云：

春愁难遣强看山，往事惊心泪欲潸。
四百万人同一哭，去年今日割台湾。

《马关条约》是继道光《江宁条约》即《南京条约》，咸丰《北京条约》、《瑷珲条约》以来，最为卖国的条约。《马关条约》的签订，表明清朝除了进行改革，没有别的出路。

舆情求变 早在光绪十四年（1888 年），康有为以布衣身份，在《上清帝第一书》中写道：“窃见方今，外夷交迫：自琉球灭，安南失，缅甸亡，羽翼尽翦，将及腹心。比者日谋高丽，而伺吉林于东；英启卫藏，而窥川、滇于西；俄筑铁路于北，而迫盛京；法煽乱民于南，以取滇、粤！”他特别强调指出：大清朝处“在危机存亡之间，未有若今日之可忧也”！这封上书已到翁同龢案上，翁氏没有转呈。光绪二十一年（1895 年）《马关条约》签订后，当时在京参加会试的康有为联合各省举人，上书光绪皇帝，请求拒和、迁都、变法，史称“公车上书”。一个多月后，康有为的《上清帝第三书》又陈奏：

窃以为今之为治，当以开创之势治天下，不当以守成之势治天下；当以列国并立之势治天下，不当以一统垂裳之势治天下。盖开创则更新百度，守成则率由旧章。列国并立，则争雄角智；一统垂裳，则拱手无为。

不变法而割祖宗之疆土，驯至于危；与变法而光宗庙之威灵，可以强大。孰轻孰重，必能辨之者。不揣狂愚，窃为皇上筹自强之策，计万世之安，非变通旧法，无以为治。

光绪帝看到了康有为这封上书。顺天府尹胡燏棻上《条陈变法自强事宜折》，痛陈当今之危局，舍变法之外，即使是孔、孟复生，也难以为治。还有南书房翰林张百熙《急图自强敬陈管见折》等。光绪帝下令军机处将康有为、胡燏棻、张百熙等9个条陈，发到全国各地的将军、督、抚手里进行讨论。是日，光绪帝颁谕：

自来求治之道，必当因时制宜，况当国势艰难，尤应上下一心，图自强而弭祸患。朕宵旰忧勤，惩前毖后，惟以蠲除痼习，力行实政为先。叠据中外臣工，条陈时务，如修铁路、铸钞币、造机器、开矿产、折南漕、减兵额、创邮政、练陆军、整海军、立学堂，大抵以筹饷、练兵为急务，以恤商惠工为本源，皆应及时举办。

光绪帝准备推行维新变法。

但是，守旧派坚持率祖旧章，反对维新变法。军机大臣刚毅在奏折中声称：“我朝成法，尽善尽美。皇上仍应遵祖宗旧制，不可轻易更张。”荣禄曾公开扬言：“康有为立保国会，现在许多大臣未死，尚不劳他保也。其僭越妄为，非杀不可。”光绪帝反问道：“会能保国，岂不大善，何以要惩处？”他通过庆亲王奕劻，暗向慈禧太后示意：“太后若仍不给以事权，我愿退让此位，不甘作亡国之君。”这表明光绪帝要变法图强的决心。

维新元首　瀛台被囚

光绪帝亲理政事，时间只有10年。其间最重要的大事有两件：一件是上节叙述的甲午之战及其相关的《马关条约》；另一件是本节要叙述的维新变法及其相关的戊戌政变。

维新元首　光绪二十四年四月二十三日（1898年6月11日），光绪皇帝颁布了《明定国是诏》，略谓：

> 数年以来，中外臣工，讲求时务，多主变法自强。迩者诏书数下，如开特科、裁冗兵、改武科制度、立大小学堂，皆经再三审定。筹之至熟，甫议施行，惟是风气，尚未大开。论说莫衷一是，或托于老成忧国，以为旧章必应墨守，新法必当摈除。众喙哓哓，空言无补。试问今日时局如此，国势如此，若仍以不练之兵，有限之饷，士无实学，工无良师，强弱相形，贫富悬绝，岂真能制梃，以挞坚甲利兵乎？朕惟国是不定，则号令不行，极其流弊，必至门户纷争，互相水火。徒蹈宋、明积习，于时政毫无裨益。即以中国大经大法而论，五帝三王，不相沿袭，譬之冬裘夏葛，势不两存。用特明白宣示：嗣后中外大小诸臣，自王公以及士庶，各宜努力向上，发愤为雄。以圣贤义理之学，植其根本。又须博采西学之切于时务者，实力讲求，以救空疏迂谬之弊，专心致志，精益求精，毋徒袭其皮毛，毋竞腾其口说，总期化无用为有用，以成通经济变之才。

光绪帝颁诏“明定国是”，宣布变法。其后又陆续发出数十道维新谕令。从四月二十三日颁诏“明定国是”，至八月初六日（9月21日）慈禧太后发动政变，历时103日，史称“百日维新”。变法期间，光绪帝曾多次赴颐和园向慈禧皇太后问安，并窥其懿旨。一次慈禧严询变法事，光绪帝长跪达两小时始出。二十八日，光绪帝召见工部主事康有为

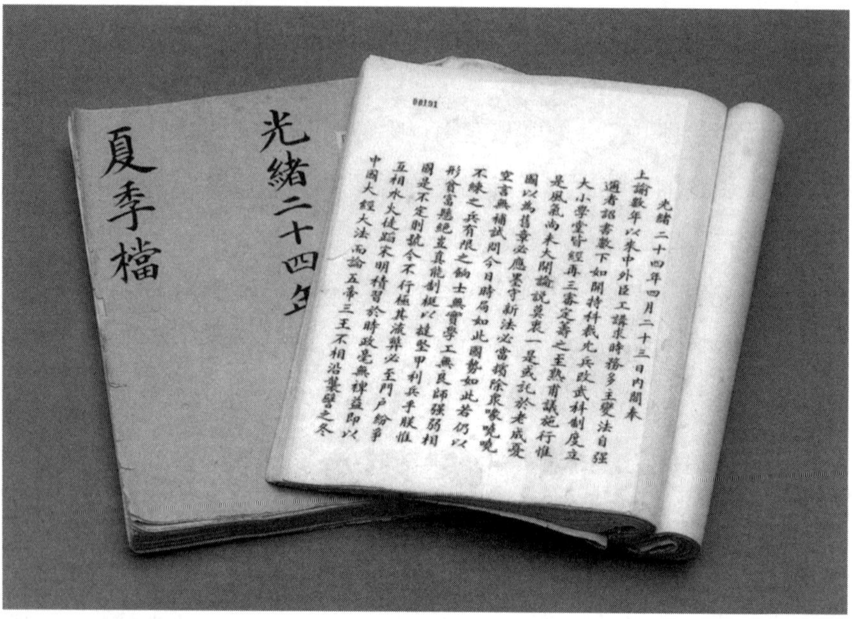

光绪帝《明定国是诏》

于仁寿殿，命充总理各国事务衙门章京，许其专折奏事。五月十五日，赏梁启超六品衔，办理译书局事务。后赏谭嗣同、刘光第、杨锐、林旭4人四品职衔，在军机章京上行走，参预新政事宜。时称其为“军机四卿”。

此间，革旧诏谕有：废八股取士，自下科始，改试策论；改各地书院、祠庙为兼习中学西学之学堂；裁撤詹事府、通政司、光禄寺、鸿胪寺、太常寺、太仆寺、大理寺等衙门，外省裁撤湖北、广东、云南3省巡抚，裁撤京内外大批冗员，一月之内，裁汰净尽；裁汰营勇；允旗人各习四民之业，以资生计。维新诏谕有：筹办京师大学堂，命孙家鼐管理京师大学堂；提倡西学，设译书局；于京师设立矿务铁路总局、农工商总局；提倡各种实业，诏谕各省鼓励绅商设厂，直到允许私人办兵工厂；奖赏新著作、科学发明，准其专利售卖；设立译书局，编译书籍；准梁启超于上海设立编译学堂，以培养翻译人才；准官绅士民开设报馆；京师及各通商口岸设邮政局；编制预算及决算，公布财政岁出岁入；许官民上书言事，严禁官吏阻抑；令各地绅富之有田业者开农会、刊农报、购农器，并举办农工商学各项事宜等。

光绪帝上述通商惠工、兴学育才、整顿吏治、广施新政各项严厉而果断的措施，遇到极大阻力，激怒顽固势力。守旧派官员，与新政为敌。如两广总督谭钟麟，年逾七十，两目昏盲，不能辨字，跪拜皆须人搀扶。他裁水师学堂，考试故意出八股题，将申请开矿、兴商者逐之。他们扬言："皇帝吃了康有为的迷魂药"；有的直接上书，请光绪帝诛杀康有为、梁启超，以平息民愤，保全国体。这一切表明:守旧派在准备扼杀维新派。

慈禧政变 八月初六日，慈禧太后发动推翻戊戌维新的宫廷政变，第三次垂帘听政。光绪帝开始变法时，慈禧太后就同守旧派策划政变。四月二十七日，慈禧太后迫光绪帝下旨免除翁同龢协办大学士、户部尚书职务，并回江苏原籍；后命直隶总督王文韶为军机大臣、户部尚书。时慈禧太后心腹权臣荣禄任军机大臣、兵部尚书、节制北洋海陆各军，并总管新设的武卫军——聂士成驻芦台为前军，董福祥驻蓟州为后军，宋庆驻山海关为左军，袁世凯驻小站为右军，荣禄自为中军。还命裕禄在军机大臣上行走。五月初六日，命怀塔布管理圆明园八旗及鸟枪营等事务，又命刚毅管理健锐营事务。七月二十一日，慈禧亲信怀塔布、杨崇伊赴天津与荣禄密谋，预定慈禧太后、光绪皇帝同赴天津阅兵时，举行政变，废光绪帝。康有为先曾派弟子徐仁禄专程往天津小站游说袁世凯，袁表示拥护光绪帝，康有为、谭嗣同信以为真。康密奏请光绪帝结袁以备不虞。二十六日，光绪帝看到礼部右侍郎徐致靖的《保荐袁世凯折》，谕荣禄传知袁世凯即行来京陛见。光绪帝在关键时刻，走错了一步棋。二十九日，光绪帝乘轿到西直门倚虹堂，转登龙舟到颐和园。这是他颁谕变法以来，第九次到颐和园向皇太后问安请旨。此次他带着保荐康有为、康广仁、梁启超、杨深秀等维新派人士作为懋勤殿顾问人选的奏折，请慈禧太后允许在宫中设懋勤殿，以安插维新党人。慈禧太后听了光绪帝的陈奏后大怒，指责他要把祖宗的家业葬送于康有为等人之手。光绪帝赐康有为、杨锐密诏，谕以"朕位且不能保"，妥速筹商，密缮封奏。

八月初一日，光绪帝在颐和园召见袁世凯，命以侍郎候补，专办练兵事务。次日又召见袁世凯。初三日，御史杨崇伊上封事于慈禧太后，请太后“训政”。是日傍晚，光绪帝离开颐和园回到皇宫养心殿。军机章京谭嗣同按康有为授意，夜往法华寺访袁世凯，策动他率兵“勤王”，包围颐和园，这就是《诡谋直记》所载的“围园密谋”，以“锢后杀禄”，就是禁锢慈禧太后、杀死荣禄。袁世凯佯示许诺（一说不允），正色厉声地说：诛荣禄如杀一狗耳！结果袁世凯向荣禄告密（一说袁世凯没有告密）。当夜，董福祥军入城，扬言京师有大变。初四日，酉刻（17—19 时），光绪帝正在养心殿筹画保存新政策略时，传来皇太后已回宫的消息。他急诣瀛秀门迎接，却遭慈禧太后冷眼。慈禧太后直抵光绪帝寝宫，搜括奏章，携之而去。慈禧太后指着光绪帝说：“痴儿，今日无我，明日安有汝乎？”此夜，光绪帝被慈禧皇太后幽禁于西苑（今中南海）瀛台涵元殿。初六日，以光绪皇帝名义发布上谕：“皇太后两次垂帘听政，办理朝政，宏济时难，无不尽善尽美。因念宗社为重，再三吁恳，慈恩训政，仰蒙俯如所请。此乃天下臣民之福。由今日始，在便殿办事。”同日，以康有为“结党营私，莠言乱政”，将其革职。康广仁著步军统领衙门捉拿交刑部治罪。旋发出密旨拿获康有为“就地正法”。初八日，慈禧皇太后御殿训政。荣禄派兵 3 000 人，搜捕维新派和“帝党”人士。

政变后，维新派见英使、见日使、见美使，请设法救光绪帝。康有为得英国保护逃香港，梁启超得日本保护逃横滨。十五日，谭嗣同、林旭、刘光第、杨锐、杨深秀、康广仁同被杀于北京菜市口，史称“戊戌六君子”。康有为、梁启超被通缉，维新官员陈宝箴、江标、黄遵宪等数十人被罢免。慈禧太后临朝“训政”一个月内，不断下令禁止新政，除京师大学堂外，新政全被废除。戊戌变法失败，戊戌维新元首光绪皇帝则被幽禁于中南海瀛台或颐和园玉澜堂。

中南海瀛台在清初则为御驾常驻之处，亭台楼阁，范围甚广。在明朝本名南台，孝宗朝名相李贤，曾有《赐游西苑记》。顺治、康熙年间两度扩修，为避暑之处。瀛台东为春明楼，西为湛虚楼，南为迎薰亭，北则香扆殿、涵元殿、翔鸾阁，以及殿阁两旁的翼楼等。顺治帝每于南海子行猎，在西苑开宴，即指瀛台。康熙帝常宴诸臣于此，并许在瀛台网鱼。乾隆帝在未大修圆明园前，也常在瀛台活动，并在瀛台南建宝月楼，别作安置容妃（香妃）。

颐和园玉澜堂是一座小四合院，大门内正堂3间、东西配房各1间、东西耳房各2间，东配殿霞芬室（5间）和西配殿藕香榭（5间）内，各横砌一道砖墙，将穿堂封死，并将往皇后居住宜芸馆的通道堵塞，形成一座幽闭的禁所。后慈禧皇太后要立大阿哥，废掉光绪帝。

立大阿哥 光绪帝在103天改革失败之后，大部分生涯是在瀛台涵元殿和颐和园玉澜堂度过的。他用维新来除旧，以西法来救清，但其宏图，已成梦幻。他曾说过："朕不自惜，死生听天，汝等肯激发天良，顾全祖宗基业，保全新政，朕死无憾。"这表现光绪帝对新政的留恋。但是，慈禧皇太后不仅要幽禁光绪帝，还要设法废掉光绪帝。

先是，戊戌政变后，"后党"企图谋害光绪帝，宣称"帝病重"，因驻京各国公使警告，未遂。继又改为废立，宣称"帝久病不能君天下"，密电南方各督、抚，征取同意，但遭反对。两江总督刘坤一复电云："君臣之分已定，中外之口宜防。"此电一出，影响颇大。康有为在海外鼓动保皇党华侨纷纷发电"请皇帝圣安"，要求慈禧太后归政。梁启超在日本办《清议报》，歌颂光绪帝"圣德"，揭发"后党"丑恶。慈禧太后废黜光绪帝之企图亦难如愿。光绪二十五年（1899年），荣禄向慈禧皇太后献计，请"立大阿哥"，为同治帝载淳子嗣，以"徐篡大统"。《清史稿·荣禄传》记载："时太后议废帝，立端王载漪子溥儁为穆宗嗣，患外人为梗，用荣禄言，改称'大阿哥'。"

至是，光绪二十五年（1899年）十二月二十四日，慈禧皇太后召王公大臣、满汉尚书于仪鸾殿，以光绪帝名义宣谕："以多罗郡王载漪之子溥儁，继承穆宗毅皇帝为子。"并"封载漪之子溥儁为皇子"，是为"大阿哥"（皇储）。这一年为己亥年，史称为"己亥建储"。原预定庚子年即光绪二十六年（1900年）元旦，举行光绪帝让位典礼，改元"保庆"。但是，各国公使拒绝届期入贺。同月，上海绅商经元善等联名1 231人上书谏立嗣。维新派蔡元培等及海外保皇党华侨号称数十万人，纷电反对。慈禧皇太后被迫搁置立溥儁为大阿哥而废掉光绪帝的计划。“后党”的这些举动遭到了英、法等列强的抵制与反对，这就使慈禧当权势力与列强诸国的矛盾更趋尖锐。慈禧、荣禄一伙极力推行排外政策，并企图利用义和团运动达到其巩固权力与打击洋人的双重目的。

联军入京　帝后逃难

义和团起　光绪二十六年（1900 年）四月，京、津义和团如火如荼，守旧的当权势力利令智昏，他们一面策动义和团民众围攻使馆，一面掀起一股排外狂潮。当时围绕要不要对列强宣战，慈禧太后懿旨召开御前会议进行讨论。光绪帝虽已处于无权地位，却力陈使馆不可攻打，洋人不应加害，并反对向列强宣战。光绪帝认为，“战非不可言，顾中国积弱，兵又不足恃，用乱民以求一逞，宁有幸乎？”他反驳顽固派散布义和团有枪炮不入等神术，称：“乱民皆乌合，能以血肉相搏耶？且人心徒空言耳，奈何以民命为儿戏！”他竭力阻止向列强诸国宣战的做法。十九日，义和团入京师，“藉口仇教，肆行烧杀，致酿大患”。五月十五日，日本使馆书记官杉山彬在北京永定门外被义和团戕杀。二十四日，德国驻京公使克林德被戕。京师粮价昂贵，钱店倒闭，烧抢迭起，商民交困，焚正阳门城楼，扰乱五城已极。六月十一日，各国联军在天津南门外八里台激战。十三日，直隶提督聂士成阵亡。十八日，各国联军攻占天津，宋庆、马玉昆、裕禄退守北仓。义和团和马玉昆军在北仓阻击联军，打死打伤日军 400 多人、英军 120 人，血战多时，北仓失陷，裕禄败走杨村。二十一日，英、俄、德、法、美、意、奥、日本联军攻陷天津大沽炮台。七月十一日，各国联军占据天津杨村；直隶总督裕禄兵败自杀。同日，帮办武卫军事务大臣李秉衡临危受命，率几个幕僚和数百义和团民，出京御敌。十三日，联军攻河西务，张春发军未见敌即逃，夏辛酉军战败，河西务失陷。李秉衡退至马头。时宋庆、马玉昆等败军数万，汹涌溃退，充塞道路，难以阻遏。陈泽霖军不战自溃，逃至山东济宁；万本华军溃而北，逃向山西；夏辛酉军溃而南，逃向山东。十八日，联军占据通州。二十日，八国联军侵入北京。

联军入京 先是七月十一日，八国联军约2万人，自天津沿运河两岸向北京进犯。时北京和京津间清军有“勤王师”3万人，驻京武卫军、甘军、虎神营等3万人，从天津撤退的宋庆、马玉昆兵1万多，加上直隶练军等共约10万人。十四日，李秉衡退到通州张家湾。十五日，联军逼进张家湾，李秉衡自尽殉国，张家湾为联军所占。十八日，联军侵占通州，宋庆闻风而逃。后俄军首先进攻北京东便门，遭到甘军和团民的坚强抵抗；俄军攻占东便门城门，随即进攻内城，甘军在城墙上向俄军猛烈开火，打死打伤大量俄军官兵，重创华西里耶夫斯基将军。激战到下午，俄军攻入内城。继之，日军攻打朝阳门、东直门，在朝阳门遭到清军顽强抵抗，从清晨战到黄昏，日军才攻占朝阳门。英军在俄、日两军进攻后，攻广渠门，守兵先已溃逃，英军乃侵入北京城，并进入东交民巷使馆区。法、美等国军队也相继侵入北京城。荣禄率领的数万清军，早作鸟兽散。二十日，八国联军侵入北京。二十一日凌晨，慈禧太后挟光绪帝、带大阿哥溥儁等微服出德胜门西逃，随行者仅载漪、刚毅等十数人及护卫百余人而已。光绪帝怀着沮丧与沉重的心情，随同慈禧皇太后，先是到太原，随后又逃往西安。

八国联军对北京居民，肆行抢劫和屠杀。联军日夜包围各坛口，搜捕屠杀团民。仅庄王府一处，就杀死或烧死1 700多名团民。一次，一队法国兵路遇一群逃难的平民、兵丁和团民，即用机关枪把他们逼进死胡同内，举枪扫射，不留一人。侵略军在大街小巷“逢人即发枪毙之”，还闯进民宅，劫掠乱杀。侵略者焚寺观，烧民宅，京城之内，尸横街巷。珍贵图书档案，惨遭劫掠焚毁，损失数以万计。清廷内阁档案文稿，集中“在长安门内，付之一炬”。长安门附近“满街破纸，皆印文公牍”。八国联军在北京强奸妇女，许多妇女或因反抗而惨遭杀戮，或因受辱而含冤自尽。联军占领北京之后，曾特许军队公开抢劫3日，皇宫、衙署、王府、官邸、商店、当铺、民居、农户，惨遭抢掠，洗劫一空。被誉为“万园之园”的圆明园，被英法联军焚掠之后，经同治修葺，再遭彻底破坏。北京五千年以来之积蓄，上自典章文物，下至国宝奇珍，劫掠焚毁，扫地殆尽。九月二十六日，联军总司令瓦德西抵京。十一月十九日，联军设立“北京管理委员会”。清廷派官同联军议和、签约。

辛丑签约 光绪二十七年（1901 年）七月二十五日，慈禧皇太后派全权代表庆亲王奕劻、李鸿章与英、美、俄、德、日、奥、法、意、西、荷、比等 11 国公使，在北京签订《辛丑条约》。条约 12 款，附件 19 件。因这一年为辛丑年，所以称其为《辛丑条约》。主要内容有：

第一，中国赔款银 4.5 亿两，分 39 年还清，年息 4 厘，本息合计 9.8 亿多两，是为“庚子赔款”。

第二，北京建立使馆区，其行政由使馆管理，界内不准中国人居住，由外兵驻扎防守。

第三，拆毁“大沽炮台及有碍京师至海通道之各炮台”，外国军队驻守北京和从北京到山海关沿线 12 个重要地区。

第四，清政府在各地颁布《上谕》“允定两事”：“永禁或设或入与诸国仇敌之会，违者皆斩”；“惩办”首祸诸臣及地方官。“各省督抚、文武大吏暨有司各官于所属境内，均有保安之责，如复滋伤害诸国人民之事，或再有违约之行，必须立时弹压惩办，否则该管之员，即行革职，永不叙用。”

第五，清政府允将各个通商条约中的“诸国视为应行商改之处”，及其他应办的通商事项，“均行议商”。

第六，将总理各国事务衙门改为外务部，“班列六部之前”等。

《辛丑条约》是继道光《江宁条约》即《南京条约》、咸丰《北京条约》和《瑷珲条约》、光绪《马关条约》之后，危害最为严重的丧权辱国的卖国条约。

戊戌变法的失败，慈禧政变的结局，其严重恶果，其深重影响，是八国联军侵入北京，是《辛丑条约》的被迫签订。

帝后西逃 光绪二十六年（1900年）七月二十一日，慈禧太后等出德胜门,住颐和园。二十三日,慈禧太后等一行逃至怀来县。二十五日，颁谕称："慈驾暂行西幸。"二十六日，慈禧太后闯下的大祸，却由光绪帝下《罪己诏》:

> 今见国家阽危若此，其将何以为心乎！知人不明，皆朕一人之罪,小民何辜！遭此涂炭,朕尚何所弛其责备耶。朕为天下之主，不能为民捍患，即身殉社稷，亦复何所顾惜。敬念圣母春秋已高，岂敢有亏孝养，是以恭奉銮舆，暂行巡幸太原。

慈禧皇太后一行，八月十七日逃至太原。后慈禧太后授庆亲王奕劻、大学士李鸿章、荣禄为全权大臣，同八国联军代表谈判议和，便宜行事。慈禧太后宣布"剿匪"懿旨："此案初起，义和团实为肇祸之由。今欲拔本塞源，非痛加剿除不可。"命直隶地方官"严行查办，务净根株"。这道谕旨颁布后,西太后调各军进攻义和团,并向联军请求"助剿团匪"。慈禧太后等一行，于九月四日，逃至西安。她下令各省应解京钱粮均转输西安。南漕改道，由汉水入紫荆关，溯龙驹寨到西安。慈禧太后在西安大肆卖官鬻爵，"纳贿鬻权，无所不至"。上行下效，各级官吏，拚命敛财，荣禄尤以贪黩著闻。

光绪二十七年（1901年）十一月二十八日，慈禧太后、光绪皇帝等一行，从西安回到北京皇宫。她发卒数万人，带行李车3 000辆，出潼关经河南、直隶，在正定乘火车，至省城保定，转乘火车，至北京马家堡车站，再乘舆经永定门，入正阳门，还抵皇宫。慈禧太后进宫后，即令人挖掘逃走前埋藏的金玉珠宝，竟然全部完好。慈禧回到北京后，第一次召见外国驻中国使节，给各国代表以前所未有的礼遇。她接见外交使团夫人们，并问候曾被义和团围困的那些夫人，语中流泪，表示同情。慈禧对她们的要求，"曲意徇之，各国公使夫人，得不时入宫欢会，间或与闻内政"。慈禧太后的上述外事活动表明:她是大清帝国权力的象征，

两宫回銮途中（西方人绘）

光绪皇帝则不过是她的一个政治玩偶。

慈禧在往西安逃难过程中，感觉到戊戌年光绪帝所推行的新政，对于大清王朝的基业巩固不无裨益；而“戊戌政变”的后果，几乎都与灾难相关。于是，慈禧皇太后打出推行新政招牌，废科举、兴学堂、行宪政等，这些举措比当年戊戌变法甚至更要激进些。无奈斗转星移，大势已去。时不可失，机不再来。机会已失，民心思革——以革命手段，推翻清朝，结束帝制。所以，历史机遇，一旦错过，亡羊补牢，亦难再现。

光绪帝做了 34 年的皇帝，其中第一段皇太后垂帘听政，光绪帝是个傀儡皇帝；第二段皇帝亲政、太后训政，光绪帝是个政治玩偶；第三段皇太后“便殿办事”,就是把“垂帘”掀掉,直接执政,光绪帝则成为“囚徒”皇帝。光绪帝作为一位帝王来说，是一出政治悲剧。有的人政治生活是悲剧，家庭生活则是喜剧。光绪帝的可悲却在于，在家庭与事业两场戏剧中，都扮演着悲剧的主角。

家庭事业　双重悲剧

太后指婚　光绪皇帝的一生，政治生活是悲剧，家庭生活也是悲剧。

光绪帝的皇后为叶赫那拉氏，生于同治七年正月初十日（1868 年 2 月 3 日），是都统桂祥的女儿、慈禧皇太后的侄女。这门亲事，是慈禧皇太后懿旨定亲的。皇后叶赫那拉氏与光绪皇帝的婚姻，完全是政治婚姻。慈禧将自己的侄女嫁给自己的外甥，目的就是在宫闱椒房，探悉皇帝的内情，并为尔后母族柄政、太后听政做铺垫。光绪十五年（1889 年）正月，光绪皇帝举行大婚典礼，册立叶赫那拉氏为皇后。光绪皇帝同叶赫那拉氏大婚后，情不投，意不合，始终是一门不美满的婚姻。光绪帝死后，宣统帝继位，上其徽号为“隆裕”，是为隆裕皇太后。隆裕皇太后在民国二年正月十七日（1913 年 2 月 22 日）,死于故宫长春宫太极殿，享年 46 岁。

光绪帝有两位妃子，一位是瑾妃，另一位是珍妃。

瑾妃，他他拉氏，侍郎长叙之女，生于同治十三年八月二十日（1874 年 10 月 4 日）。光绪十四年（1888 年）, 选入宫，为瑾嫔。二十年（1894

年）正月，晋瑾妃；同年十月，因其妹珍妃忤慈禧皇太后，降为贵人。二十一年（1895 年）十一月，复封瑾妃。宣统时，尊封为端康皇贵妃。民国十三年（1924 年）死，享年 51 岁。后尊谥温静皇贵妃。

珍妃，他他拉氏，侍郎长叙之女，瑾妃之妹，生于光绪二年（1876 年），姐妹同选，为珍嫔。二十年（1894 年）正月，晋珍妃。珍妃故事，非常动人。珍妃聪慧明敏，艳丽动人。光绪十四年（1888 年）十月，年仅 13 岁的珍妃与其姐 15 岁的瑾妃，同时被选为嫔。次年二月，姐妹二人，一起入宫。光绪二十年（1894 年），慈禧皇太后 60 大寿，宫外虽然硝烟弥漫，宫内却是丝竹歌舞。在这喜庆之年，宫里的人，该赏的赏，该升的升。瑾嫔与珍嫔，沾了喜气，同时晋封:姐姐为瑾妃，妹妹为珍妃。珍妃这年刚满 18 岁，是花样的年华。珍妃年轻貌美，性格活泼，博得光绪帝的宠爱。而正宫隆裕皇后叶赫那拉氏，却引不起皇帝的情趣，甚

隆裕皇后

瑾妃

珍妃

而产生反感。皇后与珍妃，宫闱之内，渐起情波。隆裕皇后因失宠而生妒忌，又因妒忌而生怨恨。她利用自己统摄六宫的地位与慈禧太后亲侄女的身份，“频频短之于慈禧”，向姑母慈禧太后告珍妃的状。皇后叶赫那拉氏经过长时间观察、了解，终于抓到珍妃的把柄。据《西太后遗事》记载:裕宽谋求福州将军一职，先请托于太监李莲英，因李莲英索银两多，又以与珍妃娘家亲近关系，“乃辇金献之珍妃，俾伺便言之上前”。这件事被李莲英的耳目探得，于是引起一场风波。

光绪二十年（1894 年）十月二十九日，清晨，光绪皇帝如同往常一样走进东暖阁，向慈禧皇太后下跪请安。慈禧坐在御榻上，对光绪帝闭目不视，也不答话。光绪帝跪在地上，不敢抬头，也不敢多说。皇太后同光绪帝僵持了约有一个时辰，慈禧太后才放话：“下去吧！瑾妃、珍妃的事，你不管，我可要管。不能让她们可着性子不遵家法，干预朝政，胡作非为！”光绪帝朦里懵懂，唯唯称是，以礼告退，回养心殿。光绪帝正在纳闷时，有太监跪奏:清晨，皇太后下令总管太监李莲英，对瑾妃、珍妃杖责处罚。珍妃位下太监高万枝，被慈禧太后懿旨正法。珍妃的堂兄志锐被革职，遣戍乌里雅苏台。至于慈禧皇太后对珍妃的严惩，有书说是“褫衣廷杖”——这对皇妃来说，是宫史前所未闻的，也是对珍妃最大的羞辱。慈禧皇太后杖责珍妃，正史没有记载，宫廷御医档案，留下一些史迹：十月二十八日，太医张仲元请得珍妃脉息，六脉沉伏，抽搐气闭，牙关紧急，周身筋脉颤动。十一月初一日，亥刻，太医张仲元请得珍贵人脉息，左寸关沉伏，右寸关滑数，抽搐见止，仍觉筋惕肉颤，神识已清，惟气血未调，痰热尚连下行，以致胸膈烦闷，两胁串痛。有时恶寒发烧，周身筋脉疼痛。十一月初一日，子刻，张仲元请得珍贵人脉息，左关沉伏，右寸沉滑，抽搐又作，牙关紧闭，人事不醒，周身筋脉颤动。亥刻（夜 9—11 时）、子刻（夜 11—凌晨 1 时）将御医请进宫里急诊，可见珍妃病情之急重。根据上述医案所载，珍妃确受重杖。

慈禧皇太后之所以重惩珍妃，其原因主要有四：

一是，甲午兵败，慈禧太后将责任推到光绪帝身上，觉得光绪帝亲政 8 年，胆子愈来愈大，甚至有些事情不把皇太后放在眼里。慈禧太后想“杀鸡给猴看”，藉廷杖珍妃，告诫光绪帝：要是不听话，就给眼色看。

二是，慈禧太后觉得，皇帝结婚 5 年，对自己指定的皇后，既不亲爱，也不敬重。皇帝一心喜欢那个珍妃，太使她伤心。慈禧太后决心找个机会，惩治珍妃，给皇后侄女出口气。

三是，珍妃自恃长得娇艳，能说会道，深受皇帝喜爱，太后心理怨愤。特别是慈禧年轻守寡，产生心理变态。见到别人甜蜜爱情，心里总是嫉妒怨恨。慈禧太后想以此机会，借惩罚珍妃，以解心中积愤。

四是，惩罚纳贿卖官。内宫应是一片纯净“乐土”，竟然有人串通外朝，卖官鬻爵。珍妃也好，太监也好，卖官之事，确被抓住。于是，慈禧皇太后惩罚珍妃，名正言顺。

慈禧皇太后“廷杖珍妃”之举，收到上述一石四鸟之得。光绪帝爱妃遭受廷杖，仅是他爱情悲剧的开始；后珍妃被慈禧太后懿旨推入井中，则是光绪帝同珍妃爱情悲剧的结束。珍妃死时，年仅 25 岁。光绪二十七年（1901年），追封为珍贵妃。宣统元年（1909年），尊封皇贵妃。后追谥恪顺皇贵妃。

涵元冤逝　光绪三十四年十月二十一日（1908年11月14日），光绪皇帝死于西苑（今中南海）瀛台涵元殿。光绪帝一后、二妃，无子无女。皇位继嗣，只是在宗室中选择。慈禧皇太后懿旨：

摄政王载沣之子溥仪，著入承大统，为嗣皇帝。

又懿旨：

前因穆宗毅皇帝未有储贰，曾于同治十三年十二月初五日降旨，大行皇帝生有皇子，即承祧穆宗毅皇帝为嗣。现在大行皇帝龙驭上宾，亦未有储贰，不得已以摄政王载沣之子溥仪，承继穆宗毅皇帝为嗣，并兼承大行皇帝之祧。

再懿旨：

现值时事多艰，嗣皇帝尚在冲龄，正宜专心典学，著摄政王载沣为监国，所有军国政事，悉秉承予之训示，裁度施行。俟嗣皇帝年岁渐长，学业有成，再由嗣皇帝亲裁政事。

光绪帝自被慈禧皇太后“废黜”之后，整整过了10年的幽禁生活，长期忧闷，无处发泄，“怫郁摧伤，奄致殂落”。光绪帝的死因，有三说：一是患病正常死亡；二是电视剧《走向共和》暗示被袁世凯害死，并无史据，不足为论；三是被慈禧太后毒害而死。光绪帝得的是肺病，医药条件极好，不会突然死亡。但是，光绪帝在慈禧太后死去的前一天，突然崩驾。《我的前半生》载述：

有一种传说，是西太后自知病将不起，她不甘心死在光绪帝前面，所以下了毒手。

启功先生在《启功口述历史》一书中说：

我曾祖遇到的、最值得一提的是这样一件事：他在任礼部尚书时正赶上西太后(慈禧)和光绪皇帝先后“驾崩”。作为主管礼仪、祭祀之事的最高官员，在西太后临终前要昼夜守候在她下榻的乐寿堂外。其他在京的、够级别的大臣也不例外。就连光绪的皇后隆裕（她是慈禧那条线上的人）也得在这边整天伺候着，连梳洗打扮都顾不上，进进出出时，大臣们也来不及向她请安，都惶惶不可终日，就等着屋里一哭，外边好举哀发丧。西太后得的是痢疾，所以从病危到弥留的时间拉得比较长。候的时间一长，大臣们都有些体力不支，便纷纷坐在台阶上，哪儿哪儿都是，情景非常狼狈。就在宣布西太后临死前，我曾祖父看见一个太监端着一个盖碗从乐寿堂出来，出于职责，就问这个太监端的是什么，太监答道:“是老佛爷赏给万岁爷的塌拉。”“塌拉”在满语中是酸奶的意思。当时光绪被软禁在中南海的瀛台，之前也从没听说过他有什么急症大病，隆裕皇后也始终在慈禧这边忙活。但送后不久，就由隆裕皇后的太监小德张（张兰德）向太医院正堂宣布光绪皇帝驾崩了。接着这边屋里才哭了起来，表明太后已死，整个乐寿堂跟着哭成一片，在我曾祖父参与主持下举行哀礼。其实，谁也说不清西太后到底是什么时候死的，也许她真的挺到光绪死后，也许早就死了，只是密不发丧，只有等到宣布光绪死后才发丧。这已成了千古疑案,查太医院的任何档案也不会有真实的记载。但光绪帝在死之前，西太后曾亲赐他一碗“塌拉”，确是我曾祖亲见亲问过的。这显然是一碗毒药。

下面排比正史文献资料，可以看出光绪帝病情变化。光绪三十四年（1908年）十月：

初一日，光绪帝诣仪鸾殿，问慈禧皇太后安。《清德宗实录》记载，自癸酉至戊辰“皆如之”，就是从初一日至十六日，每天都是如此。

初二日，奉皇太后御勤政殿，日本使臣伊集院彦吉觐见。又到仪鸾殿向皇太后问安。

初三日，到仪鸾殿，向皇太后问安。

初四日，到仪鸾殿，向皇太后问安。

初五日，到仪鸾殿，向皇太后问安。

初六日，御紫光阁，赐达赖喇嘛宴。又到仪鸾殿，向皇太后问安。

初七日，到仪鸾殿，向皇太后问安。

初八日，到仪鸾殿，向皇太后问安。

初九日，奉慈禧皇太后“幸颐年殿，侍晚膳，至癸亥（十一日），皆如之”。

初十日，慈禧皇太后生日，光绪帝率百官至仪鸾殿行庆贺礼。幸颐年殿，侍太后晚膳。

十一日，到仪鸾殿问皇太后安。幸颐年殿，侍皇太后晚膳。

十二日，到仪鸾殿问皇太后安。幸颐年殿，侍皇太后晚膳。

十三日，到仪鸾殿问皇太后安。幸颐年殿，侍皇太后晚膳。

十四日，到仪鸾殿问皇太后安。幸颐年殿，侍皇太后晚膳。

十五日，到仪鸾殿问皇太后安。幸颐年殿，侍皇太后晚膳。

十六日，到仪鸾殿问皇太后安。幸颐年殿，侍皇太后晚膳。

二十日，“上不豫”，就是光绪帝病。慈禧皇太后懿旨：“醇亲王载沣之子溥仪，著在宫内教养，并在上书房读书。”慈禧皇太后又懿旨：“醇亲王载沣，授为摄政王。”

二十一日，“上疾增剧”，就是说光绪帝病重。“上疾大渐”，病危。酉刻，崩于西苑瀛台的涵元殿。

二十二日，慈禧皇太后叶赫那拉氏疾大渐，未刻，崩于西苑仪銮殿。

清朝 12 位皇帝，在位死者 11 人，其中死因有异说者 9 人：清太祖天命汗死于背疽还是死于炮伤、清太宗崇德帝暴死之因有疑、顺治帝是病死还是出家、康熙帝是病死还是被毒死、雍正帝是病死还是被杀死、嘉庆帝是病死还是遭雷击而死、咸丰帝是病死还是被害死、同治帝是患天花死还是患梅毒死、光绪帝是病死还是被毒死等。

2008 年，“清光绪帝死因”专题研究课题组正式发布报告：专家们利用现代专业技术手段，选取光绪帝的头发、遗骨、衣服等样品，进行反复检测、研究和缜密分析，最终得出明确结论：光绪帝死于急性胃肠性砷（砒霜）中毒。关于光绪帝死因的百年疑案，至此终于大白于天下。

那么，光绪帝究竟是被谁毒死？还有待于进一步研究。

由光绪帝之死，人们联想到“三个女人和一个男人”共 4 条人命同慈禧的关系，这就是：慈安皇太后钮祜禄氏、同治帝皇后阿鲁特氏、光绪帝珍妃他他拉氏和光绪皇帝。这个问题，值得思考。

光绪帝小议

光绪帝载湉是位维新之君。然历史轮回，惊人相似。清初，顺治、康熙冲龄践祚，孝庄殷忧启帝，中原一统，社稷安定，国家升平；清末，同治、光绪幼龄登极，孝钦垂帘听政，戊戌之变，庚子之乱，大清覆亡。《清史稿·后妃传》论曰：“综一代之兴亡，系于宫闱。呜呼！岂非天哉？岂非天哉？”清之兴，在天也，应天命即应天时也；清之亡，在天也，违天命即违天时也！断送维新，身陷囹圄。国事悲，族事悲，家事悲，身事也悲！

十二 宣统幼帝：清朝终结

清宣统帝爱新觉罗·溥仪，字浩然，英文名 Henry（亨利），光绪三十二年正月十四日（1906 年 2 月 7 日）生，属马，1967 年 10 月 17 日病卒，骨灰初放于北京八宝山公墓，1980 年 5 月 29 日全国政协举行公祭后重新安放在北京八宝山革命公墓，1995 年 1 月 26 日移葬于河北易县清西陵华龙陵园。3 岁登极，在位 3 年，享年 61 岁。没有庙号，也没有谥号。年号宣统，意为宣告统绪；清朝终结，实为绪断统绝。

宣统帝冲龄登极，成为大清末帝。中国自公元前 221 年秦始皇第一个称皇帝以降，到 1912 年宣统皇帝退位，历经 2 132 年，有 349 位皇帝。溥仪不仅是清朝最后一位皇帝，而且是中国历史上最后一位皇帝。

末帝溥仪孩童在位 3 年，只能做个简明扼要叙述。

三岁登极　不祥之兆

溥仪是清朝登极年龄最小的皇帝。自顺治、康熙以降，皇帝冲龄继位，年龄愈来愈小，同治帝 6 岁，光绪帝 4 岁，宣统帝只有 3 岁。

三岁登极　光绪三十四年十月二十日（1908 年 11 月 13 日），慈禧皇太后懿旨："摄政王载沣之子溥仪，著入承大统，为嗣皇帝。"又懿旨："前因穆宗毅皇帝未有储贰，曾于同治十三年十二月初五降旨，大行皇帝生有皇子，即承祧穆宗毅皇帝为嗣。现在大行皇帝龙驭上宾，亦未有储贰，不得已以摄政王载沣之子溥仪承继穆宗皇帝为嗣，并兼承大行皇帝之祧。"就是说，醇亲王之子溥仪入承皇位，继承同治皇帝为嗣，兼承光绪皇帝之祧。

慈禧皇太后懿旨颁下的当天傍晚，溥仪被从醇亲王府北府迎入宫中。十一月初九日，3 岁的溥仪在太和殿登极，成为大清国的第 12 位皇帝，也是末代皇帝。溥仪为什么能入继大统，要从他的家庭说起。

溥仪的曾祖父是道光皇帝。道光皇帝第四子奕詝，就是咸丰皇帝。咸丰帝只有一子载淳，继承皇位，为同治帝。同治帝无子，入继大统的是载湉，即光绪皇帝。光绪帝又无子，由溥仪入继。溥仪的父亲醇亲王载沣，是醇亲王奕譞之子。奕譞有 4 位福晋，共生 7 个儿子、4 个女儿。

嫡福晋叶赫那拉氏，为慈禧皇太后胞妹，生下 4 子 1 女：第二子载湉（光绪帝），其余三子早殇；一女，早殇。第二福晋颜札氏，为慈禧太后所赐，去世早，无子；生一女，早殇。

第三福晋刘佳氏，生有 3 子 1 女：第五子载沣、第六子载洵、第七子载涛；一女，早殇。第四福晋李佳氏，无子，1 女。慈禧太后懿旨：将奕譞第六子载洵过继给瑞郡王奕誌；第七子载涛先过继给固山贝子奕谟，又过继给钟端郡王奕詥；家中只剩下第五子载沣。这样奕譞过世后，载沣 8 岁，因醇亲王“世袭罔替”，而承袭为醇亲王。

这里先了解一下“世袭罔替”。宗室爵位，清朝制度：乾隆十三年（1748 年）定宗室爵位分为 12 等：亲王、郡王、贝勒、贝子、镇国公、辅国公、不入八分镇国公、不入八分辅国公、镇国将军、辅国将军、奉国将军、奉恩将军。按照爵位等级，给予相应待遇。如亲王年俸禄银一万两，郡王银五千两，依次递降。世袭爵位，每递降。如亲王之子袭郡王，郡王之子袭贝勒，贝勒之子袭贝子等。但是，有的亲王或郡王是“世袭罔替”的。“世袭罔替”就是在承袭爵位时不降等级。清代亲王“世袭罔替”者极少，除开国诸王如礼亲王代善、郑亲王济尔哈朗、睿亲王多尔衮、豫亲王多铎、肃亲王豪格、敬谨亲王尼堪、克勤郡王岳讬、顺承郡王勒克德浑八王为“世袭罔替”，俗称“八大铁帽子王”。此外，特封亲王世袭罔替者只有：怡亲王允祥、恭亲王奕䜣、醇亲王奕譞、庆亲王奕劻。“世袭罔替”的亲王、郡王，总共只有 12 位。他们只有一个儿子继承亲王。

载沣承袭醇亲王后，18 岁开始在朝廷上效力，后任阅兵大臣。慈禧太后懿旨将心腹权臣荣禄之女、又是慈禧认作养女的瓜尔佳氏，指配给载沣为嫡福晋。

荣禄，苏完瓜尔佳氏，满洲正白旗人。祖塔斯哈曾任喀什噶尔帮办大臣，父长寿任总兵。荣禄被赏为主事，后升为户部管银库员外郎。他因贪污罪，差点被肃顺处斩。后花银子买官做直隶候补道。咸丰帝逃难承德时，荣禄在巡防处“总其事”，这是他发迹的起点。同治初，设神机营，充翼长，后兼总管内务府大臣。同治帝死，荣禄建言：等嗣皇帝有子，承继同治为嗣，兼承光绪之祧。这为慈禧解决同治、光绪及光绪儿子三者之间难以处理的关系问题提供方案，很讨慈禧喜欢。光绪元年（1875 年），任户部左侍郎。光绪二年（1876 年），兼九门提督。四年（1878 年），迁左都御史，改工部尚书。二十年（1894 年），授步军统领。上疏谏议袁世凯练新军。二十二年（1896 年），授兵部尚书、协办大学士。二十四年（1898 年），为文渊阁大学士，任直隶总督，又为军机大臣。在戊戌政变中，以袁世凯出卖机密奏报慈禧太后，而受慈禧太后懿旨捉拿康有为和梁启超、斩谭嗣同等六君子。八国联军侵入北京，为留京办事大臣。二十七年（1901 年），慈禧回銮后，加太子太保、改文华殿大学士。二十九年（1903 年），死。荣禄身兼将相，权倾朝野。《清史稿・荣禄传》说："荣禄久直内廷，得太后信仗。眷顾之隆，一时无比。事无巨细，常待一言决焉。"

荣禄之女，常入宫中，慈禧喜爱，认作养女。慈禧太后将她指配给载沣，以"敦两家之睦谊"。时载沣之母刘佳氏，已为载沣定亲，奏告慈禧太后。慈禧坚持给载沣指婚，刘佳氏只有忍痛将其子已磕头之未婚福晋退掉。

载沣有两位福晋，共有 4 子、7 女。嫡福晋，苏完瓜尔佳氏，名幼兰，光绪二十八年（1902 年）完婚，生有两子一女：长子溥仪（三十二年即 1906 年生），次子溥杰（光绪三十三年即 1907 年生）；长女韫瑛（宣统元年即 1909 年生），18 岁死。侧福晋，邓佳氏，民国二年（1913 年）完婚，生有二子六女：第三子溥倛，民国四年（1915 年）生，早殇；第四子溥任即金友之，民国七年（1918 年）生；次女韫龢即金欣如，宣统三年（1911 年）生；第三女韫颖即金蕊秀，民国二年（1913 年）生；第四女韫娴，民国三年（1914 年）生；第五女韫馨即金蕊洁，民国六年（1917 年）生；第六女韫娱，民国八年（1919 年）生；第七女韫欢即金志坚，民国十年（1921 年）生。

醇亲王的家风，谨谨慎慎，左右逢源。特别是同慈禧与光绪的关系，不要说对太后和皇帝，就是对他们身边近臣，如荣禄与翁同龢，也都小心相处。溥杰先生《回忆醇亲王府的生活》中写道："在慈禧和光绪的多年反目当中，在两派你死我活常年明争暗斗的既复杂又尖锐的政局中，一方面能和慈禧方面的荣禄等人诗酒往还，终于成为亲戚关系；一方面也和光绪方面的翁同龢等人以文会友地保持着相当的关系。这是我的祖父所以能够一生荣显未遭蹉跌的主要原因。"醇亲王载沣继承乃父奕譞的家风，小心谨慎，明哲保身。他的厅堂挂着楹联："有书真富贵，无事小神仙。"表明自己超然政治，读书为乐。这既有真情的流露，也是做给别人看的。他还在团扇上写着：

蜗牛角上争何事，石火光中寄此身；
随富随贫且随喜，不开口笑是痴人。

上文的偈，好像出自布袋和尚之口。它映现了醇亲王载沣与世无争、超然物外的心态。但这对溥仪登极后做皇帝，似乎没有多少影响。

不祥之兆 溥仪从出生到 3 岁离开醇亲王府，一直在庶祖母刘佳氏的抚育下。醇王府的府例，头生孩子过满月后离开生母归祖母抚育，第二个孩子由母亲抚育，以此类推。所以，溥仪降生满月之后，在祖母刘佳氏膝下抚育。溥仪回忆录写道："祖母非常疼爱我的。听乳母说过，祖母每夜都要起来一两次，过来看我。她来的时候连鞋都不穿，怕木底鞋的响声惊动了我，这样看我长到三岁。"慈禧太后让溥仪进宫的懿旨，改变了溥仪一生的命运。

醇亲王载沣领受要溥仪入宫的懿旨后，当日傍晚，同军机大臣、内监们回府，接溥仪进宫。溥仪在《我的前半生》中回忆当时的情形：光绪三十四年（1908 年）旧历十月二十日的傍晚，醇王府里发生了一场大混乱。这边老福晋不等听完新就位的摄政王带回来的懿旨，先昏过去了。王府太监和妇差丫头们灌姜汁的灌姜汁，传大夫的传大夫，忙成一团，那边又传过来孩子的哭叫和大人们哄劝声。摄政王手忙脚乱地跑出跑进，一会儿招呼着随他一起来的军机大臣和内监，叫人给孩子穿衣服，这时他忘掉了老福晋正昏迷不醒；一会被叫进去看老福晋，又忘掉了军机大臣还等着送未来的皇帝进宫。这样闹腾好大一阵，老福晋苏醒过来，被扶送到里面去歇了。这里未来的皇帝还在“抗旨”，连哭带打地不让内监过来抱他。内监苦笑着看军机大臣怎么吩咐，军机大臣则束手无策地等摄政王商量办法，可是摄政王只会点头，什么办法也没有。——“那一场混乱后来还亏着乳母给结束的。乳母看我哭得可怜，拿出奶来喂我，这才止住了我的哭叫。这个卓越的举动启发了束手无策的老爷们。军机大臣和我父亲商量了一下，决定由乳母抱我一起去，到了中南海，再交内监抱我见慈禧太后。”

溥仪离家进宫，第二天光绪皇帝死，第三天慈禧太后死。大行皇帝梓宫停在乾清宫，慈禧梓宫停在皇极殿。两丧并祭，皇宫哀戚。当时，整个紫禁城，哀伤哭泣，一片悲戚。溥仪在这种惊恐、陌生、寒冷与悲哀的气氛中受着折磨，登极继位。

溥仪登极大典，十一月初九日，在太和殿举行。在大典之前，照章要先在中和殿接受领侍卫内大臣们的叩拜，然后到太和殿受文武百官朝贺。溥仪在《我的前半生》中，回忆当时的情景道：

> 我被他们折腾了半天，加上那天天气奇冷，因此当他们把我抬到太和殿，放到又高又大的宝座上的时候，早超过了我的耐性限度。我父亲单膝侧身跪在宝座下面，双手扶我，不叫我乱动，我却挣扎着哭喊：“我不挨这儿，我要回家！我不挨这儿，我要回家！”父亲急得满头是汗。文武百官的三跪九叩，没完没了，我的哭叫也越来越响。我父亲只好哄我说：“别哭，别哭，快完了，快完了！”

典礼结束后，文武百官窃窃私议：“怎么可以说‘快完了’呢？”“说‘要回家’可是什么意思呵？”参加登极大典的王公大臣们，朝里朝外，

幼帝溥仪与摄政王载沣像

议论纷纷，心情凝重，垂头丧气，认为这是大清皇朝的不祥之兆。

宣统帝在宫内宫外，共有“三父七母”。溥仪有“三位父亲”：一位是生身父亲醇亲王载沣，一位是同治皇帝，再一位是光绪皇帝（过继给光绪为嗣子）。这样一来，溥仪不仅有“三位父亲”，而且有“七位母亲”：第一位是生身母亲瓜尔佳氏，第二位是庶母邓佳氏，第三位是同治帝瑜妃赫舍里氏，第四位是同治帝珣妃阿鲁特氏，第五位是同治帝瑨妃西林觉罗氏，第六位是光绪皇后（隆裕太后）叶赫那拉氏，第七位是光绪瑾妃他他拉氏。溥仪进宫后，离开生母，便为隆裕皇太后（光绪皇后）抚养。实际在生活上照料他的是乳母王焦氏。宣统帝在母亲众多，又没有母爱的环境中长大。直接照顾他生活的除太监外，就是他最尊敬和最亲爱的乳母。

这位乳母王焦氏，光绪十三年（1887 年）生于直隶河间府任丘县的农村，有父、母、兄，靠种地为生。她 16 岁嫁给北京一个姓王的差役，刚生一个儿子，丈夫就死了。她上有公婆，下有幼子，生活陷入绝境。溥仪出生后，王焦氏到醇亲王府当乳母，用工钱养活公婆和儿子。不久，儿子死去。溥仪要入宫时，哭闹不停，父亲、大臣、太监都没有办法，是乳母给他喂奶，哄住了他的哭声。所以，经过商量，让乳母王焦氏抱着溥仪进了皇宫。溥仪称这位乳母为“二嬷”。她一直用乳汁喂养着宣统皇帝。乳母为人直朴，纯真，善良，勤劳，在宫中抚育他 9 年，后被太妃从宫里赶走。溥仪长大后，十分眷念二嬷，派人四处寻找，找到后接到长春，民国三十五年（1946 年）死去。

溥仪入继大统，做了皇帝。他的名字，按照其曾祖父道光皇帝在二十六年（1846 年）三月的谕旨：“以二名不偏讳，将来继体承绪者，上一字仍旧，毋庸改避，亦毋庸缺笔；其下一字，应如何缺笔之处，临时酌定。以是著为令典。”于是，遵照成宪，做出决定：“将御名上一字，仍旧书写，毋庸改避；下一字，著缺写末一笔”，就是将“儀”字讳缺末笔，以示改避之意。在此以前所刻书籍，都勿需挖改避讳。

隆裕太后与幼帝溥仪

末代皇帝　体面退位

宣统帝从继位到退位，只有3年。他的年龄，从3岁长到6岁，还是个幼儿。朝廷政务，由摄政王载沣和隆裕太后执掌。这3年时间，朝廷上下，宫廷内外，大事要事，多不胜举。其中影响宣统帝一生最重大的事情，就是辛亥革命。

革命风暴　先是，光绪二十年（1894年）正月二十七日，孙中山等在香港建立革命团体兴中会。光绪二十九年（1903年），邹容写成《革命军》2万余字，歌颂“民主”，要“扫除数千年种种之专制政体”，号召打倒清王朝，进行推翻清朝的舆论宣传。同年五月，《苏报》案起，清廷逮捕章炳麟（太炎）、邹容等，激起对清朝更大的不满。同年十二月三十日，华兴会在长沙成立，以黄兴为会长，决定慈禧70岁生日之时在长沙起义。光绪三十年（1904年），光复会在上海成立，以蔡元培为会长。翌年九月九日，兴中会在广州起义，以青天白日旗帜为革命军旗。事败后,孙中山等逃往日本。光绪三十一年（1905 年）七月二十日，兴中会、华兴会、光复会等在日本东京联合组成中国同盟会，推举孙中山先生为总理，以“驱除鞑虏、恢复中华、建立民国、平均地权”为纲领，并在各省和海外建立革命组织，后多次发动武装起义，为辛亥革命准备了条件。光绪三十二年（1906 年）七月,清廷颁诏宣布“仿行宪政”。先是，御前会议，商议立宪。诸大臣上殿面奏，请行宪政，但清廷谕旨：“大权统于朝廷”，“目前规制未备，民智未开”，待数年后再定期限。光绪三十三年（1907 年）四月，同盟会组织广东黄冈（今饶平）起义，攻占黄冈，后失败。同年，同盟会在广东惠州七女湖、安徽安庆、浙江绍兴等地起义，均告失败。宣统二年（1910 年）正月，同盟会发动广东新军起义，失败。宣统三年（1911 年）三月，同盟会在广州举行武装起义，又称“黄花岗起义”，攻总督署，失败。四月，成立皇族内阁，清廷下诏废内阁、军机处及会议政务处，设立责任内阁，以庆亲王奕劻为内阁总理大臣，其 13 员大臣中，满员 9 人，汉员 4 人，满员中皇族占 5 人，时称其为“皇族内阁”。清廷的改革速度太慢，又太保守，激起全国民众更大的不满。全国民众对专制腐败清朝不满的集中表现，就是辛亥年的武昌起义。

辛亥鼎革 宣统三年八月十九日（1911 年 10 月 10 日）晚，同盟会组织武昌新军起义，攻打湖广总督衙门。总督瑞澂逃走，官军溃败，武昌光复。起义军成立湖北军政府,黎元洪为都督,废除宣统年号。随之，湖南、陕西、江西、山西、云南、贵州、江苏、浙江、广西、安徽、福建、广东、四川等省纷纷响应，宣布独立，清政府迅速解体。九月二十五日，独立各省都督代表会议，议决推武昌军政府为中央军政府。寻在武汉举行会议，颁布《中华民国临时政府组织大纲》，议决以南京为临时政府所在地。随之，各省代表到南京会议，推选孙中山为临时大总统，议决改用公历纪年。本年为辛亥年，史称这年的鼎革之变为辛亥革命。中华民国元年（1912 年）1 月 1 日,在南京成立中华民国临时政府。2 月 12 日，清帝被迫宣告退位。从而结束了 268 年的清朝统治，也结束了中国 2132 年的帝制。

九月二十六日，袁世凯入京，就任总理大臣职，组成内阁，是为清末第二届内阁。十月二十八日，南北议和代表在上海举行会议，革命军代表伍廷芳提出废除清朝政府，建立共和国等条件，清廷代表唐绍仪等因该条件不为袁世凯认可而请辞。

十一月十三日（1912 年 1 月 1 日）孙中山在南京就任中华民国临时大总统，宣告中华民国成立。此间，袁世凯与孙中山秘密协商，孙中山许袁世凯继任大总统。

溥仪退位　十二月二十五日，清宣统帝下诏退位。先是，隆裕太后授袁世凯以全权，代表清廷向中华民国临时政府，提出清帝退位优待条件。南京临时参议院召开特别会议，议决对清帝退位条件修正案。袁世凯再次提出清帝退位条件。南京临时政府提出清帝退位条件最后修正案。袁世凯召集内阁各部大臣及宗室王公会议，讨论并通过清帝退位条件最后修正案。袁世凯向隆裕太后陈奏与南方代表伍廷芳议，赞成共和，并进皇帝优待条件八，皇族待遇条件四，满、蒙、回、藏待遇条件七，共 19 条。十二月二十五日（2 月 12 日）以宣统帝奉隆裕太后懿旨的名义，颁布了宣统皇帝退位诏书。其文曰：

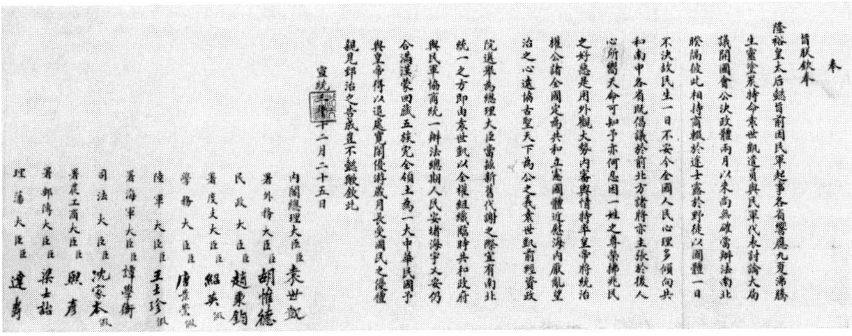
本
朕欽奉
隆裕皇太后懿旨前因民軍起事各省響應九夏沸騰
生靈塗炭特命袁世凱遣員與民軍代表討論大局
議開國會公決政體兩月以來尚無確當辦法南北
睽隔彼此相持商輟於途士露於野徒以國體一日
不決故民生一日不安今全國人民心理多傾向共
和南中各省既倡議於前北方諸將亦主張於後人
心所嚮天命可知予亦何忍因一姓之尊榮拂兆民
之好惡是用外觀大勢內審輿情特率皇帝將統治
權公諸全國定為共和立憲國體近慰海內厭亂望
治之心遠協古聖天下為公之義袁世凱前經資政
院選舉為總理大臣當茲新舊代謝之際宜有南北
統一之方即由袁世凱以全權組織臨時共和政府
與民軍協商統一辦法總期人民安堵海宇乂安仍
合滿漢蒙回藏五族完全領土為一大中華民國予
與皇帝得以退處寬閒優游歲月長受國民之優禮
親見郅治之告成豈不懿歟欽此
宣統三年十二月二十五日
內閣總理大臣臣袁世凱
署外務大臣臣胡惟德
民政大臣臣趙秉鈞
署度支大臣臣紹英 假
學務大臣臣唐景崇 假
陸軍大臣臣王士珍 假
署海軍大臣臣譚學衡
司法大臣臣沈家本 假
署農工商大臣臣熙彥
署郵傳大臣臣梁士詒
理藩大臣臣達壽

清帝退位诏书

> 前因民军起事，各省响应，九夏沸腾，生灵涂炭。特命袁世凯遣员，与民军代表，讨论大局。议开国会，公决政体。两月以来，尚无确当办法。南北睽隔，彼此相持。商辍于途，士露于野。徒以国体一日不决，故民生一日不安。今全国人民心理，多倾向共和。南中各省，既倡议于前，北方诸将，亦主张于后。人心所向，天命可知。予亦何忍因一姓之尊荣，拂兆民之好恶。是用外观大势，内审舆情，特率皇帝将统治权公诸全国，定为立宪共和国体。近慰海内厌乱望治之心，远协古圣天下为公之义。（袁世凯前经资政院选为总理大臣，当兹新旧代谢之际，宜有南北统一之方，即由袁世凯以全权组织临时共和政府，与民军协商统一办法）总期人民安堵，海宇乂安。仍合满、汉、蒙、回、藏五族完全领土为一大中华民国。予与皇帝得以退处宽闲，优游岁月，长受国民之优礼，亲见郅治之告成，岂不懿欤！

上述诏书，据记载系由张謇的幕僚杨廷栋捉刀。廷栋，字翼之，江苏吴县人，清末举人，留学日本。归国后，以其知识渊博，思维敏捷，文笔流畅，胸有城府，而为张謇器重。杨廷栋在张謇身边，为其代笔公文、函牍。廷栋受命起草诏文后，经张謇润色，袁世凯审阅，隆裕太后发布。《退位诏书》顾全到 4 个方面的利益：

第一，清帝的逊位，有禅让味道，给隆裕太后与宣统皇帝留点面子。

第二，辛亥民军，不贬不褒，明确宣告，共和立宪，不致引起革命志士反对。

第三，授权袁世凯主持临时政府，及与民军协商事宜，为袁氏后来揽权而张本，正合袁世凯之本意。

第四，优待清室条件，原为幕后秘契，经此诏书，公开肯定，清朝皇室也可接受。

最后，“予与皇帝得以退处宽闲，优游岁月，长受国民之优礼，亲见郅治之告成，岂不懿欤”！一代皇朝之终结，中华 2 000 年帝制之总结，说得如此之轻松，如此之清雅，可谓大格局，亦为大手笔！有人赞赏其以“岂不懿欤”4个字结语，十分得体，极致文思。

同日，颁布第三道诏书 :《关于大清皇帝辞位之后优待条件》、《优待皇室条件》。《清宣统政纪》记载 :

甲、关于大清皇帝宣布赞成共和国体，中华民国于大清皇帝辞位之后，优待条件如左 :

第一款，大清皇帝辞位之后，尊号仍存不废，中华民国以待各外国君主之礼相待。

第二款，大清皇帝辞位之后，岁用四百万两，俟改铸新币后，改为四百万元。此款由中华民国拨用。

第三款，大清皇帝辞位之后，暂居宫禁，日后移居颐和园。侍卫人等，照常留用。

第四款，大清皇帝辞位之后，其宗庙、陵寝，永远奉祀，由中华民国酌设卫兵，妥慎保护。

第五款，德宗崇陵未完工程，如制妥修，其奉安典礼，仍如旧制，所有实用经费，均由中华民国支出。

第六款，以前宫内所用各项执事人员，可照常留用，惟以后不得再招阉人。

第七款，大清皇帝辞位之后，其原有之私产，由中华民国特别保护。

第八款，原有之禁卫军，归中华民国陆军部编制，额数俸饷，仍如其旧。

乙、关于清族待遇之条件 :

一、清王公世爵，概仍其旧。

二、清皇族对于中华民国国家之公权及私权，与国民同等。

三、清皇族私产，一体保护。

四、清皇族免当兵之义务。

丙、关于满、蒙、回、藏各族待遇之条件：

今因满、蒙、回、藏各民族赞同共和，中华民国所以待遇者如左：

一、与汉人平等。

二、保护其原有之私产。

三、王公世爵，概仍其旧。

四、王公中有生计过艰者，设法代筹生计。

五、先筹八旗生计，于未筹定之前，八旗兵弁俸饷，仍旧支放。

六、从前营业、居住等限制，一律蠲除，各州县听其自由入籍。

七、满、蒙、回、藏原有之宗教，听其自由信仰。

以上诸项条件，列于正式公文，由两方代表照会各国驻北京公使，转达各该政府。

不过，宣统皇帝退位以后，清室并不甘心失败。他们寻找机会，进行复辟活动。

张勋兵变　宣统复辟

溥仪退出皇位后，上演了一出闹剧，就是张勋兵变，宣统复辟。

张勋兵变　袁世凯死后，黎元洪为大总统，段祺瑞为内阁总理。黎、段意见不合，时有冲突，称“府院之争”。黎元洪召张勋率军入京相助。张勋，字少轩，江西奉新人。少孤贫，后投军。曾与法、越之战，升至参将。光绪二十一年（1895 年），参加袁世凯天津小站练兵，充管带。二十五年（1899 年），随袁世凯到山东镇压义和团，升副将。二十八年（1902 年），调到北京，宿卫端门（天安门与午门之间的门）。三十四年（1908 年），升云南提督，旋改甘肃提督，皆未赴任，后调奉天（今沈阳）。宣统二年（1910 年），命统领江防各军，驻浦口。三年（1911 年），任江南提督。武昌起义时，勋镇守南京，与起义新军激战于雨花台，战败后退守徐州。清廷任张勋为江苏巡抚兼署两江总督。袁世凯任大总统后，张勋任长江巡阅使、安徽督军。张勋所部改称为武卫前军,驻山东兖州。宣统帝退位,张勋首抗阻。张勋禁止部下官兵剪辫子,以示忠于清室,被称为“辫帅”,其兵被称为“辫子军”。张勋以调解“府院之争”为名,于民国六年(1917年)五月,带辫子兵3 000人,由徐州北上入京。五月十二日(6月30日)夜,张勋偕刘廷琛潜入故宫,与陈宝琛等会议后,将准备复辟之事,告知故清的宗室。深夜,张勋派辫子兵占据火车站、邮电局等要地。

宣统复辟 五月十三日(7月1日)凌晨,张勋穿蓝纱袍、黄马褂,戴红顶花翎,率康有为、刘廷琛、张镇芳、万绳栻、胡嗣瑗、陈曾寿、章授、陈毅、商衍瀛、沈曾植、王乃徵,以及辫军统领数人,还有北京政府参谋总长兼陆军总长王士珍、步兵统领江朝宗等同往,共50余人,乘车进故宫。张勋等拥戴溥仪复辟,恢复清朝帝制。溥仪在《我的前半生》中回忆道:到养心殿,召见张勋。张勋说:“共和不合咱的国情,只有皇上复位,万民才能得救。”溥仪说:“我年龄小,当不了如此大任。”张勋给溥仪讲了康熙8岁做皇帝的故事。溥仪说:“既然如此,我就勉为其难吧!”张勋退下之后,陆续有很多人进来,给溥仪请安、磕头、祝贺、谢恩。

张勋率兵入京,溥仪第二次登极当皇帝,是为宣统复辟。这年为丁巳年,史称“丁巳复辟”。“复辟”2字:“复”,《史记·平原君列传》:“三去相,三复位。”其意为恢复;“辟”,《尔雅·释诂》:“辟,君也。”其意为君位或帝位。“复”与“辟”两个字合起来的意思,就是恢复君位或恢复帝位。这次宣统帝复辟,是由张勋统兵进京,扶持溥仪重新恢复皇位,而许多书文称“张勋复辟”,这个提法值得商榷。历史的事实是:张勋兵变,溥仪复辟,而不是张勋复辟。张勋仅是一个“安徽督军”,相当于省军区司令,其有何“辟”之可“复”?

7月1日这一天,溥仪改为宣统九年五月十三日。溥仪连发9道“上谕”:封黎元洪为一等公;授张勋、王士珍、陈宝琛、梁敦彦、刘廷琛、袁大化、张镇芳为内阁议政大臣;授梁敦彦为外务部尚书、张镇芳为度支部尚书、王士珍为参谋部大臣、雷震春为陆军部尚书、朱家宝为民政

复辟时身穿朝服的溥仪在御花园天一门前

部尚书；授徐世昌、康有为为弼德院正副院长；授赵尔巽等为顾问大臣；授原各省督军为总督、巡抚；授张勋兼直隶总督、北洋大臣，仍留北京，冯国璋为两江总督、南洋大臣等。十四日（7 月 2 日），授瞿鸿禨等为大学士，补授沈曾植为学部尚书、萨镇冰为海军部尚书、劳乃宣为法部尚书、李盛铎为农工商部尚书、詹天佑为邮传部尚书、贡桑诺尔布为理藩部尚书。要求全国“遵用正朔，悬挂龙旗”。就是用宣统年号，挂大清国旗。当天，北京街上出现大门挂龙旗、行人穿马褂的现象。

复辟失败 黎元洪拒不受命，避居日本公使馆。他电各省出师讨伐，并电请冯国璋代行大总统，重新任命段祺瑞为国务总理。湖南、湖北、浙江、江西、四川等省督军通电反对复辟。十五日（3日），段祺瑞组织讨逆军，自任总司令，通电全国，讨伐张勋。讨逆军以曹锟为西路司令，段芝贵为东路司令，分两路向北京进攻。十八日（6日），冯国璋在南京就任代理大总统，任段祺瑞为国务总理。段祺瑞在天津设国务院办公处。十九日（7日），南苑航空学校派飞机向故宫投下3枚炸弹。太妃们有的钻到桌子底下，有的吓得惊叫，太监们更为惊慌，故宫里乱成一团。同日，讨逆军败张勋军于廊坊。二十一日（9日），北京公使团照会清室，劝告其解除张勋武装。二十四日（12日），讨逆军进入北京，勋兵与战，兵寡失败。张勋逃到东交民巷荷兰公使馆内。张勋在《松寿老人自叙》中写道：“五月十三日，复辟。诏授勋为议政大臣，兼北洋大臣、直隶总督。他帅意不合，来攻。二十四日，与战都城中，兵寡不支，荷兰公使以车来迎，居其署中。”历时12天的张勋兵变、溥仪复辟的闹剧结束。其间，黎元洪以国家总统之尊，逃往外国使馆避难，开了国家元首避难外国使馆的先例。张勋兵变失败后遭通缉，民国七年（1918年）被“特赦”。张勋后居天津，民国十二年（1923年）病死，70岁。

七月八日，溥仪的师傅和父亲替他拟好批准张勋辞职谕旨和退位诏书。这是溥仪的第二个退位诏书，溥仪看了放声大哭。其原文是：

> 宣统九年五月二十日，内阁奉上谕：前据张勋等奏称，国本动摇，人心思旧，恳请听政等语。朕以冲龄，深居宫禁，民生国计，久未与闻。我孝定景皇后逊政恤民，深仁至德，仰念遗训，本无丝毫私天下之心，惟据以救国救民为词，故不得已而允如所请，

临朝听政。乃昨又据张勋奏陈，各省纷纷称兵，是又将以政权之争致开兵衅。年来我民疾苦，已如火热水深，何堪再罹干戈重兹困累。言念及此，辗转难安。朕断不肯私此政权，而使生灵有涂炭之虞，致负孝定景皇后之盛德。著王士珍会同徐世昌，迅速通牒段祺瑞，商办一切交接善后事宜，以靖人心，而弭兵祸，钦此！

张勋兵变、溥仪复辟的闹剧刚闭幕，溥仪出宫的悲剧又接着开场。

北京政变　溥仪出宫

北京政变　民国十三年（1924 年），冯玉祥发动北京政变。冯玉祥，安徽巢县人，行伍出身，曾任北洋陆军师长、河南督军等职。在第二次直奉战争中，冯玉祥于 10 月 23 日，发动北京政变，改所部为国民军，任总司令兼第一军军长。11 月 4 日，国务会议讨论并通过冯玉祥关于驱逐溥仪出宫的议案。5 日，正式下令将溥仪及其一家驱逐出故宫。这一历史事件表明，当时民众已经感觉到，在紫禁城里留下一条帝制的旧辫子，对于民国来说实在是不体面的事情。冯玉祥曾对鹿钟麟说："在中华民国的领土里，甚至在首都的所在地，居然还存在着一个废清小朝廷。这不仅是中华民国的耻辱，也是中外政治阴谋家随时企图利用的孽根。现在稍明事理的人，无不以留辫子为可耻。留溥仪在故宫，就等于给中华民国还留着一条辫子。这是多么令人羞耻的事啊！"而张勋兵变、溥仪复辟，更使许多人觉得："宣统太不安分了"！于是，做出上述逼溥仪出宫的决定。

溥仪出宫　逊帝溥仪出宫，事情来得太急，也来得突然。北京警备总司令鹿钟麟限溥仪及其宫内人员，要在两小时内全部搬出。溥仪觉得太急，太匆忙。他想找庄士敦、找王爷商量，但电话已被切断。敬懿（同治瑜嫔、后尊封为敬懿皇贵妃）、荣惠（同治瑨嫔、后尊封为荣惠皇贵妃）两位太妃，死活不肯走。后来，载沣进宫来了，但他也没有主意。鹿钟

溥仪出宫时的养心殿寝宫原状

麟极力催促，声言时限已到，如果逾时不搬，外面就要开炮。王公大臣很害怕,要求宽限时间,以便入告,尽快决定。鹿钟麟对军警说:“赶快去!告诉外边部队，暂勿开炮，再限二十分钟！”内务府大臣绍英入告溥仪，限 20 分钟，否则要开炮。溥仪在修正优待条件上签了字，决定出宫，去醇亲王府。他交出了两颗印玺:一是“皇帝之宝”,另一是“宣统之宝”。内务府大臣绍英交出一份由内务府致摄政内阁的复文，表示溥仪已接受修改后的优待条件，奉谕照办。当日下午 4 时 10 分，从故宫开出 5 辆汽车——北京警备总司令鹿钟麟乘第一辆，溥仪乘第二辆，婉容、文绣及其他亲属、随侍人员乘第三辆、第四辆，警察总监张璧乘第五辆，首尾相连直奔溥仪当年的出生地——醇亲王府北府。

后来，溥仪又到了天津，先后住在张园、静园。张园是张彪的寓所。张彪，字虎臣，山西榆次人，为张之洞“小奴”。以机警讨张喜欢，被赏以“宠婢”，时称“丫姑爷”。后充管带，升总兵，任湖北提督。武汉之役，张彪兵败。东渡日本，归寓天津，筑张园自隐。溥仪逃到天津，张彪对溥仪“供张服用，夙夜唯勤”。《清史稿》的关外本，金梁（息侯）等私自为张勋、张彪立传，违理违制，颇遭斥诟。再后来，溥仪又当过“满洲国”傀儡皇帝、战犯，并被改造成为一名普通公民。

家庭生活　末帝身后

宣统帝退位以后，过着特殊的生活，有着特殊的经历。

家庭生活　溥仪的家庭，他的父母、兄弟，前面已经叙述。他的妻子，《清史稿·后妃传》记载：“宣统皇后，郭博勒氏，总管内务府大臣荣源女。逊位后，岁壬戌，册立为皇后。淑妃，额尔德特氏。同日册封。”

溥仪先后共有 5 位妻子：

1、“皇后”郭博勒氏（又作郭布罗氏），名婉容，达斡尔族。民国十一年（1922 年），溥仪 18 岁同婉容结婚。婉容结婚之前，住在北京东城鼓楼南帽儿胡同今 35、37 号院。婉容册封“皇后”之后，其父被封为“三等承恩公”，此宅升格为“承恩公府”，随之进行扩建。扩建后的院落，分为东西两座院：东院为三进院，西院为四进院，后院有假山、水池。婉容出嫁时就是从该宅迎出的，经地安门，入紫禁城，而成为一代已经退位而不是皇帝的“皇后”。因为溥仪在 7 岁时退位，此时溥仪已经不是皇帝，婉容也就不成其为皇后。

2、“淑妃”额尔德特·文绣，与婉容同日和溥仪结婚。溥仪此时已经不是皇帝，文绣自然也就不成其为淑妃。后来文绣在天津与溥仪离婚。

3、“祥贵人”谭玉龄，溥仪在长春纳娶。谭于 1942 年死，停灵在长春般若寺，后火化。其骨灰先后存放在北京溥修、毓嵒、溥仪家，后移到长春。

4、“福贵人”李玉琴，与溥仪在长春结婚，后离异，李于 2001 年病逝。（1999 年 3 月 9 日，李玉琴同笔者在其长春寓所谈及：她虽同溥仪结婚，但并未圆房）

“皇后”婉容

“淑妃”文绣

5、妻子李淑贤，1962 年“五一”，溥仪同李淑贤女士在北京结婚，则是平民的婚姻、平民的家庭和平民的生活。

末帝身后 清末帝溥仪于 1967 年 10 月 17 日，患肾癌病死。19 日，火化。先是，溥仪 3 岁登极后，清室曾考虑为其选择“万年吉地”。对此事，有两说：一说溥仪登极后选“吉壤”在清西陵崇陵旁旺隆村，并于宣统二年（1910 年）破土动工；另一说 1915 年溥仪 10 岁时选定“吉壤”，也在旺隆村。以上两说都认为时局与经济的原因，虽选陵址，却未建陵。溥仪生前没有兴建陵寝，因为光绪帝生前没有兴建陵寝，死后于宣统元年（1909 年）建陵，民国年间建成。正如毓君固（嶦）先生与笔者函中所述：“梁鼎芬为（崇）陵工大臣，岂能同时为溥仪建陵？”所以，溥仪在位时，并没有建陵。溥仪死后，爱新觉罗家族商量，决定将溥仪的骨灰，安放在北京八宝山公墓骨灰堂。1980 年 5 月 29 日，在中国人民政治协商会议礼堂，为溥仪举行追悼会。尔后，将溥仪骨灰重新安放在八宝山革命公墓。1994年,香港人张世义（原籍山东）出资,在清西陵崇陵（光绪陵）西北辟建“华龙陵园”。张世义同溥仪遗孀李淑贤商量后，李淑贤于1995年1月26日，将溥仪骨灰迁葬于华龙陵园内。溥仪骨灰盒安放在水泥墓穴内，上面覆盖黄土、水泥陵丘。李淑贤患癌症于1997年7月逝世。她生前遗嘱，据毓君固《末代皇帝的二十年——爱新觉罗·毓嵣回忆录》记载：“我的骨灰坚决不要和溥仪葬在一起，我要去八宝山人民公墓。”所以，李淑贤的骨灰没有在“华龙陵园”内同溥仪的骨灰合葬。

溥仪一生没有子女。清朝同、光、宣三帝,都无子无女,真是大清帝国,气数已尽，天绝帝胤!

宣统帝小议

宣统帝溥仪，继位退位，都在冲龄，对历史、对清朝、对满洲，都没有独立的政治责任。清朝有一个很巧合的历史现象：太祖皇帝兴起于今辽宁省抚顺市所属新宾赫图阿拉，末代皇帝溥仪后来又被监押在抚顺战犯管理所。抚顺——既是首位皇帝兴起的地方，又是末位皇帝被囚禁的地方。是偶然，还是天意?

附录一

清兴于合而亡于僵

清朝从天命汗于天命元年即明万历四十四年（1616年）登极称汗，到民国元年（1912年）宣统帝退位，共12位皇帝，历时296年。其中，天（命）、崇（德）、顺（治）三朝为发展时期，康（熙）、雍（正）、乾（隆）三朝为鼎盛时期，嘉（庆）、道（光）、咸（丰）三朝为衰落时期，同（治）光（绪）、宣（统）三朝为危亡时期。清朝经过兴起、鼎盛、衰落、危亡，终于走完自己的历程。清朝12位皇帝的历史，问题很多，值得思考。

先提3点，仅供讨论。

皇帝的选择　皇朝盛衰，原因固多，皇帝个人素质，是一最大要素。皇帝是国家、民族的最高象征，应该是当朝整个国家、各个民族中最杰出、最优秀的代表。清朝的开国皇帝太祖努尔哈赤、太宗皇太极，是当时天下之精英，是各路英雄之俊杰。后来康熙、雍正、乾隆三帝，是踏着前三帝功业的基础，利用西方尚未东渐的时势，并具有个人素质与才能的优势，而成为英君、能君、名君。嘉、道以后，清朝不自觉地或被迫地参与了世界范围近代社会的竞争。然而，皇帝却一代不如一代——嘉庆帝为庸君、道光帝为愚君、咸丰帝为懦君、同治帝为顽君、光绪帝为哀君、宣统帝则为幼君。最后，同、光、宣3个皇帝连儿女都生育不出来，遑论其他。清朝皇帝的选择，太祖、太宗时是由贵族会议推选，顺治开始改为皇帝遗命制，雍正又改为秘密建储制，慈禧再改为太后懿旨制。一个三四岁的娃娃，做大清帝国的元首，岂不是天大笑话！这是家天下、君主制的必然结果。清朝的家天下、君主制，皇帝只能在爱新觉罗氏宗室中选择，而不能在民众中选出最优秀、最杰出的元首。在激烈的国际竞争面前，优胜劣汰，落后挨打，败下阵来，清祚断绝。

皇帝的监督 皇帝至少需要3方面的监督：其一是法律监督。阿奎那在《阿奎那政治著作选》中论述道："君主的地位是超过法律的。这是因为谁也不能为其自身所拘束。并且法律的拘束力只能起源于君主的权力。所以，据说君主的地位就超过法律，因为如果他违犯法律，谁也无法对他宣告有罪的判决。"因此，只有圣上英明，没有君王犯罪，更没有人能够审判君王的犯罪行为。其二是行政监督。清朝设有都察院、通政使司，有大学士、军机大臣等，都有对皇帝谏议的权力（已无封驳权）。但是，谁不听皇帝的话，皇帝就罢谁的官。他们由皇帝任命，怎么能监督皇帝！其三是舆论监督。清朝舆论的清议者主要是知识分子，皇帝大兴文字狱，歌颂者升官，批评者贬黜，不同声音，噤若寒蝉。第四是制度监督。皇帝的言行要受到制度的约束、制度的监督。皇帝的监督要在君主制之外的力量运作。西方的议会制是监督皇帝的重要制度，其特点是议会成员不由皇帝任免，而由民众举废。皇帝失去法律的、行政的、舆论的、制度的监督，便形成独裁的极权专制局面——"一人治天下，天下奉一人。"

皇帝的天命 皇帝虽然至高无上、口含天宪、乾纲独断，并不受法律、行政、舆论、制度的监督；但是，皇帝究竟不是"天"而是"天子"，所以，皇帝的言行最终要受"天"的约束与惩罚。司马迁有句名言："究天人之际，通古今之变。"天，天时也；人，人意也；古，鉴戒也；今，通变也。其时，西方许多国家已经工业化、近代化、民主制，清朝还是家天下、八旗制、君主制。清末同、光、宣三朝，慈禧太后通过"听政—训政—亲政"实行专政，长达近半个世纪之久，逆天时，拂民意，不鉴古，拒通变。因此，清朝的覆亡，民国的兴起，是历史的必然逻辑，也是民意的必然选择。

再说"兴、盛、衰、亡"4字，勾勒轨迹。

兴：创业改革，定鼎中原 从1616年努尔哈赤建立后金政权，到1661年顺治帝崩逝，可以用一个字来概括——兴。

努尔哈赤：开创。一个没有读过书的小人物，13副铠甲，40来号人，最终建立了一个大帝国。这不敢说是绝后，至少是空前的。

皇太极：改革。他对汉民、汉官、汉军、汉儒都采取改革政策，特别是改正了父汗努尔哈赤屠杀汉人的弊政，重用汉族知识分子。否则，后来的清兵入关绝无可能。

顺治帝：任性。这位清朝入关后的第一位皇帝，完全忘记了自己对江山社稷的责任。一个董鄂妃死了，他就哭着喊着要出家，去当和尚。

盛：勤政好学，盛世空前 康雍乾 3 帝，各有千秋，但也可以用一个字来概括——盛。

康熙帝：学习。康熙好学，手不释卷，中国的四书五经，西方的算术、天文、医学，都有很高造诣。一个中国皇帝，而非专业学者，能够学到这个程度，很不容易！即使在今天，又有多少人这样学习呢？

雍正帝：勤政。雍正在位 13 年，是中国历史上日平均批阅奏章最多的皇帝，而且那时候是没有星期天的。他大刀阔斧，整顿康熙末年松弛的吏治，使康熙盛世得以延续。

乾隆帝：文化。乾隆是个诗人，一生写诗 4 万多首（也有他人代笔）。他的文化造诣，在中国历代皇帝中首屈一指。

衰：主上无能，国力衰微 乾隆以后，大清帝国，每况愈下——衰。

嘉庆帝：平庸。这个皇帝平生只干了一件漂亮的事情，就是查办和珅这个大贪官。

道光帝：无能。当年英国人发动鸦片战争，几千个人，几十条船，并没有太强的战斗力。但是，道光犹豫不定，硬是把仗打输了，造成了中国历史的灾难。这样的误国之君，应该被钉在历史的耻辱柱上！

咸丰帝：懦弱。英法联军打进北京，咸丰正在圆明园听大戏，过 30 大寿，逃难到热河避暑山庄还带着戏班子。这样一个怯懦的人，有什么资格当皇帝？

亡：幼童称帝，日薄西山 清朝最后 3 个皇帝，只能说苟延残喘，到头来自然难逃厄运——亡。

同治帝：顽童。同治御理政事，仅仅 1 年有余，而且皇太后干政的绳索，紧紧地捆绑着他的手脚。

光绪帝：不幸。4 岁当皇帝，离开亲生父母，政治上被慈禧太后管得紧紧的，最后还在瀛台被关了10年。皇帝当到这个份上，算是非常不幸了。

宣统帝：符号。宣统在位时间太短，退位时才6岁，不足一议。这位清朝的末代皇帝，只能作为一个历史符号，存在于历史的典册中。

至于慈禧太后，实际上是清朝晚期的女皇。她身为女人是优秀的、杰出的。一个女子，在男权社会，一个4亿人口的大国掌权48年，的确非常不容易。但作为政治家，她却是不合格的。她没有起码的文化修养，对天下形势如同井底之蛙。这样一个既无理论素养，又无实践经验的女人，只依靠玩弄权术，统治国家长达半个世纪，这是中华民族的历史悲剧！

清朝兴盛在于"合"。从努尔哈赤13副铠甲起兵，最后建立一个国土1300万平方公里、人口近4亿的大帝国，秘诀就在于能够调动一切积极因素。特别是努尔哈赤、皇太极和顺治皇帝，能够运用各种方式，集合多方力量。初期统一女真，满族内部"合"；继而与蒙古和亲，满蒙力量"合"，势力大增；入关后与汉族，特别是汉族士大夫"合"、与儒家文化"合"，比较好地解决了民族问题。没有这些"合"，就没有清王朝，这一经验应该被视为中华民族的宝贵财富。

清朝衰亡在于"僵"。这方面的事例很多，如努尔哈赤开创的八旗制度，是一种史无前例的全民皆兵的制度，对弱小的满族统一中国，起到了决定性作用。但是过了200多年，八旗制早已腐败，丧失了昔日的战斗力，清朝却还是抱着八旗制度不放。再如诸王贝勒爵位世袭制度，到了19世纪已完全成为社会进步的绊脚石，但清政府还在坚持"祖宗之法不可变"。"僵"到这种地步，国家衰亡不可避免。历史教训，警示后人；与时俱进，何等重要！

清朝的历史，有过耻辱，也有过辉煌。既不要忘却历史的耻辱，更不要抹去历史的辉煌。应当敬畏历史：为什么要"敬"？因为吸取前人经验，会得到宝贵的智慧；为什么要"畏"？因为重蹈前人错误，要受到历史的惩罚。

我愿以此言，与读者共勉。

附录二

满学大家阎崇年

陈英华

【前言】阎崇年先生是北京市社会科学院满学研究所的研究员。近30年来，北京市社会科学院注重突出首都特色，注重基础理论研究和应用对策研究的双重创新，涌现出一批卓有成就的专家学者和优秀的科研成果，在首都经济、北京史、城市问题、文化产业、社区建设等研究领域形成自己的特色，产生了较大的社会影响。1991年，经阎崇年先生倡议，北京市社会科学院创建了全世界第一个专业满学研究机构——北京市社会科学院满学研究所，并创办了北京满学会。满学研究由此成为北京市社会科学院的优长学科之一。

2004年在央视《百家讲坛》栏目热播的《清十二帝疑案》，使多年来埋头搞学术的阎崇年先生一夜之间成了社会公众人物。他在满学研究、清史研究方面取得的成就，不仅得到了社会上的肯定，也得到了北京市委市政府领导的重视。最近，中共北京市委常委、宣传部长蔡赴朝在读了阎崇年的新著《明亡清兴六十年》后，致信阎先生，感谢他为人民群众奉献了又一佳作，并对阎先生在研究中表现出严谨的治学精神，渊博的学识表示敬佩，赞扬阎先生在讲坛上的大家风范为首都学者争了光。他还勉励阎先生不断取得新的学术成果，使社会科学在广大人民群众中，产生更大的积极影响。

72岁的阎崇年很忙。他一边和记者聊着天，一边在电脑上整理着第二天即将召开的满学学术年会的材料。还不断地有电话打进来，有媒体要求采访的，还有询问落实第二天会议安排的。

曾任北京市社会科学院满学研究所所长，现任北京满学会会长，研究满学40余年，著作等身，但真正使阎崇年成为公众人物的，是在中央电视台《百家讲坛》栏目热播的《清十二帝疑案》。这个节目2004年创下了央视10频道收视率的最高纪录，这是事先包括阎崇年本人都不曾想到的。央视《百家讲坛》栏目的制片人这样评价阎崇年："能把学问当评书讲的，能把历史当故事说的，阎老师是第一人。"不久前，央视还专门举办了"清十二帝疑案"的学术研讨会。

由于电视节目的热播，也产生了一连串的连带效应。全国各地纷纷邀请阎崇年去讲课、讲学。由阎崇年先生在讲稿整理而成的《正说清朝十二帝》一书已热销逾40余万册，在排行榜上持续走高。一年内加印了16次。同时，还引发了历史系列图书的出版热，掀起了一股"正说"历史的旋风。

历史需要正说

在回忆刚开始介入《清十二帝疑案》的制作时，阎崇年概括为8个字："如临深渊，如履薄冰。"虽然阎崇年对努尔哈赤的研究最为深入透彻，但还是不敢懈怠。"央视实行末位淘汰，如果我讲得不好，编导还跟着我受连累。"在和栏目的编导多次沟通后，阎崇年选择了一种颇具创新性的方案：既要客观真实，又要好听好看。

此前《百家讲坛》都是每个人讲一讲。《清十二帝疑案》在开始的时候，编导也是考虑一位学者讲清朝的一个皇帝。由于阎崇年出版过《努尔哈赤传》，所以他被安排讲努尔哈赤。

2004年5月13日，星期六，在人民大学多功能厅，阎崇年走上《百家讲坛》讲《清十二帝疑案》的第一讲"努尔哈赤"。让他没想到的是，就在当天下午当编导们把当天录制的节目剪辑出来后告诉他："45分钟的片子剪出来后，台里开了个会，说您的这集可以称为范本。"后来在央视编导的要求下，阎崇年将十二帝全部讲完，讲到"康熙"的时候收视率就创下了该栏目的新高。

在长达一年的《清十二帝疑案》节目制作过程中，他停掉了所有的会议和出差，专心致志地投入到节目内容的准备上。期间，阎崇年为每次讲座准备 2 万字的讲稿，从周一到周四，每天写 5 000 字的文稿，周五串稿子、给家人做试讲,周六再进行一次修改和调整。晚上散步的时候，阎先生会一边遛弯儿一边把第二天讲的内容在脑子里过一遍，周日就正式到电视台开讲。周一又开始下一讲的准备，循环往复。

这一年里，看过阎崇年讲座的很多人都成了他节目的忠实“粉丝”。他们中上迄 90 岁的老翁，下至 8 岁小学生，遍及各行各业。

一位外地孩子的家长给阎崇年来信说，他上小学二年级的儿子平时特别闹，从来都坐不住，老师和家长都一直拿他没有办法，但是，有一天家里电视正好换台换到了《清十二帝疑案》，这孩子坐在电视机前竟然没闹，看下去了。此后，每周六,一到点就安静地看电视，还拿个小本做笔记，包括清朝 12 个皇帝的名字、年号、生卒年月、陵寝等等，都能够一一背下来。家长来信感谢阎先生，说孩子现在对学习感兴趣，上课也不再闹了，学习也用功了，连老师也感到奇怪。这位家长说，将来一定要到北京来看阎先生。一次阎崇年乘火车出差，车票买的是上铺，一进车厢，立刻被两个“粉丝”认了出来，并且一定要把自己的下铺换给阎先生，后来一聊天才知道这两位“粉丝”都是军队的师级干部。清华大学教授、两院院士吴良镛先生一次见到阎崇年说：“我和爱人都喜欢听您讲。”一位出租车司机在给阎崇年的来信中说，他每天中午 12 点半赶回家边吃饭边听讲座，晚上下班回家后 8 点要先睡觉，半夜起来后再看重播，从不耽误。一位喜欢篆刻的观众听阎先生讲了努尔哈赤成功的“四合”因素后，刻了一方印有“四合书屋”四个字的印章，专门送到了阎先生家。

有一件事让阎崇年很受感动。前一段时间他被南京方面邀请去做讲座，事前主办方向读者发两千多张票，不到半个小时就全部发完。可不巧的是，讲座那天的早晨下起了瓢泼大雨，主办方开始担心当天的上座率，在接阎崇年到会场时对他说今天可能不会来什么人了，让阎崇年有些思想准备，但没想到当天会场座无虚席，还有不少人没有座位是站着听的。主办方后来对阎崇年说，幸亏今天下雨了，要不还不知道来多少人呢！讲座后许多人请阎崇年在书上签名，结果签名从上午 11 点多一直进行到下午 1 点。

阎崇年收到过的最长的一封来信有 121 页 36 300 字，后来，阎崇年在回信的时候回赠对方一本书以示感谢。来信者中年龄最大的有 90 高龄。阎崇年说读者们其实是很有水平的，任何一点小错误都可能被他们看出来，在《正说清朝十二帝》一书中有幅图片，是一张皇帝的诏书，有读者来信说该图下面标注的文字和图片上的文字不一样，阎崇年马上翻书去看，由于图上的字迹太小看不清楚，找来放大镜后发现确实是错了。在《正说清朝十二帝》一书中曾提到珍妃的哥哥,原来写是她的胞兄，但珍妃娘家的后人和阎崇年联系，并拿出了自己家的家谱，告诉阎崇年应该是堂兄而不是胞兄，后来阎崇年在重印的时候把这个错误改了过来。

《正说清朝十二帝》这本书第一次只印了 5 000 册，基本上是还没有上市就没有了；第二次还是印了 5 000 册，刚一上市就销售一空。盗版书商看到了其中巨大的市场机会，于是很快盗版书开始大量上市。阎崇年感慨地说，过去他写了 20 本书，但发行量都很少，能卖到 1 000 册就算不错了，《袁崇焕研究论集》仅卖出不到 200 册。当时有些书他不要稿费出版社还不太愿意出，而现在已有 70 多家出版社与阎崇年联系希望与之合作。

阎先生说现在人们对历史学感兴趣了这是一件好事，但是同时对历史学也应该有一个正确的认识，因为历史学的功能是多元的。阎崇年将历史学的功能分为 4 个方面：第一是学术功能，主要包括学术论文和专著，主要同本行的学者交流；第二是资治功能，读者读完之后，能从中了解、领悟历史的经验和教训，这个也是很需要的，像司马光的《资治通鉴》；第三是文化功能，历史学者要传承文化，传承历史，要让广大读者了解更多的历史知识，提高文化素质；第四是教化功能，要对广大青少年进行爱祖国、爱历史、爱民族的爱国主义教育，这是历史学工作者不可推卸的责任。

勇敢是学者的第一品格

阎崇年先生出生在山东蓬莱一个靠山面海的渔村。曾祖父、祖父、父亲早年来北京“打工”。1949年1月阎崇年来到北京，在北京六中读中学，后考到北京师范大学，1980年进入北京市社会科学院。1991年北京市社会科学院满学研究所创建任所长，1993年北京满学会创建任会长。主要著作包括：论文集《满学论集》、《燕史集》、《袁崇焕研究论集》和《燕步集》共4部，专著有《努尔哈赤传》、《天命汗》、《清朝通史·太祖朝》、《清朝通史·太宗朝》、《中国历史大事编年·清代卷》、《古都北京》、《清朝皇帝列传》等25部，主编《满学研究》(一至七辑)、《袁崇焕学术论文集》、《戚继光研究论集》、《20世纪世界满学著作提要》等14部。先后发表满学、清史、北京史论文200余篇。

阎崇年早年攻先秦史，一次他将自己的一篇先秦史论文拿去请中国科学院历史所的杨向奎教授指教，杨先生看后连连叫好。几天之后，杨向奎给当时只有20多岁的阎崇年写来一封信，希望阎崇年转攻清史。在信中杨向奎提出先秦历史大多依靠关中的地下发掘，身在北京就没有这种资源上的优势。而清史研究北京则有着别处无法相比的优势，宫廷建筑、清宫档案都集中在北京。收到这封信后阎崇年“闭门”思考了一个月，之后他做出了研究清史的抉择，由此开始了他40多年漫长的研究之路。

1963年，阎崇年被下放到南口农场劳动。为了能够学习，他带了很多书，有《毛泽东选集》、《马恩全集》，还带了许多当时被归入“封资修”之类的线装书。阎崇年回忆说：“自己能够有今天的学术上的积累，实在要得益于下放的三年遇到了一位好领导，当时有人反映说我看封资修的书，他就给我安排上夜班，这样就可以使看到的人少一些，还可以让我有好一点的环境看书。即使是在十年‘文革’期间，我也抓紧时间看书，

《努尔哈赤传》就是在‘文革’的时候写成的。”这段时间被阎崇年很好地利用起来,而且非常幸运的是“文革”期间阎崇年躲过了红卫兵的抄家,这样才使得早期买的许多书籍得以保存了下来。

阎崇年每天早晨4点起床开始工作,晚上11点休息,几十年如一日。他除了将主要精力放在清史研究上,还经常阅读《大学》、《中庸》、《论语》、《孟子》以及《说文解字》等大量中国古典著作。他说,中国传统文化的根源在先秦,这是我们中华文化的一个重要根源。因为从事的是历史研究工作,对每一个字是怎么回事都要弄清楚,所以《说文解字》这本书一直在阎崇年先生案头放着。《史记》同样是对阎崇年产生有重大影响的一部书。他说,司马迁讲“究天人之际,通古今之变,成一家之言”,要研究天人之际的关系。他后来提出“四合”即天合、地合、人合、己合,也是受了这个思想的启发。

作为满学大家,阎崇年认为清朝对中国传统文化的传承是有着巨大贡献的。他说,在世界四大文明古国中,古埃及、古印度、古巴比伦的文化都中断了,只有中国没有断。在中国历史上有3次可能断的朝代:一是南北朝,因为很短没有断;二是蒙古人建的元朝,也因为很短而没有断;三就是清朝。清朝是少数民族建立的政权,统治时间近3个世纪,可是中国传统文化还是没有断。为什么呢?阎崇年说:“如果当时的清朝政府要求所有的汉人都必须说满语,必须学习满族文化,必须用满文去进行科考,那现在的历史就是另一说了。”他认为,清朝皇帝并没有强制推行满族文化,相反还积极地学习汉语,如乾隆修《四库全书》,对中国传统文化的传承都是有功的。尽管也有文字狱,有“嘉定三屠”、“扬州十日”,但过不掩功,总体而言,清朝对中国文化的传承起到了重要作用。

与许多学者不同的是,在交谈中,阎先生多次提出勇敢的品格对于一个学者的重要性。他说,勤奋、刻苦、执著、创新这些固然重要,但他始终认为勇敢是作为学者最为重要的品格,自己能够在学术界有一点成就,或许就是因为比同行多一些勇敢的原因。“一个学者在遇到困难的时候没有胆量是不行的”，阎崇年说。

阎崇年的治学态度非常严谨，他称自己“不是清史专家”，只是“天命朝 11 年的专家”。因为清史的范围太广，而他重点研究的是清朝开国史。阎崇年说，“天命朝 11 年，我可以说所有材料都看过的了。要说没看过的，估计是个考古新发现什么的，但是，我肯定会比一般人先知道。”这一点也是阎先生颇为自慰的地方，他是在全球范围内最早发表研究努尔哈赤研究专题论文和学术传记专著的学者。

近 20 年，阎崇年先生还倾力于满学学科的建设。在此前学术界一直有一种说法，就是满学是欧洲最先有的。上世纪 80 年代，阎崇年看到我国有藏学、蒙古学等学科，但没有把满学作为专门的学科，于是，1989 年，阎崇年提出成立满学研究所的想法。1991 年北京市社会科学院成立满学研究所，它是全世界第一个把满族历史、语言、文化整合成一个学科来研究的专业的满学研究机构。1992 年 8 月召开了第一届国际满学研讨会，至今国际研讨会已举办了 5 届。1993 年，在有关方面的支持下，又成立北京满学会，目前已有会员 100 多人。他还主编出版了满学研究的论文集《满学研究》。通过阎崇年及满学研究所等一批学人多年的努力，满学研究在国内已渐成气候，满学研究的中心在中国、在北京已被国内外同行所公认。

变与不变

继《正说清朝十二帝》后，阎崇年先生又出版了新书《袁崇焕传》。阎崇年似乎对袁崇焕有着一种特殊的情感，曾出版过 4 部关于袁崇焕的论集、传记等，同时，他正在与中央电视台制作一部《明亡清兴六十年》系列讲座。讲座以袁崇焕为主线，前后时间跨度 60 年。这个讲座已在今年 9 月央视的《百家讲坛》栏目中播出。

谈起袁崇焕，阎先生非常激动。他说 ：“袁崇焕的爱国精神值得我们好好学习，这也是我写《袁崇焕传》的原因。我希望有更多的人了解袁崇焕，学习袁崇焕。”阎崇年并不赞成有人提出袁崇焕的精神实质是“忠孝”的说法，他认为袁崇焕的精神实质是：“爱国”和“爱民”。他爱的不仅仅是皇帝，他更爱国家和人民，他维护的是国家和民众的利益。袁崇焕做文官不爱财，做武官不惜死。他死后被抄家，家无余资，甚至连给父亲发丧都没有钱，需要友人资助。“我们现在应该学习袁崇焕爱国的精神，勇敢的精神，求新的精神，清廉的精神。我自己从中受到很大的震动和启发，所以我写袁崇焕。”

学习历史，总结历史，并为今天的人们所用，这是阎崇年进行历史研究的一贯态度。在讲课中，他总结了“四合”、“四力”，在读者和观众中产生了很大的影响。在讲努尔哈赤时，他把努尔哈赤的成功归结为“天合、地合、人合、己合”，其中又尤以“己合”为最重要，他说现在很多人能够面对成功，无法面对失败，心理不平衡、生理不平衡，这都是“己合”没有处理好的原因。他总结的“四力”也是一个人在现实社会中通向成功应该具备的能力，即：智力、努力、精力和合力。他说，只有把这“四合”与“四力”组合好，才能有所作为。

阎崇年先生回顾自己44年来清史、满学的研究，认为：我这些年的学术研究主要做了3件事情：第一，我为清朝开国史的研究添砖加瓦。写了《努尔哈赤传》《袁崇焕研究论集》《满学论集》《清朝通史·太祖朝》、《清朝通史·太宗朝》等，《清朝开国史》100多万字，是一部至今字数最多的清朝开国历史研究的著作。第二，我倡议并创建了第一个专业满学研究机构——北京社会科学院满学研究所和第一个满学专家教授组成的群众性的学术团体——北京满学会，倡议并主持5届国际满学研讨会，主编《满学研究》(一至七辑)、《20世纪世界满学著作提要》等；和国内外满学同仁一起，将满族历史、语言、文化的研究整合成为一个国际性的新兴的学科——满学(Manchuology)。第三，我在中央电视台《百家讲坛》主讲《清十二帝疑案》和《明亡清兴六十年》等，开电视媒体播讲历史系列的先河，产生广泛而深远的学术与文化的影响。

平日阎崇年先生喜欢黄梅戏，最近刚刚把喜欢的黄梅戏光盘都买齐了，闲暇时他会认认真真地听上一段，他从这些不同时代、不同艺术家的音像中，能够鲜明地感受到风格的流变。阎崇年这样评价自己："我出生在一个半海半山乡村的亦农亦商的家庭，从小受着农、渔、商三种文化的熏陶，身上有着比一些人多一点的刻苦、勇敢和通变的素质。一个人必须变，但应该是在变与不变之间。'变里有不变，不变里有变'。对我来讲，这次是电视台把我逼上了讲坛，我变了，但是我一辈子研究满学、清史的专业志向不能变，这是我学术的根本。我要在变与不变中坚守我的学术本分。"

注：本文为陈英华先生对阎崇年的专访，首发于《人物》2006年第7期；《北京社会科学报》2006年11月7日第17期转载，"前言"为该学报编者所加。收录于本书时略有修改。

图书在版编目（CIP）数据

清朝十二帝 / 阎崇年著.—北京：故宫出版社，2010.7（2024.3重印）

ISBN 978-7-5134-0005-3

Ⅰ.①清… Ⅱ.①阎… Ⅲ.①皇帝—列传—中国—清代 Ⅳ.①K827=49

中国版本图书馆CIP数据核字（2010）第124104号

清朝十二帝

著　　者：阎崇年
责任编辑：左远波　王志伟
装帧设计：李　猛
出版发行：故宫出版社
地址：北京市东城区景山前街4号　邮编：100009
电话：010—85007808　010—85007816　传真：010—65129479
网址：www.culturefc.cn　邮箱：ggcb@culturefc.cn
印　　刷：保定市中画美凯印刷有限公司
开　　本：787毫米×1092毫米　1/16
印　　张：28
字　　数：390千字
版　　次：2010年7月第1版
2024年3月第12次印刷
印　　数：88001~93000册
书　　号：ISBN 978-7-5134-0005-3
定　　价：56.00元